S0-BMR-857

LA TRASTIENDA DE TRUMP

DANIEL ESTULIN

LA TRASTIENDA DE TRUMP

Traducción de
GEMA MORALEDA y EVA ROBLEDILLO

La trastienda de Trump

Primera edición: mayo, 2018

D. R. © 2017, Daniel Estulin

D. R. © 2018, derechos de edición en América Latina y Estados Unidos en lengua castellana:
Penguin Random House Grupo Editorial, S. A. de C. V.
Blvd. Miguel de Cervantes Saavedra núm. 301, 1er piso,
colonia Granada, delegación Miguel Hidalgo, C. P. 11520,
Ciudad de México

www.megustaleer.mx

D. R. © 2017, por la traducción, Gema Moraleda (partes primera, segunda y tercera)
y Eva Robledillo (partes cuarta y quinta)
Cedida por Editorial Planeta, S. A.

ISBN: 978-607-316-641-6

Impreso en México – *Printed in Mexico*

El papel utilizado para la impresión de este libro ha sido fabricado a partir de madera procedente
de bosques y plantaciones gestionadas con los más altos estándares ambientales, garantizando
una explotación de los recursos sostenible con el medio ambiente y beneficiosa para las personas.

Penguin
Random House
Grupo Editorial

En la oscuridad de futuros pasados,
el mago anhela ver;
uno canta entre dos mundos:
«Fuego, camina conmigo».
Twin Peaks

Estoy convencido de que la verdad y el destino
pueden fusionarse. Lo que se necesita
es que la generación más joven
dé un paso adelante y asuma la responsabilidad
del futuro del planeta.
Daniel Estulin

ÍNDICE

Introducción

CAMBIO DE ERA

La gran política y la gran economía van siempre de la mano. En muchos países, las elecciones ya no son un tema meramente nacional o político, sino que también han adquirido una dimensión económica. Esto es especialmente cierto en países como Estados Unidos.

Dicho esto, es fácil ver por qué Donald Trump es en 90% una reacción inevitable a la política exterior de Estados Unidos y, seguramente, también a la política interior, porque hoy en día la línea que separa lo interior de lo exterior se ha desdibujado mucho.

La soberanía nacional ha sido sustituida poco a poco por la soberanía empresarial. Nutridas inicialmente por el Estado, las principales empresas transnacionales, instituciones financieras globales y comunidades internacionales en línea se han vuelto lo suficientemente potentes como para reivindicar políticas independientes y, en algunos casos, dictar las necesidades y oportunidades de países enteros, incluido Estados Unidos.

Estos actores, que no son Estados, son los que dan forma a la actual agenda global. China, posible rival de Estados Unidos, se ha transformado en un gigante económico gracias a la globalización neoliberal, y puede que pronto ejerza presión para llevar a cabo una redivisión geopolítica del mundo.

Lo que estamos viendo hoy en día en el escenario global está tan relacionado con la geografía como con la política. Se está creando un nuevo orden en el que la geografía y el dinero están demostrando ser los triunfos definitivos de la baraja: la geografía se ha convertido en el principal factor en la toma de decisiones económicas. La geografía está generando la primera gran grieta política. La guerra por los cada vez más escasos recursos naturales ha empezado, por no hablar del agua y la comida en una era de explosión global de la población.

Todos sabemos lo que sucede en Oriente Medio: los regímenes laicos están siendo sustituidos por fuerzas antimodernidad. La elección del «caos controlado» como política exterior por parte de los demócratas estadounidenses ha tenido un papel importante en la destrucción de esos regímenes laicos y ha contribuido a la barbarización de grandes territorios y a dar la vuelta a la historia.

Históricamente, ha habido dos grandes tipos de ciclos en Estados Unidos. Periodos de expansionismo, habitualmente dirigidos por demócratas como Wilson, Roosevelt, Truman o JFK, seguidos de periodos introspectivos con republicanos al mando, con la excepción de George Bush hijo. La elección de Trump es la respuesta a la política expansionista, la necesidad de recuperar algo de espacio para respirar y centrarse en los temas nacionales.

«Primero Estados Unidos»; para dar un paso adelante y convertirse en un faro para el resto del mundo, como dijo Trump en su discurso de investidura, Estados Unidos necesita tomarse un descanso. Necesita volver a centrarse, reunir fuerzas y realinear sus recursos. La gran pregunta: ¿cuándo se llevarán a cabo estos cambios inevitables?

Dicho esto, el giro de Estados Unidos para centrarse en temas nacionales es temporal. Se espera que estos problemas internos se resuelvan a costa de inversores y factores extranjeros. Por eso se ha prestado tanta atención a Rusia, China,

Irán y el mercado del petróleo. Por eso la inmigración es un tema tan candente, así como el ISIS.

Creo que Estados Unidos seguirá reafirmando su posición, pero por otros medios. Intentará minar a la Unión Europea y a China. Por supuesto, hay que tener en cuenta el nuevo orden global social y tecnológico emergente, que puede tener un gran impacto en todo Estados Unidos y en la economía mundial en su conjunto.

Esto ha sido así desde que la historia moderna sustituyó a la medieval en el momento en que se pusieron en pie las instituciones que distinguen por sí mismas una era de la otra. Eso sucedió en 1439 con el Concilio de Florencia. ¿Cuáles eran esas nuevas instituciones?

> El concepto de las repúblicas modernas bajo el gobierno de la ley natural.
> El papel central del cultivo de las ciencias y el progreso tecnológico como el mandato otorgado por la República.

Estas dos ideas representan un argumento crucial: su existencia como institución en cualquier punto de Europa cambió a todo el continente. ¿Por qué? Porque estos cambios incrementaron la proporción de desarrollo per cápita y por kilómetro cuadrado de la humanidad respecto a la naturaleza. Así que ninguna nación podía permitirse no progresar, no desarrollarse, por miedo a ser dejada inevitablemente atrás. Esto es lo que se encuentra tras el feroz conflicto de los últimos 580 años entre las fuerzas que representan la cultura clásica de Solón, Sócrates y Platón contra las fuerzas que representan el mal dirigido desde Venecia y sus lacayos modernos, representados por el Estado profundo y las élites supranacionales.

Cualquier innovación tecnológica tiene un impacto internacional directo. Sin embargo, la prevalencia de la capacidad de pago sobre factores productivos acelerará sin duda el proceso de «regionalización» del mundo. Es una forma de poner puertas a la globalización como manera de restringir el acceso a la competencia.

La tendencia a construir esas zonas económicas, corporativas y exclusivas no es nueva. Estamos hablando de los denominados *Estados corporativos*. Estas zonas exclusivas se están haciendo cada vez mayores y absorbiendo cada vez a más países. Recientemente, un investigador sénior de la New America Foundation publicó un artículo sobre el milagro de un futuro sin Estados.

Según él, estamos volviendo al periodo medieval. En 2030 veremos una nueva Edad Media dominada por paraestados y zonas de economía libre. Será un mundo de ciudades, principalmente portuarias, que tendrán un papel en el intercambio comercial global sin ningún centro de control único. Solo 10% de la población tendrá la suerte de vivir en este bonito y radiante mundo nuevo, mientras que el resto quedará relegado a una existencia bárbara y arcaica.

Todos tenemos que ser conscientes de esto. Pero ¿por qué Trump?

Estados Unidos debe concebirse no como un frente unido, sino como una muñeca rusa que contiene, al menos, tres Estados Unidos distintos. La primera capa es el Estados Unidos de Wall Street, la burocracia de Washington, Chicago, Hollywood y Silicon Valley. Es 1% de Estados Unidos, el Estados Unidos de la prensa escrita, los fondos especulativos, las aseguradoras, etcétera. Venden humo. Es un Estados Unidos que presta a otros, y está representado por Hillary Clinton. Por eso su campaña fue tan dura. Por eso jugaba a la defensiva. La economía del mundo real, incluido el sector servicios, acapara 80 billones de dólares, mientras que el mercado financiero global representa 800 billones de dólares, y si se tienen en cuenta los derivados, la cifra asciende a 1 500 billones de dólares de fraude organizado. En el futuro, alguien va a tener que pagar por estas transgresiones.

El grupo de Clinton espera que no sean ellos. Pero ¿cómo pasas el tema sin asumir tus responsabilidades? Esta es una lucha que vale la pena, y este 1% está dispuesto a llevarla hasta sus últimas consecuencias.

Después está el segundo Estados Unidos, que es el postindustrial o corporativo. Apoya la producción y las empresas transnacionales nacidas de la segunda revolución industrial. Trump se convirtió en su voz. Pero, aún más importante para nosotros, es un matrimonio de industrias de la energía, el petróleo y los sectores militares con el de los servicios y la construcción.

Sin embargo, Trump nunca habría ganado si el tercer Estados Unidos no lo hubiera apoyado, al menos de momento, pero quizá también con cierta visión de futuro. Es el Estados Unidos de la alta tecnología. Es el Estados Unidos del conocimiento, de los intelectuales, de las nuevas tecnologías y las telecomunicaciones, que ha emergido en los últimos cuarenta años.

En el escenario global, Trump se ha convertido en símbolo y portavoz de aquellas fuerzas que no están preparadas para sacrificar Estados Unidos a los planes globales y que los esquivarán en nombre de la ideología de «Primero Estados Unidos».

Esta idea representa un cambio radical en el equilibrio de fuerzas en el terreno de juego global y, en consecuencia, un cambio en la dirección en la que está yendo la humanidad. Este es un tema que preocupa a escala universal. Somos testigos de un proceso mediante el cual el mundo entra en una nueva era. Una era marcada por el deseo de liberación nacional de sociedades separadas por fronteras y costumbres estatales que van en contra de un enemigo común: la dominación destructiva de la clase gobernante global en un contexto de derrumbe social inminente debido a la agresión de los especuladores globales de mente liberal.

El nuevo mundo con diversidad de poderes que nos acecha no será nada benevolente. Será horrible, estará lleno de conflictos y se parecerá al periodo entre las dos guerras mundiales, con su feroz nerviosismo del todos contra todos, que permitió formar las fantasmagóricas alianzas de la Segunda Guerra Mundial que llevaron, por ejemplo, a Polonia y Alemania a luchar contra Checoslovaquia y la Unión Soviética.

¿Cuál es la solución? Estamos ante la materialización de la amenaza real: la creencia enquistada de que debemos observar a los dioses de los principales medios de comunicación corporativos en busca de la verdad y el significado, y arrodillarnos como comulgantes neófitos ante las catedrales tecnoteatrales como acólitos de las prácticas de un brujo. El hombre moderno sigue siendo religioso, incluso en nuestra era gobernada por la ciencia. Lo único que ha hecho ha sido cambiar sus antiguos sacerdotes y dioses por unos nuevos, y en este libro voy a descifrar quiénes son y cómo ha sucedido esto.

DANIEL ESTULIN
Toronto, 21 de junio de 2017

PRIMERA PARTE

DONALD J. TRUMP, PRESIDENTE DE ESTADOS UNIDOS

1

LA INSURRECCIÓN

El principal conflicto de nuestro tiempo es el relacionado con la guerra y la paz. Durante dieciséis años, bajo los mandatos de George W. Bush y Barack Obama, Estados Unidos ha estado en guerra; una guerra colonial permanente que ha incluido cambios de régimen, revoluciones de colores, matanzas masivas con drones y asesinatos. Después, sobre todo durante el gobierno de Obama, hemos sido testigos de una gran escalada hacia el enfrentamiento militar estratégico contra Rusia y China.

Donald Trump no es un presidente republicano. «Hizo campaña de manera individual. Desafió a dieciséis candidatos en las primarias de los republicanos, la mayoría de ellos ligados a la Administración Bush anterior. En las elecciones, no solo compitió contra Hillary Clinton, sino también contra la facción proguerra, profundamente arraigada, del Partido Republicano. Se enfrentó a los ocho años de Barack Obama, pero también a las políticas y a las opiniones del régimen Bush/Cheney.

»Si uno observa la infame alianza que intenta derrumbar en estos momentos a la Administración Trump, esta incluye al ya exdirector del FBI, James Comey,[1] al exdirector de la CIA,

---

[1] James Comey fue despedido el 9 de mayo de 2017.

John Brennan, y a otros elementos turbios de la Inteligencia; también encontramos al recaudador del Partido Demócrata, George Soros, y a destacados miembros del congreso demócrata como el senador Charles Schumer; la alianza incluye también al exvicepresidente Dick Cheney, a senadores republicanos como John McCain y Lindsey Graham, y a otra gentuza neocon que ha quedado de la Administración Bush. Lo que tienen en común todas estas instituciones e individuos es que están locamente dispuestos a devolver a Estados Unidos al camino de una escalada militar contra Rusia y China.

»A primera vista, parece evidente que el núcleo del aparato para "hundir a Trump" son los neocon de la derecha o, más bien, como se les suele llamar actualmente, el fenómeno del "Estado profundo". Sin embargo, esta caracterización, aunque acertada hasta cierto punto, es en última instancia superficial, en el sentido de que no indaga en la naturaleza más íntima del mal organizado que ha dominado de forma creciente las instituciones nacionales de Estados Unidos desde el asesinato del presidente Kennedy y, más en concreto, desde el ataque del 11 de septiembre de 2001.

»La naturaleza real de la bestia que ahora amenaza tanto al gobierno constitucional de Estados Unidos como a la paz mundial es el Imperio británico. En realidad, estamos combatiendo al Imperio británico moderno, un imperio cuyos intereses geopolíticos más preciados se ven amenazados por la independencia sin control del presidente Donald Trump, y por las iniciativas que ya ha tomado para normalizar las relaciones tanto con Rusia como con China.»[2]

El Estado profundo también incluye a los últimos imperialistas del Imperio Británico, que están llevando a cabo un esfuerzo frenético tanto en Estados Unidos como a nivel

---

[2] Robert Ingraham, «War Party Leads Anti-Trump Drive», *Executive Intelligence Review*, 44(14), 7 de abril de 2017. Disponible en: *https://www.larouchepub.com/eiw/public/2017/eirv44n14-20170407/37-41_4414.pdf.*

internacional. Su objetivo es aplastar el *potencial* que supone la presidencia de Trump, un potencial que podría mandar a estas élites y a su homicida «Nuevo Orden Mundial» post Segunda Guerra Mundial a la papelera de la historia.

Este potencial va más allá de las fronteras de Estados Unidos. «Contra los gritos que surgen a diario desde los medios controlados por ellos y por los hombres y mujeres de Davos, el motor real del crecimiento económico ha sido desatado en el mundo por China y su alianza con Rusia y la India, a la que Japón se ha unido recientemente. Al desatar una oleada de esperanza en los países en vías de desarrollo, esta alianza podría, si Estados Unidos se uniera a ella, guiar un renacimiento humano sin límites.»[3]

«Los votantes de Estados Unidos, Gran Bretaña e Italia han rechazado de forma decisiva la panacea del binomio formado por el libre mercado y la globalización, la base, supuestamente, de la sociedad civil de todos los Estados "democráticos" modernos. Desde la crisis financiera de 2008, las élites de los círculos financieros se han limitado a seguir expandiendo su asalto salvaje contra los estándares de vida de su población y las leyes del progreso económico físico, mientras seguían enriqueciéndose. Su sistema financiero está condenado y podría explotar en cualquier momento, lo que desataría un caos social inimaginable en todo el mundo. La idea de que Donald Trump unirá Estados Unidos con Rusia, China y la India en un nuevo paradigma de desarrollo económico se observa por su parte, no sin acierto, como una amenaza mortal a su existencia.

»Dicho esto, el nerviosismo extremo de las élites frente a Trump no tiene precedentes para las generaciones actuales.

---

[3] Barbara Boyd, «The Insurrection Against the President, and Its British Controllers — Or, Who Really Is George Soros, Anyway?», *Executive Intelligence Review*, 44(13), 31 de marzo de 2017. Disponible en: *http://www.larouchepub.com/other/2017/4413insurrection_v_pres.html.*

En pocas palabras, los imperialistas británicos han amenazado abiertamente con matar a Trump y con ir a la guerra contra lo que ellos ven como la amenaza creciente que China, Rusia, la India y Japón suponen para Eurasia. Periódicos tanto de Alemania como de Gran Bretaña (*Die Zeit* y *The Spectator*) han afirmado abiertamente que Trump dejará, y tiene que dejar, su puesto sea como sea, incluso aunque esto implique su asesinato. Este tipo de afirmaciones se dice que son habituales en los cócteles de Washington D. C.»[4] Han sido pronunciadas por diversas figuras de Hollywood y periodistas «respetados», incluidos el rapero apodado *Snoop Dogg* (perro fisgón), que representó el asesinato del presidente en un videoclip violento que se ha emitido mucho, y Kathy Griffin, de la CNN, que apareció sosteniendo la cabeza cortada de Trump.

La élite «también ha desatado todo su aparato de propaganda difamatoria moderna, que data de la época post Primera Guerra Mundial, y pretende empujar a las masas a una enfurecida revolución en contra del presidente, todo esto bajo la tutela de los activistas expertos en revueltas populares y los líderes del "pensamiento" surgidos del consejo demócrata, que tomaron por asalto el Partido Demócrata después de la campaña de 2008 de Barack Obama».[5]

Para entender la trastienda de este asalto contra Trump, debemos tener en cuenta las dos vulnerabilidades flagrantes del decadente «Nuevo Orden Mundial» post Segunda Guerra Mundial creado por el Estado profundo.

John McCain cita las violaciones de Trump de ese «Orden» como *casus belli*[6] para la insurrección que está teniendo lugar

---

[4] *Ib.*

[5] Barbara Boyd, *op. cit.*

[6] El indignado senador John McCain argumentó recientemente que con sus toscas acciones contra Donald Trump estaba liderando la defensa nada más y nada menos que del «Nuevo Orden Mundial» post Segunda Guerra Mundial. En la misma serie de entrevistas, en Davos,

en contra del presidente. «La principal vulnerabilidad de ese orden es su completo desdén por las leyes fundamentales de la física económica. Adictos a jugar con el dinero, sencillamente, no saben cómo construir una economía capaz de mantener un progreso económico y social sostenido. Basan su supervivencia en la esclavización continua de la población mediante propaganda, educación de muy bajo nivel, entretenimiento, drogas y guerras perpetuas. Como Roma, el modelo de imperio para el actual Imperio británico, están condenados a caer. La cuestión es si toda la raza humana se desvanecerá con ellos en una catástrofe nuclear.

»La segunda vulnerabilidad se encuentra en la criminal historia antihumana del Nuevo Orden Mundial en sí. Si la población entendiera de verdad lo que sucede, si se disolviera la cortina de humo, la élite no tendría escapatoria. Este breve manual básico quiere ser el primer paso de un proceso de educación urgente».[7]

EL PRESIDENTE TRUMP Y EL ESTADO PROFUNDO,
ALIAS EL IMPERIO BRITÁNICO MODERNO

«La página web de opinión y redifusión de noticias *Breitbart* ha estado publicando una serie de artículos irónicos bajo el título "Virgil" con actos de la permanente campaña contra

---

la cháchara anual de las élites, su iluso colega, el senador Lindsey Graham, como si fuera la Reina de Corazones de *Alicia en el país de las maravillas*, rugía que había que patear el culo a los rusos. Apropiadamente, el presidente imploró a la alegre parejita en favor de la destrucción termonuclear que se callaran con el tuit: «Dejen de intentar empezar la Tercera Guerra Mundial».

[7] Barbara Boyd, «The Insurrection Against the President, and Its British Controllers — Or, Who Really Is George Soros, Anyway?», *Executive Intelligence Review*, 44(13), 31 de marzo de 2017. Disponible en: *http://www.larouchepub.com/other/2017/4413insurrection_v_pres.html*.

Trump llevada a cabo por el "Estado profundo". Imagina un comité central del Estado profundo, una división de guerrillas con manifestantes, una división de medios de comunicación, una de cultura, etcétera. Aunque es simplista y satírico, no se equivoca.

»El Estado profundo, tal y como lo definen quienes realmente acuñaron el término, es la entidad post Segunda Guerra Mundial consistente en los bancos y despachos de abogados de Wall Street y Londres y las agencias estatales y de inteligencia creadas y dotadas de personal por ellos, y los medios de comunicación, fundaciones y *think tanks* controlados por ellos. Una estructura que intersecciona con el crimen organizado y algunos políticos patrocinados. Genera en la sociedad sucesos "profundos" y desestabilizadores a nivel universal, como el asesinato de John F. Kennedy, de los que aparentemente sale ileso.

»Desde la muerte de Franklin Roosevelt, el credo de esta entidad ha sido el neoliberalismo, una "filosofía" nihilista y sin dioses, que promueve el existencialismo, el pesimismo y una forma de "libertad" que no es más que narcisismo, ya sea en forma del "egotismo" de Ayn Rand o los mantras de autorrealización de la clase profesional. Después de haber matado a Dios, se supone que reina el azaroso "libre mercado" que determina los asuntos de los seres humanos. Busca fronteras abiertas (de manera que la mano de obra pueda tener los salarios más bajos posibles) y el libre mercado (para que los bienes puedan producirse al menor precio sin tener en cuenta el desarrollo económico ni laboral). Esta filosofía está encarnada por el edicto imperial de Barack Obama: "Nosotros decidimos las reglas" y en las fallidas panaceas económicas de Friedrich von Hayek, Ludwig von Mises y Milton Friedman.

»Poco después de la Primera Guerra Mundial, la élite angloestadounidense se organizó para controlar el mundo *mediante la manipulación de la opinión pública y modelos asociados de falsa democracia.* El American Century Project ideado por Henry Luce creó diversos modelos de control mediante ingeniería social de la población, todos ellos puestos en práctica con la excusa de que la población estaba "eligiendo" su destino democráticamente.[8] Esto es una actualización moderna del antiguo modelo oligárquico de sociedad en el que la élite saquea continuamente a una población ingenua».[9]

«A pesar de lo que enseñan en los colegios, Estados Unidos nunca ha pretendido ser una democracia pura. Los padres fundadores del país atacaban esa idea y la veían como poco más que la dictadura de las masas, las mismas masas que habían visto manipular repetidamente al Imperio británico».[10]

«La lista de golpes de Estado y baños de sangre documentados llevados a cabo por los "demócratas" imperialistas desde el final de la Segunda Guerra Mundial incluye Irán, Guatemala, Indonesia, Pakistán, Vietnam, Brasil, los Balcanes, Georgia, Filipinas, Panamá, Egipto, Irak, Libia, Malasia, la mayor parte de Centroamérica y Sudamérica, y, más recientemente, Siria, Ucrania y Yemen. Ahora mismo, Yemen está recibiendo el tratamiento completo: un genocidio horrible, una austeridad implacable y bombardeos para devolver al país al estado más primitivo de sociedad. Todo el continente africano ha sido el escenario de una guerra geno-

---

[8] Friedrich Schiller, en su ensayo *La legislación de Licurgo y Solón*, proporciona la exposición más clara de la historia de las diferencias entre el modelo oligárquico, empleado repetidamente bajo distintos disfraces por parte de los imperialistas británicos liberales, y el modelo republicano adoptado en nuestra constitución.

[9] Barbara Boyd, «The Insurrection Against the President, and Its British Controllers — Or, Who Really Is George Soros, Anyway?», *Executive Intelligence Review*, 44(13), 31 de marzo de 2017. Disponible en: *http:// www.larouchepub.com/other/2017/4413insurrection_v_pres.html*.

[10] *Ib.*

cida similar, con saqueo de materias primas y niños soldados implicados en las matanzas. Las economías de México, Centroamérica y la mayor parte de Sudamérica se han convertido en pueblos donde se fabrica con mano de obra barata, aislada y subcontratada, rodeados por una infraestructura de producción y transporte de drogas. Los beneficios que se derivan sirven para alimentar el esquema Ponzi conocido como Wall Street y la City londinense.

»Numerosos líderes políticos han sido asesinados. [...] La lista incluye a Patrice Lumumba, Aldo Moro, Indira Gandhi, Salvador Allende, John F. Kennedy, Robert Kennedy, Martin Luther King y Malcolm X. Han asesinado a banqueros prodesarrollo, como el alemán Alfred Herrhausen, que desafió abiertamente los regímenes de crecimiento cero y austeridad del FMI y el Banco Mundial.

»El "pecado" de Donald Trump ha sido surgir retorciéndose en contra de ideas que la élite ha puesto en práctica a diario, desde la muerte de Franklin Roosevelt el 12 de abril de 1945, y que han sido establecidas como la ortodoxia estadounidense oficial.

»No crean la falsa simpatía ni la indignación al respecto de los refugiados. Han sido las bombas del Estado profundo y sus grupos patrocinados de terroristas y traficantes de drogas quienes han creado la crisis de los refugiados, y los críticos con Trump no abrieron la boca mientras miles morían en el Mediterráneo o eran asesinados por los cárteles de la droga en Centroamérica. No crean su indignación orquestada al respecto de la raza. [...] Las ciudades estadounidenses y los suburbios que las rodean llevan décadas segregadas de manera estable y cuadriculada. La "raza" no es más que una "carta" más en el cínico juego de esta gente, una "carta" con la que jugar. Bill Clinton, Barack Obama y su consejo demócrata, impulsado por el senador del "abandonadlos a su suerte" Daniel Patrick Moynihan, no están en posición de quejarse sobre el racismo oportunista.[11] De hecho, en nombre de su encargo de crecimiento de población cero, la élite ha asesinado y sacrificado a pueblos enteros durante casi un siglo.

»Donald Trump cometió su pecado capital cuando dijo que estaba abierto a negociar con la Rusia de Putin, y comparó negativamente el fuerte liderazgo de este con las debilidades de Barack Obama. Lo empeoró defendiendo el sistema de naciones soberanas frente a la idea de un mundo globalizado con un gobierno único. Unió la idea de hundimiento económico con la de hundimiento cultural. Declaró la guerra a las drogas y al papel de los bancos de Wall Street como facilitadores del blanqueo de capitales. También apoyó la separación bancaria de Glass-Steagall, lo que pondría fin a la economía de casino de la élite. Habló sobre avances científicos: volver a explorar el espacio y vencer enfermedades.

»Entonces, el 20 y el 21 de marzo de 2017, Trump cometió la peor ofensa de todas al abrazar directamente el "sistema estadounidense" de política económica, el tipo de economía que de verdad puso en pie Estados Unidos y que la élite pensaba que había sustituido completamente por su libre mercado y el Nuevo Orden Mundial global.»[12]

---

[11] Moynihan, el sociólogo de Richard Nixon que avaló la estrategia sureña (una estrategia electoral para aumentar el voto republicano blanco en los estados del sur de Estados Unidos mediante el racismo), declaró que la política más apropiada en el centro de las ciudades era «abandonarlas a su suerte». La administración Clinton encarceló de manera desproporcionada a miles de jóvenes negros mientras promulgaba leyes que acababan en la práctica con el *habeas corpus* federal en la revisión de casos criminales. ¿Y Barack Obama? ¿Qué hizo al respecto de las desigualdades raciales excepto exhibirse a sí mismo como una especie de *yuppie* negro hípster postracial?

[12] Barbara Boyd, «The Insurrection Against the President, and Its British Controllers — Or, Who Really Is George Soros, Anyway?», *Executive Intelligence Review*, 44(13), 31 de marzo de 2017. Disponible en: *http://www.larouchepub.com/other/2017/4413insurrection_v_pres.html*.

«Trump también heredó a los políticos corruptos y financiados por Wall Street de ambos partidos, que escupen políticas económicas británicas fallidas, ya sean estas las del apadrinado británico Milton Friedman o las del apologista del Imperio británico John Maynard Keynes. Los modelos, aunque divergentes en apariencia, acaban en el mismo sitio: crecimiento negativo de la población malthusiano, índices de productividad humana descendentes y el control imperial de la población mediante la cultura. Estas ideas monetarias extranjeras no tienen nada que ver con crear el desarrollo sostenido de la economía física y el desarrollo de los poderes productivos del trabajo, las preocupaciones de Alexander Hamilton y actualmente las de los chinos, con su gran Iniciativa del Cinturón y Ruta de la Seda.

»Para ganar, el presidente tiene que eliminar completamente del tablero a la élite demoníaca de Washington. No hay dinero para construir un programa de infraestructuras que de verdad pueda crear puestos de trabajo y reiniciar la economía bajo los axiomas bancarios y presupuestarios predominantes. Es más, el polvorín que supone la burbuja económica de Wall Street y Londres puede explotar en cualquier momento. Glass-Steagall debe estar en funcionamiento antes de que esto suceda. Al mismo tiempo, los restos de Bush y Obama, junto con Londres y sus aliados de la OTAN, siguen su carrera bélica con Rusia, y son las insinuaciones de paz del presidente las que lo han convertido en el principal objetivo de la histeria macartista actual».[13]

Sea lo que sea de lo que se les acusa a los rusos de haber hecho en las elecciones estadounidenses, es *peccata minuta* en comparación con lo que ha hecho Estados Unidos mediante Soros y la Fundación Nacional para la Democracia (NED, por sus siglas en inglés) al orquestar *cambios de régimen* en un país tras otro por todo el mundo, todo en nombre de las elecciones «libres».

---

[13] *Ib.*

«Las técnicas empleadas en esas "revoluciones": la imagen malvada, monstruosa y caricaturesca del objetivo, el uso de distintos colores y otros símbolos[14] para unificar a una población cuya ira se centra en un objetivo, la propaganda incitadora las veinticuatro horas en los medios de comunicación bajo su control y la completa ausencia de un programa político real o un liderazgo alternativo al del objetivo (dado que tanto la sucesión como el programa se están acabando de hacer en Washington o Londres) se muestran ahora con claridad en contra del presidente Trump».[15]

Los rusos han aterrizado
(vaya, vuelven a ser los británicos)

«Según la "narrativa" que proporcionan los medios a la población estadounidense, hacia junio de 2016, dos semanas después de que Donald Trump fuera declarado candidato republicano, el Comité Nacional Demócrata descubrió que sus ordenadores habían sufrido un "ataque informático". Este avisó inmediatamente a una empresa privada, CrowdStrike, que declaró que el origen de los ataques era ruso, en concreto, entidades estatales rusas.

»El 22 de julio, poco antes de la convención del Partido Demócrata, WikiLeaks publicó documentos internos del Comité Nacional Demócrata que mostraban que dicho comité estaba conspirando para destruir la candidatura del rival de Clinton, Bernie Sanders. La presidenta del CND en la época de Barack Obama, Debbie Wasserman Schultz,

---

[14] J. H. Kleynhans, «The use of colour as a tool for propaganda», *Interdisciplinary Journal*, 6(1), 2007, pp. 46-53.

[15] Barbara Boyd, «The Insurrection Against the President, and Its British Controllers — Or, Who Really Is George Soros, Anyway?», *Executive Intelligence Review*, 44(13), 31 de marzo de 2017. Disponible en: *http:// www.larouchepub.com/other/2017/4413insurrection_v_pres.html.*

se vio obligada a dimitir a raíz del escándalo, junto a otros empleados del comité. En octubre, WikiLeaks publicó los correos electrónicos de John Podesta,[16] el director de campaña de Hillary Clinton y líder del Center for American Progress, la fábrica de ideas de la Administración Obama. Los correos electrónicos de Podesta profundizaban en los serviles discursos de Hillary Clinton en Wall Street y los asquerosos pactos financieros de la Fundación Clinton. También mostraban que Donna Brazile, una comentarista de la CNN y entonces vicepresidenta del Partido Demócrata, que también es una criatura de la NED, ayudó a Hillary a hacer trampas en los debates presidenciales promovidos por la CNN, pasándole las preguntas de antemano.

»Existen unas cuantas anomalías que flotan bajo la superficie de la "narrativa" oficial de los medios de comunicación al respecto del presunto ataque informático ruso.

»1. Nunca se ha podido establecer que lo que sucedió en el Comité Nacional Demócrata (CND) o en la cuenta de Gmail de John Podesta tuviera nada que ver con las filtraciones incriminatorias de WikiLeaks.

»2. CrowdStrike está dirigida por un emigrante ruso y violento anti-Putin, Dmitri Alperovitch, de Atlantic Council, y un tal George Kurtz. Kurtz es un veterano de la seguridad informática que fundó CrowdStrike como proyecto especial de una entidad en la que el Estado profundo lleva tiempo invirtiendo, conocida como Warburg Pincus. CrowdStrike tiene múltiples contratos de seguridad con agencias de inteligencia de Estados Unidos y de otros países. El CND rehusó que el FBI examinara los ordenadores atacados y confió únicamente en CrowdStrike para las conclusiones forenses. El resto de la comunidad de la Inteligencia parece haber hecho lo mismo. Poco después, Alperovitch afirmó que los rusos habían usado el mismo equipo para

---

[16] Disponible en: *https://WikiLeaks.org/podesta-emails/*.

atacar al CND y a diversos sistemas de navegación de misiles del gobierno ucraniano en Ucrania, una afirmación que fue desmontada casi al momento por toda la comunidad internacional de seguridad informática.

»**3.** Una de las presuntas alarmas internas del CND que les alertó de que algo malo pasaba con los ordenadores fue el informe de abril de 2016 de la consultora y miembro del equipo, Alexandra Chalupa, de que su ordenador había sido atacado. Supuestamente, estaba investigando la relación entre el entonces director de campaña de Trump, Paul Manafort, con Rusia y Putin, trabajando con "periodistas" y cargos de la Inteligencia en Ucrania para desacreditar a Manafort y Trump. En otras palabras, era una consultora de investigación de la oposición de Clinton (hablando en plata, una agente de la oposición que estaba reuniendo pruebas de Inteligencia contra el rival de Hillary a la presidencia), trabajando con *la agencia de Inteligencia ucraniana y las de otros países*, quienes, en cualquier caso, colaboran con el MI6, la CIA, George Soros y el aparato del proyecto demócrata NED. [...]

»**4.** El FBI y la comunidad de la Inteligencia inicialmente no compraron las afirmaciones de la oposición sobre la interferencia rusa en las elecciones y los profundos lazos entre Trump y Rusia. El director nacional de inteligencia, James Clapper, por ejemplo, afirmó que no sabía "a qué venía tanto lío". Clapper hizo alusión al hecho de que la ciberguerra es algo habitual entre agencias de inteligencia, incluida la de Estados Unidos. Clapper también sabe que Estados Unidos ha intervenido para manipular elecciones en todo el mundo, y se mostraba cauteloso y reticente a abrir esa puerta, dado que no había tenido tiempo para prepararse. Así, después de que su maniobra malvada contra Putin se estrellara públicamente e, irónicamente, pusiera la guerra y la paz directamente en el orden del día, Clinton y Obama crearon aún más filtraciones por parte de fuentes anónimas. Estas sostenían que el sistema electoral de Illinois y Arizona había recibido ataques informáticos por parte de los rusos, y que los rusos eran quienes habían atacado a grandes empresas de comunicación, incluidas el *New York Times* y la CNN. Estas historias aparecieron y desaparecieron de los medios públicos en muy poco tiempo.

»Según relatos aparecidos en los medios, y el testimonio del director del FBI Comey el 20 de marzo de 2017, el FBI abrió una investigación de contrainteligencia en julio de 2016 sobre los contactos de la campaña de Trump con Rusia y la "interferencia" rusa en las elecciones. El relato de los medios de comunicación afirma que se abandonó en octubre por falta de pruebas. Comey afirmó en su declaración ante el Congreso del 20 marzo que, sencillamente, se había abierto en julio y había seguido adelante. Una investigación de contrainteligencia suele implicar vigilancias a personas concretas y escuchas telefónicas relacionadas con la seguridad nacional que no se pueden mencionar por ley. La pena por revelación es de diez años de prisión. Según la orden ejecutiva 12 333, que regula la mayoría de estas vigilancias, los agentes pueden mentir sobre su existencia para proteger a "las fuentes y los métodos"».[17]

«5. En octubre y noviembre de 2016 empezó una nueva escalada en la campaña de demonización de Trump/Putin. El equipo de investigación de la oposición Obama/Clinton puso en circulación un informe sórdido y escabroso que afirmaba que el presidente electo practicaba actos sexuales perversos cuando estaba en Rusia,[18] y que, como consecuencia

---

[17] Barbara Boyd, «The Insurrection Against the President, and Its British Controllers — Or, Who Really Is George Soros, Anyway?», *Executive Intelligence Review*, 44(13), 31 de marzo de 2017. Disponible en: *http://www.larouchepub.com/other/2017/4413insurrection_v_pres.html*.

[18] Jeff Stein, «Trump, Russian Spies and the Infamous 'Golden Shower Memos'», *Newsweek*, 1 de octubre de 2017. Disponible en: *http://www.newsweek.com/trump-russian-spies-infamous-golden-shower-memos-541315*.

de esto, estaba siendo chantajeado por Putin. El informe daba alas a afirmaciones públicas de la candidata Clinton y a un rumor de campaña que circulaba por Washington, que afirmaban que Donald Trump era un candidato con intereses ocultos, que era una marioneta de Putin. El 29 de octubre, Harry Reid, el político estadounidense actualmente retirado que había sido senador por el Partido Demócrata en Nevada, fue al Congreso a declarar que el FBI estaba reteniendo información devastadora sobre las relaciones entre la campaña de Trump y Rusia, y que él había recibido sesiones informativas confidenciales al respecto. El sórdido informe también aportaba numerosas alegaciones que respaldaban las afirmaciones sobre la falsa "interferencia" rusa en las elecciones, así como nuevos datos sobre los presuntos lazos de Manafort[19] con los rusos. Aquel informe tenía tan poca credibilidad que la mayoría de las agencias de noticias que, en cualquier otro caso, se tragan cualquier dato que les den sobre Trump, se negaron a publicarlo.

»**6.** Pero entonces, en enero de 2017, *Buzzfeed*, que había publicado con regularidad historias sin elaborar de la oposición Clinton/Obama, publicó íntegramente el falso sórdido informe.[20] La comunidad de la Inteligencia de Estados Unidos, en concreto el morboso gran inquisidor de Obama, el jefe de la CIA, John Brennan, procedió a darle credibilidad y filtró que tanto el presidente electo Trump como el presidente Obama habían sido informados de su contenido.

»El autor del sórdido informe fue Christopher Steele, un "ex" agente de la Inteligencia británica, quien, según

---

[19] Paul John Manafort hijo, director de la campaña presidencial de Donald Trump en 2016.

[20] Tyler Durden, «NYT Accuses CNN, BuzzFeed Of Peddling "Fake News" Over Russia Report», *Zero Hedge*, 11 de enero de 2017. Disponible en: *http://www.zerohedge.com/news/2017-01-11/nyt-suggests-cnn-buzzfeed-peddled-fake-news.*

informó *The Guardian*,[21] había dirigido el departamento sobre Rusia del MI6 y ahora había sido contratado por el equipo de Clinton. Por lo tanto, el esfuerzo por deslegitimizar la presidencia de Trump surgía de los más altos niveles de la inteligencia angloestadounidense, los autores de innumerables golpes de Estado y asesinatos políticos. Esto vino acompañado por "valoraciones oficiales unánimes" que no aportaban ningún dato por parte de la comunidad de la Inteligencia de Estados Unidos (que arrastraron a regañadientes tanto al FBI como a la NSA). Estas "afirmaban" que Putin había dirigido personalmente la campaña de ataques informáticos para interferir en las elecciones e inclinarla del lado de Trump. En lugar de proporcionar hechos que respaldaran esta "afirmación", el apéndice del informe oficial es un ataque a las agencias de noticias rusas, en concreto a *RT* (rt.com), por su exitosa campaña de "propaganda" en Estados Unidos. Como veremos, esta forma de señalar culpables, que pareció tan macartista y sencillamente rara en su momento, no fue para nada casual.

»Los demócratas, las cadenas de noticias y los republicanos del Senado, liderados por McCain y Graham, se volvieron locos, y empezaron a solicitar fiscales especiales e investigaciones en el Congreso,[22] mientras bromeaban sobre que la caída era inevitable. El senador demócrata Mark Warner, con voz temblorosa y con el aspecto de adolescente crecidito que tiene, que es lo que es, declaró solemnemente que investigar y ahondar en esas afirmaciones era lo más importante

---

[21] Julian Borger, «UK was given details of alleged contacts between Trump campaign and Moscow», *The Guardian*, 28 de abril de 2017. Disponible en: *https://www.theguardian.com/us-news/2017/apr/28/trump-russia-intelligence-uk-government-m16-kremlin.*

[22] Matt Flegenheimer y Jennifer Steinhauer, «Democrats Demand Inquiry of Russian Role in U.S. Affairs; G.O.P. Concern Grows», *The New York Times,* 14 de febrero de 2017. Disponible en: *https://www.nytimes.com/2017/02/14/us/politics/congress-nsc-flynn.html?mcubz=0.*

que había hecho en su vida. Otros demócratas y medios de comunicación afines, como Thomas Friedman, del *New York Times*, claramente enloquecidos, afirmaron que Rusia había cometido un "acto de guerra", presumiblemente en un intento de invocar el artículo 5 del tratado de la OTAN».[23]

Sin embargo, Bill Binney, uno de los mejores analistas de la historia de la National Security Agency (NSA), afirmó desde el comienzo que lo del CND no podía ser un ataque informático, tenía que ser una filtración. Un ataque informático afecta a toda la Red. A los rusos se les acusa de entrar en los correos electrónicos del CND y también de sacar a la luz los correos electrónicos de Podesta. Pero Binney dice: «Estas son las diapositivas que Ed Snowden sacó a la luz; estos son los puntos de rastreo, los mecanismos de rastreo. Y hay cientos de ellos en la Red. Así que, todo lo que pasa por la Red, sabes dónde empieza y dónde acaba, todo. Así que, si hubiera habido un ataque, la NSA lo habría sabido. La NSA no lo sabe».[24]

«7. El 1 de marzo de 2017, *The New York Times* reveló que Obama y sus colegas de seguridad nacional habían pasado los meses siguientes a las elecciones dejando "pistas"[25] en documentos oficiales y filtrando información en un esfuerzo

---

[23] Barbara Boyd, «The Insurrection Against the President, and Its British Controllers—Or, Who Really Is George Soros, Anyway?», *Executive Intelligence Review*, 44(13), 31 de marzo de 2017. Disponible en: *http://www.larouchepub.com/other/2017/4413insurrection_v_pres.html*.

[24] Jason Ross y Ray MacGovern, «The Deep State Behind Trumpgate», *Executive Intelligence Review*, 44(14), 7 de abril de 2017. Disponible en: *https://www.larouchepub.com/eiw/public/2017/eir-v44n14-20170407/48-51_4414.pdf*. Esto es una selección editada de la emisión semanal de LaRouche PAC del 31 de marzo de 2017, e incluye comentarios de Jason Ross y transcripciones de dos grabaciones de una entrevista con Ray McGovern, el cofundador de Veteran Intelligence Professionals for Sanity.

[25] Matthew Rosenberg, Adam Goldman y Michael S. Schmidt, «Obama Administration Rushed to Preserve Intelligence of Russian Election Hacking», *The New York Times*, 1 de marzo de 2017. Disponi-

por destruir a Trump y seguir con sus políticas contra Rusia y China.

»En este proceso se dieron dos acciones conocidas públicamente y extremadamente significativas por parte de la Administración Obama. El 24 de diciembre de 2016, Obama firmó la National Defense Authorization Act (NDAA, ley de autorización de la defensa nacional), que incluía la Countering Foreign Propaganda and Disinformation Act (ley para contrarrestar la propaganda y la desinformación procedente del exterior). Su objetivo era movilizar a todo el gobierno, medios de comunicación de Estados Unidos, el mundo académico, las ONG y los aliados y socios extranjeros para "sacar a la luz y contrarrestar" la propaganda y desinformación procedente del exterior dirigida en contra de la seguridad nacional y de los intereses de Estados Unidos y "hacer avances proactivos hacia una narrativa basada en los hechos que apoye a los aliados y a los intereses de Estados Unidos". El principal objetivo de esta ofensiva de propaganda y noticias falsas es la población de Estados Unidos. Durante la Administración Reagan, este tipo de actividades se denominaban medidas activas y, al menos legalmente, estaban limitadas a objetivos extranjeros.

»El asalto increíblemente orwelliano a la primera enmienda por parte de la NDAA fue precedido por una historia del *Washington Post* publicada el 25 de noviembre de 2016 que nombraba a algunas agencias de noticias y las tachaba de fuentes de propaganda rusa.[26] La lista de agencias de noticias falsamente acusadas de ser agentes rusas fue

---

ble en: *https://www.nytimes.com/2017/03/01/us/politics/obama-trump-russia-election-hacking.html?mcubz=0.*

[26] «Washington Post admits notorious article accusing websites of spreading fake Russian news may have been a bit fake», *Daily Mail*, 8 de diciembre de 2016. Disponible en: *http://www.dailymail.co.uk/news/article-4014386/Washington-Post-appends-story-accusing-Russia-spreading-fake-news-saying-does-not-vouch-experts-findings.html.*

proporcionada por un grupo anónimo ligado al gobierno y autodenominado *Prop or Not* (falso o no). Esta lista no solo incluía RT y *Sputnik*, sino también *Consortium News, Breitbart, Drudge Report, Truthout* y otros críticos con Obama de la "izquierda" como *AntiWar.com* y *Ron Paul Institute*. En resumen, prácticamente todos los que habían criticado la guerra de Obama/Clinton contra Rusia. Facebook y otras agencias de noticias para redes sociales lanzaron inmediatamente iniciativas para censurar y restringir las "noticias falsas" (*fake news*).»[27]

«Entonces, el 15 de diciembre de 2016, el director nacional de Inteligencia, James Clapper, aprobó unos nuevos protocolos que permitían a la NSA distribuir datos crudos interceptados en toda la comunidad de la Inteligencia.[28] Estos procedimientos se hicieron oficiales el 3 de enero de 2017, cuando fueron firmados por la fiscal general de Obama, Loretta Lynch. La revisión había durado más de un año. Lo que se discutía era la modificación de los protocolos sobre el secreto regulados por la Orden Ejecutiva 12333, considerada por Edward Snowden y otros como la autoridad más significativa en nuestro actual estado de vigilancia completamente inconstitucional. Previamente, era necesario que la NSA filtrara y censurara la información relativa a ciudadanos estadounidenses monitorizados por actividades de contrainteligencia extranjera.[29] Así, los agentes que habían

---

[27] Barbara Boyd, «The Insurrection Against the President, and Its British Controllers—Or, Who Really Is George Soros, Anyway?», *Executive Intelligence Review*, 44(13), 31 de marzo de 2017. Disponible en: *http://www.larouchepub.com/other/2017/4413insurrection_v_pres.html*.

[28] Alex Emmons, «Obama Opens NSA's Vast Trove of Warrantless Data to Entire Intelligence Community, Just in Time for Trump», *The Intercept*, 13 de enero de 2017. Disponible en: *https://theintercept.com/2017/01/13/obama-opens-nsas-vast-trove-of-warrantless-data-to-entire-intelligence-community-just-in-time-for-trump/*.

[29] *Ib.*

estado filtrando datos crudos interceptados sobre Trump a las agencias nacionales de noticias podrían solicitar cierto grado de inmunidad ante la fiscalía con el efecto legal combinado de la NDAA y la O. E. 12 333 revisada. Es más, cualquier búsqueda de las fuentes de las filtraciones se hizo infinitamente más difícil.

»El *New York Times* y otras agencias se han referido constantemente a filtraciones interceptadas u órdenes judiciales de la FISA (ley de vigilancia de la Inteligencia extranjera) en toda su campaña de demonización de Trump. En algunos casos, las afirmaciones estaban relacionadas con dos supuestas solicitudes al tribunal FISA al respecto de Trump y sus asociados; una de ellas fue rechazada, la otra tuvo como resultado una orden de vigilancia en octubre. El FBI, a través de la división de Seguridad Nacional del Departamento de Justicia, hizo estas solicitudes secretas según investigaciones de contrainteligencia y terrorismo.[30] La primera, justo después de que surgieran las noticias sobre el ataque informático al CND, era, supuestamente, demasiado amplia incluso para el tribunal FISA, que rara vez rechaza solicitudes. Esa solicitud, si existe, podría resultar importante a la hora de sacar a la luz las fuentes y las intenciones de quienes conspiran contra Trump. Se dice que la solicitud de orden judicial de octubre se limitaba a un servidor que, supuestamente, estaba relacionado con las afirmaciones relativas a los lazos de la campaña de Trump con dos bancos rusos. Otras filtraciones se refieren sencillamente a material interceptado.

»La mayoría de los expertos en la materia, incluido el exejecutivo de la NSA William Binney, el exembajador Jack Matlock y el exjefe del gabinete de Colin Powell, Lawrence Wilkerson, coincide en que la fuente más probable de esas filtraciones sea la información cruda interceptada por la NSA amparada por la O. E. 12 333 o material interceptado por el

---

[30] Disponible en: *https://epic.org/privacy/nsl/*.

Cuartel General de Comunicaciones del Gobierno (GCHQ, por sus siglas en inglés), el equivalente británico de la NSA, que funciona según la O. E. 12 333 sin ninguna de las restricciones de la ley de Estados Unidos. El GCHQ monitoriza las comunicaciones de todos los canales mundiales mediante cables que pasan por el fondo del Atlántico. La prensa británica recoge que el jefe del GCHQ habría sido misteriosamente despedido[31] en mitad de las disputas sobre el tema Trump-Rusia. Para añadir una pieza más al puzle, WikiLeaks publicó las herramientas para ataques informáticos de la CIA, que incluyen la habilidad para llevar a cabo operaciones bajo "bandera falsa".[32] En otras palabras, la CIA, el MI6 y su Inteligencia aliada pueden realizar ataques informáticos y dejar una huella que los atribuya a otros gobiernos, como, por ejemplo, el ruso.»[33]

Larry Johnson, exanalista de la CIA, escribió en su blog *No Quarter* que al menos algunas de las «comunicaciones interceptadas» de ayudantes de Trump de las que informó el *New York Times* el 20 de enero «fueron realizadas por entidades extranjeras, y esto se hizo con el conocimiento de agentes de la Administración de Obama».[34] Después, Johnson comen-

---

[31] Sam Jones, «Robert Hannigan quits as head of GCHQ», *Financial Times*, 23 de febrero de 2017. Disponible en: *https://www.ft.com/content/f8a77910-e189-11e6-8405-9e5580d6e5fb*.

[32] Tyler Durden, «WikiLeaks Unveils 'Vault 7': "The Largest Ever Publication of Confidential CIA Documents"; Another Snowden Emerges», *Zero Hedge*, 8 de marzo de 2017. Disponible en: *http://www.zerohedge.com/news/2017-03-07/WikiLeaks-hold-press-conference-vault-7-release-8am-eastern*.

[33] Barbara Boyd, «The Insurrection Against the President, and Its British Controllers—Or, Who Really Is George Soros, Anyway?», *Executive Intelligence Review*, 44(13), 31 de marzo de 2017. Disponible en: *http://www.larouchepub.com/other/2017/4413insurrection_v_pres.html*.

[34] «Intelligence Expert Points to British Role in Witchhunt Against Trump», *Executive Intelligence Review*, 8 de marzo de 2017. Dis-

ta el acuerdo entre la NSA y la agencia de espías británica, el GCHQ, en el que, según los protocolos estándar de trabajo, el GCHQ intercepta comunicaciones de una manera que sería ilegal para una agencia de Estados Unidos según la ley de este país,[35] y luego se la pasa a agentes de Inteligencia de Estados Unidos. Johnson también se centra en declaraciones públicas, como las del artículo del 1 de marzo del *New York Times*, cuando Obama entraba en la última fase de su presidencia, de aligerar las normativas de secreto en la Inteligencia para que la «información» sobre los supuestos lazos entre la Administración Trump y los rusos estuviera disponible para un gran número de personas y para los aliados europeos.

El 15 de febrero, *Newsweek* informó de que los países de la OTAN, bajo mando británico, habían iniciado una amplia recopilación de datos de Inteligencia sobre la campaña de Trump y agentes de la Administración.[36] El autor Kurt Eichenwald escribió: «Las operaciones de Inteligencia en Europa Occidental empezaron en agosto, después de que el gobierno británico obtuviera información al respecto de que personas que actuaban en nombre de Rusia estaban en contacto con miembros de la campaña de Trump. Estos datos de los británicos fueron ampliamente difundidos entre los aliados europeos de la OTAN».[37] Sus fuentes hablaban de una vigilancia que iba desde la interceptación de llamadas

---

ponible en: *http://www.larouchepub.com/pr/2017/170308_brit_witch_hunt.html*.

[35] Owen Bowcott, «UK-US surveillance regime was unlawful 'for seven years'», *The Guardian*, 6 de febrero de 2015. Disponible en: *https://www.theguardian.com/uk-news/2015/feb/06/gchq-mass-internet-surveillance-unlawful-court-nsa*.

[36] Kurt Eichenwald, «U.S. Allies Conduct Intelligence Operation Against Trump Staff and Associates, Intercepted Communications», *Newsweek*, 15 de febrero de 2017. Disponible en: *http://www.newsweek.com/allies-intercept-russia-trump-adviser-communications-557283*.

[37] *Ib.*

telefónicas hasta la recopilación de fuentes de información humanas y electrónicas.

«**8.** El 4 de marzo de 2017, el presidente interrumpió toda la narrativa de las noticias falsas al tuitear que Obama había "realizado escuchas" en la Torre Trump antes de las elecciones y que lo que le estaba sucediendo apestaba a macartismo. Los medios de comunicación, que habían estado publicando durante meses piezas al respecto de órdenes judiciales de FISA e información interceptada sobre Trump o sus socios, estallaron en lo que es la prueba más grande y descarada de la mayor mentira jamás conocida. Afirmaron que Trump estaba haciendo declaraciones sin sentido, sin ninguna prueba, retorciendo esencialmente sus propias informaciones y etiquetándolas como: "noticias falsas".

»Como ha sido el caso durante toda la guerra de los medios contra Trump, el tuit fue deconstruido hasta llegar a su sentido posible más literal y extraño. Los medios se centraron en el literal "realizar escuchas", y declararon que el presidente estaba completamente loco y que estaba haciendo afirmaciones sin pruebas al pueblo estadounidense. Según el extraño relato de los medios, el presidente había dicho que Obama en persona se había colado en la Torre Trump y había pinchado físicamente sus teléfonos. Otros esfuerzos por desacreditar la afirmación del presidente, incluidas declaraciones de diversos agentes de la Inteligencia y miembros hostiles del Congreso, se construyen alrededor de la interpretación literal de que Trump en persona fue la víctima de las escuchas, en lugar de individuos o entidades asociadas con él. A todo esto, la declaración real de Trump de que su campaña presidencial y sus socios estaban siendo vigilados por la Administración Obama y de que era una víctima de macartismo quedó deliberadamente oculta en el ciclo diario de noticias.»[38]

---

[38] Barbara Boyd, «The Insurrection Against the President, and Its British Controllers—Or, Who Really Is George Soros, Anyway?»,

Es cierto que Obama no puede haber sido quien ordenó las escuchas de los teléfonos de la organización Trump en Nueva York. El presidente no puede ordenar algo así de forma legal. «Supuestamente, el FBI o el director nacional de Inteligencia solicitaron al Tribunal de Vigilancia de Inteligencia Extranjera (FISC, por sus siglas en inglés), formado por jueces federales de Estados Unidos, una orden judicial para llevar a cabo dicha vigilancia basándose, o bien en inteligencia extranjera al respecto de una "persona de Estados Unidos", lo que implicaría al director nacional de Inteligencia, o una orden de escucha para una investigación criminal de tipo III, lo que implicaría al FBI y a fiscales del Departamento de Justicia.»[39] En octubre de 2016, una segunda orden judicial, más concreta, fue solicitada por el FISC para llevar a cabo la vigilancia de un servidor dedicado de la Torre Trump. Una orden de este tipo implicaría o a la fiscal general Loretta Lynch o al director nacional de Inteligencia James Clapper.

La historia, que fue publicada en primer lugar en *Breitbart News*, decía que en junio de 2016 el FBI/Departamento de Justicia o el director nacional de Inteligencia solicitaron al FISC que monitorizara las comunicaciones de Trump y de agentes de su organización y campaña presidencial.[40] Según *Breitbart*, esa solicitud fue denegada por el FISC, que tiene

---

Executive Intelligence Review, 44(13), 31 de marzo de 2017. Disponible en: *http://www.larouchepub.com/other/2017/4413insurrection_v_pres.html*.

[39] «Trump may have an ace up his sleeve on wiretapping charge», *Wayne Madsen Report*, 7 de marzo de 2017.

[40] Kevin Drum, «Guardian: FBI Asked for Warrant to Monitor Trump Aides», *Mother Jones*, 11 de enero de 2017. Disponible en: *http://www.motherjones.com/kevin-drum/2017/01/guardian-fbi-asked-warrant-monitor-trump-aides/*.

un historial de aprobar, por norma general, todas las solicitudes de vigilancia. «En octubre de 2016, una segunda orden judicial, más concreta, fue solicitada por el FISC para llevar a cabo la vigilancia de un servidor dedicado de la Torre Trump que solo estaba unido a dos servidores ubicados en el Alfa Bank, que se encuentra en Moscú.» La historia sobre la solicitud de una orden judicial al FISC para el servidor de Trump proviene exclusivamente de la exmiembro Tory del Parlamento británico, Louise Mensch, una columnista grosera, quien en su paso de dos años por el Parlamento británico destacó por su pertenencia a un comité de investigación sobre medios de comunicación, en el que defendió a Murdoch ante el infame escándalo de los teléfonos pinchados.[41]

El 19 de noviembre de 2016, unas tres semanas después de que los informes sobre la relación entre Trump y Rusia llegasen a la comunidad de la Inteligencia de Estados Unidos, cortesía del controvertido informe elaborado por el exagente del MI6 británico Christopher Steele, *The Washington Post* informaba de que el director de la NSA, la principal agencia de recopilación de datos de inteligencia, visitaba a Trump en la Torre Trump de Nueva York.

«La reunión de Rogers con Trump no había sido autorizada ni por el secretario de Defensa Ashton Carter ni por el director nacional de Inteligencia Clapper, y ambos recomendaron al presidente Obama que Rogers fuera despedido. La reunión de Rogers con Trump fue el 17 de noviembre. El artículo del *Post* decía: "Los jefes del Pentágono y la comunidad nacional de Inteligencia han recomendado al presidente Obama que el director de la Agencia Nacional de Seguridad, el almirante Michael S. Rogers, sea relegado de su cargo. Rogers fue uno de los nombres que se barajó durante la transición del equipo de Trump como sustituto de

---

[41] «Trump may have an ace up his sleeve on wiretapping charge», *Wayne Madsen Report*, 7 de marzo de 2017.

Clapper como director nacional de Inteligencia". El artículo del *Post* seguía: "En un movimiento aparentemente sin precedentes para un oficial militar, Rogers, sin notificarlo a sus superiores, viajó a Nueva York para reunirse con Trump el jueves [17 de noviembre] en la Torre Trump.»[42]

«Es muy posible que Trump fuera informado por Rogers de un ardid por parte de la NSA, autorizado por Clapper, que se usa normalmente para eludir los requerimientos tanto de la FISA como de las órdenes judiciales de tipo III. Si la NSA hubiera ordenado llevar a cabo una vigilancia de la Torre Trump con la excusa de estar haciendo un "ejercicio de entrenamiento", podría haberse eludido la ley federal aplicable. En el pasado, la NSA llevó a cabo un ejercicio de entrenamiento de este tipo para escuchar las llamadas telefónicas entre el secretario de estado Colin Powell y el gobernador de Nuevo México Bill Richardson».[43] Richardson confirmó posteriormente que su teléfono había sido pinchado por la NSA mientras estaba llevando a cabo negociaciones extraoficiales con Corea del Norte aprobadas por Powell.

«Las comunicaciones de personas de Estados Unidos identificadas por la NSA en operaciones de entrenamiento deben ser "minimizadas" o censuradas, según la directiva 18 del código de Inteligencia de Estados Unidos (USSID), la "biblia" de la NSA sobre la ejecución de operaciones dentro del marco de la ley según la FISA y sus consiguientes regulaciones. Los datos recopilados sobre personas de Estados Unidos después de un ejercicio de entrenamiento también deben ser destruidos. Sin embargo, como se ve en la vigilancia de Powell y Richardson, y como se retrata fielmente en la película de ficción *Enemigo público*, que se produjo con el asesoramiento de un alto oficial de la NSA jubilado, esto no siempre es así.

---

[42] «Trump may have an ace up...», *op. cit.*
[43] *Ib.*

»En agosto de 2016, el contratista de la NSA Harold Martin III, de Booz Allen Hamilton (la empresa de Edward Snowden), fue detenido después de que se descubriera que él y otra persona de la que se desconoce el nombre, también detenida, habían puesto a disposición de un tercero que no era una potencia extranjera la capacidad de vigilancia y las herramientas de espionaje cibernético de la sofisticada red de vigilancia digital de la NSA, conocida como TAO (operaciones de acceso a medida).[44] Martin y la otra persona estaban en posesión de información obtenida mediante TAO y denominada las *llaves del reino*. Rogers era el director de la NSA en el momento de la brecha de seguridad. Existe claramente la posibilidad de que Rogers informara a Trump, el 17 de noviembre, sobre la naturaleza del TAO y sobre cómo podría utilizarse para llevar a cabo una vigilancia de la Torre Trump, de la misma manera que se usa para monitorizar comunicaciones y ordenadores de Naciones Unidas, misiones diplomáticas de Naciones Unidas y consulados de Manhattan.

»El 16 de febrero de 2017, CBS News informó que Trump había discutido a gritos con el director de la CIA, Mike Pompeo, al respecto de unas informaciones que decían que la comunidad de Inteligencia estaba coartando información al comandante en jefe. Cabe la posibilidad de que la CIA estuviera relacionada con la brecha en la TAO descubierta en agosto y que implicaba a Martin y a su colega sin identificar, y que la TAO se usara en la Torre Trump, en concreto después de que Trump se asegurara la candidatura presidencial republicana en Cleveland a finales de julio. Sea como fuere, las relaciones entre Trump y Pompeo están tensas. Rogers ha seguido en la NSA y podría haber estado pasando informa-

---

[44] Jo Boecker, Adam Goldman y Michael S. Schmidt, «N.S.A. Contractor Arrested in Possible New Theft of Secrets», *The New York Times*, 5 de octubre de 2016. Disponible en: *https://www.nytimes.com/2016/10/06/us/nsa-leak-booz-allen-hamilton.html?mcubz=0.*

ción a Trump (en los tiempos de la presidencia de Obama) en una operación ilegal y no autorizada llevada a cabo por la TAO en colaboración con las plantas de la CIA dentro de la NSA o la conjunción de NSA y CIA en el Servicio Especial de Recopilación de Beltsville, Maryland, que lleva a cabo vigilancias TAO sobre el terreno.

»Trump no es un experto en las capacidades y la Inteligencia de Estados Unidos, de manera que quizá solo ha entendido una pequeña parte de la historia de los detalles que le fueron transmitidos por Rogers en noviembre del año pasado. Si el "ejercicio de entrenamiento" de TAO estuviese relacionado con escuchas ilegales a Trump y a sus consejeros y equipo, el Watergate parecería un delito menor en comparación.»[45]

«Los estadounidenses deberían recordar que la comunidad de la Inteligencia juró de todas las maneras posibles, con la mano sobre la Biblia, en testificaciones en el Congreso, que no estaba teniendo lugar ninguna vigilancia masiva de la población estadounidense. Las revelaciones de Edward Snowden probaron que aquellas afirmaciones, realizadas bajo pena de perjurio, eran una mentira descarada. Otro hecho que se perdió en la tormenta de "comentarios" es que en ninguna de las investigaciones que llevó a cabo la comunidad de la Inteligencia, bajo cualquiera de sus rúbricas, se encontró absolutamente ningún punto de contacto entre la campaña de Trump y Rusia.»[46]

---

[45] «Trump may have an ace up his sleeve on wiretapping charge», *Wayne Madsen Report*, 7 de marzo de 2017.

[46] Barbara Boyd, «The Insurrection Against the President, and Its British Controllers—Or, Who Really Is George Soros, Anyway?», *Executive Intelligence Review*, 44(13), 31 de marzo de 2017. Disponible en: *http://www.larouchepub.com/other/2017/4413insurrection_v_pres.html.*

2

EL GOLPE DE ESTADO PREVISTO

«El 30 de marzo, en una audiencia completa del Comité de Inteligencia del Senado, un vergonzoso grupo de espías "soviéticos infiltrados" camparon a sus anchas como testigos en el Senado y en las pantallas de televisión de Estados Unidos. A medida que avanzaba la audiencia, la retórica de la Guerra Fría se apoderó del ambiente. Pero los aterrorizados senadores chantajeados estaban aún más locos que sus testigos. [...] Toda la audiencia podría describirse como teatro kabuki estadounidense, o, para ser más precisos, teatro de máscaras, compuesto por voceros del FBI y la comunidad de la Inteligencia e intérpretes del Congreso debidamente serviles, pero enloquecidos y aterrorizados.

»Como era muy evidente en la audiencia, aquellos miembros del Congreso estaban intimidados y aterrorizados. El chantaje, la vigilancia y otras capacidades aún más siniestras del FBI y otras agencias encubiertas tienen a esos representantes electos muertos de miedo. Un testigo de la audiencia del 30 de marzo afirmó que "¡los senadores estaban tan asustados que a menudo tenían que ser contenidos por los testigos!".»[1]

---

[1] Robert Ingraham, «War Party Leads Anti-Trump Drive», *Executive Intelligence Review*, 44(14), 7 de abril de 2017. Dis-

«Tres días antes de la audiencia del Senado, el exvicepresidente de Estados Unidos, Dick Cheney, hizo pública su propia declaración personal de guerra contra el presidente Trump. Hablando en una cumbre de negocios en Nueva Delhi patrocinada por el *Economic Times*, Cheney afirmó: "No hay duda de que [el presidente ruso Vladimir] Putin y su gobierno, su organización, han hecho un gran esfuerzo para interferir a profundidad en nuestros procesos democráticos básicos y fundamentales. Según dónde, esto se consideraría un acto de guerra". Creo que es una forma de comportarse y una actividad que veremos evolucionar… Yo nunca infravaloraría el peso que nosotros, como estadounidenses, otorgamos a los intentos rusos de interferir con nuestros procesos políticos internos.»[2]

«Para su vergüenza eterna, muchos líderes demócratas (y republicanos) se encuentran ahora en el mismo barco que la peor escoria del FBI y la comunidad de la Inteligencia. O, para ser aún menos indulgentes, estos individuos se encuentran abrazados a los asesinos de John F. Kennedy. No les tengan lástima. No son víctimas indefensas, el hecho de haberlo elegido por sí mismos solo incrementa la gravedad de su pecado.

»Tal vez algunos demócratas o "liberales" se consuelen pensando en el papel anti-Trump del "progresista" George Soros para creer que, de alguna manera, están del lado de los buenos; pero Soros no es más que un peón del equipo del Estado profundo británico, que está forzando la guerra. La retórica anti-Trump que rezuma por sus poros está toda dictada por la facción proguerra de Londres. Cuando Dick Cheney y George Soros se dan la mano para derrocar a un presidente electo, cabría esperar que bastara para que incluso

---

ponible en: *https://www.larouchepub.com/eiw/public/2017/eir-v44n14-20170407/37-41_4414.pdf*.

[2] Robert Ingraham, *op. cit.*

el manifestante anti-Trump más engañado se detuviera y pensara. El problema real no es la "política de partidos", sino el miedo insistente en el interior de los representantes electos de Estados Unidos.»[3]

«En un aparato del Estado en el que no hay secretos y en el que, como han mostrado Edward Snowden y otros, todos los desmanes y todas las transgresiones de todos los miembros del Congreso son un libro abierto para la NSA y sus aliados, el comportamiento de estos está completamente guiado por el miedo. El chantaje, o cosas peores, están a la orden del día. La reciente actuación de los líderes demócratas, incluida Maxine Waters, que ya ha empezado a pedir el *impeachment* del presidente Trump, contiene todos los elementos farsescos de una ópera bufa por dos motivos: uno, que todos están siendo utilizados: ellos son la fachada, la necesaria cobertura política para el golpe de Estado en marcha en contra del presidente. Como tal, su cobardía en un momento de asalto total contra el gobierno constitucional del Estado por parte de elementos del Estado profundo podría considerarse casi, si no directamente, traición. Dos, y aún más importante, la determinación de elementos del aparato del Imperio británico de empezar los preliminares de una guerra contra Rusia y China y, en algún momento, llegado el caso, convertir a todos los miembros del Congreso en cómplices.»[4]

Planteado en otros términos, «James Comey cometió traición el 20 de marzo cuando testificó sobre su participación en un golpe de Estado contra el legítimo gobierno de Estados Unidos. Toda la investigación sobre Rusia es un fraude. El auténtico crimen es el intento de golpe de Estado contra un presidente legítimo de Estados Unidos, y la amenaza de forzar una guerra mundial contra Rusia y China, que podría acabar en un holocausto nuclear. Y todo esto,

---

[3] *Ib.*
[4] Robert Ingraham, *op. cit.*

sencillamente, para enmascarar la bancarrota extrema del sistema financiero transatlántico y el fracaso de la clase política dirigente».[5]

James Comey

Entonces, ¿quién es James Comey? «El ya exdirector del FBI es también el exconsejero general de Lockheed Martin, el mayor contratista de defensa y fabricante de armas de Estados Unidos, y asesor de fondos especulativos.

»Lockheed Martin solía gestionar información importante y sistemas de pago del Departamento de Defensa. Al parecer, se separaron de su filial después de que el Departamento de Defensa cerrara su año fiscal 2015 con 6.5 billones de dólares de ajustes imposibles de documentar. […]

»Esto es lo que hay que saber sobre James Comey. Todo cuanto dijo o hizo al respecto de Hillary Clinton o el presidente Trump es irrelevante. El hecho de que James Comey no dijera ni hiciera nada sobre los 6.5 billones de dólares que le faltan al gobierno de Estados Unidos en el ejercicio 2015 nos dice todo lo que hay que saber sobre él.»[6] Esta es una descripción del poder y la autoridad legal del FBI:[7]

> Proteger Estados Unidos de ataques terroristas.
>
> Proteger Estados Unidos de operaciones de espionaje e Inteligencia extranjera.
>
> Proteger Estados Unidos de ciberataques y crímenes de alta tecnología.

---

[5] *Ib.*

[6] Catherine Austin Fitts, «All You Need to Know About James Comey», *Solari*, 14 de mayo de 2017. Disponible en: *https://solari.com/blog/all-you-need-to-know-about-james-comey/*.

[7] Disponible en: *https://www.fbi.gov/about/mission*.

Combatir la corrupción pública a todos los niveles.

Combatir organizaciones y empresas criminales nacionales y transnacionales.

Combatir los delitos económicos.

Uno podría pensar que, con un presupuesto de 8700 millones de dólares, defender la Constitución de Estados Unidos debería ser su principal objetivo. Aunque, al parecer, servir a las necesidades del Estado profundo es más importante.

«Porque si al gobierno de Estados Unidos le falta un billón de dólares, ¿no sería la máxima prioridad del FBI averiguar adónde ha ido el dinero y recuperarlo?

»Sin embargo, si yo fuera una junta de gobierno invisible y secreta, responsable de conservar los billones que he robado, seguro que querría desintegrar el país. Es mucho más fácil que explicar a la gente que has robado el dinero que ellos habían ahorrado para pagar su atención médica y su seguridad social.»[8] «General Electric, por ejemplo, tiene un déficit de 3100 millones de dólares en su fondo de pensiones. Al final del año pasado, su fondo tenía 9400 millones en obligaciones, pero solo 6300 millones en activos, una tasa de financiación de 67%.»[9] «Sí, definitivamente yo también querría empezar la Tercera Guerra Mundial, eso haría que el poder y el dinero siguieran fluyendo en mi dirección. No hay nada como una lucha peligrosa para proporcionar cobertura al fraude financiero. Puedes acabar con un montón de informes y fabricar infinitas excusas.

---

[8] Catherine Austin Fitts, «All You Need to Know About James Comey», *Solari*, 14 de mayo de 2017. Disponible en: *https://solari.com/blog/all-you-need-to-know-about-james-comey/*.

[9] Tyler Durden, «GE's Pension Time Bomb: $31 Billion Shortfall… And Rising», *Zero Hedge*, 20 de junio de 2017. Disponible en: *http://www.zerohedge.com/news/2017-06-20/ges-pension-time-bomb-31-billion-shortfall-and-rising*.

»También deberíamos recordar que la última vez que esta gente organizó un proceso de *impeachment* fue cuando todo el dinero empezó a desaparecer de las cuentas federales y el programa hipotecario federal se utilizó para explotar el fraude hipotecario que condujo a un rescate financiero de los bancos por valor de 27 billones de dólares.

»Si me engañas una vez, la culpa es tuya. Si me engañas dos, la culpa es mía.»[10] La única pregunta para la que necesitamos respuesta por parte de los medios de comunicación, los representantes del gobierno de Obama, el FBI y el Departamento de Defensa es: ¿dónde está el dinero? James Comey pagó tres millones de dólares por su mansión de Connecticut. «El Congreso de Estados Unidos no puede aprobar leyes de atención sanitaria porque no hay dinero para pagarlas y necesita con urgencia una distracción política. Permítanme que sugiera que es un buen momento para atar cabos entre la fortuna personal de Comey y la devaluación de Estados Unidos y su economía.»[11]

Podríamos suponer que el señor Comey no es un guerrero solitario que lucha por la justicia y la libertad, sino un agente de bajo nivel del Estado profundo. «En otras palabras, estamos siendo testigos de un fraude británico muy elaborado y peligroso que juega con el futuro mismo de Estados Unidos. Se pretende que los crímenes reales, las violaciones de la ley al filtrar información interceptada sin censurar, el acoso al adversario político por parte de la Administración Obama (las agencias de Inteligencia han sido entrenadas durante décadas para proporcionar coartadas al presidente en todas estas operaciones) y la colaboración abierta de las agencias de Inteligencia con la campaña

---

[10] Catherine Austin Fitts, «All You Need to Know About James Comey», *Solari*, 14 de mayo de 2017. Disponible en: *https://solari.com/blog/all-you-need-to-know-about-james-comey/*.

[11] Catherine Austin Fitts, *op. cit.*

presidencial de Clinton queden ocultos para siempre. Se espera que el objetivo esencial de esta campaña, la posible alianza entre China, Rusia y Japón para desarrollar el mundo, sea borrado del mapa para siempre.

»Mientras tanto, los principales patrocinadores de Clinton y Obama, los miembros, junto a George Soros, de la Alianza Demócrata de multimillonarios, han sacado a la calle su guerra contra Trump.[12] Con su imaginación de mosquito (recordemos que creen que las más hondas esperanzas y deseos de la población no son más que algoritmos susceptibles de ser explotados), han declarado que recrearán el movimiento Tea Party, pero esta vez contra Trump. Una mezcla de identidades políticas provincianas e intereses especiales: gais, mujeres profesionales de los suburbios, figuras de Hollywood, minorías en ascenso social, defensores del medio ambiente, y la clase profesional de abogados, contables, periodistas y miembros del sector tecnológico constituyen actualmente la base del Partido Demócrata.[13] La clase obrera y los granjeros han sido expulsados por completo. Esta mezcla se moviliza bajo el sencillo eslogan revolucionario "Resiste". Michael Moore ha dado un paso al frente para incitar a los elementos más anarquistas y jacobinos de esta base. Les provoca diciéndoles que el correctamente electo presidente de Estados Unidos debe ser tratado como un "pedófilo".

---

[12] Makada Duncanson, «Anti-Trump Tax March protests being funded by George Soros», *The American Mirror*, 15 de abril de 2017. Disponible en: *http://www.theamericanmirror.com/anti-trump-tax-protests-funded-george-soros/*.

[13] Tanto Thomas Frank en su libro *Listen Liberal* (Scribe Publications, Nueva York, 2016), como Christopher Lasch en su último libro *Revolt of the Elites and the Betrayal of Democracy* (W. W. Norton & Company, Nueva York, 1995), describen esta mezcla de la élite con los legitimados como el golpe final al partido de Franklin Roosevelt. El asesor de Trump, Steve Bannon, ha descrito el libro de Lasch como uno de sus favoritos.

»Desde la elección de Obama en 2008, una estructura paralela surgida de esta ha dominado la política demócrata. Los presidentes de los estados y los líderes constituyentes tradicionales del Partido Demócrata han sido ignorados. Se abandonó a la "clase obrera" en favor de un ejército de profesionales y legitimados, todos envueltos en la pompa y el glamur de Hollywood, imprescindible para el eterno pavoneo de Barack Obama. Los multimillonarios de la Alianza Demócrata, de la que George Soros es solo uno más, destinó mucha financiación a la formación de organizadores profesionales para Organizing for Action, Move On, Working Families Party y otras entidades.»[14]

«La escena es realmente como caer por la madriguera de *Alicia en el país de las maravillas*. Ahora, los líderes de un Partido Demócrata en bancarrota ideológica y peligro de extinción controlan las barricadas. Una gran manifestación de mujeres precedió la investidura de Trump, con miles de mujeres con gorros rosas de gatitos.»[15]

«Como bien insiste Trump, todo este teatro del que estamos siendo testigos no tiene nada que ver con que Hillary Clinton perdiera las elecciones. Hillary Clinton selló su destino cuando llamó a los votantes de Trump una "banda de lamentables" racistas y misóginos.[16] Ella se negó obstinadamente a abordar la depresión económica dominante en todas partes excepto en los enclaves de la élite y las clases profesionales en las costas del país, ciñéndose a los escenarios

---

[14] Barbara Boyd, «The Insurrection Against the President, and Its British Controllers—Or, Who Really Is George Soros, Anyway?», *Executive Intelligence Review*, 44(13), 31 de marzo de 2017. Disponible en: *http://www.larouchepub.com/other/2017/4413insurrection_v_pres.html*.
[15] *Ib.*
[16] Katie Reilly, «Read Hillary Clinton's 'Basket of Deplorables' Remarks About Donald Trump Supporters», *Time*, 10 de septiembre de 2016. Disponible en: *http://time.com/4486502/hillary-clinton-basket-of-deplorables-transcript/*.

demográficos generados por ordenador usados por Obama. Hizo campaña en contra de Glass-Steagall y se ató por completo al legado fallido de Barack Obama. El propio Barack Obama se hizo eco de la estupidez criminal de Clinton al largar discursos sobre que él había creado la recuperación económica, una declaración hecha cuando la tasa de mortalidad de Estados Unidos estaba disparada entre los *babyboomers* (los nacidos después de la Segunda Guerra Mundial y hasta la década de 1960) y la generación X (los nacidos entre mediados de la década de 1960 y hasta principios de la de 1980), porque la mayoría de los antiguos estados industriales están luchando contra una epidemia de suicidios y drogadicción, y mientras secciones enteras de su antiguo territorio organizativo de Chicago saltaba por los aires con asesinatos relacionados con las bandas y las drogas.[17] Hay un límite al número de veces que puedes escupirle a alguien a la cara y decirle que llueve.»[18]

---

[17] *Executive Intelligence Review* detalló los deprimentes resultados del «control de comunidades» y formas de organización similares basadas en Saul Alinsky en 1979, citando una serie del periodista Roy Harvey que mostraba como una operación llevada a cabo por una fundación sobre el terreno en Chicago había acabado en violencia por parte de las bandas que estaban siendo manipuladas en un experimento social con humanos. «The Gangs—Who Benefits?», *Executive Intelligence Review*, 6(31), 7 de agosto de 1979, p. 59. Esa misma violencia relacionada con las bandas y las drogas es la responsable de la horrible tasa de asesinatos de Chicago hoy en día.

[18] Barbara Boyd, «The Insurrection Against the President, and Its British Controllers—Or, Who Really Is George Soros, Anyway?», *Executive Intelligence Review*, 44(13), 31 de marzo de 2017. Disponible en: *http://www.larouchepub.com/other/2017/4413insurrection_v_pres.html.*

3

LAS GUERRAS DE LA DROGA

Ningún imperio puede sobrevivir sin un flujo constante de dinero que financie sus operaciones ilícitas en todo el mundo. Y así, la pregunta para el Estado profundo es ¿cómo se implementa un modelo que es muy dependiente del dinero del crimen organizado? Es imposible pasar a un modelo productivo basado en el crecimiento si tienes un sistema que depende del tráfico de drogas. Recordemos que: agencias de Inteligencia = crimen organizado. Y aquí es donde el sistema vertical del tráfico de drogas entra en juego.

Conectar la droga con el blanqueo de dinero y el sistema bancario a lo grande

A partir de principios de febrero de 2017, el presidente Donald Trump ha iniciado una guerra contra las drogas muy seria. «El 8 de febrero, en un discurso en Washington ante la Asociación de Jefes de Policía de las Grandes Ciudades, el presidente dijo que el azote de las drogas estaba destruyendo el potencial de los jóvenes estadounidenses y el futuro de Estados Unidos, y que debía ser aplastado, mencionando al recién nombrado secretario del Departamento de Seguridad Nacional, el general John Kelly, como el hombre que lideraría el esfuerzo. Al día siguiente, Trump publicó una orden ejecutiva nombrando al recién confirmado fiscal general, Jeff Sessions, jefe del nuevo cuerpo especial "para centrarse en destruir las organizaciones criminales transnacionales y los cárteles de la droga",[1] con la orden de informar, en ciento veinte días, de "organizaciones criminales transnacionales y sus filiales, incluido el grado de penetración de estas en Estados Unidos".[2]

»Este es el primer llamamiento serio a combatir el azote de la droga, que causa devastación en todas las comunidades y en millones de familias en Estados Unidos.»[3] Que la población de Estados Unidos se droga masivamente es un secreto a voces. «Nada igual ha existido en ningún lugar del mundo, nada de este alcance y magnitud, desde la adicción forzosa al opio de decenas de millones de chinos por parte de la monarquía británica de finales del siglo XIX y principios del XX.»[4]

«Durante cuatro décadas, los estadounidenses han consentido que el consumo de drogas los inundara. La responsabilidad recae sobre la clase dirigente prodroga de Wall Street, los medios de comunicación prodroga, los políticos prodroga, la profesión psiquiátrica prodroga y la industria de

---

[1] David Smith, Ben Jacobs y Lois Beckett, «Trump vows law and order crackdown to combat 'menace' of crime», *The Guardian*, 9 de febrero de 2017. Disponible en: *https://www.theguardian.com/us-news/2017/feb/09/donald-trump-police-crime-executive-orders-taskforce-cartels*.

[2] *Ib.*

[3] «President Trump Launches War on drugs, But Must Target Drug Banks», *Larouche Pac*, 12 de febrero de 2017. Disponible en: *https://larouchepac.com/20170212/trump-launches-war-drugs-must-target-drug-banks*.

[4] Robert Ingraham, «War Party Leads Anti-Trump Drive», *Executive Intelligence Review*, 44(14), 7 de abril de 2017. Disponible en: *https://www.larouchepub.com/eiw/public/2017/eirv44n14-20170407/37-41_4414.pdf*.

Hollywood, que está saturada de droga. Se ha creado deliberadamente un ambiente en el que el consumo diario de drogas se percibe como aceptable, cuando no normal o incluso deseable. Esta es la culminación en el siglo XXI de la idea de "soma" del oligarca británico Aldous Huxley.

»Los cálculos actuales indican que, en los últimos treinta días, más de 27 millones de estadounidenses han consumido drogas ilegales.[5] Durante los últimos doce meses, al menos 47 millones de estadounidenses consumieron drogas ilegales.[6] Eso es 15% de la población. Además, estos cálculos no incluyen ni a los millones que consumen de forma legal una amplia variedad de medicamentos con receta que atontan la mente ni a los millones de adictos al alcohol.»[7]

El presidente Trump es muy consciente que el tema de las drogas es vital para el futuro de la nación, como dejó claro en sus afirmaciones ante los jefes de policía de las grandes ciudades en Washington. Insistió en que «todos los niños de Estados Unidos deberían poder jugar en la calle sin miedo, ir andando a casa sin correr peligro y asistir al colegio sin tener que preocuparse por las drogas, ni las bandas ni la violencia… Hay tantas vidas y tantas personas que han sido cercenadas. Su potencial, sus vidas han sido cercenadas. Tanto potencial desaprovechado. Tantos sueños destruidos, completamente rotos».[8] La guerra contra las drogas del presidente Trump tiene que ser muy elogiada y apoyada sin fisuras

---

[5] «Alcohol, Tobacco, and Other Drugs», *Substance Abuse and Mental Health Services Administration*. 30 de octubre de 2015. Disponible en: *https://www.samhsa.gov/atod*.

[6] Disponible en: *http://www.michaelshouse.com/drug-addiction/the-statistics*.

[7] Robert Ingraham, «War Party Leads Anti-Trump Drive», *Executive Intelligence Review*, 44(14), 7 de abril de 2017. Disponible en: *https://www.larouchepub.com/eiw/public/2017/eirv44n14-20170407/37-41_4414.pdf*.

[8] «Remarks by President Trump at MCCA Winter Conference», 8 de febrero de 2017. Disponible en: *https://www.whitehouse.gov/the-*

por todos aquellos que, en cualquier lugar del mundo, valoran el espíritu y la mente humanas.

La orden ejecutiva de Trump contra Droga, S. A.

«La orden ejecutiva de Trump del 9 de febrero, titulada: *Cumplimiento de la ley federal al respecto de las organizaciones criminales transnacionales y la prevención del tráfico ilegal internacional*, es clara y potente: «Las organizaciones criminales transnacionales y sus filiales, incluidos los cárteles transnacionales de la droga, se han extendido por todo el país y amenazan la seguridad de Estados Unidos y sus ciudadanos. Estas organizaciones obtienen beneficios de un comportamiento ilegal amplio, que incluye actos violentos y abusivos que exhiben un desdén gratuito ante la vida humana. Estos grupos promueven el crimen, la corrupción, la violencia y la miseria […]. En concreto, el tráfico ilegal de sustancias ilegales o reguladas por parte de cárteles ha disparado el renacer de un consumo de drogas mortal y el correspondiente aumento de crímenes violentos relacionados con las drogas […]. Se requieren acciones exhaustivas y decisivas para desmantelar estos grupos de crimen organizado y restaurar la seguridad del pueblo estadounidense».[9]

Durante la campaña a la presidencia, Donald Trump habló a menudo sobre su determinación de reconstruir el centro de las ciudades de Estados Unidos. A un público de votantes de Detroit afroamericanos les dijo: «Viven en la

---

press-office/2017/02/08/remarks-president-trump-mcca-winter-conference.

[9] «Presidential Executive Order on Enforcing Federal Law with Respect to Transnational Criminal Organizations and Preventing International Trafficking», 9 de febrero de 2017. Disponible en: *https://www.whitehouse.gov/the-press-office/2017/02/09/presidential-executive-order-enforcing-federal-law-respect-transnational.*

pobreza, sus colegios no son buenos, no tienen trabajo, 58%
de sus jóvenes están en el paro, ¿qué demonios tienen que
perder?».[10] Fue ridiculizado por hacer este tipo de afirmaciones e, incluso e increíblemente, fue tildado de racista por
algunos medios de comunicación. Y, sin embargo, es precisamente cuando el presidente afirma su intención de rescatar
a los habitantes del centro de las ciudades cuando la revelación de una victoria permanente en la guerra contra la droga empieza a quedar clara.

También es importante que el general John Kelly, el exjefe de la Comandancia del Sur de Estados Unidos, que actualmente es el secretario de Seguridad Nacional, fuertemente
opuesto a la implementación de las políticas de legalización de drogas de Barack Obama, al igual que Jeff Sessions,
fiscal general de Estados Unidos, pusiera de manifiesto la
importancia de un «plan por fases que se extiende más allá
de las costas de Estados Unidos, por todo el hemisferio, en
colaboración con los vecinos del norte y el sur de Estados
Unidos»[11] cuando testificó ante el Senado en enero. «Si las
drogas llegan a Estados Unidos, hemos perdido»,[12] dijo.

Él estimó que 99% de la heroína que entra en Estados
Unidos se produce en México. Las amapolas usadas para
extraer la heroína crecen en México y Guatemala y, después,
la droga se envía a Estados Unidos. Destacó la importancia
de una alianza con México y dijo que a Estados Unidos le

---

[10] Jeremy Stahl, «Trump to Black Voters: You're Poor, So Why the
Hell Don't You Vote for Me», *Slate*, 19 de agosto de 2016. Disponible
en: *http://www.slate.com/blogs/the_slatest/2016/08/19/trump_to_black_
voters_you_re_poor_so_vote_for_me.html*.

[11] «Written testimony of DHS Secretary John F. Kelly for a House Committee on Homeland Security hearing titled "Ending the Crisis: America's Borders and the Path to Security"», 7 de febrero de 2017.
Disponible en: *https://www.dhs.gov/news/2017/02/07/written-testi-
mony-dhs-secretary-john-f-kelly-house-committee-homeland-security*.

[12] *Ib.*

gustaría «ayudarlos a perseguir la producción de amapolas […], la creación de laboratorios […], la heroína, la metanfetamina […] antes de que lleguen a la frontera».[13] Deberíamos añadir que la destrucción de la economía mexicana desde el Tratado de Libre Comercio de América del Norte (NAFTA, por sus siglas en inglés) ha dejado a muchos de sus jóvenes sin nada que hacer excepto traficar con drogas. El desarrollo económico es imprescindible.

Con los ataques más recientes a Donald Trump por parte de los medios de comunicación mayoritarios, representantes y líderes de los aparatos del Partido Demócrata y el Partido Republicano y multimillonarios como George Soros, llama la atención el completo silencio al respecto de las formas y medios del tráfico de drogas internacional, un sistema vertical apoyado por los cárteles bancarios y gobiernos más poderosos del mundo.

Según una investigación del Congreso de Estados Unidos, los bancos estadounidenses y europeos blanquean entre 50 000 millones y un billón de dólares al año de dinero procedente del crimen internacional, la mitad de los cuales se blanquean exclusivamente en bancos de Estados Unidos. «Se estima que la mitad de ese dinero va a parar a Estados Unidos», afirma el senador de Míchigan Carl Levin. En otras palabras, durante la década de 1990, se blanquearon entre 2.5 y 5 billones de dólares de dinero criminal y corrupto en bancos de Estados Unidos, un dinero que circuló por el sistema financiero de ese país. En la actualidad, según observadores informados, este número podría haberse doblado fácilmente. ¿Qué significa esto? Que, sin el dinero ilegal, la economía de Estados Unidos se derrumbaría.

Esos 25 000-50 000 millones anuales de dinero sucio cubren parte del déficit de Estados Unidos en su balanza comercial. «Sin el dinero negro», afirmó James Petras, pro-

---

[13] *Ib.*

fesor de la Universidad de Binghamton, «las cuentas exteriores de la economía de Estados Unidos serían totalmente insostenibles, los estándares de vida se hundirían, el dólar se debilitaría, el capital disponible para inversión y préstamo se reduciría mucho y Washington no podría mantener su imperio global».[14]

Nos han hecho creer que el blanqueo de dinero es algo exclusivo de la mafia rusa y de sus primos italianos y colombianos, además de un pequeño grupo de banqueros de Wall Street sin escrúpulos. Nada más lejos de la verdad. Los bancos más importantes de Estados Unidos tienen una relación muy íntima con los negocios de blanqueo de dinero y sustentan el poder global de Estados Unidos mediante la gestión de fondos obtenidos de manera ilegal fuera del territorio. Citando de nuevo a James Petras: «Washington y los medios de comunicación mayoritarios han hecho un retrato en el que Estados Unidos está al frente de la lucha contra el narcotráfico, el blanqueo de dinero procedente de la droga y la corrupción política: la imagen es la de alguien con las manos inmaculadas que lucha contra el dinero negro. La verdad es totalmente lo contrario. Los bancos de Estados Unidos han desarrollado una serie de políticas muy elaboradas para transferir fondos ilícitos a Estados Unidos, invertirlos en negocios legítimos o en bonos del gobierno y legitimarlos».[15]

Existen dos métodos mediante los cuales las principales instituciones bancarias blanquean el dinero: la banca privada y los bancos corresponsales. La banca privada trabaja con clientes extremadamente ricos, y exige depósitos por importe mínimo de un millón de dólares. La banca privada es muy atractiva para el blanqueo de dinero porque, más que asesoramiento financiero, vende confidencialidad para

---

[14] James Petras, *The New Development Politics: The Age of Empire Building and New Social movements*, Ashgate, Burlington, 2003.
[15] *Ib.*

clientes con dinero negro. La banca privada utiliza de forma rutinaria nombres en clave para las cuentas, establece «cuentas de desembolso» que combinan fondos bancarios con fondos del cliente (ahorrando papel en transferencias de miles de millones de dólares), y crea empresas de inversión privadas *offshore* en países con leyes muy estrictas sobre el secreto bancario, como las Islas Caimán, Bahamas, etcétera.

La segunda opción que tienen los grandes bancos para blanquear cientos de miles de millones de dinero negro son los «bancos corresponsales», una técnica financiera en la que el dinero ilícito se mueve de banco a banco «sin hacer preguntas» de manera que los fondos quedan limpios antes de ser utilizados para propósitos legítimos. En los bancos corresponsales, un banco sencillamente proporciona servicios a otro para mover fondos, cambiar divisas o llevar a cabo transacciones financieras. Dado que eso es lo que hacen los bancos normalmente, ¿por qué incurriría un banco en un coste adicional y contrataría a otro para hacer el trabajo?

Según audiencias en el Congreso de Estados Unidos, estas cuentas «proporcionan a los titulares y clientes de bancos extranjeros poco regulados, mal gestionados y, a veces, corruptos, sin ningún control sobre el blanqueo de dinero, acceso directo al sistema financiero de Estados Unidos y la libertad de mover dinero dentro de este país y por todo el mundo».[16] No es necesario decir que algunos de estos clientes son traficantes de droga y otras personas relacionadas con actividades criminales. Algunos de los bancos más grandes especializados en la transferencia de fondos

---

[16] «Minority staff of the permanent subcommittee on investigations report on correspondent banking: a gateway for money laundering», *Role of U.S. correspondent banking in international money laundering. Hearings before the Permanent Subcommittee on Investigations of the Committee on Governmental Affairs United States Senate*, 1, 2 y 6 de marzo de 2001. Disponible en: *https://www.hsgac.senate.gov/download/report_correspondent--banking-a-gateway-for-money-laundering.*

internacionales procesan hasta un billón de dólares en trasferencias electrónicas cada día.[17]

¿Tendrían motivos las principales empresas bancarias del mundo, las agencias de Inteligencia y el Estado profundo para eliminar y desacreditar al presidente de Estados Unidos Donald Trump? Apuesto a que sí.

UNA BREVE HISTORIA DE LAS DROGAS

Empecemos diciendo que el dinero de la droga es una parte inherente de la economía mundial y de Estados Unidos. Al seguir los flujos de capital global, es impactante descubrir que el tráfico de drogas genera anualmente unos beneficios que rondan los 950 000 millones de dólares. Esta cifra incluye la heroína, el opio, la morfina, la marihuana, la cocaína, el crac y los alucinógenos. Como ya hemos dicho, el dinero de la droga es actualmente una parte esencial de los sistemas bancarios y financieros mundiales, que proporciona el efectivo necesario para hacer los «pagos mínimos mensuales» de grandes burbujas de acciones, derivados e inversiones en Estados Unidos y Gran Bretaña.

«La transformación de Gran Bretaña en la gestora del mayor cártel de droga del mundo fue señalada ya en 1776, cuando Adam Smith, en *La riqueza de las naciones*, abogó por un gran incremento de la producción de opio en la India y de su venta en China, bajo el control de la Compañía Británica de las Indias Orientales. La dirección y la financiación de este imperio global de las drogas fueron entregadas a los bancos británicos y a empresas de comercio como Jardine Matheson y el Hong Kong & Shanghai Bank. Muchos

---

[17] James Petras, «"Dirty Money" Foundation of U.S. Growth and Empire», *La Jornada*, 19 de mayo de 2001. Disponible en: *http://www.narconews.com/petras1.html.*

de los individuos que resultaron ser más hábiles en la expansión del tráfico de drogas fueron nombrados caballeros por la reina Victoria y sus sucesores. La riqueza de la City londinense se multiplicó, mientras los cadáveres de sus víctimas se contaban por millones.

»Este imperio real de la droga siguió funcionando abiertamente hasta bien entrado el siglo xx. Entre 1909 y 1914, tuvieron lugar cuatro conferencias internacionales, todas por insistencia de Estados Unidos, con el objetivo de contener el tráfico de drogas. Todas fracasaron a causa de la oposición británica. En 1923, se presentó en la Sociedad de Naciones una propuesta de Estados Unidos para reducir la producción mundial de opio en 90%, pero fue truncada por la delegación británica.

»Durante este periodo, los británicos estaban, de hecho, expandiendo su apuesta por las drogas. En 1927, cargos oficiales del gobierno británico mostraron que en muchas de las colonias asiáticas de Gran Bretaña, incluidas Malasia, Borneo y Sarawak,[18] los beneficios procedentes del tráfico de drogas consistían en 30-50% de los beneficios del gobierno. En la India, durante el mismo periodo, Mahatma Gandhi lideraba las manifestaciones contra los planes de Gran Bretaña de expandir la producción de opio. A lo largo de todo este tiempo, las actas del comité asesor de la comisión de la Liga del Opio documentan la participación ininterrumpida del gobierno británico en el tráfico y la distribución de opio y heroína. La mayoría de las personas creen que las guerras del opio son algo del siglo xix, pero hasta 1937 había 70 millones de adictos al opio y la heroína en China, y toda la droga la suministraba el gobierno británico, los bancos británicos y las empresas de comercio británicas.»[19]

---

[18] Uno de los estados de Malasia en la isla de Borneo.

[19] Robert Ingraham, «War Party Leads Anti-Trump Drive», *Executive Intelligence Review*, 44(14), 7 de abril de 2017. Dis-

Hablamos de la maquinaria política más organizada y vertical del mundo, que disfruta del apoyo logístico de un cártel internacional con 950 000 millones de dólares al año y la protección de todas las entidades políticas que Gran Bretaña y Estados Unidos han creado mediante estas infinitas ganancias invisibles. Esta protección aplica no solamente al cultivo y la distribución, sino que también proporciona apoyo político, ideológico y de Inteligencia. Como sucede con el terrorismo internacional, no se puede eliminar, cosa que indica que algunos de los nombres más importantes de los círculos de la realeza y de la oligarquía/plutocracia internacional son las marionetas de este sistema, quienes gestionan las mordidas y los intermediarios, y los que ocultan las identidades de quienes mueven realmente los hilos.

Tampoco debemos olvidar los gigantescos servicios de apoyo que proporcionan los mercados mundiales de crédito oficial, el comercio de oro y diamantes y la gestión propiamente dicha de la distribución a pequeña escala mediante el crimen organizado. Todos son negocios derivados de Drogas, S. A. Un objetivo del tráfico de drogas es crear capital invisible en efectivo y ponerlo a disposición de quienes quieren obtener ventajas injustas en el mercado. Para lograrlo, ese efectivo debe fluir mediante canales nominales legítimos, y su volumen es tan impresionante que los bancos y otras instituciones financieras no pueden no conocer el origen de estos fondos. El hecho de que la mayor parte de este flujo de dinero sea estacional, y tenga lugar en los dos meses siguientes a la cosecha de amapolas de marzo, solo añade más motivos para nuestro estupor. Que los bancos aleguen ignorancia («no lo sabíamos») es sencillamente absurdo.

---

ponible en: *https://www.larouchepub.com/eiw/public/2017/eir-v44n14-20170407/37-41_4414.pdf.*

Los 950000 millones de dólares al año de dinero ilegal procedente de la droga benefician a los mercados financieros y especialmente a Wall Street. Ese es el motivo por el que se mantiene el tráfico de drogas. Una de las autoras de *From The Wilderness*, Catherine Austin Fitts, subsecretaria de Vivienda con George H. W. Bush y exdirectora gerente en Dillon Read, con una amplia experiencia en la banca de inversión en Wall Street, ha emprendido una cruzada para poner al descubierto las debilidades de este sistema. Ella y su nueva empresa de inversiones fueron rápidamente objetivo de investigación tanto por parte del Departamento de Justicia como del Departamento de Vivienda y Desarrollo Urbano. Ella describe esta experiencia en detalle en su artículo en 13 capítulos colgado en Internet: «Narco-Dollars For Beginners: How the Money Works in the Illicit Drug Trade» (Narcodólares para principiantes: cómo funciona el dinero en el tráfico de drogas ilegal). Los siguientes extractos proceden de ese artículo, de lectura muy recomendable, que aborda el problema tanto de abajo arriba como de arriba abajo:

«Cada día hay dos o tres adolescentes traficando con drogas en la esquina de enfrente de nuestra casa en Filadelfia. Supongamos que van a medias con su proveedor, que cada uno gana aproximadamente 300 dólares al día y que trabajan unos 250 días al año. Su proveedor podría hacer pasar sus beneficios netos, que serían de unos 100000 dólares, aproximadamente, por los de un restaurante local de comida rápida, propiedad de una empresa con cotización oficial. Asumiendo que esa empresa tiene un valor accionarial en el mercado que multiplica por 20 o 30 sus beneficios, un puñado de adolescentes analfabetos genera aproximadamente dos o tres millones en el mercado de acciones para una gran empresa, sin mencionar todo el flujo de depósitos y negocio para los bancos de Filadelfia y las empresas de seguros. [...]

»De modo que si tengo una empresa con unos ingresos de 100000 dólares y un valor en bolsa veinte veces superior a estos ingresos, y puedo encontrar una forma de colar una venta de narcóticos por valor de 100 000 dólares por parte de unos cuantos adolescentes del oeste de Filadelfia en mis declaraciones financieras, puedo hacer que el valor de mis acciones en el mercado pase de dos a cuatro millones de dólares. Puedo doblar mi "popularidad". Son dos millones de beneficio rápido por poner a trabajar a un puñado de adolescentes. [...] El valor total que genera la zona de Filadelfia en el mercado de acciones con una venta de drogas al por menor de entre 20 000 y 40 000 millones de dólares al año equivale a entre 80 000 y 160 000 millones de dólares. Si a esto le añadimos todo lo que se puede hacer con la deuda y otras maneras de incrementar los múltiplos, podría llegar a, pongamos, los 100 000-250 000 millones. [...] Los problemas que esto supone para quienes intentan dirigir una empresa honesta son numerosos. Los problemas que genera en nuestra cultura y nuestra ética del trabajo también lo son. Esta situación asigna el control, cada vez más, a las personas con menor rendimiento, y todo el mundo empieza a comportarse del mismo modo y a seguirlos [...].»[20]

¿Qué implica esto en el mundo de las altas finanzas? Si entidades como Hong Kong & Shanghai Bank, Bank of Nova Scotia, Royal Bank of Scotland, Chase Manhattan Bank, Citibank o General Electric tuvieran 40 millones de dólares de beneficios adicionales procedentes del tráfico de drogas, con un multiplicador de la ratio precio-beneficio de 20, el incremento neto de las acciones de sus empresas sería de 800 millones de dólares anuales. Si sigues pensando que no puede haber una implicación institucional, directa y enorme en el tráfico de drogas, te sorprenderá saber que a finales de junio de 1999 numerosas agencias de noticias,

---

[20] Catherine Austin Fitts, «Narco-Dollars for Beginners "How the Money Works" in the Illicit Drug Trade», *Ratical*, 2001. Disponible en: *https://ratical.org/co-globalize/narcoDollars.html.*

incluida Associated Press, informaron de que Richard A. Grasso, entonces presidente de la Bolsa de Nueva York, viajó a la selva colombiana para reunirse con un portavoz de Raúl Reyes, de las Fuerzas Armadas Revolucionarias de Colombia (FARC). Las FARC son el principal grupo narcoterrorista de Colombia, y están en guerra no oficial con el gobierno de Estados Unidos.

El objetivo del viaje era llevar un mensaje de cooperación por parte de los servicios financieros de Estados Unidos[21] y discutir sobre la inversión extranjera y el futuro papel de las empresas estadounidenses en Colombia. ¿Qué tiene Colombia que Estados Unidos pueda querer? Dinero. Dinero de la droga: más de un billón de dólares en acciones que se han ido forjando en Colombia a lo largo de más de treinta años. Esto equivale a recursos prácticamente ilimitados, algo que hace la boca agua a Wall Street con solo pensar en canalizarlos a sus mercados financieros.

Sin embargo, antes de poder canalizar este dinero a las cuentas anuales, hay que hacer algo para legitimarlo. A diferencia de hace 150 años, los beneficios del lucrativo tráfico de drogas son ilegales. Esa es otra cosa que las personas que intentan entender cómo funciona todo el perverso negocio de la droga pasan por alto. Antes de que el dinero pueda usarse de forma legal, hay que esconderlo y blanquearlo. Pero no se pueden esconder 900 000 millones de dólares debajo del colchón. El dinero se mueve tan rápidamente que, a menos que uno controle los sistemas informáticos o el *software* que lo gestiona, es imposible de rastrear. Así, la ignorancia, especialmente cuando las transacciones para el blanqueo son gigantescas, no es una posición defendible.

---

[21] Reuters, «NYSE Chief Meets Top Colombia Rebel Leader», *Colombia Support Network*, 26 de junio de 1999. Disponible en: *http://colombiasupport.net/archive/199906/nysefarc.html.*

Además, las empresas pueden ganar una fantástica cantidad de dinero pidiendo prestado dinero ilegal a un interés más bajo a los traficantes de droga y a las naciones que trafican, y blanqueándolo en forma de beneficios astronómicos. Cuando se prestan 100 000 millones de dólares ilegales y, por lo tanto, inútiles, a un interés de 5% a una gran empresa, el dinero se convierte en legal y en efectivo.

El número de abril de 2000 de *Le Monde Diplomatique*, la principal fuente de información para los diplomáticos internacionales, descubrió que los servicios de Inteligencia de Estados Unidos, sus bancos y otras empresas multinacionales encabezaban una red global de crimen organizado y blanqueo de dinero. Cárteles, tráfico y especulación internos, balances generales fraudulentos, malversación de fondos públicos, espionaje, chantaje y traición, entre otras muchas actividades sórdidas. Pero eso no puede ir adelante sin la voluntad de los gobiernos de «mantener las regulaciones restrictivas a mínimos, abolir o saltarse las normas existentes, paralizar investigaciones y reducir las penas o conceder amnistías».[22]

Le Monde Diplomatique describe un sistema tangible de flujo de capitales de la droga: «Al permitir fluir el capital sin control de una a otra punta del mundo, la globalización y el abandono de la soberanía han dado cobijo a un crecimiento explosivo del mercado financiero fuera de la ley. [...] Es un sistema coherente estrechamente unido a la expansión del capitalismo moderno y basado en la unión de tres socios: los gobiernos, las empresas transnacionales y las mafias. El negocio es el negocio: los crímenes financieros son en primer lugar, y por encima de todo, un mercado próspero y estructurado, regido por la oferta y la demanda.

---

[22] Christian de Brie, «Thick as Thieves», *Le Monde Diplomatique*, abril de 2000.

»La complicidad de las grandes empresas y el *laissez faire* de los políticos son la única manera de que el crimen organizado a gran escala pueda blanquear y reciclar los enormes beneficios de sus actividades. Y las empresas transnacionales necesitan el apoyo de los gobiernos y la neutralidad de las autoridades de regulación para consolidar sus posiciones, incrementar sus beneficios, contrarrestar y aplastar a la competencia, conseguir "el acuerdo del siglo" y financiar sus operaciones ilícitas. Los políticos están involucrados directamente, y su capacidad para intervenir depende del apoyo y la financiación que los mantiene en el poder. Este conflicto de intereses es una parte esencial de la economía mundial, la gasolina que hace girar las ruedas del capitalismo.»[23]

En otras palabras, las drogas son un gran negocio dirigido, controlado y protegido por gente muy poderosa que trabaja con las principales instituciones bancarias a ambos lados del Atlántico, miembros de distintos gobiernos y empresas importantes cuyas acciones se venden en las principales bolsas mundiales. Una de estas instituciones es la Hong Kong & Shanghai Banking Corporation (HSBC). Después de la segunda guerra del opio (1856-1860), los bancos comerciales y las empresas de comercio británicos crearon la HSBC, «que hasta hoy funciona como cámara de compensación para todas transacciones financieras de Extremo Oriente relacionadas con el mercado negro del opio y los derivados de la heroína».[24]

Cuando la HSBC fue pillada *in fraganti* en 2012 blanqueando miles de millones de dólares de los cárteles mexicanos y colombianos de la droga,[25] «la Administración de

---

[23] Christian de Brie, *op. cit.*

[24] Konstandinos Kalimtgis, David Goldman y Jeffrey Steinberg, *Dope Inc. Britain's opium war against the U.S.*, The New Benjamin Franklin House Publishing Company Inc., Nueva York, 1978.

[25] Jill Treanor y Dominic Rushe, «HSBC pays record $1 9bn fine to settle US money-laundering accusations», *The Guardian*, 11 de di-

Obama, muy ocupada promoviendo el consumo y la legalización de las drogas en Estados Unidos, estableció que ningún banquero sería procesado por blanquear dinero de las drogas, igual que nadie sería procesado por los grandes crímenes de las estafas con derivados que condujeron prácticamente al colapso del sistema bancario occidental en 2007-2008».[26]

En 2009, después del casi colapso del sistema bancario occidental en 2008, Antonio María Costa, el entonces director de la Oficina de las Naciones Unidas contra la Droga y el Delito, señaló que los bancos internacionales se habían vuelto dependientes de las drogas. Afirmó: «A muchos niveles, el dinero de la droga era el único capital de inversión en efectivo. En la segunda mitad de 2008, la liquidez era el principal problema del sistema bancario, y, por lo tanto, el capital en efectivo se convirtió en un factor importante. Los préstamos entre bancos se basaban en dinero que provenía del tráfico de drogas y de otras actividades ilegales... Hay indicios de que algunos bancos fueron rescatados así».[27]

El presidente Trump se ha posicionado para corregir este crimen. «Prometió en campaña que implementaría la ley Glass-Steagall, la ley Franklin Roosevelt, que separaría a los bancos comerciales de los de inversión, de manera que el gobierno solo ofrecería apoyo a los primeros, a quienes se les prohibiría participar en actividades especulativas. Si

---

ciembre de 2012. Disponible en: *https://www.theguardian.com/business/2012/dec/11/hsbc-bank-us-money-laundering*.

[26] «President Trump Launches War on drugs, But Must Target Drug Banks», *Larouche Pac*, 12 de febrero de 2017. Disponible en: *https://larouchepac.com/20170212/trump-launches-war-drugs-must-target-drug-banks*.

[27] Rajeev Syal, «Drug money saved banks in global crisis, claims UN advisor», *The Guardian*, 13 de diciembre de 2009. Disponible en: *https://www.theguardian.com/global/2009/dec/13/drug-money-banks-saved-un-cfief-claims*.

se implementa la ley Glass-Steagall, el flujo de dinero de las operaciones relacionadas con la droga de los bancos "demasiado grandes para quebrar" se secará casi de la noche a la mañana, y acabar con los cárteles de la droga será relativamente fácil.»[28]

Así, no debería sorprendernos que la guerra contra las drogas del presidente Trump proporcione una razón más para la histérica campaña del «Imperio de la droga» de Londres para derrocar a Trump. Una desestabilización como las «revoluciones de colores» dirigidas por George Soros contra naciones de toda Europa, África, Oriente Medio y Sudamérica está siendo dirigida ahora contra el gobierno de Estados Unidos, dirigida por la City londinense, sus filiales en Wall Street y sus medios comprados.

La forma de vencer a este mal es movilizar al pueblo estadounidense y a la gente de todo el mundo para empujar al presidente Trump para que cumpla su promesa de promulgar la ley Glass-Steagal,[29] y restaurar el «sistema estadounidense» de banco hamiltoniano, capaz de dirigir el crédito a la infraestructura nacional, el crecimiento industrial y agrícola y restaurar la dedicación del país a expandir las fronteras del conocimiento científico mediante el desarrollo de la fusión nuclear y la exploración espacial.

El presidente ha demostrado que está dispuesto a trabajar con las grandes naciones del mundo (Rusia, China, Japón y unas Europa y América restauradas) para dar forma a una era de «paz mediante el desarrollo», como con la política de beneficio mutuo del Cinturón y Ruta de la Seda

---

[28] «President Trump Launches War on drugs, But Must Target Drug Banks», *Larouche Pac*, 12 de febrero de 2017. Disponible en: *https://larouchepac.com/20170212/trump-launches-war-drugs-must-target-drug-banks*.

[29] Matt Egan, «Will Trump break up the big banks?», CNN *Money*, 2 de febrero de 2017.

de Xi Jinping. Al restaurar el papel de Estados Unidos como constructor de naciones y proteger el futuro de nuestros hijos como seres humanos productivos y creativos, Estados Unidos puede y debe, una vez más, alzarse como templo de esperanza y faro de la libertad para todo el mundo.

4

¿DESINTEGRACIÓN O ESPERANZA?

Más que cualquier otra cosa, Trump representa el potencial desaprovechado del sistema económico estadounidense, con un progreso, infraestructuras y desarrollo tecnológicos que mejorarán las vidas de todo el mundo por kilómetro cuadrado de espacio natural consumido.

Así, la histeria sin precedentes de los medios de comunicación mayoritarios y los neocons a ambos lados del Atlántico al respecto de la elección de Donald Trump es materia para un caso de estudio de primer nivel sobre las auténticas dinámicas que tienen lugar en el escenario estratégico global. «Deja muy claro, incluso a los más ingenuos partidarios de la corrección política, que lo que está sucediendo no tiene nada que ver con los intereses de un partido, o de un Estado, en relación a otro. Tiene que ver con los métodos empleados por un imperio que se derrumba ante la emergencia de un nuevo paradigma, el contenido del cual aún no ha sido completamente definido con claridad, pero que, sin embargo, representa el rechazo al sistema de globalización.»[1]

---

[1] Helga Zepp-LaRouche, «The Foreign Power Corrupting U.S. Politics Is London, not Moscow», *Larouche Pac*, 18 de enero de 2017. Disponible en: *https://larouchepac.com/20170118/foreign-power-corrupting-us-politics-london-not-moscow.*

¿Cuál es, entonces, el problema? Eric Denécé, director del Centre Français de Recherche sur le Renseignement (CF2R), un *think tank* independiente, publicó el siguiente análisis, bajo el título *Una sorprendente falta de pruebas*, después de leer el informe del Departamento de Seguridad Nacional y el FBI sobre la supuesta intervención rusa en la campaña electoral de Estados Unidos: «La victoria de Trump tomó totalmente desprevenida a la clase dirigente de Washington, que entendió que tendría lugar una "gran limpieza" en la que muchos de sus miembros perderían su posición política y sus filiales económicas conectadas con sus alianzas internacionales».[2]

Esta afirmación es precisa, pero solo muestra uno de los aspectos de la situación. Aparentemente, a la clase dirigente neoliberal transatlántica le está costando aceptar el hecho de que Trump fuera elegido democráticamente. Su «mundo se está viniendo abajo», como dijo la canciller Angela Merkel; están «perplejos», en palabras de su ministra de Defensa, Ursula von der Leyen. «El mundo que se está viniendo abajo es el del poder único, que los neocons de la Administración Bush pusieron en marcha cuando se rompió la Unión Soviética. En ese momento, los neocons proclamaron su proyecto para un nuevo siglo estadounidense y para consolidar un imperio mundial sobre la base de una relación especial angloestadounidense.

»Los gobiernos que no se sumaran a este mundo con un poder único serían eliminados con el paso del tiempo mediante una política de cambio de régimen, por ejemplo, las revoluciones de colores financiadas desde fuera de los países, como admitió sin sonrojarse Victoria Nuland en el

---

[2] «French Intelligence Expert Sees 'Shocking Lack of Proof' of Russian Hacking», *Executive Intelligence Review*, 9 de enero de 2017. Disponible en: *http://www.larouchepub.com/pr/2017/170109_lack_of_proof.html*.

caso de Ucrania.»[3] Solo el Departamento de Estado de Estados Unidos gastó allí cinco millones de dólares en ONG.[4] Pero esta política también implicaba la intervención militar directa con el pretexto de la defensa de la democracia y los derechos humanos, como en el caso de Irak, Libia y Siria. Y, naturalmente, Rusia y China eran los objetivos finales de esta política de cambios de régimen. «La burocracia de la Unión Europea era el socio más joven y anónimo de este acuerdo, un beneficiario del sistema globalizado con ansias de la máxima expansión imperial, como admitió abiertamente el diplomático británico Robert Cooper,[5] y compitiendo solo esporádicamente con el dominio de la City londinense y Wall Street.

»Un prerrequisito para ser miembro del club de la clase dirigente del mundo del poder único es la adopción natural de la "narrativa" oficial de que todas esas desestabilizaciones de gobiernos elegidos democráticamente y todas esas guerras son por la "libertad", la "democracia" y los "derechos humanos", y que sus objetivos son siempre "dictadores" y demonios. Y, por supuesto, todos los que se ponen las gafas del poder único, cuando quieran referirse a los motivos por los que están huyendo los refugiados, no podrán hacer más que repetir esa palabra, porque en cualquier otro caso

---

[3] Helga Zepp-LaRouche, «The Foreign Power Corrupting U.S. Politics Is London, not Moscow», *Larouche Pac*, 18 de enero de 2017. Disponible en: *https://larouchepac.com/20170118/foreign-power-corrupting-us-politics-london-not-moscow*.

[4] «Victoria Nuland Admits: US Has Invested $5 Billion in the Development of Ukrainian, "Democratic Institutions"», International Business Conference at Ukraine in Washington (National Press Club), 13 de diciembre de 2013. Disponible en: *http://www.informationclearinghouse.info/article37599.htm*.

[5] El ensayo de Robert Cooper «The Post-Modern State and the World Order» fue publicado íntegramente en *The Guardian* el 7 de abril de 2002, bajo el titular «The New Liberal Imperialism».

tendrían que condenar las guerras ilegítimas que han costado la vida a millones de personas y después habrían sido expulsados del club.

»Y ahora, tenemos a Trump, una persona que ha ganado las elecciones de Estados Unidos, alguien que, como dijo Obama de Putin, no pertenece al "equipo"[6]; quien coincide con la congresista Tulsi Gabbard y un buen grupo de personalidades militares conservadoras en que estas guerras de cambio de régimen deben acabar; y quien, incluso, en una última profanación del más grave tabú, pretende restablecer las relaciones con Rusia.

»El respetado periodista de investigación estadounidense Robert Parry comparó[7] los métodos que estaban siendo utilizados contra Trump por los servicios de Inteligencia estadounidense con las tácticas de chantaje de J. Edgar Hoover.»[8]

A PLENA LUZ

«Sin embargo, lo que resulta espectacular al respecto de la operación en contra de Trump es que la Inteligencia británica y su equivalente estadounidense, que han trabajado durante décadas como espías en la sombra, se han visto obligados a salir a la luz. Esta operación esencialmente *amateur*, dirigida por Steele, el hombre al mando cuando salió a la

[6] Todd Beamon, «Obama on Putin: 'Not on Our Team'», *Newsmax*, 6 de enero de 2017. Disponible en: *http://www.newsmax.com/Politics/obama-vladimir-putin/2017/01/06/id/767285/*.

[7] Robert Parry, «Pulling a J. Edgar Hoover on Trump», *Consortium News*, 12 de enero de 2017. Disponible en: *https://consortiumnews.com/2017/01/12/pulling-a-j-edgar-hoover-on-trump/*.

[8] Helga Zepp-LaRouche, «The Foreign Power Corrupting U.S. Politics Is London, not Moscow», *Larouche Pac*, 18 de enero de 2017. Disponible en: *https://larouchepac.com/20170118/foreign-power-corrupting-us-politics-london-not-moscow*.

luz la corrupción en la FIFA y el principal agente del MI6 en el asesinato de Litvinenko, reveló la intervención directa del Imperio británico, del que el término *globalización* es solo un sinónimo, en los asuntos internos de Estados Unidos.

»Este imperio es algo más que las naciones de Estados Unidos y Gran Bretaña. Son las fuerzas oligarcas que ejercen su poder en todo el sistema financiero transatlántico neoliberal y la defensa militar del orden mundial del poder único, y les importa un bledo el bienestar general de la población de los países en que, da la casualidad, de que viven. Está teniendo lugar una revolución global en contra de este imperio, que se ha expresado en el *brexit*,[9] como ya lo hizo con la victoria de Trump y el «no» en el referéndum de Renzi en Italia.

»La afirmación de que Putin robó las elecciones a Hillary Clinton, o de que se entrometerá en las próximas elecciones de diversos países europeos, es el intento desesperado de un imperio que se derrumba de lograr, de alguna manera, obtener el control de la narrativa.»[10]

Un artículo del *New York Times* del 1 de marzo demuestra[11] por qué los políticos neoliberales y proglobalización y los medios de comunicación en Europa reaccionaron con tanta arrogancia y desfachatez desde el momento siguiente a la victoria del presidente de Estados Unidos elegido

---

[9] Allum Bokhari y Milo Yiannopoulos, «Brexit: Why the Globalists Lost», *Breitbart*, 24 de junio de 2016. Disponible en: *http://www.breitbart.com/milo/2016/06/24/the-end-of-globalism/*.

[10] Helga Zepp-LaRouche, «The Foreign Power Corrupting U.S. Politics Is London, not Moscow», *Larouche Pac*, 18 de enero de 2017. Disponible en: *https://larouchepac.com/20170118/foreign-power-corrupting-us-politics-london-not-moscow*.

[11] Matthew Rosenberg, Adam Goldman y Michael S. Schmidt, «Obama Administration Rushed to Preserve Intelligence of Russian Election Hacking», *The New York Times*, 1 de marzo de 2017. Disponible en: *https://www.nytimes.com/2017/03/01/us/politics/obama-trump-russia-election-hacking.html?mcubz=0*.

democráticamente. A principios del otoño de 2016, como ya hemos dicho, «Obama ya había empezado a reducir la clasificación de Inteligencia de numerosos informes dudosos sobre supuestas manipulaciones del proceso electoral de Estados Unidos por parte de Rusia; unos informes basados, en parte, en fuentes británicas y que en este momento siguen sin tener ninguna prueba que los sustente. Esto le permitió maximizar el número de personas con acceso a estos informes. Una información análoga se entregó a los aliados europeos y, obviamente, también a determinados medios de comunicación.

»Esto explica la arrogancia sin precedentes con la que estos círculos (como si lo hubieran acordado previamente) se mostraron tan seguros de que Trump no acabaría su mandato en la Casa Blanca y que "los periodistas de investigación van a tener mucho qué hacer",[12] como publicó *Tagesschau*. "¿Será Donald Trump asesinado, destituido por un golpe de Estado o sencillamente se le hará un *impeachment*?", escribió el *Spectator* británico. En el mismo sentido se expresaba el director de *Die Zeit*, Josef Joffe, que sopesaba la idea de un "asesinato en la Casa Blanca" en el programa de emisión en abierto ARD's Press Club, y el locutor de radio francés Karl Zéro, que repasó las numerosas formas de asesinato mediante las cuales Trump podría dejar pronto este mundo[13] en su programa emitido en la radio pública francesa, France Info.

»El londinense *Daily Mail* citó a una fuente anónima, supuestamente un amigo de la familia, que decía que Obama quería liderar personalmente una campaña desde

---

[12] James Risen, «If Donald Trump Targets Journalists, Thank Obama», *The New York Times*, 30 de diciembre de 2016. Disponible en: *https://www.nytimes.com/2016/12/30/opinion/sunday/if-donald-trump-targets-journalists-thank-obama.html?mcubz=0*.

[13] Karl Zéro, «Si j'étais… Mike Pompeo», *FranceInfo Radio France*, 21 de febrero de 2017. Disponible en: *http://www.francetvinfo.fr/replay-radio/si-j-etais/si-j-etais-mike-pompeo_2052775.html*.

su nueva mansión en el barrio de Kalorama en Washington, con el objetivo de sacar a Trump de la Casa Blanca, ya fuese mediante *impeachment* o dimisión».[14]

La cronología de este ataque organizado es la siguiente:

«10 de enero de 2017: *Buzzfeed News* publica un informe de 35 páginas sobre la supuesta conspiración de Trump con Rusia que contenía numerosas afirmaciones refutables y fuentes anónimas. Más adelante, se sabe que el autor del informe era Christopher Steele, un exagente del MI6. Supuestamente, el documento había sido solicitado por los adversarios políticos de Trump en Estados Unidos, primero los republicanos y después los demócratas.

»12 de enero de 2017: un artículo de la BBC de Paul Wood acuña el concepto de Trump como agente ruso, afirmando que cuenta con cuatro fuentes, todas anónimas, que confirman la validez de las afirmaciones del informe. Establece el tono para la petición de *impeachment*: "Esta es una situación extraordinaria, diez días antes de que el señor Trump sea nombrado presidente, pero se anunció durante la campaña". El artículo no presenta pruebas, de hecho, admite que no se ha encontrado rastro financiero ni pruebas en vídeo, pero igualmente concluye, citando al exdirector de la CIA Michael Morell y al exjefe de la CIA y la NSA Michael Hayden, llamando a Trump "un agente inconsciente de la federación rusa" y un "tonto útil". Wood afirma: "Agente, marioneta, ambos términos implican algún tipo de influencia o control por parte de Moscú… El origen de estas afirmaciones era información que, en ese momento, tenía la comunidad de la Inteligencia. Ahora todos los estadounidenses las han oído. Poco menos de una semana antes de la investidura,

[14] Helga Zepp-LaRouche, «Obama, the Maidan Führer, vs. Trump? Where Does Europe's Real Interest Lie?», *Executive Intelligence Review*, 44(10), 10 de marzo de 2017. Disponible en: *https://www.larouchepub.com/eiw/public/2017/eirv44n10-20170310/02-04_4410.pdf*.

tendrán que decidir si su presidente electo estaba siendo realmente chantajeado por Moscú".

»19 de enero de 2017: en una entrevista en el Foro Económico Mundial de Davos, en Suiza, George Soros "predice" que la presidencia de Trump fracasará, y que la desunión, de la que él mismo es el principal promotor, triunfará, y dice: "Personalmente, estoy convencido de que fracasará… no a causa de personas como yo, que nos gustaría que así fuera, sino porque las ideas que lo guían se contradicen mutuamente de forma inherente y estas contradicciones ya se ven encarnadas en sus asesores".

»21 de enero de 2017: se publica un artículo en el *Spectator*, firmado por el mismo Paul Wood, titulado: "Will Donald Trump be assassinated, ousted in a coup or just impeached?" (¿Será Donald Trump asesinado, destituido por un golpe de Estado o sencillamente se le hará un *impeachment*?). Cita a Alexander Hamilton al respecto del "deseo de poderes extranjeros de obtener un ascenso inapropiado en nuestros consejos" y vuelve a afirmar que Trump es un "agente de influencia" rusa, comprado o chantajeado por el Kremlin. El título del artículo ya lo dice todo. Después introduce insinuaciones de pagos como motivo para el *impeachment*, y concluye: "El *impeachment*, por inverosímil que parezca, no es la opción más extraña que se discute en esta ciudad mientras el 45º presidente jura su cargo".

»23 de enero de 2017: Citizens for Responsible Ethics (CREW) presenta una demanda por honorarios contra el presidente Trump en el tribunal del distrito sur de Nueva York. CREW es una organización financiada por George Soros, que ha recibido 740 000 millones de dólares desde 2010 por parte de la Foundation to Promote Open Society de la familia Soros y otros 150 000 del Open Society Institute en 2010. El actual presidente de CREW, David Brock, no es nuevo en esto de los golpes de Estado contra Estados Unidos dirigidos por Gran Bretaña. También inició la campaña en medios de comunicación "Troopergate", como autor de la revista conservadora *American Spectator* en 1994, que condujo al *impeachment* del presidente demócrata Clinton. Brock no ha cambiado de bando, se limita a seguir con su trabajo en favor del Imperio británico.

»2 de marzo de 2017: *The Independent* de Londres informa que, a pesar de que se ha demostrado que el informe Steele es absurdo y está lleno de errores, miembros del Congreso de Estados Unidos están intentando que el propio Steele testifique en la investigación sobre los lazos de Trump con Rusia que va a tener lugar próximamente en el Congreso. *The Independent* afirma: "se entiende que los demócratas, así como algunos republicanos, del Congreso están dispuestos a facilitar reuniones iniciales discretas en el Reino Unido o en otro territorio neutral". También se informa en muchos medios que el FBI intentó pagar a Steele para que continuara su investigación, incluso después de que sus datos fueran desacreditados».[15]

El Partido Demócrata repite como un mantra su «narrativa» que dice que los ataques informáticos rusos fueron los responsables de su derrota, en lugar de enfrentarse al hecho de que la auténtica causa son las catastróficas políticas de Obama y Hillary Clinton en relación con el sector de la clase media-baja que apoyaba a Trump. Los agentes de inteligencia que quedaron de la Administración Obama filtraron casi a diario a los medios de comunicación grabaciones telefónicas que, supuestamente, probaban las relaciones inapropiadas entre miembros de la Administración Trump

---

[15] Rachel Brown, «British Coup Against U.S. Presidency Begins to Crumble», *Executive Intelligence Review*, 44(11), 17 de marzo de 2017. Disponible en: *http://www.larouchepub.com/eiw/public/2017/ eirv44n 11-20170317/02-04_4411.pdf.*

y Rusia.[16] El ejemplo más reciente: conversaciones que el fiscal general Jeff Sessions tuvo con el embajador de Rusia en Estados Unidos, Sergey Kislyak,[17] como miembro del Comité de Servicios Armados del Senado, unas conversaciones que formaban parte de su trabajo, y que están siendo usadas por los demócratas como munición para pedir la dimisión de Sessions.

El ministro de Asuntos Exteriores ruso, Sergey Lavrov, comentó sobre las acusaciones procedentes de «fuentes anónimas»[18] al respecto de que Kislyak era un espía y un reclutador de espías, que todo aquello le recordaba al periodo de Joe McCarthy, y que el presidente Trump en persona había hablado de aquello como una caza de brujas absoluta contra él y su Administración.

«De hecho, es una nueva caza de brujas macartista, que está orquestando la clase dirigente neoliberal de ambos lados del Atlántico. Es porque Trump ha aparcado todo el sistema de axiomas del "mundo del poder único" que Estados Unidos ha estado siguiendo desde los inicios de la Administración de George W. Bush, como ha dejado claro el presidente

---

[16] David Martosko y Francesca Chambers, «Trump claims he's been 'somewhat' vindicated after Republican intel committee chair says the Obama administration WAS eavesdropping - and may even have picked up his PERSONAL calls», *The Daily Mail*, 22 de marzo de 2017. Disponible en: *http://www.dailymail.co.uk/news/article-4339602/There-gov-t-surveillance-Trump-s-transition-team.html*.

[17] Julia Ioffe, «Why Did Jeff Sessions Really Meet with Sergey Kislyak?», *The Atlantic*, 13 de junio de 2017. Disponible en: *https://www.theatlantic.com/politics/archive/2017/06/why-did-jeff-sessions-really-meet-sergey-kislyak/530091/*.

[18] Sophia Tesfaye, «Report: Trump "revealed more information to the Russian ambassador than we have shared with our own allies"», *Salon*, 16 de mayo de 2017. Disponible en: *http://www.salon.com/2017/05/15/report-trump-revealed-more-information-to-the-russian-ambassador-than-we-have-shared-with-our-own-allies/*.

Trump en su discurso en la sesión conjunta del Congreso del 28 de febrero. Los argumentos de Trump de que se podría haber reconstruido la economía de Estados Unidos dos o tres veces con los seis billones de dólares que se gastaron en las guerras en Medio Oriente ponen de manifiesto el enorme contraste existente.»[19]

---

[19] Helga Zepp-LaRouche, «Obama, the Maidan Führer, vs. Trump? Where Does Europe's Real Interest Lie?», *Executive Intelligence Review*, 44(10), 10 de marzo de 2017. Disponible en: *https://www.larouchepub.com/eiw/public/2017/eirv44n10-20170310/02-04_4410.pdf*.

5

GEORGE SOROS

La persona que ha ido apareciendo a hurtadillas a lo largo de todas las páginas de este capítulo, una palabra aquí, una mención allá, un nexo con él mediante uno de los personajes del consejo de administración, luego desaparece… y reaparece unas líneas más abajo con otro disfraz, no es otro que George Soros, a quien le gusta patrocinar grupos subversivos de la izquierda radical.[1]

Para la mayoría de las personas, George Soros es un filántropo, un Robin Hood, un hombre que dona cientos de millones de dólares para construir un mundo mejor. Un hombre de paz y libertad. Un inversor inteligente y un hombre de negocios con cierto aire de Rey Midas. Sin embargo, el auténtico retrato de Soros es algo distinto. Él es o, mejor dicho, su grupo de fundaciones es un frente de la comunidad de inteligencia angloestadounidense de izquierda por un lado y el «Proyecto Democracia» del gobierno de Estados Unidos por el otro.

---

[1] Kalee Brown, «White House Petition to Declare Elitist George Soros a "Terrorist" & Seize His Assets Is Gaining Momentum», *Collective Evolution*, 7 de septiembre de 2017. Disponible en: *http://www. collective-evolution.com/2017/09/07/white-house-petition-to-declare-elitist-george-soros-a-terrorist-seize-his-assets-is-gaining-momentum/*.

Es imperativo saber quién es George Soros y de dónde viene. «Soros no acaba de llegar al mundo de la actividad criminal. Según algunos exsocios e informaciones publicadas, fue la mano derecha del barón Edmond de Rothschild, George Karlweiss, quien también lanzó la carrera del fugitivo y traficante de narcóticos Robert Vesco, quien le dio el dinero para empezar. Desde entonces, Soros ha estado involucrado en distintas operaciones violentas, como guerras financieras especulativas para destruir monedas nacionales, respaldar políticas asesinas de eutanasia contra quienes "se aprovechan del sistema" y aportando mucho dinero a campañas internacionales para la legalización de las drogas.»[2] Además, tiene una relación de no demasiada traición con los nazis durante la Segunda Guerra Mundial.[3]

Hector Rivas, en su artículo *Soros: Hit Man for the British Oligarchy* (Soros: el sicario de la oligarquía británica), explica: «Soros dio inicio a su legado genocida trabajando para la maquinaria asesina que masacró a más de 500 000 judíos húngaros durante el Holocausto. El joven Soros se encargaba de saquear las propiedades de los judíos a las órdenes del teniente general de las ss Kurt Becher, jefe de la Waffen ss. [...] El príncipe Alexis Scherbatoff, exmiembro de los cuerpos de contrainteligencia del ejército de Estados Unidos antes y después de la Segunda Guerra Mundial, afirmó que Soros consiguió su primera pequeña fortuna vendiendo su parte del botín obtenido por los nazis. [...] El 30 de noviembre de 1994, Soros habló ante un grupo de personas en el Centro Médico Presbiteriano de Columbia, y

---

[2] Hector Rivas, «Soros: Hit Man for the British Oligarchy», *Executive Intelligence Review*, 35(26), 4 de julio de 2008. Disponible en: *http://www.larouchepub.com/eiw/public/2008/2008_20-29/2008-27/pdf/65-67_3526.pdf.*

[3] Now The End Begins, «George Soros Interview Where He Admitted He Was A Nazi Collaborator», 15 de noviembre de 2016. Disponible en: *https://www.youtube.com/watch?v=0PUDmLCkgNc.*

anunció su nueva fundación: Project on Death in America, dedicada a modificar los protocolos de enfermeras y médicos en los hospitales y pasar de caros tratamientos que salvan vidas a un buen cuidado de cara a la muerte. […] La ley para una muerte digna de Oregón es un programa de suicidio asistido patrocinado por Soros para ofrecer recetas letales a los pacientes».[4]

La supuesta promoción de Soros del narcoterrorismo es el equivalente a las cañoneras que empleaba el Imperio cuando emprendió sus guerras del opio contra China y la India en el siglo XIX. Uno de los principales traficantes de droga del Imperio británico escribió que mientras el consumo de drogas siguiera dominando el país, no había ni el más mínimo motivo para temer que se convirtiera en una potencia militar importante, dado que la adicción mina la energía y la vitalidad de la nación. «Soros es el testaferro del Imperio, y proporciona cobertura a la asquerosa política de saqueo conocida de manera eufemística como globalización. Mediante organizaciones como Human Rights Watch, la Soros Foundation y el Open Society Institute, Soros promueve las drogas y destruye naciones.»[5]

En Perú, por ejemplo: «Soros fue pillado financiando directamente al candidato prodroga Alejandro Toledo, con alrededor de 1 000 000 de dólares, en su afán por echar del poder al presidente peruano Alberto Fujimori. El intento revolucionario de Toledo, la "Marcha de los Cuatro Suyos", surgió de un foro organizado por la NED de Madeleine Albright. Por otro lado, Albright autorizó el viaje del presidente y CEO de la Bolsa de Nueva York, Richard Grasso, para reunirse y festejar con la banda de terroristas y narcos

---

[4] *Ib.*

[5] *Your enemy George Soros. A LaRouche Pac Dossier on the Man Destroying the Democratic Party*, LaRouche Political Action Committee, junio de 2008.

de Colombia, las FARC. Soros invirtió personalmente en el Banco de Colombia de la familia Gilinski,[6] establecida en Cali, Colombia, citado tanto por la Inteligencia de Estados Unidos como de Rusia como una lavandería de dinero que se utiliza para comprar propiedades en Rusia y Crimea».[7]

«Al afirmar que los Estados "tienen intereses, pero no principios", Soros explica que la sociedad abierta ideal suprimiría los intereses nacionales concretos, mientras una estructura política y financiera internacional[8] se ocuparía del llamado bien común [...]. Cualquier nación que rechace la globalización (por ejemplo, el imperialismo británico), es una sociedad cerrada y sujeta a ataques por parte de Soros y su gobierno en la sombra, formado por agentes nacionales».[9]

EL SECRETO DE QUANTUM FUND NV

«Soros es la cara visible de una vasta y sucia red secreta de intereses financieros privados, controlados por la aristocracia y las familias reales que lideran Europa, con su epicentro en la casa británica de Windsor. Esta red, denominada

---

[6] «Bloomberg Billionaires Index: Jaime Gilinski Bacal», *Bloomberg.* Disponible en: *https://www.bloomberg.com/billionaires/profiles/jaime-gilinski-bacal/.*

[7] Barbara Boyd, «The Insurrection Against the President, and Its British Controllers—Or, Who Really Is George Soros, Anyway?», *Executive Intelligence Review*, 44(13), 31 de marzo de 2017. Disponible en: *http://www.larouchepub.com/other/2017/4413insurrection_v_pres.html.*

[8] «The Open Society (NGO's) Rules in Balkan», *Intelligence & Geostrategies Analisys*, 1 de marzo de 2012. Disponible en: *https://adriaticus-confidential.blogspot.com.es/2012/03/open-society-ngos-rules-in-balkan.html.*

[9] *Your enemy George Soros. A LaRouche Pac Dossier on the Man Destroying the Democratic Party*, LaRouche Political Action Committee, junio de 2008.

por sus miembros el Club de las Islas, se construyó sobre los restos del naufragio del Imperio británico tras la Segunda Guerra Mundial.»[10] Según el *American Almanac*, el Club de las Islas es una asociación informal de la realeza europea, incluida la reina Isabel II, que controla unos diez billones de dólares en acciones. Domina corporaciones gigantescas, como: la holandesa Shell, Imperial Chemical Industries, Lloyds de Londres, Unilever, Lonrho, Rio Tinto Zinc y la angloestadounidense DeBeers. Domina el suministro mundial de petróleo, oro, diamantes y muchas otras materias primas vitales; y despliega estos activos no solo para alcanzar sus objetivos geopolíticos.

«En lugar de utilizar los poderes del Estado para alcanzar sus objetivos geopolíticos, se desarrolló un *holding* de intereses financieros privados y entrecruzados, ligados a la antigua oligarquía aristocrática de Europa Occidental. En muchos aspectos, se diseñó según la Compañía Británica y Holandesa de las Indias Orientales del siglo XVII. El corazón de este Club de las Islas es el centro financiero del antiguo Imperio británico, la City londinense. Soros es lo que en el medievo se denominaban *hofjuden*, "judíos de la corte", que eran desplegados por las familias aristocráticas.

»Los más importantes de ese grupo de "judíos que no son judíos" son los Rothschild, quienes lanzaron la carrera de Soros. Son miembros del Club de las Islas y siervos de la familia real británica. Esto ha sido así desde que Amschel Rothschild vendió a las tropas británicas hessianas para luchar contra George Washington durante la Revolución estadounidense.

---

[10] William Engdahl, «The Secret Financial Network Behind 'Wizard' George Soros», *Executive Intelligence Review*, 23(44), 1 de noviembre de 1996. Disponible en: *http://www.larouchepub.com/eiw/public/1996/eirv23n44-19961101/eirv23n44-19961101_054-the_secret_financial_network_beh.pdf*.

»Soros solo es estadounidense en su pasaporte. Es un operador financiero global, que resulta que está en Nueva York sencillamente porque "ahí es donde está el dinero", tal y como dijo una vez el ladrón Willy Sutton cuando le preguntaron por qué siempre robaba bancos. Soros especula en los mercados financieros mundiales mediante su empresa *offshore*, Quantum Fund NV, un fondo de inversión privado o "fondo especulativo". Se sabe que este fondo especulativo gestiona entre 11 000 y 14 000 millones de dólares de fondos en nombre de sus clientes o inversores, uno de los principales es, según Soros, la reina Isabel II de Inglaterra, la persona más rica de Europa.»[11]

El nombre de *Quantum* alude al principio de indeterminación de Werner Heisenberg: la imposibilidad de medir simultáneamente la posición y la velocidad de una partícula atómica. Aplicada a los mercados, la idea es que estos no pueden contrarrestarse sin afectar a sus perspectivas, para bien y para mal. La elección de Soros fue tanto un guiño irónico como un homenaje a las ideas de falibilidad, reflexividad y a su propia definición de determinismo incompleto.

«El Quantum Fund está dado de alta en el paraíso fiscal de las Antillas Neerlandesas, en el Caribe. Esto es para evitar pagar impuestos, así como para ocultar la auténtica naturaleza de sus inversores y lo que él hace con su dinero. Para evitar el control del gobierno de Estados Unidos sobre sus actividades financieras, algo que los fondos de inversión registrados en Estados Unidos deben hacer por ley para poder operar, Soros movió su domicilio legal al paraíso fiscal caribeño de Curaçao. Las Antillas Neerlandesas han sido citadas en muchas ocasiones por el Grupo de Acción Financiero sobre el Blanqueo de Capital de la Organización para la Cooperación y el Desarrollo Económicos (OCDE) como uno de los centros más importantes del mundo de blanqueo

---

[11] William Engdahl, *op. cit.*

ilegal de beneficios procedentes de la cocaína de Latinoamérica y otro tráfico de drogas. Es un territorio holandés. [...]

»George Soros forma parte de una mafia financiera bien tejida ("mafia" en el sentido de una fraternidad cerrada al estilo masónico o de familias que persiguen objetivos comunes). Se tilda automáticamente de antisemita a cualquiera que se atreva a criticar a Soros o a uno de sus socios, una acusación que a menudo silencia o intimida a quienes son genuinamente críticos con las operaciones sin escrúpulos del multimillonario. La Liga Antidifamación de B'nai B'rith considera de máxima prioridad "proteger" a Soros de las acusaciones de antisemitismo en Hungría y en otras zonas de Europa Central, según su director nacional, Abraham Foxman.»[12]

Durante mucho tiempo, la Liga Antidifamación estuvo dirigida por David Bialkin, del despacho de abogados Wilkie, Farr and Gallagher. «La Liga Antidifamación es una operación de Inteligencia británica fundada en Estados Unidos por el MI6 británico y controlada por Saul Steinberg y Eric Trist, del Instituto Tavistock. Saul Steinberg es su representante en Estados Unidos y es también socio de la familia Jacob de Rothschild de Londres.»[13]

«La relación de Soros con el círculo financiero de los Rothschild representa una conexión bancaria que no es ni corriente ni casual. Resulta muy útil para explicar el extraordinario éxito de un mero especulador privado y la asombrosa habilidad de Soros para apostar por el caballo ganador tan a menudo en mercados de tan alto riesgo. Soros tiene acceso a información privilegiada de la mayoría de los gobiernos importantes y canales privados del mundo».[14]

---

[12] William Engdahl, *op. cit.*

[13] John Coleman, *The Conspirators' Hierarchy: The Committee of 300*, 4.ª ed., Global Insights, 2000, p. 184.

[14] William Engdahl, «The Secret Financial Network Behind 'Wizard'

Naturalmente, esos lazos se han mantenido apartados de la luz pública para esconder la auténtica naturaleza de la relación de Soros con los círculos de poder en la City londinense, el ministerio de Asuntos Exteriores británico y los círculos financieros de Estados Unidos e Israel.

EL SAQUEO ECONÓMICO Y CULTURAL DEL BLOQUE ORIENTAL

«Las operaciones de la Open Society contra el bloque oriental empezaron mucho antes de la caída del muro de Berlín, y resultaron más sencillas cuando llegó a manos de Soros toda la red existente de intelectuales asociados con el antiguo Congreso para la Libertad Cultural, la Fundación Europea para la Cooperación Internacional (FEIE, por sus siglas en inglés).[15]

»Esta agrupación era una filial del Centro Internacional para la Libertad Cultural, basada en los deseos concretos de la Fundación Ford de conseguir una fundación intelectual de "tercera generación" para sus operaciones de insurgencia. La filosofía subversiva por la que abogaban estaba centrada en los "derechos humanos individuales" y el "desarrollo" humano individual contra los supuestos estragos de las naciones Estado. Como respuesta a un cisma en el anterior Centro Internacional para la Libertad Cultural a cuento de los desmadres de la Nueva Izquierda, este grupo se puso principalmente del lado de la Nueva Izquierda. No es

---

George Soros», *Executive Intelligence Review*, 23(44), 1 de noviembre de 1996. Disponible en: *http://www.larouchepub.com/eiw/public/1996/eirv23n44-19961101/eirv23n44-19961101_054-the_secret_financial_network_beh.pdf.*

[15] Nicolas Guilhot, «A Network of Influential Friendships: The Fondation pour une Entraide Intellectuelle Européenne and East West Cultural Dialogue 1957-1991», *Minerva*, 44(4), 2006, pp. 379-409.

casual que Human Rights Watch (HRW), el instrumento de golpes de Estado contra los gobiernos que se rebelan contra las élites, se convirtiera, al mismo tiempo, en el arma clave del Open Society Institute. Estaba dirigida por Aryeh Neier, un exdirector de la Liga de Estudiantes para la Democracia Industrial de la CIA, que dio pie al movimiento activista Estudiantes para una Sociedad Democrática (SDS, por sus siglas en inglés).

»HRW y su estrecho aliado, la Amnistía Internacional del Foreign Office británico, constituyen escuadrones de ataque internacionales contra las naciones que se oponen al libre mercado y a la globalización. Por ejemplo, en el informe mundial de Human Rights Watch de 1995, esta lanzó un violento ataque hacia todos aquellos individuos y gobiernos que compartían la idea que "equipara el interés económico propio con el bien común" y etiquetó esa idea como una "amenaza mercantilista contra su concepto de derechos humanos". Especial atención merece, a este respecto, la afirmación del entonces secretario de Comercio de Estados Unidos, Ron Brown, en 1994: "Nuestra estrategia de compromiso comercial es, creemos, la más efectiva para tener un impacto positivo en los derechos humanos y laborales".[16]

»El primer esfuerzo de Soros para deconstruir culturalmente la Unión Soviética "fue una universidad, la Central European University, con sede, inicialmente, en Budapest, pero con ramificaciones en Varsovia y Praga. Sus empleados eran, en su mayoría, intelectuales del FEIE y otros "académicos a sueldo" bajo la influencia británica y fletados por el estado de Nueva York. La universidad se centraba en promover la ideología adecuada para controlar a la población en

---

[16] Elaine Sciolino, «Clinton Is Stern with Indonesia on Rights but Gleeful on Trade», *The New York Times*, 17 de noviembre de 1994. Disponible en: *http://www.nytimes.com/1994/11/17/world/clinton-is-stern-with-indonesia-on-rights-but-gleeful-on-trade.html?mcubz=0.*

un estado desindustrializado. La ideología central pregonada en la CEU era el "pensamiento comunitario" y la "democracia participativa" asociada, por otra parte, con el fascismo de Mussolini y la Nueva Izquierda, y resucitada recientemente por el movimiento Occupy Wall Street. Una de las grandes operaciones de la CEU es la promoción de la idea de "etnicidad" como un rasgo definitorio de la identidad. Ernest Gellner, de la Universidad de Cambridge, se considera el padrino de este movimiento. Antes de su muerte, Gellner promovía la idea de que los gobiernos deberían contratar "antropólogos sociales" como asesores jefe, para comprender lo que sucedía en el mundo.

»En la primera Cumbre del Pensamiento Comunitario, que tuvo lugar en Ginebra del 12 al 14 de julio de 1996, el gurú moderno del movimiento, Amitai Etzioni, dijo: "George Soros y yo somos íntimos, hace veinticinco años que somos amigos". Ese periodo fue, claro está, un momento crítico para este grupo que buscaba "dar forma a nuevos paradigmas". A finales de la década de 1960, nació del Club de Roma (el modernizador de los modelos de genocidio malthusianos) y su aliado, el International Institute for Applied Systems Analysis (IIASA, por sus siglas en inglés), el arma clave para subvertir la ciencia soviética. El plan a largo plazo, como ya hemos dicho, era romper el Estado soberano y reemplazarlo por una cultura de la "autoexpresión", el "individualismo irracional" y un sistema de políticas surgidas del análisis de vectores del federalismo del Mundo Único. El objetivo de la CEU era preparar a una nueva élite para implementar esas políticas. No solo fue fundada por Soros, sin también participaron Ford, Rockefeller, Mellon, el German Marshall Fund, la Mott Foundation y la Eurasian Foundation, con sede en Washington, D. C.

»La CEU está estrechamente ligada a otra institución financiada por Soros, el Instituto de Ciencias Humanas de Viena, que concede anualmente el premio Hannah Arendt.

El trabajo de Arendt para la Frankfurt School y el Congress for Cultural Freedom (CFF, por sus siglas en inglés) fue el origen para el desarrollo de la idea de que la afirmación de una persona de que existen verdades ininteligibles es una prueba de que dicha persona tiene una personalidad autoritaria. El presidente y rector de la CEU en 1997 era Alfred Stephan, colaborador de Luigi Einaudi, que estaba en el consejo del *Journal of Democracy* de la NED.

»Al mismo tiempo que Soros adquiría intelectuales del FEIE, también "adquirió" los restos de la Radio Free Europe y la Radio Free Liberty de la CIA para hacer propaganda de sus operaciones en el Bloque Oriental.»[17]

Además de sus diversos institutos de formación política, «Soros ha proporcionado millones y millones de dólares, mucho más de 48 millones de dólares en 2011 según algunas estimaciones, a más de 30 empresas de medios de comunicación de Estados Unidos».[18] Empezó financiando el *Columbia Journalism Review*, considerado el abanderado, si es que puede imaginarse tal cosa, de los medios de comunicación de Estados Unidos. ProPublica, el Center for Investigative Reporting, el Center for Public Integrity y la Investigative News Network, todos son financiados con grandes cantidades por Soros, mientras que otras fuentes de financiación para el periodismo de investigación se han secado por completo. La financiación de Soros también se extiende en profundidad hasta las asociaciones de periodistas más importantes: la National Federation of Community Broad-

---

[17] Barbara Boyd, «The Insurrection Against the President, and Its British Controllers—Or, Who Really Is George Soros, Anyway?», *Executive Intelligence Review*, 44(13), 31 de marzo de 2017. Disponible en: *http://www.larouchepub.com/other/2017/4413insurrection_v_pres.html*.

[18] Dan Gainor, «Why Is Soros Spending Over $48 Million Funding Media Organizations?», *Fox News*, 18 de mayo de 2011. Disponible en: *http://www.foxnews.com/opinion/2011/05/18/soros-spending-48-million-funding-media-organizations.html*.

casters, la National Association of Hispanic Journalists, el Committee to Protect Journalists y la Organization of News Ombudsmen. También financia Media Matters, dirigido por el agente de Obama/Clinton David Brock, muy culpable de las actuales operaciones contra el presidente Trump.[19] También está financiando en estos momentos el equipo externo de Facebook dedicado a contrastar datos para encontrar «noticias falsas».

Por supuesto, los medios de comunicación internacionales controlados por Soros no serían más que un radio de la gran rueda que es el gigantesco Estado profundo.

POR QUÉ ODIAN A TRUMP LOS BRITÁNICOS

El periódico *The Guardian* de Londres ha creado una página web denominada «Resistance Now» (Resistencia ahora) que hace un llamamiento a todos los «estadounidenses molestos por el terrible giro en los acontecimientos que ha tenido lugar en Estados Unidos, que se están manifestando, que están, tal vez, lanzando cócteles molotov o suministrando a la prensa historias sobre el asalto ruso a Estados Unidos» para que «por favor, escriban a nuestra página web para que podamos recopilar toda esta información para mejorar el conocimiento de la gente sobre los horrores de Donald Trump».

«Este salvaje intento de caza de brujas, peor que el de McCarthy, basado en la idea, no de que sea un error o algo impropio, sino directamente ilegal, tener cualquier contacto con Rusia es una idea absolutamente absurda. Como el

---

[19] Asawin Suebsaeng, «Dems to David Brock: Stop Helping, You Are Killing Us», *The Daily Beast*, 26 de enero de 2017. Disponible en: *http://www.thedailybeast.com/dems-to-david-brock-stop-helping-you-are-killing-us*.

propio Trump ha dicho muchas veces, "es bueno ser amigos de Rusia, ¿creen que queremos una guerra? Sería una guerra nuclear, ¿es eso lo que están promoviendo?".»[20]

«El golpe de Estado contra Estados Unidos es precisamente por eso. Porque la división final del mundo por parte del Imperio hace uso de divisiones étnicas y religiosas, disputas territoriales y cosas así para mantener a la gente dividida. Pero la división más importante es entre Oriente y Occidente; la mayor división es mantener un Occidente libre y democrático y un Oriente aún dictatorial y comunista en Rusia y China. Mantenerlos separados a cualquier precio. Sobre esta base es como podemos prevenir la unión de las naciones, que podría acabar de una vez por todas con el concepto de imperio.»[21]

¿Y cuál es el concepto de imperio? Es básicamente un concepto humano, que es bestial en su naturaleza. Es un concepto humano, que sigue la idea darwiniana de que los humanos no son distintos de los animales.

Darwin achacaba su descubrimiento de la evolución al clérigo protestante Thomas Malthus, una pluma pagada por la Compañía Británica de las Indias Orientales que popularizó la teoría de «recursos naturales limitados y escasos». La ley malthusiana es similar a lo que propuso la Conferencia Internacional sobre Población y Desarrollo de Naciones Unidas en El Cairo, en 1994: una teoría demográfica relacionada con el crecimiento de la población, desarrollada durante la Revolución Industrial sobre la base de lo expuesto en el famoso *Ensayo sobre el principio de la población* de Malthus,

---

[20] «Why the British Hate Trump», transcripción resumida de las afirmaciones hechas por Michael Billington, uno de los editores de *Executive Intelligence Review*, en la emisión semanal vía web de LaRouche PAC del 10 de marzo de 2017. Disponible en: *http://www.larouchepub.com/other/2017/4411why_brits_hate_trump.html*.

[21] *Ib.*

de 1798, que no era más que un plagio del *Riflessioni sulla popolazione delle nazioni* (Reflexiones sobre la población de las naciones) del monje veneciano Giammaria Ortes, publicado en 1790. Según su teoría, la población crece más deprisa que el suministro de alimento.

Este es el típico sofisma que el Imperio británico ha intentado utilizar a lo largo de toda su historia para lavar el cerebro a la población y que así crea que existe un límite para el crecimiento. Pero el concepto de sostenibilidad está basado en modelos animales. De ahí, la idea de que un número concreto de kilómetros cuadrados de tierra solo permiten mantener un número concreto de individuos y especies.

Malthus presentó estas ideas diciendo que la población humana crece de manera exponencial o geométrica, se multiplica por dos cada treinta o cuarenta años, y que la capacidad de la tierra para producir alimentos capaces de mantener a esta población se incrementa de manera aritmética. Según sus cálculos, Malthus afirmó que existía un límite para la sostenibilidad de la tierra de todo el planeta en términos de población humana. Y que nosotros, la gente, excederíamos pronto este límite sostenible.

Darwin insiste en su dependencia de Malthus precisamente en la introducción de su libro de 1859, *El origen de las especies*, cuyo título completo es *El origen de las especies por medio de la selección natural, o la preservación de las razas favorecidas en la lucha por la vida.*

«La lucha por la vida de todos estos seres orgánicos en todo el mundo […] procede inevitablemente de su alta capacidad geométrica de crecimiento […]. Esta es la doctrina de Malthus aplicada a todo el reino animal y vegetal. Dado que nacen más individuos de cada especie de los que pueden sobrevivir, y como, en consecuencia, hay una lucha frecuente por la supervivencia, lo que sucede es que cualquier ser, por pequeña que sea la variación que le proporciona algún provecho [...] tendrá una mayor probabilidad de sobrevivir y, por lo tanto, será seleccionado naturalmente».[22]

Seamos claros, la selección natural llevada hasta sus últimas consecuencias es un genocidio, un tema gastado de la élite mundial. Según esta lógica retorcida, algunas personas merecen vivir, pero la mayoría de nosotros merecemos morir. El propio Darwin afirmó: «la élite es una prueba visible de superioridad evolutiva». No resulta sorprendente que la Royal Society, una institución científica dedicada a la mejora del conocimiento natural, recogiera estas ideas y promoviera ampliamente a Darwin. Dado que fue creada por la monarquía británica, la Royal Society está claramente a favor de promover la idea de superioridad genética de la familia real. La ciencia se posicionó para reemplazar las alusiones religiosas al derecho divino de los reyes para mandar sobre las razas inferiores: nosotros.

Darwin, un neurótico hipocondríaco que rara vez salía de casa: «no era un hombre, sino un proyecto, un hombre de paja de la guerra cultural que estaba siendo dirigida desde arriba por los asesores de la Corona británica mediante la Compañía Británica de las Indias Orientales y su red de salones y grupos de presión como la Metaphysical Society, los Oxford Essayists, el Coefficients Club, los Cambridge Apostles, que acuñaron el término *agnosticismo*, y los clubes de élite de caballeros de Londres, incluido el X Club de autodenominados científicos, fundado por Huxley el 3 de noviembre de 1864 para forzar el darwinismo».[23] Pero me estoy desviando un poco del tema.

---

[22] Charles Darwin, *On the Origin of Species by Means of Natural Selection, or the Preservation of Favored Races in the Struggle for Life*, Nueva York, D. Appleton and Company, 1896.

[23] Ann Lawler, «The Humbuggery of Charles Darwin», *Executive Intelligence Review*, 38(46), 25 de noviembre de 2011. Disponible en: *http://www.larouchepub.com/other/2011/3846humbug_darwin.html.*

6

LOS NEGOCIOS ENTRE LA MAFIA RUSOISRAELÍ Y TRUMP

«Pero no todo son alegrías para el presidente de Estados Unidos. En realidad, Trump tiene motivos para estar preocupado. Y no solo porque la CIA, el Estado profundo y el Imperio británico estén conspirando activamente desde las estructuras de poder del Estado profundo, sino también porque Donald Trump tiene algunos lazos sólidos con criminales. El presidente de Estados Unidos utilizó dinero extranjero para financiar su campaña presidencial a mediados del verano de 2016, cuando casi no le quedaba dinero para ella. Es verdad que unos piratas informáticos extranjeros se colaron en los ordenadores del Comité Nacional Demócrata y en la campaña de Hillary Clinton. Sin embargo, ninguno de estos sucesos tiene ninguna relación con el gobierno ruso del presidente Vladimir Putin. Cualquier insinuación de lo contrario es un intento de encubrir el papel de lo que podríamos denominar la *Kósher Nostra Roja*, multimillonarios oligarcas de la ex Unión Soviética, todos judíos, o al menos eso dicen, que están relacionados con las actividades comerciales tanto de la Trump Organization como de las empresas Kushner.

»Las empresas de medios de comunicación occidentales han estado explicando mal este importante dato y han inventado frases arrojadizas para distraer la atención, como *piratas informáticos rusos*, *agentes de Putin*, *guerra informática rusa* y otros términos peyorativos para Rusia. En ninguna parte de la escandalosa propaganda sobre las conexiones criminales de Trump se ha oído decir: *rusoisraelí*, *ucranianoisraelí*, *uzbekoisraelí*, *baskiroisraelí*, *kazajoisraelí* o *kirguizoisraelí* y, en cambio, son gángsteres multimillonarios y magnates procedentes de las repúblicas de la antigua Unión Soviética quienes dominan los imperios de empresas de Donald Trump y su yerno Jared Kushner. Que los medios de comunicación no sean capaces de mencionar que la mafia de Europa del Este conectada con Trump/Kushner es judía resulta tan hipócrita como que estos mismos medios no reconocieran que los cárteles de la droga de Sinaloa y Los Zetas son mexicanos; la Cosa Nostra, la Camorra y la 'Ndrangheta, italianas; la Yakuza, japonesa, y las bandas de los Crisps y los Bloods, afroamericanas.»[1]

Aparte de su falsedad, engaños, mentiras y traiciones, otra razón por la que Trump despidió al director de la CIA, James Comey, estaba relacionada con el hecho de que Comey «estaba pidiendo más recursos al ayudante del fiscal general, Rod Rosenstein, para aumentar la capacidad del FBI para investigar de dónde salía el dinero de la campaña de Trump. La recepción por parte del FBI de datos procedentes de la Red para la Persecución de los Delitos Financieros del Departamento del Tesoro (FINCEN, por sus siglas en inglés) en relación al blanqueo de dinero de empresas de Trump y Kushner, cuentas en el Bank of Cyprus, HSBC, Bank Hapoalim de Israel y otros, y la campaña presidencial de Trump es lo que hay detrás de la investigación del FBI sobre Trump. Se dice que el FBI está centrado en los tratos financieros de socios de Trump con bancos de Chipre. Como ya sucedió con escándalos

---

[1] Wayne Madsen, «Trump's "Russian" ties are with the "Red Kosher Nostra," not the Kremlin», *Wayne Madsen Report*, 15 de mayo de 2017.

políticos previos, incluidos el Watergate e Irán-Contra, la mayoría de los perpetradores fueron atrapados cuando los investigadores empezaron a seguir el rastro del dinero.

»Ha habido al menos ocho investigaciones distintas del FBI, algunas activas y otras no relacionadas con personas cercanas a Trump,[2] incluidos miembros de su familia, así como su asesor más cercano, su yerno Jared Kushner. Entre las investigaciones criminales relativas a los socios de Trump están las realizadas por Preet Bharara, el fiscal del distrito sur de Nueva York, que fue despedido por Trump después del despido de la fiscal general en funciones Sally Yates.[3] Aunque Yates fue ayudante del fiscal general desde 2015 hasta su despido por parte de Trump el 30 de enero de 2017, también estaba relacionada con casos criminales que tenían como objetivo a socios de negocios de Trump en los turbios bajos fondos de la Kósher Nostra Roja.

»Entre los delitos federales y algunos estatales por los que socios de Trump/Kushner han sido condenados o investigados encontramos fraude informático, extorsión, blanqueo de dinero, sobornos y violaciones de la Ley de Prácticas Corruptas en el Extranjero, asalto en primer grado, homicidio, obstrucción a la justicia, contrabando, asociación criminal, evasión de impuestos, prostitución y juego ilegal.

»La compleja naturaleza de la red y las subredes de grupos criminales que hacen negocios con la familia Trump y/o Kushner habría precisado que Comey pidiera más recursos para que el FBI persiguiera las conexiones Trump/Kushner con las operaciones de blanqueo de dinero que han ayudado a financiar la campaña de Trump. Estas organizaciones

---

[2] Esta es una lista de todos los que han investigado la relación Trump-Rusia: el FBI, el Departamento de Justicia, el Tesoro, comités del Congreso, los inspectores generales A. J. Vicens y Mother Jones, 7 de junio de 2017.

[3] Preet Bharara fue despedido el 11 de marzo de 2017.

criminales incluyen cuentas bancarias secretas, paraísos fiscales *offshore* y empresas pantalla».[4,5]

Felix Sater, el *consigliere* de Trump

«Aunque existen multitud de puertas que conectan la Trump Organization con el mundo del crimen organizado, uno de sus puntos de unión más importantes es la figura del asesor experto de la Trump Organization y el Bayrock Group LLC, Felix Sater, también conocido como Felix Sheferovsky. Encarcelado durante un año, en 1991, por romper un vaso de margarita en un bar del centro de Manhattan y apuñalar con él a otro cliente, lo que se considera un delito de asalto en primer grado, siete años después, Sater se declaró culpable en un delito de capitalización de acciones fraudulentas conocido en la jerga económica como *pump and dump*. En su juicio de 1998 estuvo implicada su empresa White Rock Partners, LLC. En el acuerdo por el que Sater se declaró culpable de los cargos de asociación delictiva y fraude, la fiscal de Brooklyn, Loretta Lynch, declaró secretas durante diez años las actas del tribunal a cambio de que Sater se convirtiera en informador federal. Sater tiene lazos estrechos con el principal abogado de Trump, Michael Cohen.

»El propietario del Bayrock Group es Tevfik Arik, ciudadano de Kazajistán y exoficial soviético. En 2010, Arik fue arrestado en Turquía por dirigir una red de prostitución. Aunque Arik afirma no ser judío, ha hecho grandes

---

[4] Tyler Durden, «WaPo: Trump Revealed "Highly Classified Information" In Meeting with Russians, White House Denies», *Zero Hedge*, 16 de mayo de 2017. Disponible en: *http://www.zerohedge.com/news/2017-05-15/wapo-trump-revealed-highly-classified-information-meeting-russians-pentagon-denies*.

[5] Wayne Madsen, «Trump's "Russian" ties are with the "Red Kosher Nostra," not the Kremlin», *Wayne Madsen Report*, 15 de mayo de 2017.

donativos a la Chabad House (Casa Jabad) de Port Washington, Nueva York. Jared Kushner e Ivanka Trump se han afiliado a una sinagoga jabad de Washington D. C. Los padres de Jared, Charles y Seryl Kushner, han donado 342 500 dólares a instituciones jabad en los últimos años.[6] En 2005, Charles Kushner se declaró culpable de 18 cargos[7] de contribuciones ilegales a campañas electorales, evasión de impuestos y soborno de testigos, y pasó un año en la prisión de Montgomery, Alabama. En 2016, Charles Kushner donó 100 000 dólares al Comité de Acción Política de Trump, *Make America Great Again*. Las Chabad Houses de todo el mundo han sido identificadas por las agencias de protección de la ley como frentes del crimen organizado y el espionaje israelíes.»[8]

LOS SUBGRUPOS CRIMINALES DE TRUMP: K-TRIO, SAPIR ORGANIZATION Y CHODIEV GROUP

«El Bayrock Group de Arik y Sater vio cómo se acusaba de fraude a su filial islandesa FL Group. Bayrock era un importante inversor del complejo de hoteles y viviendas SoHo en Manhattan, un proyecto que también estaba financiado por K-Trio ("el trío de Kazajistán"), del kazajoisraelí Alexander Mashkevich, el uzbekobelga Patokh Chodiev y Alisan Ibragimov. El K-Trio es vital en la Eurasian National Resources

---

[6] Judy Maltz, «Hundreds of Thousands in Donations Tie Kushners and Trump to Chabad Movement», *Haaretz*, 10 de enero de 2017. Disponible en: *http://www.haaretz.com/us-news/.premium-1 763923*.

[7] Ronald Smothers, «Democratic Donor Receives Two-Year Prison Sentence», *The New York Times*, 5 de marzo de 2005. Disponible en: *http://www.nytimes.com/2005/03/05/nyregion/democratic-donor-receives-twoyear-prison-sentence.html?mcubz=0*.

[8] Wayne Madsen, «Trump's "Russian" ties are with the "Red Kosher Nostra," not the Kremlin», *Wayne Madsen Report*, 15 de mayo de 2017.

Corporation (ENRC); Alferon Management, que está relacionada con la explotación minera en Kosovo, la República Democrática del Congo, Indonesia, Rusia y otros países; ACCP, una empresa de minas de cromo, que había tenido su sede en las Islas Vírgenes Británicas y ahora es de propiedad china; y el Euro-Asian Jewish Congress (EAJC), una rama del World Jewish Congress. El K-Trio ha sido investigado por el FBI por falsificación y blanqueo de dinero. Mashkevich tenía el proyecto de desarrollar una "versión judía" de Al Jazeera, el canal por satélite de noticias de propiedad árabe que emite desde Catar.

»Bayrock estaba relacionado como socio con otros negocios del grupo, la Sapir Organization, dirigida por Donald e Ivanka Trump y los buenos amigos de Jared Kushner, Rotem Rosen y el ciudadano israelí Alex Sapir. La Sapir Organization está relacionada con grandes proyectos hoteleros en Nueva York y en todo el mundo, incluidos la Torre Trump de Toronto. Otros relacionados con la Torre Trump de Toronto incluyen al magnate uzbekoisraelí de los diamantes, Lev Leviev, acusado de traficar con "diamantes de sangre" africanos, y el hombre de negocios canadienserrusoisraelí Alexander Shnaider, propietario de Talon International Development, Inc. y copropietario de Midland Resources Holding Inc. con su socio multimillonario ucranianorruso, que también es el vicepresidente del World Jewish Congress. El suegro de Shnaider es Boris Birshtein, ciudadano de Canadá, Suiza e Israel, de quien hay sospechas fundadas de que es un jefe operativo del Mossad. La empresa de Birshtein, Seabeco Group, ha sido acusada de blanqueo de dinero en Rusia, Ucrania, Kirguistán y Moldavia. La empresa ha estado en el foco de las actividades de las Kósher Nostra Roja, incluida la manipulación de elecciones en países de todo el mundo. Birshtein está acusado de fraude y lavado de dinero en Rusia, Canadá, Bélgica y Suiza, y del robo de oro de las reservas soviéticas después del colapso de la URSS.

El FBI ha mantenido abierta una investigación sobre las actividades de Birshtein durante muchos años.

»El Chodiev Group de Chodiev, un miembro del K-Trio, estaba relacionado con el multimillonario uzbekoisraelí Michael Cherney, conocido como Chernoy, que vive en Israel y tiene una orden de arresto por parte de la Interpol por lavado de dinero y asociación delictiva. Cherney hizo su fortuna durante el derrumbe de la Rusia postsoviética en el mercado del aluminio. Junto con su hermano Lev Cherney y los discretos multimillonarios del mercado británico del metal, los hermanos David y Simon Reuben, Michael Cherney estableció el Trans World Group (TWG), la empresa rusa más grande de producción de aluminio para clientes de todo el mundo. Los hermanos Reuben son inversores del famoso Hotel Plaza de Manhattan.

»TWG también está ligada con los negocios del oligarca rusojudío del aluminio, Oleg Deripaska. Deripaska es propietario de la United Company RUSAL, uno de los mayores productores de aluminio. Los principales inversores de RUSAL incluyen a Nathaniel Rothschild y Glencore. Después de que Edward Snowden hiciera públicos unos documentos clasificados de la NSA, se supo que el socio australiano de esta agencia, el Australian Signals Directorate, monitorizaba las comunicaciones del despacho de abogados internacional de los hermanos Reuben, Mayer Brown. En lo relativo a la información interceptada en comunicaciones de naturaleza delictiva que implican a ciudadanos no estadounidenses, la NSA puede compartir esa información con el FBI.

»Glencore había sido propiedad del difunto criminal expatriado estadounidense Marc Rich, que fue indultado en 2001 por el presidente saliente Bill Clinton en un acuerdo de última hora. El abogado de Rich era Scooter Libby, asesor del vicepresidente Dick Cheney, que fue condenado por perjurio, obstrucción a la justicia y mentir a agentes del FBI en la exposición pública de Valerie Plame como agente encubierta de la CIA.

»Entre los socios de TWG encontramos al oligarca ruso Roman Abramovich, exsocio del difunto Boris Berezovsky.[9] Abramovich, que pasa la mayor parte de su tiempo en Gran Bretaña y es el propietario del Chelsea Football Club, ha sido objeto de investigaciones por robo, monopolio, soborno, fraude y manipulación de acciones por parte del gobierno ruso. Berezovsky, que se convirtió en un opositor hostil de Putin, fue encontrado ahorcado en su propiedad inglesa en 2013. Berezovsky había roto previamente con Abramovich.[10] La policía británica decidió que la sospechosa muerte de Berezovsky había sido un suicidio. Berezovsky también tenía un apartamento en la Torre Trump de Manhattan.

»TWG es propietaria de Global Switch, uno de los centros de datos neutrales más grandes, que proporciona servicios de telecomunicaciones digitales a Europa y Asia-Pacífico. ¿Qué podría proporcionar la conectividad para que un grupo de piratas informáticos pudieran penetrar en los sistemas de los demócratas y la campaña de Clinton y después culpar de ello al gobierno ruso? La respuesta es Global Switch.

»Además de la Interpol, el FBI también ha investigado a los hermanos Cherney junto con el K-Trio. Cherney organizó la cumbre de inteligencia de Nueva York de 2006, e invitó a dos exdirectores de la CIA, James Woolsey y John Deutch, al panel de asesores. Aceptaron después de que los federales les informaran de que Cherney estaba siendo investigado como miembro de la "mafia rusa". De nuevo, es la "Kósher Nostra Roja", no la mafia rusa la que ha sido objetivo del

    [9] Masha Gessen, «Comrades-in-Arms», *Vanity Fair*, 13 de noviembre de 2012. Disponible en: *https://www.vanityfair.com/news/politics/2012/11/roman-abramovich-boris-berezovsky-feud-russia*.
    [10] *Ib.*

FBI. El gobierno ruso tiene más órdenes de arresto para miembros de la Kósher Nostra Roja que el FBI o la Interpol.

»La Torre Trump de Manhattan "ha sido una guarida virtual para la Kósher Nostra Roja. Hay buenos motivos para que la torre y sus sospechosos residentes hayan sido objetivo de escuchas por parte del FBI. El extimador David Bogatin es propietario de cinco apartamentos en la torre de Manhattan y está considerado por el FBI uno de los principales lugartenientes del jefe criminal judioucraniano Semion Mogilevich. Bogatin fue el fundador del primer banco comercial de Lublin, Polonia, que estuvo involucrado en un gran blanqueo de dinero y otras operaciones fraudulentas, incluida la evasión de impuestos y el contrabando de gasolina.

»Entre los propietarios de apartamentos de la Torre Trump en Sunny Isles Beach, Florida, hay gángsteres rusos que han sido investigados por el FBI, como Anatoly Golubchik y Michael Sall, y el hombre de negocios ucraniano Peter Kiritchenko, que estuvo implicado en blanqueo de dinero mediante su empresa fantasma en las Islas Vírgenes Británicas, Bainfield Company, Ltd., con los exprimeros ministros ucranianos Peter Lazarenko y Yulia Tymoshenko.»[11]

EL «JEFE DE JEFES»

«Es mediante intermediarios ucranianos relacionados con Paul Manafort, que fue un fugaz director de su campaña presidencial, como podría conectarse a Trump con el "jefe de jefes" criminal Mogilevich.[12] Estas redes crimina-

---

[11] Wayne Madsen, «Trump's "Russian" ties are with the "Red Kosher Nostra," not the Kremlin», *Wayne Madsen Report*, 15 de mayo de 2017.

[12] Russ Baker, C. Collins y Jonathan Z. Larsen, «Why FBI Can't Tell All on Trump, Russia», *Who. What. Why*, 27 de marzo de 2017. Disponible en: *https://whowhatwhy.org/2017/03/27/fbi-cant-tell-trump-russia/*.

les también se apoyaban mucho en el blanqueo de dinero mediante el banco de Chipre, cuyo vicepresidente era Wilbur Ross, el actual secretario de Comercio de Trump.

»El FBI no solo tenía intervenida la Torre Trump de Sunny Isles Beach, sino que, entre 2011 y 2013, interceptó llamadas y mensajes de texto emitidos desde el tríplex de la Torre Trump de Manhattan por parte del gánster israelíestadounidense Vadim Trincher, que dirigía operaciones ilegales de juego con sus hijos Illya y Eugene Trincher.

»Uno de los miembros clave de la organización criminal Trincher era Alimzhan Tokhtakhounov, conocido como *Vor*, que se traduciría como "ladrón de la familia", acusado en 2002 de sobornar a agentes de las Olimpiadas de Invierno de Salt Lake City y que es un fugitivo de la justicia de Estados Unidos.

»Según el fiscal del distrito sur de Nueva York, Preet Bharara, a quien Trump despidió, era el grupo criminal Trincher, conocido como la Taiwanchik-Trincher Organization, quien dirigía una gran operación de apuestas ilegales sobre deportes en Estados Unidos. La acusación de Bharara especificaba que la Taiwanchik-Trincher Organization (la "organización") era una empresa criminal con fuertes lazos con Rusia y Ucrania. La empresa operaba un negocio de grandes apuestas ilegales sobre deportes desde Nueva York, que trabajaba principalmente con oligarcas rusos que vivían en Ucrania y Rusia. En otras palabras, la misma torre que Donald Trump llama su hogar era el centro de una gran operación de apuestas ilegales de deportes. Dados los lazos del propio Trump con casinos y con el deporte profesional, no hay demasiadas dudas al respecto de por qué veía a Bharara y Comey como amenazas.

»Bharara dio con una gran banda criminal de la Kósher Nostra Roja al acertar con la Trincher Organization. Entre los acusados, además de los Trincher, Sall y Tokhtakhounov, estaban Alexander Zaverukha, Molly Bloom, Noah Siegel,

Nicholas Hirsch, Anatoly Shteyngrob, John Jarecki, Arthur Azen, Stan Greenberg, Alexander Katchaloff, Abraham Mosseri, Hillel Nahmad, William Edler, Bryan Zuriff, William Barbalat, Kirill Rapoport, Dmitry Duzhinsky, David Aaron, Moshe Oratz, Peter Feldman y Ronald Uy. No hace falta que el FBI nos diga lo que estos individuos tienen en común, además de estar involucrados en operaciones de apuestas ilegales dirigidas, en parte, desde la Torre Trump.

»El propietario de otro departamento en la Torre Trump de Manhattan, David Bogatin, tiene también lazos criminales sospechosos. Su socio criminal en la comunidad Howard Beach de Nueva York en la década de 1980 era Michael Markovitz, un judío rumano que acabó muriendo de un disparo en Brooklyn en 1989, después de aceptar cooperar con fiscales federales. La oficina del fiscal de Brooklyn, la misma desde la que Loretta Lynch echó una mano al socio de Trump, Felix Sater, probablemente tiene el informe de la investigación sobre la muerte de Markovitz después de que aceptara ayudar a los fiscales a atrapar a Bogatin.

»Bogatin, a través de Mogilevich, está ligado a otros dos miembros principales de la Kósher Nostra Roja, pero ninguno de los dos vivió lo suficiente para hablar sobre sus proezas. Uno era Vladimir Vinogradov, un judío baskir y propietario y presidente del fallido Inkombank ruso, que estaba financiado en parte por los oligarcas de la Kósher Nostra Roja rusa Vladimir Gusinsky, vicepresidente del World Jewish Congress, Leonid Nevzlin, un multimillonario israelí que fue juzgado *in absentia* en Rusia en 2008 y declarado culpable de distintos cargos de conspiración para el asesinato, y condenado a cadena perpetua, y el exmagnate de la petrolera Yukos y expatriado multimillonario ruso Mikhail Khodorkovsky, condenado y encarcelado en Rusia por evasión de impuestos y fraude, y liberado en 2013. Vinogradov murió en 2008, a los 52 años de un ataque al corazón.

»El otro socio de Bogatin es Vyacheslav Ivankov, que trabajaba con la banda de Mogilevich en Brighton Beach, Nueva York, y la banda georgiana de Tariel Oniani, Kutaisi, en la década de 1990. En 2009, Ivankov recibió un tiro mortal en Moscú por parte de un francotirador. En la década de 1990, Ivankov vivió en la Torre Trump, y su agenda telefónica personal contenía todos los números privados de los principales directivos de la Trump Organization.»[13]

El clan Kushner

La otra cara de la casa blanca de Trump es el imperio de negocios de la familia Kushner. «El yerno de Trump, Jared Kushner, es los ojos y los oídos del Mossad israelí en la Casa Blanca de Trump. Su padre, el excondenado por delitos federales Charles Kushner, es un activo del Mossad desde hace tiempo y ayudó a organizar la operación de chantaje israelí mediante seducción gay al gobernador de Nueva Jersey, Jim McGreevey. El seductor, Golan Cipel, consiguió que McGreevey lo propusiera como jefe de Seguridad Nacional del estado de Nueva Jersey, una posición clave que permitió a Israel destruir las pruebas que tenían las fuerzas de la ley de ese estado sobre la participación de Israel en la organización de los ataques del 11-S.

»Ahora, el hijo de Charles Kushner es el asesor experto del presidente Trump. En abril de 2017, Kushner acompañó al presidente del Estado Mayor Conjunto, el general Joseph Dunford, en un viaje a Irak. En Irak, comandantes militares expertos de Estados Unidos e Irak informaron a Kushner y Dunford sobre las actividades en Irak contra el

---

[13] Wayne Madsen, «Trump's "Russian" ties are with the "Red Kosher Nostra," not the Kremlin», *Wayne Madsen Report*, 15 de mayo de 2017.

Estado Islámico de Irak y el Levante (DAESH). Sin duda, esta información acabó en manos del gobierno de Netanyahu en Israel, un gobierno que ayudó a crear y sigue alimentando a DAESH.»[14]

«Se ha informado recientemente que la hermana de Jared Kushner, Nicole Kushner, intentó atraer millonarios chinos, posibles compradores de propiedades inmobiliarias de la familia Kushner en la zona de Nueva York y Nueva Jersey con garantías de recibir visados de Estados Unidos EB-5, con mayores probabilidades de obtener la residencia permanente en Estados Unidos.[15] Por supuesto, la señora Kushner Meyer hizo hincapié en sus "contactos especiales" con la Administración Trump a los huéspedes chinos de la conferencia de negocios en Pekín.[16]

»Las empresas de Kushner y el Kushner Real Estate Group tienen una relación estrecha con el banco israelí Hapoalim[17] y la importante aseguradora Harel, del mismo país. El banco Hapoalim es el principal objetivo de boicot internacional, liquidaciones y sanciones contra Israel por sus actividades financieras en los territorios ocupados de Cisjordania.

---

[14] Wayne Madsen, «America's fascist corporate-military junta takes shape», *Wayne Madsen Report*, 11-12 de abril de 2017.

[15] Jackie Wattles y Serenitie Wang, «Kushner family in Beijing: 'Invest $500 000 and immigrate' to US», CNN *Money*, 7 de mayo de 2017. Disponible en: *http://money.cnn.com/2017/05/06/news/jared-kushner-nicole-family-event/index.html.*

[16] Chas Danner, «Jared Kushner's Family Business Is Pitching U.S. Visas in an Effort to Woo Wealthy Investors in China», *New York Magazine*, 7 de mayo de 2017. Disponible en: *http://nymag.com/daily/intelligencer/2017/05/kushner-family-pitching-u-s-visas-to-woo-investors-in-china.html.*

[17] Daniel Estrin, Associated Press, «Trump son-in-law's ties to Israel raise questions of bias», *Business Insider*, 25 de marzo 2017. Disponible en: *http://www.businessinsider.com/ap-trump-son-in-laws-ties-to-israel-raise-questions-of-bias-2017-3.*

»Un proyecto de Kushner para reurbanizar el barrio del SoHo de Manhattan involucra a la familia del magnate multimillonario de los diamantes de Israel.[18] El acuerdo Kushner cuenta con Raz Steinmetz, cuyo tío, Beny Steinmetz, es el propietario del Steinmetz Diamond Group y sg Resources,[19] el segundo de los cuales tiene abiertas investigaciones, por parte del FBI, por violaciones de la Ley de Prácticas Corruptas en el Extranjero, por haber pagado sobornos a agentes de la República de Guinea, en África Occidental, para obtener concesiones mineras en el país. Las empresas de Steinmetz también controlan negocios mediante una empresa fantasma de las Islas Vírgenes Británicas llamada Rebar, LLC.

»El hermano de Ras Steinmetz, Daniel Steinmetz, estaba implicado en negocios con Jared Kushner mediante Gaia Investments Corporation de Tel Aviv, a través de la filial Gaia JC, LLC.[20] Después de que Jared Kushner se convirtiera en el asesor jefe de Trump —se dice que es uno de los pocos que tienen acceso al círculo más íntimo de Trump, que también incluye a su hija Ivanka Trump, la especialista en comunicaciones Hope Hicks y el asistente de Trump, Keith Schiller—, la empresa de Steinmetz-Kushner pasó a llamarse 65 Bay, LLC.

»Steinmetz está representado en Estados Unidos por Greenberg Traurig, que pasó a la luz pública como el despacho de abogados en el que el miembro convicto de grupos de presión republicanos Jack Abramoff estableció su actividad

---

[18] David Kocieniewski y Caleb Melby, «Kushners Are Partners with One of Israel's Wealthiest Families», *Bloomberg*, 26 de abril de 2017. Disponible en: *https://www.bloomberg.com/news/articles/2017-04-26/kushners-are-partners-with-one-of-israel-s-wealthiest-families*.

[19] Jesse Drucker, «Bribe Cases, a Jared Kushner Partner and Potential Conflict», *The New York Times*, 26 de abril de 2017. Disponible en: *https://www.nytimes.com/2017/04/26/us/politics/jared-kushner-beny-steinmetz.html?mcubz=0*.

[20] *Ib.*

laboral, y del profesor de derecho de Harvard Alan Dershowitz.[21] Claro está, el nombre de Dershowitz también ha aparecido en las demandas civiles presentadas por la entonces azafata menor de edad de Mar-a-Lago, Virginia Roberts. La señora Roberts, ahora señora Giuffre, sostenía que fue obligada a realizar actividades sexuales[22] a la edad de 15 años, no solo con Dershowitz, sino con su cliente, el amigo íntimo de Trump y multimillonario, Jeffrey Epstein.»[23]

El colega de Trump, el «rey del fertilizante»

«Una carta reciente, con fecha del 8 de marzo de 2017, y dirigida al presidente Trump de parte de sus asesores fiscales, los abogados Morgan and Lewis de Washington, D. C., pretendía silenciar a los críticos con Trump que sostienen que oculta algo en sus, aún no publicadas, declaraciones de renta. La carta, titulada: *Transacciones con socios rusos que figuran en su declaración de renta*, afirma que Trump solo recibió dinero ruso del concurso Miss Universo 2013 en Moscú y 95 millones de dólares por la venta de la Maison de L'Amitié, de 18 habitaciones, en Palm Beach, Florida, al multimillonario

---

[21] Tyler Durden, «WaPo: Trump Revealed "Highly Classified Information" In Meeting with Russians, White House Denies», *Zero Hedge*, 16 de mayo de 2017. Disponible en: *http://www.zerohedge.com/news/2017-05-15/wapo-trump-revealed-highly-classified-information-meeting-russians-pentagon-denies.*

[22] Josh Gerstein, «The one weird court case linking Trump, Clinton, and a billionaire pedophile», *Politico*, 4 de mayo de 2017. Disponible en: *http://www.politico.com/story/2017/05/04/jeffrey-epstein-trump-lawsuit-sex-trafficking-237983.*

[23] Wayne Madsen, «Trump's "Russian" ties are with the "Red Kosher Nostra," not the Kremlin», *Wayne Madsen Report*, 15 de mayo de 2017.

rusojudío magnate del fertilizador de potasa y propietario del equipo de fútbol AS Monaco, Dmitry Rybolovlev.

»Hay que tener en cuenta que Rybolovlev es accionista minoritario del Bank of Cyprus, que había sido propiedad del secretario de Comercio de Trump, Ross. Rybolovlev tampoco es ajeno a la violencia mafiosa. En 1996, Evgeny Panteleymonov, director de Neftekhimik, una empresa parcialmente propiedad de Rybolovlev, fue asesinado a tiros en su casa. En mayo de 1996, Rybolovlev fue acusado y detenido por contratar a un sicario para asesinar a su socio Panteleymonov. Rybolovlev salió libre después de que el único testigo de la acusación se retractara de su testimonio.

»Según el historiador del golf y escritor James Dobson, el hijo del presidente Trump, Eric Trump, quien, junto con su hermano Donald Trump hijo, ha asumido el control de las actividades de la Trump Organization dejadas por su padre, dijo al escritor, en 2013, que los Trump confiaban en los rusos para apoyar económicamente los campos de golf de Trump. Dobson citaba a Eric Trump diciendo: "Bueno, no confiamos en los bancos estadounidenses. Obtenemos toda la financiación que necesitamos de Rusia", y añadió: "Oh, sí. Tenemos algunos tipos a quienes les encanta de verdad el golf y han invertido de verdad en nuestros programas. Vamos allí constantemente".

»Por supuesto, los términos *Rusia* y *rusos* solo son formas equivocadas de referirse a la Kósher Nostra Roja. En otro comentario muy difundido, en este caso de Donald Trump hijo en una conferencia sobre propiedades inmobiliarias en 2008, el hijo del presidente supuestamente afirmó: "Y en términos de entrada de productos de alta gama en Estados Unidos, los rusos representan una parte desproporcionada de nuestros activos; por ejemplo, en Dubái y, por supuesto, en nuestro proyecto en el SoHo y en cualquier otra zona de Nueva York. Nos llega mucho dinero de Rusia".[24] Pero sabemos que los principales inversores del proyecto del SoHo eran los personajes del K-Trio de la Kósher Nostra Roja, además de las empresas Kushner y la familia Steinmetz de Israel. ¿Dónde están los rusos de los que hablaba Donald Trump hijo?

»Hay informes de que se están organizando posibles vistas del Gran Jurado federal en Alexandria, Virginia, y Washington, D. C. Estas vistas podrían estar siguiendo el rastro de los auténticos benefactores de Trump, pero dado un caso reciente en Nueva York, quienes creen en el imperio de la ley no deberían hacerse ilusiones.»[25]

BHARARA ERA UN OBJETIVO PRINCIPAL DEL EQUIPO DE TRUMP Y SUS COLEGAS CRIMINALES[26]

«En un caso que fue muy perseguido por el despedido fiscal Bharara en Manhattan, el Departamento de Justicia de Estados Unidos, ahora en manos del fiscal general Jeff Sessions y su ayudante Rod Rosenstein, llegó a un acuerdo con el hombre de negocios de Moscú Denis Katsyv y su fondo especulativo, Prevezon Holdings, Ltd., solo tres días antes del día previsto para la selección del jurado para el juicio. Prevezon y las 11 empresas con que se le relaciona han sido acusados

---

[24] Allan J. Lichtman, «Here's A Closer Look at Donald Trump's Disturbingly Deep Ties to Russia», *Fortune*, 17 de mayo de 2017. Disponible en: *http://fortune.com/2017/05/17/donald-trump-russia-2/*.

[25] Wayne Madsen, «Trump's "Russian" ties are with the "Red Kosher Nostra," not the Kremlin», *Wayne Madsen Report,* 15 de mayo de 2017.

[26] Joel Schectman y Mark Hosenball, «Jeff Sessions asks 46 Obama-era US attorneys to resign», *The Telegraph*, 10 de noviembre de 2017. Disponible en: *http://www.reuters.com/article/us-usa-trump-justice-prosecutors/sessions-asks-46-obama-era-u-s-attorneys-to-resign-idUSKBN16H2K8.*

de lavado de dinero para una red criminal que se extiende desde Rusia a Moldavia y Letonia y de ahí a Nueva York e Israel. ¿Cuál era el núcleo de este caso de blanqueo de dinero? Exactamente, la Kósher Nostra Roja. Entre los socios de Katsyv estaban el ruso Timofey Krit y el hombre de negocios israelí Alexander Litvak.

»El despido de Yates, Bharara y Comey por parte de Trump no tuvo nada que ver con las elecciones de 2016 y todo con el hecho de que Trump estaba cubriéndose a sí mismo y a los amigos y socios comerciales de Kushner, pertenecientes a la Kósher Nostra Roja. El jefe de la estrategia presidencial, Steve Bannon, acusado de antisemitismo, es un buen escaparate para una Administración que está invadida hasta los topes por la Kósher Nostra Roja. Mientras esté Bannon, Trump evitará cualquier crítica por parte de sus aliados del movimiento de la derecha alternativa, incluido el líder del Klan, David Duke, y el neonazi Richard Spencer.[27] Después de todo, Donald Trump afirma que es un experto en el "arte de pactar". Los pactos de Trump se han hecho para vender los ojos a la extrema derecha mientras vende Estados Unidos a la peor asociación criminal.»[28]

La cobertura de los escándalos de Trump por parte de los medios de comunicación mayoritarios

«Las empresas de medios de comunicación están mostrando falta de ganas y de conocimiento en su cobertura de los escándalos que rodean la Administración de Donald Trump

---

[27] «The year in hate and extremism», *Intelligence Report*, 162, primavera 2017.

[28] Wayne Madsen, «Trump's "Russian" ties are with the "Red Kosher Nostra," not the Kremlin», *Wayne Madsen Report*, 15 de mayo de 2017.

y su campaña presidencial de 2016. Los medios de comunicación prefieren decir que todo el escándalo tiene que ver con Rusia a decir que implica al menos a dos docenas diferentes de países relacionados con el blanqueo de dinero, el registro de empresas pantalla y la emisión de pasaportes para miembros clave de la Trump Organization y sus socios, las empresas Kushner.

»La principal razón por la que el fiscal especial del Departamento de Justicia y exdirector del FBI Robert Mueller intervino el teléfono de Andrew Weissmann,[29] el jefe del Área de Fraude de la División Criminal del Departamento de Justicia, es para que le ayude en su investigación de la Casa Blanca de Trump y de los lazos de las familias Trump y Kushner con fraudes de seguridad y estructuras de blanqueo de dinero. Estas operaciones implican conectar acuerdos inmobiliarios entre las organizaciones de Trump y Kushner e implicar, no solo a Donald Trump y a su yerno y asesor presidencial especial, Jared Kushner, sino también a los hijos de Trump: Donald Trump hijo y Eric Trump; su hija Ivanka Trump, y los asesores más cercanos a Trump incluidos individuos bajo citación del Congreso en la investigación sobre "Rusia". El comité de Inteligencia de la cámara de representantes ha pedido investigar documentos del abogado personal del presidente Trump, Michael Cohen, y del portavoz durante su campaña, Boris Epshteyn.

»Que la investigación se llame "Rusia" es un error. Hay diversos países aparte de Rusia implicados en distinto grado en el imperio inmobiliario de Trump/Kushner. Esta máquina de generar dinero que resulta de combinar los negocios de ambas familias ha utilizado las leyes fiscales de Estados

---

[29] «Mueller's lawyer build-up raises flags for Trump allies», *Fox News*, 12 de junio de 2017. Disponible en: *http://www.foxnews.com/politics/2017/06/12/muellers-lawyer-build-up-raises-flags-for-trump-allies.html.*

Unidos para rodearlas o violarlas directamente. «La empresa Trump/Kushner ha sido objeto de numerosas demandas. Un examen de estas revela que las empresas Trump/Kushner utilizan paraísos fiscales *offshore*, organizaciones humanitarias, sobornos que violan la Ley de Prácticas Corruptas en el Extranjero de Estados Unidos, sociedades de responsabilidad limitada, instituciones bancarias sospechosas ligadas al lavado de dinero y diversas plataformas digitales de juegos de pago para incrementar sus beneficios. El presidente Trump ha relajado recientemente la ley sobre actividades políticas que pueden estar ligadas con entidades benéficas, como la Fundación Donald J. Trump y la fundación de su hija Ivanka Trump, después de que la segunda recibiera recientemente 100 millones de dólares en donaciones de Arabia Saudita y Emiratos Árabes Unidos.[30]

»La siguiente es una lista de países, además de Rusia, que están relacionados con lo que podemos llamar, sin temor a equivocarnos, la organización criminal Trump-Kushner:

1. Albania
2. Argentina
3. Aruba
4. Australia
5. Austria
6. Azerbaiyán
7. Bahamas
8. Baréin
9. Bangladés
10. Bielorrusia
11. Bélgica
12. Belice

---

[30] Kate Abbey-Lambertz, «Saudi Arabia, UAE Donate $100 Million To Women's Fund Proposed by Ivanka Trump», *Huffington Post*, 21 de mayo de 2017. Disponible en: *http://www.huffingtonpost.com/entry/ saudi-arabia-uae-ivanka-trump-fund_us_5921c1d9e4b034684b0d17a1.*

13. Bermudas
14. Brasil
15. Brunéi
16. Bulgaria
17. Camboya
18. Canadá
19. Islas Caimán
20. República Centroafricana
21. Chile
22. China
23. Colombia
24. Islas Cook
25. Costa Rica
26. Croacia
27. Cuba
28. Chipre
29. República Checa
30. Dominica
31. República Dominicana
32. Egipto
33. Francia
34. Georgia
35. Alemania
36. Gibraltar
37. Grecia
38. Guatemala
39. Guinea
40. Haití
41. Honduras
42. Hong Kong
43. Hungría
44. Islandia
45. India
46. Indonesia
47. Irán

48. Irlanda
49. Israel
50. Italia
51. Japón
52. Jordania
53. Kazajistán
54. Kenia
55. Corea del Sur
56. Kuwait
57. Kirguistán
58. Libia
59. Liechtenstein
60. Luxemburgo
61. Macao
62. Malasia
63. Maldivas
64. Malta
65. México
66. Moldavia
67. Mónaco
68. Marruecos
69. Namibia
70. Países Bajos
71. Nueva Zelanda
72. Panamá
73. Perú
74. Filipinas
75. Polonia
76. Portugal
77. Puerto Rico
78. Catar
79. Rumanía
80. San Cristóbal y Nieves
81. Santa Lucía
82. San Vicente y las Granadinas

83. Arabia Saudita
84. Serbia
85. Seychelles
86. Sierra Leona
87. Eslovenia
88. Sudáfrica
89. Suiza
90. Taiwán
91. Tanzania
92. Tailandia
93. Túnez
94. Turquía
95. Islas Turcas y Caicos
96. Ucrania
97. Emiratos Árabes Unidos
98. Reino Unido
99. Uruguay
100. Uzbekistán
101. Vietnam
102. Islas Vírgenes Británicas

»El presidente ruso Vladimir Putin dijo en una reciente entrevista que "patriotas rusos" podrían haber estado implicados en el ataque informático a los ordenadores del Partido Demócrata durante la campaña de 2016,[31] pero esta era una forma políticamente correcta de referirse a la "FSU Mafia" o "Mafia de la antigua Unión Soviética". La FSU Mafia está formada mayoritariamente por judíos rusos y ucranianos. Putin mantiene a algunos de estos oligarcas-gángsteres cerca para poder determinar la naturaleza de sus operaciones y si tienen

---

[31] Andrew Higgins, «Maybe Private Russian Hackers Meddled in Election, Putin Says», *The New York Times*, 1 de junio de 2017. Disponible en: *https://www.nytimes.com/2017/06/01/world/europe/vladimir-putin-donald-trump-hacking.html?mcubz=0*.

un impacto adverso en la seguridad del Estado ruso. Algunas de estas mismas figuras mafiosas están próximas a las organizaciones de Trump y Kushner.

»Además de los 100 países en los que la Trump Organization está activa, Mueller y Weissmann están investigando a fondo las bases de datos de la Red para la Persecución de los Delitos Financieros del Departamento del Tesoro (FINCEN) para descubrir los lazos entre empresas conocidas de la mafia y otras que se encuentren bajo el paraguas de Trump. Las empresas de la Trump Organization incluyen:

Sentient Jets, LLC (conocida actualmente como Trump Jets, LLC).

T International Realty, LLC (opera con el nombre Trump International Realty).

The Donald J. Trump Foundation, Inc.

The Trump Corporation.

The Trump Follies Member, Inc.

The Trump Equitable Fifth Avenue Company.

Trump 106 CPS, LLC.

Trump 55 Wall Corp.

Trump 767 Management, LLC.

Trump 845 LP, LLC.

Trump 845 UN GP, LLC.

Trump 846 UN MGR Corp.

Trump 846 UN MGR, LLC (conocida anteriormente como 845 UN, LLC).

Trump AC Casino Marks, LLC.

Trump AC Casino Marks Member Corp.

Trump Acquisition Corp.

Trump Acquisition, LLC.

Trump Books, LLC.

Trump Books Manager Corp.

Trump Brazil, LLC.

Trump Briarcliff Manor Development, LLC (anteriormente Briar Hall Development, LLC).

Trump Canadian Services, Inc.

Trump Canouan Estate, LLC.

Trump Canouan Estate Member Corp.

Trump Caribbean, LLC.

Trump Carousel, LLC.

Trump Carousel Member Corp.

Trump Central Park West Corp.

Trump Chicago Commercial Member Corp.

Trump Chicago Commercial Manager, LLC.

Trump Chicago Development, LLC.

Trump Chicago Hotel Member Corp.

Trump Chicago Hotel Manager, LLC.

Trump Chicago Managing Member, LLC.

Trump Chicago Member, LLC.

Trump Chicago Residential Member Corp.

Trump Chicago Residential Manager, LLC.

Trump Chicago Retail, LLC.

Trump Chicago Retail Manager, LLC.

Trump Chicago Retail Member Corp.

Trump Classic Cars, LLC.

Trump Classic Cars Member Corp.

Trump Commercial Chicago, LLC.

Trump Cozumel Corp.

Trump Cozumel, LLC.

Trump CPS Corp.

Trump CPS, LLC.

Trump Delmonico, LLC.

Trump Development Services, LLC.

Trump Development Services Member Corp.

Trump Drinks Israel Holdings, LLC.

Trump Drinks Israel Holdings Member Corp.

Trump Drinks Israel, LLC.

Trump Drinks Israel Member Corp.

Trump Education ULC.

Trump Empire State, Inc.

Trump Endeavor 12, LLC.

Trump Endeavor 12 Manager Corp.

Trump EU Marks Member, LLC.

Trump EU Marks Member Corp.

The Trump Entrepreneur Initiative, LLC (conocida anteriormente como Trump University CA, LLC).

Trump Ferry Point, LLC.

Trump Ferry Point Member Corp.

Trump Florida Management, LLC.

Trump Florida Manager Corp.

The Trump Follies, LLC.

Trump Fort Lee, LLC.

Trump Fort Lee Member Corp.

Trump Golf Acquisition, LLC.

Trump Golf Coco Beach, LLC.

Trump Golf Coco Beach Member Corp.

Trump Golf Management, LLC.

Trump Home Marks.

Trump Home Marks Member Corp.

Trump Ice, LLC.

Trump Ice, Inc.

Trump Identity, LLC.

Trump Identity Member Corp.

Trump International Development, LLC.

Trump International Development Member Corp.

Trump International Golf Club, LLC.

Trump International Golf Club Scotland Limited.

Trump International Golf Club, Inc.

Trump International Hotel and Tower Condominium.

Trump International Hotel Hawaii, LLC.

Trump International Hotels Management, LLC.

Trump International Management Corp.

Trump Kelowna, LLC.

Trump Kelowna Member Corp.

Trump Korean Projects, LLC.

Trump Las Olas, LLC.

Trump Las Olas Member Corp.

Trump Las Vegas Corp.

Trump Las Vegas Development, LLC.

Trump Las Vegas Managing Member, LLC.

Trump Las Vegas Managing Member II, LLC.

Trump Las Vegas Marketing and Sales, LLC.

Trump Las Vegas Member, LLC.

Trump Las Vegas Member II, LLC.

Trump Las Vegas Sales & Marketing, Inc.

Trump International Hotel & Tower Las Vegas Unit Owners Association.

Trump Lauderdale Development 2, LLC.

Trump Lauderdale Development, LLC.

Trump Management, Inc.

Trump Marketing, LLC.

Trump Marks Asia Corp.

Trump Marks Asia, LLC.

Trump Marks Atlanta, LLC.

Trump Marks Atlanta Member Corp.

Trump Marks Baja Corp.

Trump Marks Baja, LLC.

Trump Marks Batumi, LLC.

Trump Marks Batumi Member Corp.

Trump Marks Beverages Corp.

Trump Marks, LLC.

Trump Marks Canouan Corp.

Trump Marks Canouan, LLC.

Trump Marks Chicago, LLC.

Trump Marks Chicago Member Corp.

Trump Marks Cozumel Corp.

Trump Marks Cozumel, LLC.

Trump Marks Dubai Corp.

Trump Marks Dubai, LLC.

Trump Marks Egypt Corp.

Trump Marks Egypt, LLC.

Trump Marks Fine Foods, LLC.

Trump Marks Fine Foods Member Corp.

Trump Marks Ft. Lauderdale, LLC.

Trump Marks Ft. Lauderdale Member Corp.

Trump Marks Golf Swing, LLC.

Trump Marks Golf Swing Member Corp.

Trump Marks GP Corp.

Trump Marks Holding LP (conocida anteriormente como Trump Marks LP).

Trump Marks Hollywood Corp.

Trump Marks Hollywood, LLC.

Trump Marks Istanbul II Corp.

Trump Marks Istanbul II, LLC.

Trump Marks Jersey City Corp.

Trump Marks Jersey City, LLC.

Trump Marks Las Vegas Corp.

Trump Marks Las Vegas, LLC.

Trump Marks, LLC.

Trump Marks Magazine Corp.

Trump Marks Magazine, LLC.

Trump Marks Mattress, LLC.

Trump Marks Mattress Member Corp.

Trump Marks Menswear, LLC.

Trump Marks Menswear Member Corp.

Trump Marks Mortoaoe Corp.

Trump Marks Mtg, LLC.

Trump Marks Mumbai, LLC.

Trump Marks Mumbai Member Corp.

Trump Marks New Orleans Corp.

Trump Marks New Orleans, LLC.

Trump Marks New Rochelle Corp.

Trump Marks New Rochelle, LLC.

Trump Marks Palm Beach Corp.

Trump Marks Palm Beach, LLC.

Trump Marks Panama Corp.

Trump Marks Panama, LLC.

Trump Marks Philadelphia Corp.

Trump Marks Philadelphia, LLC.

Trump Marks Philippines, LLC.

Trump Marks Philippines Corp.

Trump Marks Products, LLC.

Trump Marks Products Member Corp.

Trump Marks Puerto Rico I, LLC.

Trump Marks Puerto Rico I Member Corp.

Trump Marks Puerto Rico II, LLC.

Trump Marks Puerto Rico II Member Corp.

Trump Marks Punta del Este, LLC.

Trump Marks Punta del Este Manager Corp.

The Donald J. Trump Company, LLC.

The Trump Marks Real Estate Corp.

Trump Marks Real Estate, LLC.

Trump Marks SOHO License Corp.

Trump Marks SOHO, LLC.

Trump Marks South Africa, LLC.

Trump Marks South Africa Member Corp.

Trump Marks Stamford Corp.

Trump Marks Stamford, LLC.

Trump Marks Sunny Isles I, LLC.

Trump Marks Sunny Isles I Member Corp.

Trump Marks Sunny Isles II LLC.

Trump Marks Sunny Isles II Member Corp.

Trump Marks Tampa Corp.

Trump Marks Tampa, LLC.

Trump Marks Toronto Corp.

Trump Marks Toronto, LLC.

Trump Marks Toronto LP (oficialmente Trump Toronto Management, LP).

Trump Marks Waikiki Corp.

Trump Marks Waikiki, LLC.

Trump Marks Westchester Corp.

Trump Marks Westchester, LLC.

Trump Marks White Plains Corp.

Trump Marks White Plains, LLC.

Trump Miami Resort Management, LLC.

Trump Miami Resort Management Member Corp.

Trump National Golf Club Colts Neck, LLC.

Trump National Golf Club Colts Neck Member Corp.

Trump National Golf Club, LLC.

Trump National Golf Club Member Corp.

Trump National Golf Club Washington DC, LLC.

Trump National Golf Club Washington DC Member Corp.

Trump Ocean Manager, Inc.

Trump Ocean Managing Member, LLC.

Trump Old Post Office, LLC.

Trump On the Ocean, LLC.

Trump Organization, LLC.

The Trump Organization, Inc.

Trump Pageants, Inc.

Trump Palace Condominium.

Trump Palace/Parc, LLC.

Trump Panama Condominium Management, LLC.

Trump Panama Condominium Member Corp.

Trump Panama Hotel Management, LLC.

Trump Panama Hotel Management Member Corp, LLC.

Trump Parc East Condominium.

Trump Park Avenue Acquisition, LLC.

Trump Park Avenue, LLC.

Trump Payroll Chicago, LLC.

Trump Payroll Corp.

Trump Phoenix Development, LLC.

Trump Plaza, LLC.

Trump Plaza Member, Inc. (conocida anteriormente como Trump Plaza Corp.).

Trump Procida Fort Lee, LLC.

Trump Productions, LLC (anteriormente Rancho Lien, LLC).

Trump Production Managing Member, Inc.

Trump Project Management Corp.

Trump Properties, LLC.

Trump Realty Services, LLC (conocida anteriormente Trump Mortgage Services, LLC —03— y Tower Mortgage Services, LLC).

Trump Restaurants, LLC.

Trump RHF Corp.

Trump Riverside Management, LLC.

Trump Ruffin Commercial, LLC.

Trump Ruffin, LLC.

Trump Ruffin Tower I, LLC.

Trump Sales & Leasing Chicago, LLC.

Trump Sales & Leasing Chicago Member Corp.

Trump Scotland Member, Inc.

Trump Scotsborough Square, LLC.

Trump Scotsborough Square Member Corp.

Trump SoHo Hotel Condominium New York.

Trump Soho Member, LLC.

Trump Toronto Development, Inc.

Trump Toronto Hotel Management Corp.

Trump Toronto Member Corp. (oficialmente, Trump Toronto Management Member Corp).

Trump Tower Commercial, LLC.

Trump Tower Condominium Residential Section.

Trump Tower Managing Member, Inc.

Trump Village Construction Corp.

Trump Vineyard Estates, LLC.

Trump Vineyard Estates Manager Corp.

Trump Vineyard Estates Lot 3 Owner, LLC (conocida anteriormente como Eric Trump Land Holdings, LLC).

Trump Virginia Acquisitions, LLC (conocida anteriormente como Virginia Acquisitions, LLC).

Trump Virginia Acquisitions Manager Corp.

Trump Virginia Lot 5, LLC.

Trump Virginia Lot 5 Manager Corp.

Trump Wine Marks, LLC.

Trump Wine Marks Member Corp.

Trump World Productions, LLC y Trump Productions, LLC.

Trump World Productions Manager Corp.

Trump World Publications, LLC.

Trump/New World Property Management, LLC.

Trump Castle Management Corp.

Trump Marks White Plains Corp.

Trump RHF Corp.

The Donald J. Trump grantor Trust —DJT es el administrador sucesor—, cuyo administrador es Donald J. Trump hijo.

The Donald J. Trump Revocable Trust.

»Y por si las listas anteriores de países y empresas no bastan como material de examen, pensemos en todas las empresas ligadas a Trump y Kushner que están siendo estudiadas por el fiscal especial y su equipo. Están establecidas en un montón de localizaciones, y algunas son solo la fachada de personajes sospechosos que han comprado departamentos de Trump en Nueva York, Florida y otras localizaciones. La empresa Trump-Kushner ha permitido a individuos con dinero, algunos con órdenes judiciales de detención por parte de la Interpol, establecer su residencia en propiedades de Trump o Kushner.»[32]

---

[32] Wayne Madsen, «Media being lazy and ignorant in coverage of Trump scandal», *Wayne Madsen Report*, 2-4 de junio de 2017.

SEGUNDA PARTE

LOS ESPÍAS

7

WIKILEAKS Y LA GUERRA ENCUBIERTA DE LA INTELIGENCIA

Curiosamente, quienes inclinaron la balanza a favor de Trump en las elecciones y lo hicieron presidente fueron Julian Assange y WikiLeaks. Las noticias de los medios de comunicación y la campaña de Hillary Clinton estaban intentando relacionar los archivos informáticos que habían sido robados al Partido Demócrata, la campaña de Clinton y la difusión de los correos electrónicos comerciales del asesor de campaña John Podesta por parte del fundador de Wiki-Leaks, Julian Assange, al gobierno de Rusia.[1]

Sin embargo, la historia es mucho más sofisticada e incluye distintas capas de engaños.

Porque por mucho que la gente de WikiLeaks haya intentado vender a Assange como un cruzado de la paz y la justicia, Julian Assange es poco más que un pirata informático a sueldo. «Assange sigue en contacto con su antigua red global de piratas informáticos, muchos de los cuales eran miembros del Chaos Computer Club, con sede en Hamburgo. Assange, un pirata informático australiano convicto,

---

[1] Wayne Madsen, «Report: UFO Hunters, Not Russians, Hacked Podesta», *Infowars*, 17 de octubre de 2016. Disponible en: *https://www.infowars.com/report-ufo-hunters-not-russians-hacked-podesta/*.

es más que capaz de supervisar una red dedicada a fisgonear el correo de individuos, tanto si utilizan redes del gobierno como privadas. [...]

»Assange había tenido mucha reputación como pirata informático.

»Con el alias Mendax, Assange formó un grupo de piratas informáticos llamado "International Subversives".

»El grupo fue el responsable de unos cuantos ataques muy publicitados, como los que consiguieron penetrar en los sistemas del Pentágono, la Nasa, Xerox y SRI International en Palo Alto, California.

»Mendax y otros dos piratas informáticos, Trax y Prime Suspect, tenían lazos con uno de los grupos de piratas informáticos más conocidos de Australia 3 Oz-Melbourne. El 3 Oz nació en la comunidad judía de Melbourne, y su jefe, Phoenix, pertenecía a una familia proisraelí radical.

»En 1996, Assange se declaró culpable de 25 cargos de ataques informáticos y delitos relacionados. Obtuvo un buen acuerdo en el que se le retiraron seis cargos adicionales, pagó una multa de 2 100 dólares y accedió a trabajar con la unidad antiexplotación infantil de la policía de Victoria y la unidad de desarrollo de programas informáticos antiataques informáticos de la U.S. Defense Information Systems Agency (DISA) en el laboratorio nacional de Sandia en Nuevo México.»[2] Por lo tanto, pensar que es un antisistema es una tontería. Sus buenas intenciones son conocidas en toda la comunidad de la inteligencia.

«Assange y sus compañeros *cypherpunks*, incluido el Chaos Computer Club, habían llevado a cabo un buen número de ataques muy difundidos a principios de la década de 1990.

»Uno de los miembros más destacados de Chaos, un hombre conocido como Pengo, Hans Heinrich Hübner,

---

    [2] Wayne Madsen, *op. cit.*

vendía datos, incluidos los que obtenía de los sistemas de la OTAN, al KGB soviético.»[3] Sin embargo, el KGB nunca se fio de Pengo, porque comprendió que este era un mercenario, dispuesto a vender al mejor postor.

«Pengo y su cómplice Hagbard, Karl Koch (creador del virus troyano), se entregaron más adelante a la policía de la Alemania Occidental, pero Koch fue encontrado muerto en marzo de 1989 en un bosque de Alemania, cerca de Celle.»[4] Su cadáver había sido parcialmente quemado con gasolina en lo que parecía un ritual satánico. Sin embargo, se determinó que la muerte de Koch había sido un suicidio.

«Un miembro de Chaos gozó de respetabilidad más adelante. Andy Mueller-Maguhn, el portavoz de prensa de Chaos, se convirtió en el director general de la Corporación de Internet para la Asignación de Nombres y Números (ICANN, por sus siglas en inglés).

»La Administración Obama ha cedido todo el control que tenía el gobierno de Estados Unidos sobre el registro de dominios de Internet y normativa de nombres al ICANN.

»La inteligencia rusa no tiene más motivos para confiar en Assange y sus cómplices ahora de los que tenía el KGB para confiar en Assange y Chaos a principios de la década de 1990.

»En cuanto al director de campaña de Clinton, Podesta, está atribuyendo a malvados agentes rusos lo que se puede explicar fácilmente mediante una mala gestión de contraseñas por su parte y por la de sus compañeros del equipo de campaña, y por confiar en sistemas de correo electrónico comerciales como Gmail y Hotmail. Podesta no debería haber cometido esos errores.»[5]

Podesta, uno de los asalariados de Washington más siniestros, «había dirigido el *lobby* de la Electronic Messaging

---

[3] *Ib.*
[4] *Ib.*
[5] Wayne Madsen, *op. cit.*

Association (EMA), una asociación industrial pre World Wide Web (www) de la década de 1980 hasta mediados de la de 1990, que representaba los intereses de empresas como Prodigy, Compuserve, Lotus, Netscape y America Online.

»Por lo tanto, Podesta fue un seguidor temprano de las hazañas de grupos de piratas informáticos como el Chaos Computer Club, International Subversives, 3 Oz-Melbourne y otros.

»Fue en esa era pre www cuando Podesta empezó a interesarse de verdad por temas como el Área 51, artefactos extraterrestres y cuerpos almacenados en la base aérea de Wright-Patterson y encuentros con ovnis.

»El principal motivo para el interés de Podesta era el incontenible deseo de los primeros piratas informáticos de poder acceder a lo que creían que eran los archivos informáticos que el gobierno de Estados Unidos tenía en relación a extraterrestres y ovnis, y que se almacenaban en distintos sistemas informáticos militares y civiles del gobierno.

»En 2002, Podesta apoyó una demanda basada en la ley de libertad de información presentada por la Coalición para la Libertad de Información que solicitaba todos los archivos del gobierno relativos al accidente de un ovni en 1965 en Kecksburg, Pensilvania. [...]

»Conocidos popularmente como Expedientes X, la principal cruzada de los piratas informáticos en busca del "santo grial" de los archivos de datos del gobierno de Estados Unidos fue dramatizada en una conocida serie de televisión entre 1993 y 2002. Podesta era y sigue siendo fan de la serie de televisión y, en general, partidario de la revelación total de la información sobre extraterrestres.

»Podesta ha presionado para que el gobierno haga públicos en su totalidad los archivos sobre ovnis como jefe de equipo de los presidentes Bill Clinton y Barack Obama y como director de campaña de la señora Clinton.

»Por supuesto, ninguna de las anteriores experiencias de Podesta con la industria del correo electrónico, Internet o los piratas informáticos ha estado relacionada con agentes rusos, con la única excepción del flirteo fallido de Chaos con el KGB.

»Es más probable topar con un "alienígena gris" o un "hombre de negro" en el universo de amenazas de Podesta que con espías rusos del Servicio Federal de Seguridad o el Servicio de Inteligencia Extranjera.

»Y existen importantes pistas en la narrativa al respecto de que los piratas informáticos que penetraron en los correos electrónicos de Podesta estaban principalmente interesados en el conocimiento sobre extraterrestres del director de campaña de Clinton. Los piratas informáticos dieron con un negocio cuando descubrieron dos correos electrónicos que el difunto astronauta Edgar Mitchell mandó a Podesta en 2015:

Tema: correo electrónico para John Podesta (con copia a Eryn) de Edgar Mitchel [sic] nueva reunión LO ANTES POSIBLE

Querido John,

A medida que avanza 2015, entiendo que dejarás la Administración en febrero. Es urgente que acordemos una fecha y una hora lo más cercana posibles antes de tu salida para reunirnos y hablar sobre la Revelación y la Energía del Punto Cero.

Mi colega católico Terri Mansfield también vendrá, para aportar información actualizada sobre el conocimiento por parte del Vaticano de ETI [inteligencia extraterrestre].

Otro colega está trabajando en un nuevo tratado espacial, y dice que Rusia y China están implicadas. Sin embargo, con la extrema influencia de Rusia en Ucrania, creo que deberíamos buscar otra ruta para la paz en el espacio y la EPC en la Tierra.

Me reuní con una amiga de la infancia de Honolulu de Obama, la embajadora de Estados Unidos Pamela Hamamoto, el día 4 de julio, en su lugar de trabajo en Ginebra, y pude comentarle brevemente el tema de la Energía del Punto Cero.

Creo que puedo sumarla como amiga de confianza y activo en nuestra presentación al presidente Obama. Agradezco la ayuda de Eryn a la hora de trabajar con Terri para fijar nuestra reunión.

Cordialmente,

Edgar D. Mitchell, Doctor en Ciencia
Director científico y fundador de Quantrek
Astronauta del Apolo 14
6º hombre en pisar la Luna

Y este…

Tema: correo electrónico para John Podesta (con copia a Eryn)
Tratado Espacial (adjunto)

Querido John,

Dado que la carrera hacia la guerra espacial se está acelerando, he pensado que deberías saber algunas cosas mientras buscamos fecha para nuestra charla por Skype.

Recuerda, nuestras inteligencias extraterrestres no violentas del universo adyacente nos están ayudando a traer la Energía del Punto Cero a la Tierra. Ellos no tolerarán ninguna forma de violencia militar ni en la Tierra ni en el espacio.

La siguiente información en cursiva fue compartida conmigo por mi colega Carol Rosin, que trabajó estrechamente durante varios años con Wernher von Braun antes de su muerte.

Carol y yo hemos trabajado en el tratado de prevención de despliegue de armas en el espacio exterior que adjunto para que lo tengas.

Cordialmente,

Edgar

Edgar D. Mitchell, Doctor en Ciencia
Director científico y fundador de Quantrek
Astronauta del Apolo 14
6° hombre en pisar la Luna

»Podesta es un imán para los sucesores de los antiguos colegas *cypherpunk* de Assange, jóvenes piratas informáticos que harán lo que sea para sacar a la luz lo que ven como una gran maniobra para encubrir la presencia de extraterrestres en la Tierra. El mayor ataque informático a ordenadores militares fue llevado a cabo por un joven pirata informático escocés llamado Gary McKinnon. Con el sobrenombre de Solo, McKinnon fue acusado de acceder a 97 sistemas militares y de la NASA entre febrero de 2001 y marzo de 2002. McKinnon dijo que estaba buscando archivos sobre la supresión de sistemas de energía gratuitos (de lo que quería hablar con Podesta el astronauta Mitchell) y ovnis. Estados Unidos intentó extraditar a McKinnon, pero en 2012, la ministra del Interior británica Theresa May, la primera ministra actual, revocó sorprendentemente la petición de extradición. Los cargos británicos contra McKinnon fueron súbitamente retirados. Entre quienes apoyaron a McKinnon en su resistencia a la extradición a Estados Unidos estaban Boris Johnson, el actual ministro de asuntos exteriores, y David Cameron, el exprimer ministro».[6]

---

[6] Wayne Madsen, *op. cit.*

¿Utilizaron los británicos la información de alto secreto que encontró McKinnon?

«Hillary Clinton llamó aún más la atención de los piratas informáticos cuando le dijo al *Conway Daily Sun* de New Hampshire que "llegaría hasta el fondo" del encubrimiento de los ovnis. Eso sirvió de imán para la comunidad global de piratas informáticos. […]

»Las empresas de medios de comunicación intentan culpar del ataque a los correos de Podesta y a los de otros agentes de la campaña de Clinton al presidente ruso Vladimir Putin. Eso es porque los demócratas no quieren pasar la vergüenza de admitir que los auténticos culpables son piratas informáticos que quieren saber más sobre el conocimiento que tiene Podesta sobre los "pequeños alienígenas grises".»[7]

Con el despido del director del FBI James Comey el 10 de mayo de 2017, la guerra invisible entre el gobierno de Estados Unidos, el presidente de Estados Unidos, el Estado profundo, el complejo industrial-militar, WikiLeaks, Edward Snowden, la CIA y la NSA por el control de la información y, en consecuencia, por el control de la dialéctica, ha alcanzado nuevas cimas.

Lo que me obsesiona no es la paranoia de los empleados, sino la de los congresistas. La del presidente y el Pentágono. La de generales de cinco estrellas, directores de la CIA y criminólogos del FBI. No es la paranoia del perdedor, de la víctima (patética, comprensible), sino la del ganador, la del victorioso: la paranoia de la gente al mando. Personas que deberían saber lo que hay, y que probablemente lo saben. Lo que más temen ellos es también lo que más temo yo: no quieren que sepamos. La paranoia de los expertos. Después de todo, si no eres un paranoico, es que no conoces los hechos. Es la paranoia de hombres que destruyeron documentos en las oficinas ejecutivas del cuartel general de la CIA, como escolares que esconden revistas pornográficas.

---

[7] Wayne Madsen, *op. cit.*

Hay sangre y hay documentos. Así es la historia. Una cosa va con la otra. Sangre. Documentos. Culpa. Inocencia. Conocimiento. Ignorancia. Frustración. Miedo. Pero no puedes conocer la historia si no conoces el miedo. No puedes conocer la historia si no notas el pulso de la vida bajo tus dedos; si no puedes mirar de cara a las armas. Si no puedes quedarte de pie en las cárceles, los campos de exterminio, y sentir la mirada de informadores, espías y soldados de países extranjeros en tu espalda... y en la puerta de tu casa. La historia no se ausenta, solo se pierde; es alguien y luego se va, y deja tras de sí únicamente huellas. El resto consiste solo en guardar los libros.

Como es lógico, el mundo siempre ha sido así. Siempre ha sido dirigido por personas supersticiosas, religiosas, temerosas, paranoicas, desagradables, odiosas y asesinas. No hay nada de nuevo en eso. Pero en un momento concreto de este siglo, lo llevamos todo un paso más allá. Con WikiLeaks abrimos la caja de Pandora y la caja negra de la consciencia humana. Abrimos la tapa y removimos su interior. Y liberamos monstruos.

La CNN nos trajo las «guerras para la televisión». La realidad se convirtió en entretenimiento cuando los soldados de Estados Unidos fueron capturados, asesinados o expuestos frente a los espectadores de su país. ¿Qué significa esto? Tenemos que poner los acontecimientos en contacto para que tengan algún sentido, del mismo modo que un detective de homicidios examina las pistas en la escena del crimen; y es precisamente esa insistencia en el significado lo que ha fastidiado el realismo desde el principio, y nos ha llevado a este enfrentamiento entre este mundo y el universo paralelo de las cortinas de humo. Y en mitad de ese enfrentamiento, deambulando entre el laberinto de sectas, entre lo que es mayoritario y lo que son conspiraciones periféricas y sus pintorescos personajes del inframundo, un abismo de políticas mediante otros medios, ya sea el control mental, el LSD, el ocultismo, las sociedades secretas, las poderosas organizaciones privadas, las fundaciones, la religión, las agencias de inteligencia, los informadores sacrificables como Bradley Manning o una nueva «hermandad de enterrados en vida», de generaciones sin futuro, encontramos al expirata informático Julian Assange y su mundo paralelo WikiLeaks.

Podríamos resumirlo todo con una cita de la tira cómica *Pogo* del difunto y llorado Walt Kelley: «Hemos encontrado al enemigo, y somos nosotros». Una vez que lo entendamos, podremos empezar a poner a Estados Unidos en el lugar de grandeza, belleza y trascendencia que debería ocupar, el que soñaron nuestros padres fundadores, que, al fin y al cabo, eran masones, rosacruces, templarios, librepensadores y místicos que creían en la regeneración espiritual y la integración psicológica.

Mientras escribo esto, el mundo se enfrenta a un colapso financiero sin precedentes en los anales de la historia. Los círculos de las élites del poder de Estados Unidos son literalmente un ejército que se sostiene sobre pies de barro, y que se hunde. La economía estadounidense, que hace menos de sesenta años había sido la envidia de todo el mundo, al final de la primera década del nuevo siglo estaba ahogada en deudas, desindustrializada y convertida en una sombra arruinada de sí misma, por mucho que los medios de comunicación intentaran suavizar el golpe y distraer nuestra atención con otros asuntos menos perniciosos. El sistema financiero estadounidense se ahoga en billones de dólares en préstamos asegurados sin valor, firmados en la última borrachera de la burbuja inmobiliaria de 2002-2007.

La única opción que les queda a las poderosas élites de Washington para conservar su poder global es proyectar su fuerza militar: dominio de todo el espectro. Las presiones de una política exterior estadounidense cada vez más desesperada están forzando una improbable «coalición de los reticentes» en todo el mundo. Desde Uzbekistán a Kirguistán, de Tayikistán a China, de los países ricos en petróleo como Venezuela, Irán, Siria y Kazajistán, y China y Rusia empezaron a ver esta coalición como el necesario contrapeso frente a las cada vez más arbitrarias políticas estadounidenses. «El eslabón que fallaba era la seguridad militar, que podía hacerlos menos vulnerables frente a las tácticas de matón de la OTAN y Washington. Pero existe un país con el poder nuclear y militar necesarios, además del conocimiento para usarlos, que puede proporcionarlos: Rusia.

»Había que hundir a Rusia. Los Estados Unidos de Obama, una economía exhausta y dominada por la deuda, ocupada en jugar su última carta, su vasto poder militar, para propulsar el dólar y su posición como única superpotencia. Era, tal vez, la confluencia de fuerzas y acontecimientos más precaria a la que se ha enfrentado jamás el mundo. Hasta que, de repente, WikiLeaks intervino y la historia empezó a reescribirse a sí misma fibra a fibra e historia humana a historia humana, con la verdad saliendo a la luz lenta y dolorosamente, a empujones.»[8]

La profundidad y el grado del intento homicida de dominio de todo el espectro nos sumerge aún más en nuestra pesadilla. La existencia de estos grupos nos brinda la oportunidad de ser testigos de lo que podrían hacer cuando se expandan fuera de territorio estadounidense, lejos del alcance del Congreso y de un electorado poco interesado. Vemos para lo que estaban pensados estos programas cuando se desarrollaron sin trabas en la selva africana y en los campos asesinos de Latinoamérica. Podemos echar una ojeada más allá de los gestos de perdón y las sonrisas avergonzadas del director de la CIA Richard Helms ante los investigadores del Congreso, e ir directos a donde se cosechaban los frutos del trabajo. ¿Cómo podríamos entender

---

[8] F. William Engdahl, *Full Spectrum Dominance: Totalitarian Democracy in the New World Order*, mine.Books, 2011, pp. 278-279.

de verdad lo que significan acrónimos como MK-ULTRA si no los vemos en acción? ¿Cómo visualizar la auténtica naturaleza de «cincuenta años de conflicto ideológico» si no vemos a algunos de los combatientes, las mismas personas que llevarían a cabo piadosas cruzadas contra JFK, RFK, Martin Luther King, Malcolm X, contra personas y lugares que nadie sabía poner en el mapa, males reales o imaginarios?

El lema de la CIA es: «Sabrás la verdad, y la verdad te liberará». Ese eslogan vacío no contiene ninguna verdad, solo la decadencia del poder.

El hondo resentimiento del Estado profundo contra los controles y contrapesos del poder se hace más y más evidente cada día. Con el modelo de crecimiento basado en la deuda en sus estertores, la lucha es por los cada vez más escasos recursos naturales y humanos. El mundo está en guerra consigo mismo. El Estado profundo está en guerra consigo mismo. La humanidad está en guerra consigo misma. Mientras se queda sin opciones, la élite y sus sustitutos luchan por su propia supervivencia. Y no va a ser bonito.

8

GOLDMAN SACHS

Otro agente clave de la estructura de poder del Estado profundo es Goldman Sachs, una empresa que, presuntamente, habría estado asociada con grandes responsabilidades en la CIA y en la comunidad de la Inteligencia; tanto en el sistema financiero oculto como en el hipotético presupuesto en negro de la CIA y del Tesoro. Lo que vemos es a Goldman Sachs alineándose con el presidente Trump, que está en guerra con la dirección de la CIA y se niega a tener reuniones informativas con ellos, porque no hacen más que repetirse y él prefiere que le cuente las cosas Booz Allen.

Cuando la mayoría de las personas observan el gobierno de Estados Unidos, lo que ven son 21 agencias gubernamentales. Sin embargo, Estados Unidos no es un gobierno soberano. No tiene soberanía informativa. No tiene soberanía financiera. Lo que tiene es a cinco contratistas de Defensa que controlan todas las bases de datos. Si estudias las cuentas bancarias del gobierno de Estados Unidos, ves que están controladas en depósito por la Reserva Federal de Nueva York, lo que significa que las controlan bancos agentes, incluido Goldman Sachs. Si investigas una gran operación financiera del gobierno, como todos los servicios e hipotecas del Departamento de Vivienda y Desarrollo Urbano, ves que está controlada por bancos miembros de la Reserva

Federal de Nueva York, que son los que manejan la información; los agentes del gobierno, no.

En el mundo de la política profunda y la geopolítica, cuando llegas a este punto, cuando te enfrentas a operaciones encubiertas y públicas, necesitas a personas que sepan dónde están escondidos los cadáveres.

* * *

«Goldman Sachs se ha ganado una reputación de seguir las prácticas ortodoxas de los conservadores. Esto resulta bastante gracioso teniendo en cuenta que son el banco de inversión más salvaje a la hora de especular.

»La clave del rendimiento de Goldman Sachs es el fervor con el que usó el apalancamiento. El efecto multiplicador del apalancamiento se ha comparado a hacer sonar un látigo. Cierta cantidad de fuerza a la hora de girar la muñeca tiene como resultado una gran multiplicación de dicha fuerza en el extremo del látigo. Para conseguir ese "latigazo", Goldman Sachs utilizó fondos de inversión. Estos son, sencillamente, empresas que no hacen nada productivo, sino que obtienen su valor comprando acciones de otras compañías y conservándolas. Después de la Segunda Guerra Mundial, estos fondos de inversión se mezclaron con sus primos hermanos, que hoy se conocen como fondos mutualistas.

»Los fondos de inversión funcionaban siguiendo el principio del apalancamiento, mediante el cual podían juntar grandes cantidades de valores ficticios y enriquecerse a sí mismos: hacían que el precio de sus acciones en común incrementase de valor a un ritmo de crecimiento más alto que las acciones normales que poseían de otras empresas.»[1]

---

[1] Richard Freeman, «How the Glass-Steagall Act struck a blow against Wall Street's power», *Executive Intelligence Review*, 26(51), 24

Para ver cómo funcionaba esto, escribe Richard Freeman en *Executive Intelligence Review*: «vamos a crear un fondo de inversión imaginario que va a funcionar de manera muy parecida a como lo hacían los de Goldman Sachs. Vamos a llamarlo A. Para operar, el fondo de inversión A tiene que tener algo de efectivo. Para obtenerlo, vende sus propias acciones. Digamos que el fondo de inversión A obtiene 150 millones de dólares en efectivo emitiendo 150 millones de dólares en acciones: 50 millones en bonos propios, 50 millones en acciones preferentes propias y 50 millones en acciones comunes propias. Después de la venta de sus propios productos, el fondo de inversión A utiliza los 150 millones de dólares para comprar acciones comunes de otras empresas como AT&T, Ford, General Motors y U.S. Steel. Estas acciones se denominarán ahora activos del fondo de inversión A.

»Si estuviéramos operando en 1929, antes del *crash,* uno podría esperar que el precio de las acciones comunes que posee subiera. Asumamos que todas las acciones comunes incrementan su valor 50% de media. Así, los activos que posee el fondo de inversión A, que valían 150 millones de dólares, ahora valen 225 millones. Si el valor de los activos del fondo de inversión A es de 225 millones de dólares, entonces el valor de las acciones que ha emitido el fondo de inversión A (sus bonos, acciones preferentes y acciones comunes) debería reflejar este incremento y valer también 225 millones de dólares.

»Aquí es cuando entra en juego el primer nivel de apalancamiento. El valor de los bonos y de las acciones preferentes que una empresa ha emitido originalmente no cambia demasiado, excepto si hay una variación en los tipos de interés. El fondo de inversión A emitió originalmente 50

de diciembre de 1999. Disponible en: *http://archive.larouchepac.com/ node/6921.*

millones de dólares en bonos y 50 más en acciones preferentes. El valor de estos seguirá siendo aproximadamente de 50 millones de dólares en cada uno de los casos.

»Por lo tanto, las únicas acciones emitidas por el fondo de inversión A que pueden aumentar de valor son las acciones comunes. Dado que el valor total de las acciones financieras del fondo de inversión A es de 225 millones de dólares, el valor de las acciones comunes emitidas por el fondo de inversión A debería haber aumentado de 50 millones de dólares antes a 125 millones ahora.

»Mira qué ha pasado: el valor de los activos, las acciones comunes de otras empresas que tiene el fondo de inversión A, ha aumentado su valor en 50%; pero el valor de las acciones comunes del fondo de inversión A ha aumentado en 150% (de 50 a 125 millones de dólares), es decir, a un ritmo tres veces superior al de las acciones comunes de otras empresas que tiene el fondo de inversión. Esto constituye apalancamiento. En este ejemplo, la proporción es 3 a 1 entre el incremento del valor de las acciones comunes y la producción de un incremento por tres del valor del fondo de inversión A que posee estas acciones. En todos los casos, aparece algún tipo de apalancamiento.

»La ambición ciega no se queda aquí: asumamos que podemos montar otro fondo de inversión B, que compre y retenga acciones comunes del fondo de inversión A. El fondo de inversión B emite bonos, acciones preferentes, acciones comunes, etcétera. El valor del fondo de inversión B se incrementaría, por un múltiplo del apalancamiento, siguiendo el aumento de valor del fondo de inversión A, que, a su vez, se incrementa por un múltiplo del apalancamiento, mediante el incremento de las acciones comunes que tiene de otras empresas. Si el apalancamiento del fondo de inversión A sobre las acciones comunes que tiene era de 3, y el apalancamiento del fondo de inversión B en relación al fondo de inversión A es de 3, entonces el apalancamiento de las acciones del portafolio del fondo de inversión A que posee el fondo de inversión B será de 9.

»Utilizando este principio del apalancamiento, Goldman Sachs procedió a establecer tres grandes fondos de inversión: Goldman Sachs Trading Company (creada en diciembre de 1928), Shenandoah Corp. y Blue Ridge Corp. Blue Ridge Corp. compró acciones comunes de otras empresas como AT&T y Ford. A su vez, Shenandoah Corp. compró 86% de las acciones de Blue Ridge, y Goldman Sachs Trading Company, junto con su socio, compró 80% de las acciones de Shenandoah Corp. Cuando uno va subiendo la escalera de la Goldman Sachs Trading Company se encuentra apalancamiento, sobre apalancamiento, sobre apalancamiento.

»El banco de inversión Goldman Sachs posee y gestiona la Goldman Sachs Trading Company. Así, a partir de este esquema Ponzi, Goldman Sachs amontonó enormes beneficios. Pero aquí no hay nada real: solo son acciones que se basan en acciones que se basan en más acciones. El esquema Ponzi aceleró el valor de los tres fondos de inversión controlados por Goldman Sachs, que a su vez fueron la base del incremento de valor del mercado de acciones de Estados Unidos. Mientras tanto, otros bancos igual de conservadores y ortodoxos, como J. P. Morgan, controlaban esquemas Ponzi similares, y entró en el mercado de acciones de Estados Unidos una cantidad enorme de apalancamiento. (En el mercado también entraba apalancamiento mediante cosas como el margen de las deudas/préstamos).

»Pero, después de fabricar beneficios del aire, Goldman Sachs no podía detenerse ahí. Rápidamente, desarrolló una acumulación de efectivo en Goldman Sachs Trading Co. y el objetivo pasó a ser contaminar otras partes de la economía. Goldman Sachs utilizó su efectivo acumulado para lanzarse a una orgía de compras de bancos comerciales. Goldman Sachs compró el accionariado de control de Manufacturer's

Trust (el precursor del Manufacturer's Hanover Trust), uno de los bancos más poderosos de Estados Unidos. Lo logró comprando el Pacific Trust Co., el Foreman State Bank de Chicago y el American Trust Co. de San Francisco. Sin parar para tomar aliento, compró tres aseguradoras. También usó algunos de los bancos que controlaba y tomó el dinero para hacerse con el control de las aseguradoras. Así se montó una rueda incestuosa entre el banco de inversión Goldman Sachs, algunos bancos comerciales y algunas aseguradoras.

»Después, Goldman Sachs pasó a la siguiente ronda de saqueo. Era una de las mayores comercializadoras de bonos del país: emitió y puso a la venta bonos de empresas industriales, por los que obtuvo honorarios. Aconsejó a los bancos comerciales y a las aseguradoras que había engullido: "Comprad estos bonos industriales". Ellos obedecieron, aunque iba en contra de sus intereses. En el caso de los bancos comerciales, estaban poniendo en peligro los depósitos de sus clientes al comprar esos bonos; en el caso de las aseguradoras, estaban gastando el dinero de sus asegurados en ellos.

»Entonces, Goldman Sachs tomó una parte del efectivo que le sobraba y lo prestó a sus bancos comerciales cautivos, y les impuso intereses de hasta 20%, de modo que, a su vez, los bancos comerciales prestaron ese dinero a muy corto plazo (lo que se denomina operaciones de *call money*) a especuladores que jugaban en el mercado de acciones.

»Todo el esquema Ponzi se vino abajo. Shenandoah Corp., cuyas acciones se habían vendido a 36 dólares a finales de julio de 1929, cayó hasta los 53 centavos por acción en julio de 1932. El rápido desapalancamiento del imperio Goldman Sachs ayudó al derrumbe de los mercados financieros».[2]

Eso fue entonces...

Actualmente, en los estertores del modelo de crecimiento basado en la deuda, Goldman Sachs y los chicos de Davos

---

[2] Richard Freeman, *op. cit.*

y el Foro Económico Mundial están intentando reorientar el modelo hacia los flujos de efectivo para ver si pueden encontrar un asunto para mantener el sistema en funcionamiento. En parte, el fin del modelo de crecimiento basado en la deuda se debe a que cuando emites acciones y deuda, en lugar de crear fondos en todo el mundo, lo único que haces es devaluar la moneda, lo que incrementa la inflación. Por lo tanto, si Davos pretende mantener su esquema de «imprimir dinero y enriquecerse»[3], van a necesitar más control sobre la economía.[4]

Esto nos lleva al presupuesto de Estados Unidos, porque el principal reto consiste en que existe un flujo secreto de efectivo. Hablamos de gastos generales, el presupuesto en negro, el sistema financiero oculto, los dividendos secretos; la parte encubierta afecta a la economía pública, pero no está permitido que nadie lo sepa, nadie puede hablar de ello. ¿Cómo reestructurarlo todo para ser más eficientes y productivos, pero sin dejar de financiar esa enorme cantidad de operaciones encubiertas?

Ahí es donde entra en juego Goldman Sachs. Por lo que parece, Goldman Sachs está en lo más alto, con un poder político y financiero incomparable.

Goldman Sachs, que ahora es un banco de inversión global, fue creado en el siglo XIX y se hizo conocido por su venta privada de acciones. El banco tuvo un papel clave en la creación de la política de dólar fuerte, así como en la creación de la burbuja inmobiliaria. Los principales altos cargos de Goldman Sachs han tenido un papel clave en la historia del mundo.

---

[3] Lana Clements, «Draghi defends Ä17 Trillion money printing to help creaking euro economy», *Express*, 20 de octubre de 2016. Disponible en: *http://www.express.co.uk/finance/city/723359/Draghi-set-to-defend-ECB-trillion-money-printing-help-economy*.

[4] Alessandro Speciale, «Draghi Struggles to Shut Down ECB Debate Weidmann Wants to Have», *Bloomberg*, 6 de abril de 2017. Disponible en: *https://www.bloomberg.com/news/articles/2017-04-06/draghi-struggles-to-shut-down-ecb-debate-weidmann-wants-to-have*.

«Si observamos la década de 1990, durante la Administración Clinton, Bob Rubin fue primero asesor económico nacional y después se convirtió en secretario del Tesoro. Goldman Sachs tenía a Lloyd Blankfein, que ahora es el presidente de la División de Renta Fija, junto con su ayudante, Gary Cohen,[5] que ahora es el director de operaciones de Goldman Sachs y va a ser nombrado asesor económico nacional de la Administración Trump.

»Blankfein venía de J. Aron, que Goldman Sachs compró como empresa de comercio de mercancías.[6] Ascendió gracias al comercio de oro. Cohen lo hizo con el de plata. Los dos, ambos, en esencia, comerciantes de metales preciosos, ascendieron y acabaron dirigiendo la División de Renta Fija justo cuando se estaba diseñando la política de dólar fuerte, en base a dos pilares clave: uno era hacer crecer el valor del dólar y el otro era hacer bajar el del oro.

»Si ves a Rubin en la Casa Blanca y después en el Tesoro, y a Blankfein y Cohen en la División de Renta Fija, ellos fueron principalmente los tipos que se pusieron manos a la obra para ayudar a Rubin a crear la política de dólar fuerte. Al mismo tiempo que hacía eso, bajar el oro y subir el dólar, el gobierno de Estados Unidos estaba haciendo quebrar divisas en todo el mundo y, a medida que el mundo se globalizaba, comprando barato. [...]

»Goldman Sachs está muy cercano a su consejo general tradicional, Sullivan & Cromwell. Sullivan & Cromwell

---

[5] Olivia Oran, «Questions resurface about who would succeed longtime Goldman CEO», *Reuters*, 1 de diciembre de 2016. Disponible en: *http://www.reuters.com/article/us-goldman-sachs-succession/questions-resurface-about-who-would-succeed-longtime-goldman-ceo-idUSKBN13Q515.*

[6] Susanne Craig, «The J. Aron Takeover of Goldman Sachs», *The New York Times*, 1 de octubre de 2012. Disponible en: *https://dealbook.nytimes.com/2012/10/01/the-j-aron-takeover-of-goldman-sachs/?mcubz=0.*

era la empresa de los hermanos Dulles. Si hay algún despacho de abogados asociado con el presupuesto en negro y que está metido hasta el fondo en cosas como las operaciones del Fondo de Estabilización del Cambio (Exchange Stabilization Fund), esta es Sullivan & Cromwell.»[7]

Allen Dulles, exdirector de la Rockefeller's Standard Oil Corporation, fue jefe de la Oficina de Servicios Estratégicos de la Inteligencia secreta de Europa y después jefe de la CIA. Es más, Allen y su hermano John Foster eran socios senior del jefe del despacho de abogados de la Rockefeller's Standard Oil's, Sullivan & Cromwell, un conocido frente de la CIA con lazos con las principales empresas financieras de Wall Street.

De hecho, muchos de los futuros líderes de la CIA venían de familias dirigentes estadounidenses, de una reserva sin fin de banqueros e industriales, como DuPont, Vanderbilt, Bruce, Mellon, Archbold, Morgan y Roosevelt. Por ejemplo, el nieto de Teddy Roosevelt, Quentin Roosevelt, fue oficial de operaciones especiales de la Oficina de Servicios Estratégicos en China, como también lo fue el primo de Winston Churchill, Raymond Guest. Los dos hijos de J. P. Morgan, Junius y Henry S., «eran los encargados de blanquear todos los fondos de la Oficina de Servicios Estratégicos y falsificar todos los documentos de identidad de esa oficina».[8]

El «gemelo» de Sullivan & Cromwell era el despacho de abogados alemán de Albert and Westrick, que era al mis-

---

[7] Catherine Austin Fitts, «The Solari Report: Goldman Sachs, the CIA, Russia & the Privatization of Covert Finance», *Solari*, 16 de enero de 2017. Disponible en: *https://solari.com/blog/special-solari-report-goldman-sachs-the-cia-russia-the-privatization-of-covert-finance/*.

[8] Peter Cuskie, «The Shaping of the Anglo-American SS by War», *The Campaigner. The Tavistock Grin*, mayo de 1974. Disponible en: *https://sites.google.com/site/thecampaignerunbound/home/the-shaping-of-the-anglo-american-ss-by-war*.

mo tiempo el agente financiero de Hitler, «un maestro de espías de la Abwehr en Estados Unidos y el representante alemán de Sullivan & Cromwell. Como resultado, el despacho de abogados de Dulles adquirió tres grandes empresas alemanas como socios del cártel Standard Oil. Entre ellas, estaba la asesina I. G. Farbenindustrie, que era, junto con Kruppwerks, la principal usuaria de mano de obra esclava de los campos de concentración nazis, en el contexto de su economía *blitzkrieg*».[9] Así podemos hacernos una idea del poder de este despacho de abogados y de sus conexiones con estos tres individuos. Y todo lo que lo une al lado oculto de las operaciones monetarias y de la economía.

SISTEMA FINANCIERO OCULTO

El sistema financiero oculto es un sistema completamente aparte de los libros de contabilidad, que se ha usado como fondo con fines ilegales para operaciones encubiertas, la guerra económica y, en última instancia, dada la gran cantidad de dinero que implica, para la financiación encubierta de proyectos de investigación ocultos y ciencia límite exótica.

Históricamente, el presidente Truman estableció este sistema en una decisión tomada en 1947, después de firmar la Ley de Seguridad Nacional que ponía la gestión de las operaciones de ese sistema en manos del Consejo de Seguridad Nacional.[10] Esto significa, en la práctica, que lo que hizo fue meter a la comunidad estadounidense de la Inteligencia en

---

[9] «Die Spinne: How Rockefeller kept the Third Reich Alive», *Executive Intelligence Review*, 3(45), 8 de noviembre de 1976. Disponible en: *http://www.larouchepub.com/eiw/public/1976/eirv03n45-19761108/ eirv03n45-19761108_042-die_spinne_how_rockefeller_kept.pdf*.

[10] Elizabeth Bancroft y Michael Warner, *The Creation of the Intelligence Community: Founding Documents*, The Historical Collections Division of the CIA. Disponible en: *https://www.cia.gov/library/publi-*

el negocio bancario.

Lo que se hizo en 1947 y con la Ley de Seguridad Nacional de 1949 fue «dar al gobierno de Estados Unidos la capacidad de arrancar dinero de los presupuestos de todas las agencias y ponerlo en un bote opaco y ajeno a la contabilidad denominado presupuesto en negro.

»Consideremos el presupuesto en negro más el sistema financiero oculto más las manipulaciones del mercado y las operaciones encubiertas, como abrir Estados Unidos a las drogas. Todos esos importes, llamémoslos "importes en negro", esa financiación, ha ido creciendo, creciendo y creciendo, especialmente a medida que el fraude financiero se hizo más efectivo y sofisticado.

»Pero a medida que ha crecido esa cantidad de dinero, ha empezado a bastar para financiar la infraestructura de la seguridad nacional, que es, principalmente, un mundo paralelo que la mayoría de nosotros no ve. El dinero no pasa por los presupuestos oficiales de Estados Unidos. El gobierno de Estados Unidos tiene un presupuesto paralelo que es invisible, y la CIA se ha convertido literalmente en el banquero más grande del mundo, completamente fuera de control».[11]

En parte, esto se logró gracias al software PROMIS (sistema de gestión de información para fiscales) y otros programas informáticos que hicieron posible expandir esta enorme bifurcación hasta convertirla, literalmente, en una civilización paralela.

PROMIS era capaz de predecir literalmente el comportamiento humano basándose en información de las personas. El gobierno y los espías reconocieron inmediatamente las

cations/intelligence-history/creation-of-ic-founding-documents/creation-of-the-intelligence-community.pdf.

[11] Catherine Austin Fitts, «The Deep State and Trump Budget Politics with Richard Dolan», *Solari*, 2 de marzo de 2017. Disponible en: *https://solari.com/blog/the-deep-state-trump-budget-politics-with-richard-dolan/*.

aplicaciones financieras y militares de PROMIS, especialmente la Agencia de Seguridad Nacional, que recibía a diario en sus instalaciones millones de bits de inteligencia, y solo contaba con una anticuada red de superordenadores Cray para conectarse a ella, ordenarla y analizarla.

En otras palabras, quien poseyera PROMIS, una vez unido a inteligencia artificial, podría predecir con precisión futuros productos, tomar decisiones inmobiliarias o incluso predecir los movimientos de ejércitos enteros en un campo de batalla, por no mencionar los hábitos de compra de todos los países, sus adicciones, estereotipos y tendencias psicológicas en tiempo real, basándose en la información que se le proporcionase.

El programa había superado un hito en la evolución de la programación informática. Podríamos llamarlo un salto cuántico. Pensemos en las investigaciones de teoría social sobre modelado en bloque. Describe la misma ventaja única desde una perspectiva hipotética y una real. Por ejemplo, elige un lugar real en el espacio. Ahora, en tu mente, desplázalo lo más lejos que puedas llegar a imaginar. La progenie de PROMIS ha hecho posible posicionar satélites en puntos tan alejados del espacio que son intocables. El panorama general definitivo.

La pregunta del billón de dólares es ¿cómo se financia y se construye una civilización paralela que cuesta billones de dólares sin que la primera se dé cuenta?

Fraude financiero

Cuando apareció George H. W. Bush en 1981, recibió el control, como vicepresidente, sobre la Inteligencia y la aplicación del Consejo de Seguridad Nacional.[12] Reagan firmó

[12] Jonathan Masters, «The U.S. Vice President and Foreign Policy», *Council on Foreign Relations*, 22 de septiembre de 2016. Disponible en: *https://www.cfr.org/backgrounder/us-vice-president-and-foreign-policy.*

una orden ejecutiva que decía que todo ese dinero podía usarse para contratos con empresas, y que las empresas podrían llevar a cabo actividades clasificadas. De repente, tienes acciones en bolsa que pueden absorber una cantidad infinita de dinero que se mueve en la bolsa.

Cuando su hijo, George W. Bush, se convirtió en presidente, lo primero que hizo fue crear una exención de seguridad nacional para que las empresas que cotizaban en bolsa pudieran saltarse la ley de la Comisión Federal de Comunicaciones (FCC, por sus siglas en inglés) a la hora de informar sobre cosas que hubieran hecho con el presupuesto nacional de seguridad. En otras palabras, las empresas podrían hacer todas estas cosas clasificadas y cobrar esencialmente del gobierno. Como resultado, hoy en día, empresas que cotizan en bolsa pueden ejercer todas esas funciones privadas y echar mano de todo ese dinero.

Actualmente, lo que ha evolucionado es la situación en la que empresas privadas pueden generar beneficios[13] de esta civilización paralela y opaca, y pasarlos a las bolsas de una forma que es completamente fraudulenta según la ley de la FCC y su política de revelación.

El fraude financiero ya era importante en la década de 1980, pero en la de 1990 se hizo global. Por supuesto, la

---

[13] Lo que antes era un fraude ahora ha pasado a ser corrupción. ¿Por qué estalló? Yo tengo una teoría al respecto. En agosto de 1986, Norm Bergrun publicó un libro, *Ringmakers of Saturn* (Creadores de anillos de Saturno), sobre el viaje de la Voyager a Saturno, en el que esta veía lo que se describe como enormes naves espaciales de plasma atracadas en los anillos del planeta, como si estuvieran extrayendo energía de ellos. Yo creo que lo que sucedió es que la Voyager mandó imágenes de esto y que toda la infraestructura de machos alfa exclamó: «¡Oh, Dios mío! Agarra todo el dinero que puedas. Hay que estar preparados para enfrentarse a cualquier cosa». En ese momento, lo único importante era hacerse con la mayor cantidad de dinero posible, aunque no supieras cómo ibas a enfrentarte a aquello.

globalización proporcionó la actividad y el flujo de capital necesarios para crear una gran burbuja en los mercados inmobiliarios, en especial de Estados Unidos y, desde ahí, de todo el mundo desarrollado, y fue entonces cuando tuvo lugar el golpe de Estado financiero.

Alguien, o unos cuantos alguien, de los niveles más altos por encima y por debajo del gobierno dijo: «Vamos a sacar todo el dinero y vamos a crear el equivalente a un fondo que pueda producir suficientes intereses y dividendos para controlar los gobiernos globales mediante un fondo privado de ahora en adelante. Esta es la única manera de mantener esto en secreto».

De modo que el objetivo de crear una burbuja inmobiliaria era generar ingresos para ellos. Más adelante, en algún momento, estas mismas personas decidieron pinchar la burbuja porque encontraron otra forma aún mejor de hacer grandes cantidades de dinero. Ellos siempre ganan.

Se estima que, a partir de 1996, han sacado entre 40 y 50 billones de dólares aproximadamente. Si ganas 5% de interés sobre 40 o 50 billones de dólares al año, eso son 2.5 billones, y eso basta para mantener el gobierno de Estados Unidos durante un año a partir de un fondo.

Este análisis no es completo, pero si observamos la infraestructura: bases subterráneas, Programa Espacial Secreto, y añadimos la geoingeniería y el control del clima, estamos hablando de una infraestructura muy cara.

El 11-S y los billones que faltan

En el ejercicio fiscal de 1998, se empezaron a echar en falta grandes cantidades de dinero. Alguien estaba desplazando do 100% o más de los ahorros para la jubilación de Estados Unidos. Básicamente, los estaba robando, de forma que la gente no se diera cuenta hasta que fuera demasiado tarde.

Si examinamos el 11-S, se destruyó gran cantidad de datos sobre el fraude con bonos del gobierno y una gran variedad de investigaciones de la FCC. Ese fue uno de los muchos rastros que cubrió el 11-S. También sabemos que la oficina de Inteligencia naval que estaba investigando en busca del dinero que faltaba saltó por los aires.

A partir del 11-S, hemos visto dos cosas: una inmensa cantidad de dinero gastada en guerras extranjeras y una tremenda explosión de empresas estadounidenses diciendo: «vamos a subirnos al tren de los cerdos».

Así, el 11-S fue la fiesta de salida del armario del Estado de seguridad nacional. Esto es algo que se había desarrollado de forma bastante poco oficial desde la Segunda Guerra Mundial. Truman habló de ello; Eisenhower habló sobre el complejo industrial-militar,[14] y todos lo sabíamos.

Con el 11-S, se ajustaron las leyes, y, esencialmente, se concedió al gobierno una versión formal de neofascismo a cara descubierta. Cayó la máscara, y la nueva realidad oficial, una dictadura de mano dura bajo el pendón de la «guerra contra el terror» se convirtió en la principal fuente de atención del mundo. Con eso, con la nueva estructura legal y con la Patriot Act de Estados Unidos y todo lo que vino después, las guerras en el extranjero, los 6.5 billones de dólares que ha gastado oficialmente el gobierno en las guerras de Afganistán e Irak desde 2001, se crearon mayores posibilidades para robar y para desviar dinero de las arcas públicas hacia estos programas opacos.

De manera que, si dividimos el Producto Nacional Bruto entre público y encubierto, el encubierto no para de crecer. Se ha desbordado y ha hecho cambiar las leyes para poder crecer

---

[14] Equipo de la NPR, «Ike's Warning of Military Expansion, 50 Years Later», *National Public Radio*, 17 de enero de 2011. Disponible en: *http:// www.npr.org/2011/01/17/132942244/ikes-warning-of-military-expansion-50-years-later.*

también en el mundo público, porque es demasiado grande. Pero esto también afecta a los medios de comunicación.

EL MUNDO PARALELO DE LAS EMPRESAS DE MEDIOS DE COMUNICACIÓN

No las llamamos *noticias falsas* por nada. Los medios de comunicación mayoritarios forman parte del mundo de las élites. «Las intervenciones para cambiar regímenes en todo el mundo son llevadas a cabo por fuerzas cuyo objetivo es crear un nuevo sistema de control del mundo que reemplace el sistema monetario que está derrumbándose; el vehículo mediante el cual se ejercía antes el poder en el mundo era el imperio financiero con sede en Londres y sus subordinados como Wall Street.»[15]

Los medios de comunicación están intentando encontrar la manera de explicar la realidad guardando este secreto. Por ejemplo, necesitamos una guerra contra el terrorismo aunque, en realidad, no nos estemos molestando en buscar terroristas. Estados Unidos ha creado terroristas yihadistas de forma explícita e intencionada durante los últimos cincuenta años, los Hermanos Musulmanes en la década de 1950, los muyahidines en la de 1980, ISIS con Obama, y los ha usado para justificar todo el ruinoso gasto y destrucción sin sentido.

¿Cuál es la lógica de todo esto? Que cuando la civilización que está siendo exprimida, arruinada y empobrecida grita, lo solucionamos creando deuda. Hasta ahora. Con los estertores del modelo de crecimiento basado en la deuda, de repente, el Estado profundo tiene que enfrentarse a la

---

[15] Douglas DeGroot, «Obama's Illegal Libya Action Ensures Another Permanent War», *Executive Intelligence Review*, 38(35), 9 de septiembre de 2011. Disponible en: *https://www.larouchepub.com/eiw/public/2011/eirv38n35-20110909/22-25_3835.pdf.*

realidad. Ya no pueden cubrirlo todo con dólares de papel inservibles.

Voy a poner un ejemplo. Digamos que Estados Unidos es un barrio, y que lo que estamos haciendo es financiar un barrio paralelo en la civilización escindida. Los vamos a llamar *los escindidos*.

Tenemos un barrio y estamos financiando otro. Es problema que tenemos es que nuestro producto nacional bruto se está encogiendo, porque las actividades que utilizamos para financiar el otro barrio tienen que hacerse en secreto o de manera ilegal. De manera que lo financiamos con tráfico de narcóticos, que crea mucha actividad económica, pero que al final hace disminuir el valor de nuestra tierra, nuestras casas y nuestros negocios.

De modo que estamos en liquidación. Lo que resulta interesante es que si observamos cómo se ha manejado la economía de este barrio, lo que se ha hecho ha sido centralizar el control y vaciarlo de dinero en secreto. Si le dijeras a ese barrio: «Mira, vamos a optimizar la economía para hacer que el PIB sea lo más grande posible y lo vamos a hacer de manera que quienes hagan crecer más el PIB obtendrán más dinero», estarías organizándolo para maximizar y optimizar la productividad, ya sea productividad humana o del trabajo. Aparte, pagarías un impuesto para mantener a Monstruos, S. A. En Monstruos, S. A. tienen una empresa de servicios públicos y obtienen su energía aterrorizándonos. De modo que, si pagamos un impuesto a Monstruos, S. A., todos estaremos más contentos. Pero no puedes aplicar ese sistema sin transparencia. No solo eso, si consideras quién podría gobernar ese sistema, tendría que ser alguien distinto a quien lo gobierna ahora.

Lo que se ha hecho para mantener la centralización y el secretismo ha creado un sistema de privilegios. El privilegio es un fenómeno caro, porque hay que generar una infraestructura cara para gente que vacía de valor, en lugar de aportarlo.

De manera que quien dirige un sistema así tiene un problema. ¿Qué haría yo si me dedicara a mantener el secretismo y el privilegio que lo rodea y quisiera seguir ganando dinero? Digamos que soy el señor Global, que dirijo este sistema con un problema de personalidad múltiple, y que mi problema es la deflación. Cuando automatizas algo mediante tecnología, deflacionas la economía porque lo abaratas todo.

Así, el precio de la energía no va a parar de bajar. Pero mi problema es que yo necesito la inflación para tapar y esconder todo el dinero que he estado robando. Así que al final del modelo de crecimiento basado en la deuda no solo me he quedado sin problemas, sino que me enfrento a una gran deflación, por lo que necesito mucho control mental y sistemas de vigilancia. Ahora, lo que quiero es implantar un microchip a todo el mundo para mantenerlos controlados. Lo miro y digo: «No sé cómo controlarlos».

Así que, ¿qué haría si yo fuera el señor Global? Te diré lo que haría yo. Empezaría un proceso para organizar una convención constitucional y proponer una enmienda para cambiar la Constitución de Estados Unidos.[16] Después de eso, se acabaría el derecho a la propiedad, podría poner un chip a todo el mundo e, hicieran lo que hicieran, no podrían usar la Constitución para venir a que les devolviera los 50 billones de dólares.

Han decidido convertir el mundo en un estado policial las 24 horas, algo así como un fascismo sexy, en el que las personas estén felizmente controladas. Para poder hacerlo, tienen que controlar los medios de comunicación mayoritarios, tienen que controlar la academia y tienen controlar a la clase política, y eso es lo que están haciendo.

---

[16] «Do We Need a New Constitutional Convention», *Constitutional Rights Foundation*. Disponible en: *http://www.crf-usa.org/america-responds-to-terrorism/do-we-need-a-new-constitutional-convention.html*.

El sistema está amañado, y el problema es este: las personas que viven en un sistema amañado se vuelven idiotas. La «idiotez» colectiva de la cultura de masas, la propaganda de masas y la movilización de masas se filtra a todos los niveles de la sociedad. Estamos siendo testigos de primera mano del drama real del hombre moderno amenazado por el auge del Estado tirano, quien, con eslóganes que nos resultan familiares, como «Igualdad» y «Comunidad», extingue la inteligencia libre de todas las relaciones humanas normales.

Los objetivos del Estado profundo, promovidos con celo por las estructuras de poder encubiertas, dictan que las diferencias individuales deberían limitarse en favor de un objetivo o un bien común abstracto, que puede ir desde derrotar al terrorismo hasta hacer frente común ante una amenaza fantasma, que sería la reducción al absurdo.

La conciencia es algo que todos desarrollamos cuando sentimos y pensamos por nosotros mismos. Mientras nos limitemos a aceptar los lugares comunes emocionales e intelectuales de otros, estaremos muertos. Lejos de aceptar que todo debería encaminarse hacia un propósito común, deberíamos promover el derecho de las mentes a seguir su propia curiosidad hasta donde esta los lleve. La curiosidad es la insubordinación en su forma más pura, una actitud que en los Estados Unidos actuales te llevaría a cumplir condena en prisión por actividades antiestadounidenses.

Lo que hoy se hace pasar por patriotismo es, de hecho, la peor forma de propaganda, la propaganda de las ideas actuales, comida para el cerebro fácil de digerir, problemas de moda y extremos con respuestas. La alternativa propuesta por los falsos medios de comunicación hoy en día, con su patética vuelta a un tortuoso pasado, requiere que las cosas sean sencillas, reducidas al mínimo común denominador, una política que despoje al mundo de sus espléndidas particularidades. El estado corporativo acepta la consciencia como algo que hay que manejar en pequeñas dosis y solo para los pocos elegidos dispuestos a jugar.

La idea de que deberíamos podar nuestras mentes y pensamientos a imagen de otros es la mayor farsa de la humanidad. Al negar la irremplazable singularidad de la conciencia individual, el Estado profundo aboga por la irrealidad. Al abogar por la irrealidad, y centrarse en las noticias falsas como la de los piratas informáticos rusos, el Estado profundo está reduciendo la popularidad del presidente Trump a ojos del público estadounidense mediante una dialéctica paralela que, a diferencia de la realidad, no pueden controlar mediante el flujo constante de noticias falsas.

Nueve meses después del inicio de la nueva presidencia, estamos viendo una guerra encubierta, aunque no mucho, a gran escala que está teniendo lugar entre las élites. La lucha entre la centralización forzosa y la poderosa economía de la descentralización ha pasado a un nuevo nivel de intensidad. En el corazón del debate entre un mundo con un poder único o con poderes diversos la pregunta es si tendremos una cultura humana o si seguiremos desviándonos hacia una cultura inhumana, transhumanista. Esta es, con mucho, con muchísimo, la variable más importante de todas.

¿QUIÉN ES QUIÉN EN LA ÉLITE?

Existen dos facciones en la clase dirigente, una que quiere reconstruir Norteamérica a costa del imperio y la otra, que se encuentra principalmente en Hollywood, Silicon Valley, Washington y Nueva York, que quiere mantener el imperio a toda costa. Si observas los cuatro centros de quienes quieren «mantener el imperio en funcionamiento», todos gestionan activos invisibles, no concretos. Gestionan activos financieros. Todo son datos que puedes gestionar con un ordenador.

Todos los que hacen «cosas concretas» saben que así no puedes mantener el imperio. Ellos tienen que luchar en las guerras, que cultivar la comida y cavar para extraer energía de la tierra. El pueblo, quienes hacen las cosas concretas, las entienden y hacen que funcionen sabe que eso se ha acabado. Que el crecimiento de la deuda, que el modelo de banca central basado en la guerra sobre un planeta finito se ha terminado.

Dosieres personales: descendiendo por la madriguera del conejo

El problema que existe cuando manipulas los presupuestos es que hay un gran grupo de personas en Washington, en el Congreso o en la burocracia, que cuentan con dosieres personales. Quienes guardan esos dosieres personales trabajan para el otro equipo. Catherine Austin Fitts, exsubsecretaria de Vivienda del Departamento de Vivienda y Desarrollo Urbano de Estados Unidos (HUD) explica:

«Imaginemos a un senador y llamémosle "Bill". El senador Bill tiene un dosier personal propiedad del Mossad y de la CIA en el que figuran fotografías inadecuadas de Bill practicando sexo con niños de ocho años. Fue la mujer de Bill la que hizo el pacto y ahora ellos tienen esa información. A causa de eso, durante los últimos diez años, Bill ha hecho una serie de cosas que no quiere que su familia sepa, y aún menos sus votantes. Tiene un problema grave de imagen. Él y muchos de la clase dirigente tienen ese problema. Bill ha ido tirando y se siente mal por ello. Si intentas acorralarlo con eso, le recuerdas lo mal que se siente por culpa de todo y empieza a querer sentirse bien consigo mismo. Quiere ir al próximo mitin y que todos le aplaudan.

»De modo que la nueva Administración llega y dice "Vamos a acabar con todo esto". Mientras tanto, tiene que hacer lo que le digan. Lo último que quiere es que suceda algo que lo ponga todo al descubierto en detalle.

»Para ganar las próximas elecciones, necesita juntar una gran cantidad de dinero. La única forma que tiene de ganar dinero es que las empresas que lo financian obtengan más beneficios con lo que salga de los presupuestos. Sus votantes quieren que sus acciones suban, de modo que él tiene que hacer algo, ya sea bajar los impuestos o incrementar sus beneficios; si no consigue que sus acciones suban, se quedará fuera.

»Así que ¿por qué iba él a unirse al "Make America Great Again" de Trump? Él solo quiere que suban las acciones de sus votantes. Vemos esto en toda la clase política dirigente. Ambos partidos políticos se oponen con todas sus fuerzas a todo lo que el actual presidente hace y propone.

»No creo que lleguen a estar nunca en una situación que no consideren hostil. Así que esto es una guerra civil. La única duda es: ¿es una guerra civil que está teniendo lugar entre la clase dirigente pero que está salpicando a la población? Tenemos a los medios de comunicación, que forman parte de esto. Han demonizado a Trump para hacerlo parecer una especie de Satán 2.0 y la mitad del país se lo está creyendo. De modo que tienes a la mitad del país motivado.

»Se parece a la típica revolución financiada por Soros. Excepto en que es la primera vez en la historia que se aplica ese modelo a Estados Unidos. Es una guerra civil de la clase dirigente que está salpicando a la población en general mediante los *hashtags* #resistance, etcétera.»[17] ¿Hasta dónde va a llegar esto?

«Para empezar, Washington está estancado y no tiene ganas de reinventarse. En segundo lugar, el complejo indus-

---

[17] Catherine Austin Fitts, «The Deep State and Trump Budget Politics with Richard Dolan», *Solari*, 2 de marzo de 2017. Disponible en: *https://solari.com/blog/the-deep-state-trump-budget-politics-with-richard-dolan/*.

trial-militar al completo está encallado intentando gestionar dos universos paralelos y mantenerlos en secreto y separados cuando estamos hablando de billones de dólares.»[18]

Voy a explicar algo muy importante que hay que saber sobre Trump. Existe un concepto de seguridad económica y social que se expresa con el «índice del helado». «El índice del helado es el porcentaje de personas de un lugar que creen que sus hijos pueden salir de casa, ir al lugar más cercano a comprarse un helado y volver a casa sin que les suceda nada. Lo que descubres cuando investigas en el tema inmobiliario es que una de las principales variables que hacen subir el valor de los inmuebles es la seguridad percibida de la vivienda y el ambiente en el que se encuentra.»[19]

Si yo fuera el dueño de un edificio y, de repente, la tasa de crimen se incrementara de manera que todo el mundo se diera cuenta, el valor de mi edificio disminuiría. De modo que, si estás en el negocio de inmobiliario, especialmente en el de los hoteles y los casinos, te vuelve loco la seguridad, tanto la del edificio como la de la zona que lo rodea. Si no es seguro, tu negocio podría quedar destruido. De modo que acabas con gente con el talante de Trump, que se toman como algo personal la seguridad de su edificio y de la zona que lo rodea. Ellos ven el incremento de seguridad como un incremento de sus beneficios. Obtienen energía cuando aumenta la seguridad.

Treinta años haciendo dinero en el negocio inmobiliario generan un lazo emocional muy fuerte. Te conviertes en una paloma amaestrada. Es una costumbre muy arraigada. ¿Estoy sugiriendo que Trump va a intentar aumentar el índice del helado? Vemos al presidente Trump enfrentarse a todo tipo de temas distintos y cuando lo observo pienso: «Este hombre cree que los Estados Unidos de América son su edificio».

---

[18] *Ib.*

[19] Catherine Austin Fitts, «The popsicle index», *Solari*. Disponible en: *http://solari.com/articles/popsicle_index/*.

Ha sido entrenado para creer que el bienestar de la población en general incrementa el valor de su edificio, y piensa «Con Estados Unidos pasa lo mismo. ¿Cómo podemos hacer que Estados Unidos triunfe?». Busca la optimización de manera concreta mientras que Hollywood y los demás intentan optimizar activos digitales. Él optimiza lo concreto. En su cerebro, lo importante es la salud, el bienestar y la seguridad de la gente, ya sean los empleados que trabajan para él o quienquiera, y no puede imaginar un mundo en el que alguien no se sienta así. Es una persona empática.

No tiene nada que ver con el fascismo ni con el totalitarismo. Lo que sabe es que sus 325 millones de ciudadanos no estarán seguros a menos que se cumplan las leyes de inmigración, sean las que sean. Hay que tener límites. No puedes dejarlo todo abierto. No es un impulso fascista; es el impulso de un promotor inmobiliario.

De modo que, si volvemos al presupuesto, Trump observará a los 325 millones de personas y dirá: «¿Cómo puedo optimizar el bienestar con ese presupuesto?». Por supuesto, va a aplicar una liquidación básica que dice: «esa gente es prescindible».

LOS COCONSPIRADORES

No es necesario decir que si vas a montar un sistema así debes contar de alguna manera con la participación de los principales bancos y empresas de inversión[20] de Occidente.

---

[20] Otro actor interesante es Jamie Gorelick. Si observamos el tema de la capitalización de acciones fraudulentas en el mercado inmobiliario, Nueva York y sus actores inmobiliarios tuvieron un papel muy importante en todo el proceso. Sospecho que una gran parte del dinero negro procedente de Rusia en la década de 1990 se reinvirtió en el mercado inmobiliario. Ese es otro recordatorio de que estamos viendo a los mismos actores que hicieron muchos trapicheos sucios en la década de 1990.

Así que tendrás que dirigirte a gente como Sullivan & Cromwell, o a Wall Street, tendrás que hablar con J. P. Morgan Chase o el Hong Kong Shanghai Bank o el Deutsche Bank, y todos los grandes actores de la banca internacional tendrán que formar parte de la operación. Por encima de todos ellos está Goldman Sachs. De hecho, mires donde mires, al parecer, hay un exbanquero de Goldman dirigiendo el cotarro.

Vamos a ver quién es quién en Goldman Sachs, empezando justo antes del último gran colapso económico. Por ejemplo, en octubre de 2007, el entonces primer ministro canadiense Stephen Harper había elegido a un exbanquero de Goldman Sachs como siguiente gobernador del Banco de Canadá, él era el último de una serie de nombramientos de exbanqueros de Goldman Sachs en puestos clave de la política financiera y el aparato de supervisión.

«La lista es larguísima y empieza en la Casa Blanca, donde el exbanquero de Goldman, Joshua Bolten, era el jefe de gabinete del presidente George W. Bush. En el Tesoro, el secretario Henry Paulson y el vicesecretario para las finanzas nacionales Robert Steel eran ambos hombres de Goldman; Paulson, un exCEO y copresidente, y Steel, un exvicepresidente. Paulson y Steel son figuras clave del grupo de trabajo del presidente sobre mercados financieros, también conocido como el equipo de protección anticaídas, y han reactivado el centro de control de crisis financieras en el Tesoro.

»Para mejorar la coordinación con los federales, el execonomista de Goldman William Dudley fue colocado como jefe de Mercados en la Reserva Federal de Nueva York, que gestiona el mercado de operaciones del sistema de la Reserva Federal. El exsocio gerente de Goldman, Reuben Jeffrey III, que estuvo en el equipo anticaídas mientras presidía la comisión de regulación del mercado de futuros, está ahora en la secretaría de Estado de Economía, Energía y Asuntos Agrarios, el principal puesto económico del Departamento de Estado; y el exdirector de seguridad de Goldman, Randall Fort, es el ayudante del secretario de Estado para investigaciones de Inteligencia y jefe de las operaciones de Inteligencia del Estado. El copresidente de Goldman Stephen Friedman fue nombrado en 2005 presidente del consejo asesor sobre Inteligencia extranjera del presidente. El director de la Bolsa de Nueva York, John Thain, es un expresidente de Goldman Sachs, mientras que el exespecialista en comercio electrónico de Goldman, Duncan Niederauer, es presidente de la Bolsa de Nueva York.

»En 2006, la Bolsa de Nueva York abrió después de comprar la red de cambio electrónico Archipelago, que era propiedad, en parte, de Goldman Sachs. No resulta sorprendente que la Bolsa de Nueva York esté pasando a un sistema de compraventa electrónica. Thain también fue copresidente en 2005 del Foro Económico Mundial. Goldman Sachs también está bien representada en la escena internacional, donde el exbanquero de Goldman, Mario Draghi, no solo dirige el Banco de Italia, sino que se sienta en el comité del Banco de Pagos Internacionales, el Banco Central Europeo, el Banco Internacional de Reconstrucción y Fomento y el Banco Asiático de Desarrollo. Draghi también preside el Foro de Estabilidad Financiera, un aparato global de protección anticaídas creado después del casi colapso del sistema financiero en septiembre de 1998. El primer ministro italiano Romano Prodi y el vicepresidente del Tesoro, Massimo Tononi, también son ex-Goldman.

»La banda Goldman también está bien representada en el Banco Mundial. Por ejemplo, Robert Zoellick sustituyó al expulsado y caído en desgracia neocon Paul Wolfowitz. Además, tanto Draghi como el expresidente de la Reserva Federal de Nueva York E. Gerald Corrigan, ahora en Goldman Sachs, son miembros del Grupo de los Treinta, una colección de hombres supuestamente "sabios" que ayudan a manejar el sistema financiero global. El G-30 también incluía al exdirector de la Reserva Federal Paul Volcker y al exagente del Banco de Inglaterra y director general del Banco de Pagos Internacionales Sir Andrew Crockett, entre otros. Además de todo esto, Goldman Sachs es, con diferencia, el banco de inversión más rentable de Wall Street y el mayor gestor de fondos especulativos del mundo, con la excepción puntual de J. P. Morgan Chase. Veteranos de Goldman dirigen algunos fondos especulativos independientes, como Fortress Investment, J. C. Flowers, Omega, esl, Perry Capital, Och-Ziff, Farallon y otros. El exsecretario del Tesoro Robert Rubin, un exdirector de Golman, es director del comité ejecutivo de Citigroup, el mayor banco de Estados Unidos, mientras que el jefe en Londres de Goldman, exjefe de la Organización Mundial del Comercio, Peter Sutherland, se sienta en el consejo del poderoso Banco Real de Escocia. Jim Cramer, fundador de *The Street* y uno de los opinadores de la cnbc también es un exbanquero de Goldman.»[21]

Aparentemente, esta red de Goldman Sachs habría sido nombrada el centro de mando para gestionar el derrumbe financiero global, pero ponerlos en esa posición sería como transportar explosivos inestables por una carretera llena de baches. Como nos muestra el caso de J. P. Morgan, el predecesor de Goldman como banco de pruebas, la historia no ha sido amable con los líderes de la burbuja financiera. Morgan saltó por los aires y fue tomada por su rival Chase Manhattan.

Actualmente, la Administración Trump está llena de gente de Goldman Sachs. Steve Bannon fue nombrado asesor de la Casa Blanca.[22] Gary Cohen, que había estado en el

---

[21] John Hoefle, «A Conspiracy of Folly», *Executive Intelligence Review*, 34(41), 19 de octubre de 2007, p. 39. Disponible en: *http://www.larouchepub.com/eiw/public/2007/eirv34n41-20071019/39_741.pdf*.

[22] Bannon dejó la Casa Blanca el 18 de agosto de 2017.

meollo de la creación de muchos de los aspectos del golpe de Estado financiero, pasó directamente de Goldman a asesor económico nacional.

Después tenemos a Steven Mnuchin en el puesto de secretario del Tesoro. Su padre, Bob Mnuchin, era un socio muy famoso de Goldman que vino de la parte de acciones cuando lo dirigía Gus Levy. Podríamos decir que los Mnuchin son la realeza de Goldman Sachs. Los Mnuchin fueron a Yale y fueron identificados como Skull and Bones, así que tenemos a alguien de Skull and Bones, una de las élites secretas de Estados Unidos, que forma parte de la realeza de Goldman Sachs. Estaba en la División de Renta Fija con Gary Cohen y Blankfein como parte de quienes crearon la política de dólar fuerte en ese periodo.

¿Y ahora qué?

Así que la cuestión es ¿estamos asistiendo a una privatización de la parte encubierta de las finanzas? ¿o al realineamiento de una parte de las finanzas privatizadas con el ejército y la inteligencia militar? Yo creo que lo segundo. La estructura de poder del Estado profundo detrás de Trump se parece a lo que uno encuentra en una comunidad de la Inteligencia, es decir, todas las agencias de tres palabras: la Oficina de Inteligencia Naval, la Agencia de Inteligencia de la Defensa, la Oficina Nacional de Reconocimiento, la Agencia de Seguridad Nacional, etcétera, todas se están alineando con Trump. Lo que están haciendo es dejar a la CIA a la intemperie. La pregunta es, si tienes a la Oficina de Inteligencia Naval, la Agencia de Inteligencia de la Defensa, la NSA y la Oficina Nacional de Reconocimiento, ¿para qué necesitas a la CIA?

Lo único que hace la CIA que tú podrías necesitar es el tráfico de drogas y las operaciones encubiertas. Excepto que las otras agencias de Inteligencia son igual de capaces de llevar a cabo operaciones encubiertas que la CIA. En otras palabras, parece que estamos asistiendo a un caso clásico de aislamiento. No van a quitarse de encima a la CIA; solo van a convertirla en irrelevante. Gradualmente, con el tiempo, el presupuesto se hundirá y los recursos financieros de seguridad nacional se irán a las otras agencias. Si esta lectura es correcta, y tenemos que asumir que es un sí enorme, entonces sospecho que, en algún momento de su primer o segundo mandato, si Trump es reelegido, asistiremos a una gran reestructuración de toda la Inteligencia de Estados Unidos.

Así, el presidente Trump hará un esfuerzo deliberado para desmantelar la CIA. ¿Lo logrará? JFK lo intentó y lo pagó con su vida. Dicho esto, la CIA, antes la agencia de Inteligencia más temida de la estructura gubernamental de Estados Unidos, está ahora luchando por su vida. Veremos correr sangre.

9

EL ESTADO PROFUNDO DENTRO
DE UN ESTADO

A medida que nos acercamos al cuarto trimestre de 2017, la cosa se está calentando muchísimo. El golpe de Estado financiero se llevó billones de activos de gobiernos soberanos, fondos de pensiones, instituciones municipales y comunitarias y hogares. Ahora, el modelo de crecimiento basado en la deuda se ha acabado y los costes de la existencia de estas instituciones están creciendo. Lo que queda en las instituciones actuales son lastres.

Lo que estamos viendo ahora es la aceleración de «demoliciones controladas» de lastres existentes como fondos de pensiones, aseguradoras y negocios que deben renegociar o abolir sus contratos. Los gobiernos soberanos, que tienen la capacidad de imprimir moneda y emitir deuda, tienen que emprender una reorganización a fondo de los activos y operaciones del gobierno.

La pregunta más importante a la que se enfrenta Estados Unidos es si el país podrá o no reorganizar el retorno de la inversión de los contribuyentes en inversiones, créditos, contratos, apropiaciones y regulaciones del gobierno para pasar de estar en negativo a positivo. Si lo hacen, Estados Unidos explotará en riqueza. Si no, el país se enfrenta a largos y duros aprietos financieros, en el mejor de los casos…

o a una guerra civil en el peor, quizá incluso a una repetición de la «violación de Rusia».

En 2016, el *brexit* y la elección como presidente de Estados Unidos de un hombre de negocios del ámbito privado y ajeno a la clase política dirigente supuso un revés a la productividad. En esencia, las personas que viven en el corazón de Estados Unidos y que son responsables de la gestión de grandes segmentos de la economía concreta, agricultura, inmobiliaria, energía y ejército, pidieron un cambio de rumbo en la economía dirigida por las zonas de costa: Washington, Wall Street, Hollywood y Silicon Valley. Los grandes perdedores fueron las empresas de medios de comunicación y los agentes de «noticias falsas» que los alimentan mediante las comunidades de la inteligencia.

Las elecciones de Estados Unidos representaron un giro en el poder de una facción de la clase dirigente de Estados Unidos comprometida con mantener un imperio global contra el intento de otra facción de asegurar una economía más robusta y autosuficiente en Norteamérica. Lo que va a pasar es que esto acelerará el paso de un mundo bajo un poder único a uno con muchos poderes.[1]

La pregunta a la que nos enfrentamos es si la Administración de Estados Unidos puede reorganizar los presupuestos federales para obtener un retorno positivo de la inversión. Si no lo consigue, entraremos en largos y complicados aprietos financieros. Peor aún, si se empieza a remendar la Constitución de Estados Unidos y/o ganan los «piratas», entonces se avecinan problemas de verdad.

Una retirada de la globalización también puede quitar recursos de los mercados emergentes y devolverlos a los paí-

---

[1] Catherine Austin Fitts, «The US Presidential Election: The Productivity Backlash», *Solari*, 25 de noviembre de 2016. Disponible en: *https://solari.com/blog/the-us-presidential-election-the-productivity-backlash/*.

ses desarrollados. Cómo tendrá lugar ese reequilibrio plantea preguntas muy significativas a los inversores. Durante este año pasado, la pregunta sin respuesta más importante sigue siendo «¿Quién está realmente al mando?». Las manos del Estado profundo son cada vez más evidentes, especialmente a medida que las empresas de medios de comunicación pierden influencia.

El Estado profundo

Volviendo a 1954, el senador de Estados Unidos William Jenner dijo «Hoy, el camino hacia la dictadura total en Estados Unidos puede llevarse a cabo estrictamente con medios legales, sin que el Congreso, el presidente ni el pueblo lo vean ni lo oigan. Curiosamente, tenemos un gobierno constitucional. Tenemos operando en nuestro gobierno y nuestro sistema político [...] a un grupo de acción política bien organizado en este país, decidido a destruir nuestra Constitución y a establecer un Estado de un solo partido. [...] Lo que es importante recordar sobre este grupo no es su ideología, sino su organización. [...] Opera de forma secreta, silenciosa, y transforma sin parar nuestro gobierno. [...] Este grupo [...] no da explicaciones ni al presidente, ni al Congreso, ni a los tribunales. Es prácticamente imposible de eliminar.

»No se ve afectado por elecciones. No se ve alterado por movimientos populistas. No está al alcance de la ley. Una burocracia corporativa, militarizada y atrincherada que es completamente operativa y está formada por agentes no electos que están, en esencia, dirigiendo el país, este gobierno en la sombra representa la cara oculta de un gobierno que no tiene respeto ni por la libertad ni por sus ciudadanos».[2]

---

[2] John W. Whitehead, «The Path to Total Dictatorship: America's Shadow Government and Its Silent Coup», *The Rutherford Institute*,

Da igual qué candidato gane las elecciones presidenciales, ese gobierno en las sombras está ahí para quedarse. De hecho, como revelan documentos recientes del FBI, ese gobierno en las sombras también recibe el nombre de *Grupo de la 7.ª planta*.[3]

Sin embargo, para ser precisos, el presidente Trump en realidad heredó no uno, sino *dos* gobiernos en la sombra. «El primer gobierno en la sombra, llamado COG o Continuidad del Gobierno, está formado por individuos no electos que han sido nombrados para dirigir el gobierno en caso de "catástrofe". El COG es una amenaza fantasma esperando a que se den las circunstancias adecuadas: un ataque terrorista, un desastre natural, un hundimiento económico, para salir de las sombras, donde ya está operando. En el caso de que el COG tomara el poder, el estado policial haría la transición a la ley marcial.

»Sin embargo, es el segundo gobierno en la sombra[4], también denominado Estado profundo, el que representa actualmente una amenaza mayor a la libertad. Compuesto por burócratas gubernamentales no electos, miembros de empresas, contratistas y chupatintas que son quienes realmente mueven los hilos entre bambalinas, este gobierno dentro del gobierno[5] es la auténtica razón por la que "nosotros, el pueblo" no tenemos un control real del gobierno.

---

24 de octubre de 2016. Disponible en: *http://www.globalresearch.ca/the-path-to-total-dictatorship-americas-shadow-government-and-its-silent-coup/5553218.*

[3] Everett Rosenfeld, «New FBI release on Clinton email probe refers to 'Shadow Government'», CNBC, 17 de octubre de 2016. Disponible en: *https://www.cnbc.com/2016/10/17/fbi-releases-100-new-pages-on-clinton-email-probe.html.*

[4] Mike Lofgren, «Essay: Anatomy of the Deep State», *Moyers & Company*, 21 de febrero de 2014. Disponible en: *http://billmoyers.com/2014/02/21/anatomy-of-the-deep-state/.*

[5] *Ib.*

»El Estado profundo, que "opera siguiendo sus propios objetivos sin tener en cuenta quién esté formalmente en el poder",[6] se burla de las elecciones y de todo el concepto de gobierno representativo. […] El siguiente presidente, más o menos como el presidente actual y sus predecesores, será poco más que un hombre de paja, una marioneta para entretener y distraer a la población de lo que pasa en realidad. […] Este Estado dentro del Estado "escondido tras el que es visible a ambos extremos de la avenida Pensilvania",[7] es una "entidad híbrida de instituciones públicas y privadas que dirigen el país según unos patrones consistentes periodo tras periodo, conectada, pero solo controlada intermitentemente por el Estado visible a cuyos líderes escogemos".

»El Estado profundo no solo tiene esclavizada a la capital de la nación, sino que también controla Wall Street ("que proporciona el dinero que mantiene a la maquinaria política silenciosa y operando como un teatro de marionetas") y Silicon Valley.

»Esto es fascismo en su manifestación más encubierta, escondido tras agencias públicas y empresas privadas para llevar a cabo sus perversas intenciones. Es un matrimonio entre burócratas gubernamentales y empresarios millonarios con la comunidad de la Inteligencia actuando como árbitro que imparte justicia.»[8]

«El Estado profundo está tan atrincherado, está tan bien protegido por vigilancia, armas, dinero y su habilidad para sumar a la resistencia que es casi inmune al cambio… Si hay algo que el Estado profundo necesite es un flujo silencioso

---

[6] *Ib.*

[7] *Ib.*

[8] John W. Whitehead, «The Path to Total Dictatorship: America's Shadow Government and Its Silent Coup», *The Rutherford Institute*, 24 de octubre de 2016. Disponible en: *http://www.globalresearch.ca/the-path-to-total-dictatorship-americas-shadow-government-and-its-silent-coup/5553218.*

e ininterrumpido de dinero y la confianza en que las cosas seguirán adelante como lo han hecho en el pasado. Incluso está dispuesto a tolerar cierto grado de estancamiento: el lodo partisano luchando contra temas culturales puede ser una buena distracción de sus planes.»[9] Mientras se permita a los representantes del gobierno, tanto electos como no electos, operar más allá de lo previsto en la Constitución, los tribunales y la voluntad de la ciudadanía, la amenaza a nuestras libertades no disminuirá.

Donald Trump entra en escena.

La llegada de Trump hundirá inevitablemente a la CIA, uno de los actores clave de las estructuras de poder del Estado profundo, en una crisis seria, porque Trump va a someter a la agencia a una reforma obligatoria. La inevitabilidad de esto viene dictada no tanto por el hecho de que esta reforma hace mucho tiempo que es inevitable, sino porque existe un serio conflicto ideológico en la relación entre Trump y la CIA, que ha empeorado claramente con la llegada de Mike Pompeo al puesto de director de la Central de Inteligencia.

Trump ha prometido centrarse en la reforma profunda de todo el sistema de Inteligencia, lo que significaría despedir o jubilar prematuramente a muchos agentes que han estado implicados en operaciones encubiertas en todo el mundo y que saben «dónde están enterrados los cadáveres». Podríamos esperar una gran cantidad de filtraciones de perfil alto y una guerra abierta entre el presidente y la CIA. Lo que está en juego es la supervivencia de la agencia.

Para sobrevivir, tanto ideológica como físicamente, Trump tendrá que subyugar a la CIA a sus intereses e imponer nuevas reglas del juego, de lo contrario tendrá que vivir con la posibilidad real de un enemigo o un potencial saboteador en la

---

[9] Mike Lofgren, «Essay: Anatomy of the Deep State», *Moyers & Company*, 21 de febrero de 2014. Disponible en: *http://billmoyers.com/2014/02/21/anatomy-of-the-deep-state/*.

sombra. Formalmente, la CIA declaró su neutralidad durante la campaña electoral, pero «alguien» acompañó a Carter Page, el asesor de Trump sobre política exterior durante la campaña electoral, en su viaje a Moscú, y después filtró la historia a la prensa estadounidense. Al mismo tiempo, el instinto de auto-conservación de la CIA está muy perfeccionado y, en Trump, ellos ven una amenaza irracional a su bienestar.

Por lo tanto, era de esperar que en 24 horas la CIA deci-diera entrar en la política presidencial de una forma abierta y descarada que nunca antes en la historia habíamos visto. Por supuesto, la historia nos muestra que la CIA habría trabajado a menudo en la trastienda de la política presidencial de Esta-dos Unidos: aparentemente habría ayudado a asesinar a un presidente estadounidense en 1963 y a organizar la dimisión de otro en 1974, pero el apoyo público y contundente de un exdirector interino de la CIA a la candidatura presidencial de Hillary Clinton es otra cosa.

El exdirector interino de la CIA Michael Morell no solo apoyó a Clinton, sino que, utilizando un lenguaje que no se había vuelto a oír desde la oscura caza de brujas de la épo-ca del senador Joseph McCarthy, Morell acusó al candida-to presidencial republicano Donald Trump de actuar como un agente inconsciente del exagente del KGB, el presidente ruso Vladimir Putin. Morell también defendió el uso de un servidor de correo privado por parte de Clinton para guar-dar información clasificada. La defensa de lo indefendible que hizo Morell podría dar una pista sobre el hecho de que no fue la Inteligencia rusa quien tenía una puerta trasera a los servidores de la señora Clinton en su casa de Chappa-qua, Nueva York, sino que era la CIA quien estaba moni-torizando su correo electrónico con el objetivo de llevar a cabo un chantaje político, una especialidad de los «Caballe-ros Negros del Potomac» en Langley, Virginia.

En 1963, el expresidente Harry Truman, después del asesinato de JFK, escribió un artículo de opinión en el que lamentaba el hecho de haber creado la CIA.[10] Solicitaba que se le retiraran sus funciones de «operaciones especiales» y que volviera a ser una agencia de recopilación y proceso de datos de Inteligencia. El difunto senador Daniel Patrick Moynihan solicitó que la CIA fuera abolida[11] y que todas sus responsabilidades de inteligencia fueran transferidas al Departamento de Estado.

Todo se reduce a esto. «Clinton era la candidata que prefería el complejo industrial-militar porque habría hecho aumentar los beneficios empresariales derivados del presupuesto anual de 60 000 millones de dólares que alimenta al gran conglomerado de la CIA y el Pentágono.

»Algo crucial para su papel es reforzar la política beligerante contra el mundo en general y contra Rusia en concreto. O, como dijo Morell, la creencia de Clinton de que "Estados Unidos es una nación excepcional que debe ser la líder del mundo para que el país siga siendo seguro y próspero". Es esta ideología supremacista y excepcional de Washington la que ha llevado al mundo a este precipicio tan peligroso.

»Irónicamente, Hillary Clinton, mucho más que el inconformista Donald Trump, está demostrando ser un ejemplar de lo que solo puede definirse como la ideología neofascista que está cada vez más extendida en Washington. La guardia pretoriana del Pentágono-CIA que se formó en torno a Clinton durante la campaña electoral fue solo un presagio del estado totalitario y militarizado administrado

---

[10] Jeff Morley, «After JFK was killed, former president Truman called for the abolition of CIA covert operations», *JFKFacts*, 22 de diciembre de 2016. Disponible en: *http://jfkfacts.org/dec-22-1963-truman-calls-for-abolition-of-cia/*.

[11] Bud Shuster, «DIALOGUE – American Intelligence: Do We Still Need the C.I.A.?; Independence Means Integrity», *The New York Times*, 19 de mayo de 1991. Disponible en: *http://www.nytimes.com/1991/05/19/opinion/dialogue-american-intelligence-we-still-need-cia-independence-means-integrity.html?mcubz=0*.

por Washington; también era una señal de que Estados Unidos está avanzando abiertamente a una política descarada y sin restricciones de guerra permanente contra cualquier país extranjero que considere.»[12]

Hemos visto lo que el Estado profundo, apoyado por las empresas de medios de comunicación, le hizo a Michael T. Flynn, el elegido por Trump para el puesto de asesor de Seguridad Nacional. Flynn, como Trump y el exalcalde de Nueva York Giuliani, siente un odio profundo por la CIA. Los fracasos de la CIA en los últimos diez-quince años han conducido a la agencia a ser dirigida por graduados del cuerpo de Marines, e, inicialmente, tenía a Flynn, que es un paracaidista, como asesor de Seguridad Nacional para el presidente Trump. Con la llegada del director Pompey, la CIA pasó a centrarse en la recopilación de datos de todos los servicios de Inteligencia del mundo. Entre sus principales tareas, Flynn era el responsable de filtrar la información de Inteligencia a Trump. Sin Flynn,[13] el flanco de Trump quedó al descubierto, como se vio en la información deliberadamente errónea que el presidente recibió por parte de su equipo de seguridad nacional antes del ataque a la base aérea de Siria.

CONFLICTO PROGRAMADO

La reducción de financiación y, en parte, el pensamiento aislacionista de la nueva Administración será clave en el declive de la agencia. Sin embargo, un cambio en los parámetros

---

[12] Finian Cunningham, «Pentagon, CIA Form Praetorian Guard for Clinton as Warmonger President», *Strategic Culture Foundation*, 8 de agosto de 2016. Disponible en: *https://www.strategic-culture.org/news/2016/08/08/pentagon-cia-praetorian-guard-clinton-warmonger-president.html.*

[13] Flynn renunció a su puesto el 13 de febrero de 2017.

y el *modus operandi* podría ser útil para la CIA. Lanzar la nueva CIA es casi seguro que reforzará su trabajo en Latinoamérica, donde previamente ha «hecho desaparecer» a los díscolos más extraños o más dispuestos a rebelarse contra el *statu quo*.

La resistencia interior por parte de la antigua burocracia seguirá creciendo a medida que la reforma se convierta en el pilar del futuro de la agencia, tanto a nivel administrativo como ideológico. Para ellos, Trump es un extraño, no un hombre «fabricado», como diría la mafia y, por lo tanto, no es de fiar.

Al mismo tiempo, la CIA, así como la NSA, tendrán que ajustarse a su nuevo papel en un mundo postindustrial, como resultado del fracaso del modelo de Banca Central basado en la guerra. La NSA, que se había convertido en un Estado dentro de un Estado soberano con poderes prácticamente ilimitados, está viendo amenazada y desafiada su omnipotencia.

Trump está al servicio de un grupo distinto de jefes globales y las reglas de su juego requieren otro tipo de alianzas. En teoría, esto podría conducir a un conflicto entre la Administración y la NSA, teniendo en cuenta el hecho de que el ciberespacio, la ciberguerra y el ciberterrorismo han sido su fuente de ingresos en el último cuarto de siglo.

Dicho esto, basándonos no solo en su capacidad analítica, sino también en sus nuevos juguetes tecnológicos y su presupuesto ilimitado, existen muchos motivos para creer que la NSA exagera mucho sus capacidades. De hecho, existen discusiones serias al respecto de devolver una parte de las funciones de la NSA a la CIA y el FBI, al menos en lo referente al análisis y proceso de grandes cantidades de información. Si las discusiones pasan de las salas de reuniones a la pizarra, entraremos en una guerra cruzada de material comprometido y una presión administrativa asfixiante que Estados Unidos no ha conocido desde la época de Richard Nixon.

De hecho, el triángulo NSA, CIA, Edward Snowden nos proporciona un buen punto de partida para asistir a la inminente guerra encubierta del Estado profundo.

Lo que queda fuera de toda duda es que existe una reorganización nunca vista de la Inteligencia, el mando y el control del aparato de los servicios de Inteligencia de Estados Unidos. Teniendo en cuenta que está en juego controlar una buena parte de un presupuesto de más de 53 000 millones de dólares,[14] podemos dar por hecho que CIA y NSA van a morir matando.

LA NSA FORMULA EN SECRETO LA POLÍTICA EXTERIOR DE ESTADOS UNIDOS

Mientras por un lado la NSA está «acorralando» a la CIA, recortando su espacio vital y trabajando entre bambalinas para que les recorten el presupuesto, «las recientes revelaciones de documentos clasificados de la NSA liberados de sus bases de datos por el informador Edward Snowden ponen al descubierto que la agencia de Inteligencia da señales de haber estado muy implicada en la política exterior estadounidense. La información contenida en una serie de boletines de la NSA llamados *SID Today* (SID son las siglas en inglés de Directorio de Inteligencia de Señales), describe una burocracia de política exterior en la agencia de Inteligencia que compite con la del Departamento de Estado y el Pentágono. El grado hasta el cual la NSA influye en estos momentos en la política exterior de Estados Unidos representa un cambio radical en una agencia cuyo cometido era originalmente escuchar discretamente a diplomáticos y militares extranjeros de paso y proteger las comunicaciones del gobierno de Estados Unidos ante cualquier tipo de intromisión.

---

[14] Intelligence Budget Data: *https://fas.org/irp/budget/*.

«Muchas de las detalladas decisiones de política exterior que toma la NSA son llevadas a cabo por oficiales de Inteligencia de señales (SINIOS y SIGINT), a quienes se asignan áreas concretas de responsabilidad. Por ejemplo, hay SINIOS con programas estratégicos y de control de armas, temas científicos y tecnológicos y temas globales y multilaterales; estos últimos incluyen operaciones de Naciones Unidas en África Subsahariana, Latinoamérica y Asia Oriental. Los SINIO se reúnen regularmente en un consejo propio que determina y da prioridad a los temas más críticos a los que se enfrenta la política exterior de Estados Unidos. Los SINIOS operan bajo la tutela del Directorio de Relaciones con Clientes del SID de la NSA. Este aparato secreto de política exterior del más alto nivel opera con poca supervisión por parte del Congreso y poca contribución del Departamento de Estado, si es que la hay. Los actos del consejo de SINIO e incluso su propia existencia jamás habrían sido conocidos por la prensa ni el público de no ser por las revelaciones de Snowden. [...]

»En octubre de 2003, el SINIO para temas globales y multilaterales propuso formas de tratar la oposición recalcitrante de Alemania y Francia a dar el visto bueno del Consejo de Seguridad de la ONU a una conferencia de donantes para la reconstrucción de Irak en Madrid. Otros documentos clasificados de la NSA publicados describen cómo la NSA autorizó "aumentar" la supervisión de las misiones de Naciones Unidas de miembros del Consejo de Seguridad, incluidos Alemania y Francia. El consejo SINIO llamó a quienes se oponían a la política de Estados Unidos en Irak la *Coalición de los reticentes* en un *SID Today* del 6 de agosto de 2003. El consejo SINIO también acuñó el término *eje del mal*, que la Administración Bush usaba para describir a Irak, Irán y Corea del Norte. [...]

»El papel de la NSA en la formulación de la política exterior de Estados Unidos se remonta a 1971, cuando la agencia creó su propio Instituto de Asuntos Internacionales (IAI), una versión de alto secreto del Council on Foreign Relations. La IAI se convirtió en su propia burocracia e invitó a cientos de conferenciantes, miembros de la comunidad de la Inteligencia y externos, a hablar en la NSA y publicar algunos *papers* sobre política exterior. En agosto de 2003, la NSA y la Johns Hopkins University School of Advanced International Studies (SAIS) llevaron a cabo un seminario conjunto clasificado sobre la inestabilidad al sur de la región del Cáucaso en las instalaciones seguras FANX, cerca del cuartel general de la NSA en Fort Meade. FANX es un acrónimo de *Frienship Annex*, una referencia al aeropuerto de Frienship, el antiguo nombre del Aeropuerto Internacional de Baltimore-Washington. El seminario proponía maneras de perseguir los intereses de Estados Unidos en la región.»[15]

El objetivo inicial de la IAI era promover el interés entre los empleados de la NSA por los acontecimientos y temas internacionales. El «interés» por los asuntos exteriores de la NSA se ha transformado hasta incluir formulaciones de política exterior en sus acciones.

«Mediante el Directorio de Asuntos Exteriores de la NSA (FAD, por sus siglas en inglés), la agencia decide ahora sobre una gran cantidad de iniciativas de política exterior con sus señales de inteligencia procedentes de sus socios Gran Bretaña, Canadá, Australia y Nueva Zelanda fuera de las estructuras civiles de política exterior de los cinco países, alianza conocida como Five Eyes (cinco ojos). Estas iniciativas incluyen la decisión en 2003 de marcar como objetivo conjunto las comunicaciones de Birmania, Bangladés, Papúa Nueva Guinea, las Islas Salomón, Filipinas, Malasia, Singapur e Indonesia por parte de la NSA, el Directorio de Señales de Defensa de Australia (DSD, por sus siglas en inglés) y la Oficina de Comunicaciones Gubernamental de Nueva Zelanda (GCSB).

---

[15] Wayne Madsen, «NSA formulating American foreign policy in secret», *Wayne Madsen Report*, 24-25 de agosto de 2016.

»El 12 de junio de 2003, una reunión del consejo SINIO trató el tema de Turquía. Está claro que la NSA sospechaba, al igual que el Estado Mayor del ejército turco y el Partido de la Justicia y el Desarrollo (AKP), del entonces primer ministro turco Recep Tayyip Erdogan. También es muy probable que el golpe de Estado fallido contra Erdogan fuera llevado a cabo por miembros del Estado Mayor del ejército turco posicionados con Estados Unidos, ayudados e incitados por algunos elementos del complejo militar y de Inteligencia de Estados Unidos, incluidas empresas contratistas de defensa e Inteligencia. Existe una razón clara para creer que estos elementos propiciaron el complot para el golpe de Estado en febrero de 2016, pero sin conocimiento del presidente Barack Obama ni la luz verde del director de la CIA John Brennan, ambos con lazos estrechos con individuos que comparten las tendencias islamistas de Erdogan. La reunión de 2003 de la NSA trató el tema de que el "Partido de la Justicia y el Desarrollo (AKP), proislam, y el Estado Mayor de Turquía (TGS), guardián de la democracia secular de Turquía, se observan mutuamente con desconfianza. La relación estratégica con Estados Unidos se ha debilitado seriamente, de modo que es poco probable que Estados Unidos siga liderando con el mismo fervor la causa de Turquía en Europa o en el FMI y el Banco Mundial".»[16]

La presencia de un aparato de política exterior de Estados Unidos superclasificado enterrado en lo más hondo de las entrañas de la NSA es otro indicador de que la democracia estadounidense empezó a agonizar cuando se concedió a las burocracias de la Inteligencia como la NSA un campo más amplio en el que operar. No debería sorprendernos, por lo tanto, que el actual director de la NSA y los dos anteriores sean neoconservadores radicales que creen en la supremacía estadounidense global.

---

[16] Wayne Madsen, «NSA formulating...», *op. cit.*

10

LA CIA CONTRA LA NSA

La filtración masiva de documentos de la NSA por parte del agente de la CIA convertido en contratista de la NSA, Edward Snowden, podría ser parte de una operación de Langley para poner al descubierto las enormes capacidades de vigilancia de la NSA. La exposición de las operaciones de la NSA podría haber sido provocada porque esta estaba poniendo en peligro operaciones extremadamente sensibles y potencialmente ilegales de las áreas de la CIA dedicadas a la actividad bancaria, las finanzas, el chantaje sexual y la trata de personas.

El informador de la NSA Edward Snowden consiguió acceder y publicó cientos de miles de documentos clasificados de la NSA porque una facción de la CIA estaba cada vez más preocupada por el gran sistema de vigilancia que controlaba la NSA. En muchos casos, las operaciones encubiertas de la CIA altamente compartimentadas en el interior de sus fronteras entraban en conocimiento de la NSA a causa de la capacidad de la agencia de señales de inteligencia y guerra cibernética para monitorizar todo el espectro de comunicaciones digitales en todo el mundo, incluidas las de la CIA.

Un grupo de oficiales de la CIA en activo y jubilados, además de contratistas de la CIA, decidieron poner al descubierto las operaciones masivas de vigilancia de la NSA, así como las de otros socios extranjeros. Snowden, un exempleado de la CIA que trabajó para la alianza NSA-CIA, el Special Collection Service en Ginebra, Suiza, como oficial encubierto de la CIA en la misión de Estados Unidos para Naciones Unidas en Misawa, Japón, bajo el amparo no oficial de Dell Computer y Booz Allen Hamilton, fue elegido por esta facción de la CIA como la persona mejor posicionada para recopilar documentos de la NSA y filtrarlos a los medios de comunicación.[1]

Es más, con la revelación de 8752 documentos clasificados por parte de WikiLeaks, en los que una gran operación de ciberguerra por parte de la CIA, centrada en su Centro de Ciberinteligencia (CCI, por sus siglas en inglés), mostraba estar «espiando y realizando sabotajes mediante el uso de televisores, teléfonos inteligentes y coches computerizados», ilustra una gran redundancia de operaciones entre la CIA, la NSA y el Cibermando de Estados Unidos.

Cuando se juntan con los documentos revelados por el informador Edward Snowden, los documentos recientemente liberados por WikiLeaks conocidos como *Year Zero/Vault 7* revelan una infraestructura masiva para la ciberguerra y el espionaje de ordenadores por parte de Estados Unidos. Los documentos de WikiLeaks también indican que empresas como Microsoft, Apple y otras debilitan deliberadamente la seguridad de sus productos para complacer a los ciberespías del gobierno de Estados Unidos.[2]

Mientras que Estados Unidos y las empresas de medios de comunicación occidentales, así como los funcionarios del Partido Demócrata, han denunciado operaciones de ataques informáticos «rusos» a la campaña electoral de Hillary Clinton de 2016, al Comité Nacional Demócrata y al Comité de Campaña del Congreso Demócrata, las recientes revelacio-

---

[1] 9-10 de marzo de 2017: la revelación de los SIGINT de la CIA parece una venganza por la implicación de Langley en la filtración de Snowden.
[2] 8-9 de marzo de 2017: las revelaciones de WikiLeaks ponen en el candelero la inmensa redundancia de la ciberguerra de Estados Unidos.

nes sobre la CIA describen una agencia que tiene la capacidad de entrar en sistemas informáticos y dejar pruebas forenses que apunten en otra dirección para los investigadores.

Por ejemplo, el sistema UMBRAGE del CCI permite a la CIA utilizar *malware*[3] robado de otros países, incluida Rusia, en operaciones de ciberguerra para atacar los sistemas informáticos objetivo.[4] Las herramientas UMBRAGE para atacar y cubrir el rastro incluyen *keyloggers*, colecciones de contraseñas, capturas de *webcam*, técnicas de destrucción de datos, programas de persistencia, escalada de privilegios, opciones de ocultación, anulación de antivirus (PSP) y técnicas de evaluación en línea.[5] La tecnología del CCI es totalmente capaz de atacar sistemas de ordenadores y redes nacionales en Estados Unidos y dejar las huellas necesarias para que los investigadores persigan a personas no implicadas.

Una revelación anterior de WikiLeaks muestra que el CCI atacó activamente los ordenadores de partidos políticos y candidatos durante las elecciones presidenciales de 2012 en una operación completa de la CIA que incluía señales de inteligencia (SIGINT) e inteligencia humana (HUMINT).[6] La operación de ataque de la CIA, que duró desde el 21 de noviembre

---

[3] Aamer Madhani, Brad Heath y John Kelly, «WikiLeaks: CIA hacking group 'UMBRAGE' stockpiled techniques from other hackers», *USA Today*, 7 de marzo de 2017. Disponible en: *https://www.usatoday.com/story/news/2017/03/07/WikiLeaks-cia-hacking-group-umbrage-stockpiled-techniques-other-hackers/98867462/*.

[4] Anti-Media News Desk, «CIA Capable of Cyber 'False Flag' to Blame Russia», *Anti Media*, 7 de marzo de 2017.

[5] Nadeem Walayat, «Peak Freedom - Orwellian CIA Leaking Sieve Vault-7 Hacking Tools Exposed by WikiLeaks», *HoweStreet.com*, 12 de marzo de 2017. Disponible en: *http://www.marketoracle.co.uk/Article58369.html*.

[6] Tyler Durden, «WikiLeaks Exposes CIA Involvement in French 2012 Presidential Election», *Zero Hedge*, 17 de febrero de 2017. Disponible en: *http://www.zerohedge.com/news/2017-02-16/WikiLeaks-exposes-cia-involvement-french-2012-presidential-election*.

de 2011 hasta el 29 de septiembre de 2012, fue diseñada para obtener el «Plan estratégico para las elecciones» del UMP del presidente del momento Nicolas Sarkozy y los planes estratégicos para las elecciones de partidos políticos y candidatos que no estuvieran en el poder, incluido el del partido socialista, François Hollande; la del Frente Nacional, Marine Le Pen; el del Frente de Izquierda, Jean-Luc Mélenchon; el del Movimiento Demócrata, François Bayrou; la de los Verdes, Eva Joly, y otros candidatos menores. Otras prioridades importantes de la operación de espionaje de la CIA fueron las alianzas de los partidos y candidatos con Alemania, el Reino Unido, Libia, Israel, Palestina, Siria y Costa de Marfil, así como las fuentes de financiación de partidos y candidatos.[7]

Incluso antes de su investidura el 20 de enero, el presidente Trump se enfrentaba a una «CIA dentro de la CIA» virtual, que está dispuesta a hacer descarrilar sus planes sobre Inteligencia y política exterior. Presidentes anteriores se han enfrentado a la oposición de la CIA, John F. Kennedy, Richard Nixon y Jimmy Carter son los principales ejemplos, pero la oposición era secreta y no a cara descubierta como ahora.

«La opinión experta convencional de Washington está insistiendo, sin pruebas, en que la campaña presidencial de Trump recibió ayuda de agentes de la "inteligencia rusa". Se ha usado como "prueba" de la interferencia rusa en las elecciones estadounidenses un sospechoso memorándum británico creado por un exespía del MI6 llamado Christopher Steele y adornado por la campaña de Jeb Bush, que le contrató para buscarle las cosquillas a Trump.

»Sin embargo, lo que se ha pasado por alto es que la "inteligencia rusa" podría ser una forma de referirse a la "mafia ruso-israelí", un tema completamente tabú para los medios de comunicación y los políticos mayoritarios. Los oligarcas rusoisraelíes, muchos de los cuales están exiliados en Gran

---

[7] Tyler Durden, *op. cit.*

Bretaña, Suiza e Israel, no tienen ningún aprecio por Trump ni por sus anteriores ideas prorrusas.»[8]

El exanalista de la Inteligencia Wayne Madsen escribe que «recientemente ha salido a la luz que el miembro del parlamento ucraniano Andrey Artemenko se reunió en enero con el abogado personal de Trump, Michael Cohen, para entregarle una propuesta que habría "cedido" Crimea a Rusia durante cien años a cambio de retirar las tropas del este de Ucrania. Al parecer el "plan de paz" fue una maniobra de distracción, dado que no hay pruebas documentadas de tropas regulares en el este de Ucrania. Artemenko es un personaje oscuro que ha estado involucrado en la FIFA, escenario de gran cantidad de escándalos recientes, y que es miembro del partido de la exprimera ministra corrupta de Ucrania, Yulia Tymoshenko.

»Fue la condena y el encarcelamiento de Tymoshenko por parte del gobierno del presidente Viktor Yanukovych lo que ayudó a propulsar la revolución "Euromaidán" y el golpe de Estado que llevó a Yanukovych al exilio en Rusia. Artemenko también es íntimo del exboxeador ucraniano Vitali Klitschko, el actual alcalde de Kiev, que acudió recientemente a una conferencia de seguridad en Múnich con el vicepresidente Mike Pence, el secretario de Defensa James Mattis, y delegados y senadores de Estados Unidos tan antirrusos como John McCain, Lindsey Graham, el neocon Robert Kagan y su esposa, Victoria Nuland, la arquitecta en jefe de la revolución Euromaidán. En Múnich estaba la CIA haciendo horas extras para cultivar nuevas relaciones y reforzar las antiguas, los conspiradores de la neo Guerra Fría en Ucrania estaban todos presentes. La CIA se habría enterado de los lazos de Klitschko con Artemenko y de la reunión de Artemenko con el abogado de Trump, Cohen, sobre la paz en Ucrania.

---

[8] Wayne Madsen, «A "CIA within the CIA" battles against Trump», *Wayne Madsen Report*, 27-28 de febrero de 2017.

»Puede que Trump, que se ha rodeado de personajes grises como Stephen Bannon, Stephen Miller y el fascista hungaroestadounidense Sebastian Gorka,[9] no sea la "marioneta" del presidente ruso Vladimir Putin que afirman sus detractores. En lugar de eso, Trump parece ser un secuaz inconsciente de la mafia ruso-israelí que quiere luz verde para tumbar a Putin y sustituirlo por uno de los suyos, por ejemplo, Mikhail Khodorkovsky»,[10] alguien muy querido por la clase dirigente liberal occidental y financieros como George Soros.

«Khodorkovsky, ahora en el exilio, está liderando a los oligarcas rusoisraelíes en su intento para minar a Putin. El magnate de los fondos especulativos internacionales George Soros también estaba en Múnich, codo con codo con Klitschko y su propia marioneta, el presidente de Ucrania Petro Poroshenko. La intriga que tuvo lugar en Múnich puede ser complicada, pero el resultado final puede ser un dos por uno para los gánsteres rusoisraelíes: el derrocamiento de Putin y el *impeachment* de Trump. El resultado sería un presidente ruso que completara la privatización de la industria y las infraestructuras rusas en beneficio de la mafia de oligarcas exiliados y el "cristiano sionista" comprometido Pence, en el Despacho Oval.

»A medida que los delegados iban haciendo las maletas para irse de Múnich, sucedió algo interesante en la cercana Viena. Un tribunal de apelación austriaco aprobó la extradición a Estados Unidos del oligarca ucraniano Dmytro Firtash, donde se enfrenta a cargos de corrupción. Después del golpe de Estado del Euromaidán en 2014, Firtash fue detenido por la policía austriaca con una orden judicial del FBI. Firtash era un aliado político cercano de Yanukovych. El exdirector de campaña de Trump Paul Manafort era socio de Firtash. En 2008, Manafort y Firtash formaban parte de

---

[9] Sebastian Gorka dejó su puesto el 26 de agosto de 2017.

[10] Wayne Madsen, «A "CIA within the CIA"...», *op. cit.*

un grupo de negocios de Manhattan que pretendían comprar el hotel Drake y derruirlo para construir un nuevo rascacielos llamado Bulgari Tower, un negocio en el que podría haber estado involucrada la Trump Organization. En el negocio del Drake también estaba implicado otro asesor de Trump, Richard Gates. Mientras era primera ministra, Tymoshenko demandó a Firtash por lo del Drake. Ahora, un aliado de Tymoshenko, Artemenko, ha dejado sus huellas en el acuerdo de paz con Ucrania que le vendieron al abogado de Trump, Cohen.

»También en Múnich con Pence, Mattis, Kagan y Nuland, estaba el oligarca ucraniano Viktor Pinchuk, que pagó a la Fundación Trump 150000 dólares por un discurso en vídeo de Trump[11] en la reunión anual organizada por Pinchuk de la Yalta European Strategy (YES) en 2015. Pinchuk es amigo de John McCain, cercano a Poroshenko y Soros, y se ha manifestado abiertamente en contra de Putin.

»Nadie está limpio en estas maquinaciones, pero todo esto podría servir sin problemas como base para un *impeachment* contra Trump basándose en la cláusula de los honorarios de la Constitución de Estados Unidos, que convierte cualquier beneficio personal del presidente procedente de lazos con el extranjero en causa para un *impeachment*.

»Existen fuerzas en el interior de la CIA, la "CIA dentro de la CIA", que quieren regresar a los días de Boris Yeltsin, cuando todo y todos en Rusia estaban en venta y el país seguía gustoso los dictados del Banco Mundial y el Fondo Monetario Internacional. Hay dos cosas que se interponen en su camino, Putin y la admiración de Putin por Trump, y el segundo no parece querer "seguir con el programa previsto"

---

[11] Nikita Vladimirov, «Trump Foundation got $150000 for 2015 Ukraine speech», *The Hill*, 22 de noviembre de 2016. Disponible en: *http://thehill.com/blogs/blog-briefing-room/news/307294-trump-foundation-got-150000-in-exchange-for-2015-ukraine-speech*.

de volver al *statu quo* previo en las relaciones entre Rusia y Estados Unidos. [...]

»En 1975, el concepto de "CIA dentro de la CIA" llevó a Emily Sheketoff, miembro del House Select Committee on Intelligence (el comité dedicado a la supervisión de inteligencia de la cámara de representantes), que estaba investigando la CIA, a preguntar por la "CIA dentro de la CIA" a Robert Gambino, el jefe de seguridad de la CIA. Fue Gambino quien informó a Jeb Bush sobre su misión encubierta no oficial en Venezuela antes de la partida del hijo del exdirector de la CIA a Caracas en 1977 para encabezar las operaciones del Texas Commerce Bank en el país. Gambino se burló de la idea de una "CIA dentro de la CIA" en un memorándum del 30 de octubre de 1975. Basándonos en los lazos de Gambino con el exdirector Bush mientras el director de Jimmy Carter, el almirante Stansfield Turner, estaba al mando de la CIA, Gambino sería la "prueba número uno" si hablamos de "CIA dentro de la CIA". De hecho, Sheketoff le dijo directamente a Gambino que ella creía que la Oficina de Seguridad de la CIA era entonces el componente principal de la CIA oculta».[12]

Ahora Langley está jugando al juego de la Inteligencia y están implicados mafiosos despreciables de Ucrania, Londres y la propia Langley, Virginia. En esencia, la «CIA dentro de la CIA» está intentando llevar a cabo un golpe de Estado suave en Estados Unidos y están teniendo unos cuantos cómplices dispuestos a ello en los medios de comunicación y en el círculo íntimo del señor Trump.

---

[12] Wayne Madsen, «A "CIA within the CIA" battles against Trump», *Wayne Madsen Report*, 27-28 de febrero de 2017.

TERCERA PARTE

PRESUPUESTO EN NEGRO

11

GOLPE DE ESTADO FINANCIERO

En otoño de 2001, Catherine Austin Fitts, subsecretaria de Vivienda del Departamento de Vivienda y Desarrollo Urbano de Estados Unidos, donde se encargaba de supervisar miles de millones de inversiones gubernamentales en comunidades de Estados Unidos, asistió a una conferencia de inversores privados en Londres. Su presentación documentó su experiencia con la alianza entre Washington y Wall Street, que había:

> Diseñado una burbuja fraudulenta de débito e inmobiliaria; desplazado enormes cantidades de capital fuera de Estados Unidos de forma ilegal; utilizado la privatización como una forma de piratería, un pretexto para desplazar activos del gobierno a inversores privados con precios por debajo de mercado y después devolver cargas privadas al gobierno sin coste para los titulares de estas.

Entre los oradores de la conferencia había periodistas distinguidos que se dedican a cubrir las privatizaciones en Europa del Este y Rusia. Bajo la mirada de los retratos de ancestros británicos, los asistentes escucharon sucesivamente historias de privatización global a lo largo de la década de 1990 en América, Europa y Asia.

«Poco a poco, las piezas encajaron, todas parecían compartir una horrible epifanía: los bancos, las empresas y los inversores que actuaban en cada una de las regiones globales eran exactamente los mismos. Eran un grupo relativamente pequeño que reaparecía una y otra vez en Rusia, Europa del Este y Asia, acompañados por los mismos y conocidos despachos de abogados y empresas contables. Estaba claro que estaba teniendo lugar un *golpe de Estado* financiero.

»La magnitud de lo que estaba ocurriendo era apabullante. En la década de 1990, millones de personas en Rusia se habían despertado y se habían encontrado con que sus ahorros y pensiones habían desaparecido sin más, erradicados por una divisa en quiebra o robados por mafiosos que blanqueaban dinero en los grandes bancos miembros de la Reserva Federal de Nueva York para reinvertirlos y alimentar la burbuja de la deuda. Hacia el final de la década, 168 millones de exciudadanos soviéticos de clase media habían caído en la pobreza.»[1]

La operación rusa que tuvo lugar durante toda la década de 1990 fue un programa al margen de los libros de contabilidad iniciado por Gerald Corregan,[2] presidente del Banco de la Reserva Federal de Nueva York y vicepresidente del Comité Federal del Mercado Abierto, y George H. W. Bush. En 1991, en paralelo a la desaparición de la Unión Soviética, se puso en funcionamiento el mercado de bonos. Pocas personas entendieron de verdad la historia o la llegaron a conocer, pero ese fue el elemento clave de la década de 1990. En un momento determinado se estaban pagando intereses de 290% en bonos a tres meses.[3]

---

[1] Catherine Austin Fitts, «Financial Coup d'Etat», *Solari*, 8 de agosto de 2011. Disponible en: *https://solari.com/blog/financial-coup-d%E2%80%99etat/*.

[2] E. Gerald Corrigan, *Federal Reserve Bank of New York*. Disponible en: *https://www.newyorkfed.org/aboutthefed/ECorriganbio.html*.

[3] James A. Leach (ed.), *Russian Money Laundering: Congressional Hearing*, Committee on Banking and Financial Services, p. 275.

Con la disolución de la Unión Soviética y el establecimiento de políticas de «libre mercado» por parte de François
Mitterrand, George H. W. Bush y Margaret Thatcher, representantes de la oligarquía financiera, las condiciones de caos
absoluto y saqueo criminal de Rusia sustituyeron a cualquier
progreso científico. «El colapso de las dos últimas décadas ha
sido algo más que un colapso financiero. La destrucción de
la nación rusa ha sido el objetivo intencionado de los depredadores financieros, tanto los ubicados en la City londinense
y en Wall Street, como los creados artificialmente en el interior del país y promovidos a su posición dominante por los
del exterior.[4] Sin embargo, el objetivo de esta aniquilación
no era sencillamente la destrucción de Rusia, sino precisamente la destrucción de la posibilidad del progreso científico que la cultura rusa había representado anteriormente
para toda la humanidad, incluso bajo el sistema soviético.[5]
»Para Rusia, como ha sucedido globalmente, esto ha
sido un derrumbe físico, cultural, moral y de las capacidades intelectuales de la población. Esto incluye la criminali-
zación de toda una generación, que al parecer no tenía otra

_____

[4] Rachel Douglas, «London's 'Our Men' in Moscow Keep Poi-
soning Russian Policy», *Executive Intelligence Review*, 37(12), 26
de marzo de 2010. Disponible en: *http://www.larouchepub.com/
other/2010/3712london_in_moscow.html*.

[5] Lyndon LaRouche identificó la ciencia soviética como una bendición para toda la humanidad y luchó durante toda la década de 1990
y más para prevenir su destrucción por parte de los intereses financieros de Wall Street y la City londinense. Véanse los siguientes artículos
de LaRouche: «Russia's Science: A Strategic Assessment», *Executive Intelligence Review*, 24(32), 8 de agosto de 1997; «The Legacy of Mende-
leyev and Vernadsky the Spirit of Russia's Science», *Executive Intelligence Review*, 28(47), 7 de diciembre de 2001; «On Academician Lvov's
Warning: What Is 'Primitive Accumulation'?», *Executive Intelligence
Review*, 28(31), 17 de agosto de 2001; «Free Trade vs. National Interest: The Economics Debate about Russia», *Executive Intelligence Review*, 35(26), 4 de julio de 2008.

forma de sobrevivir que participar en la economía criminal que surgió alrededor del saqueo masivo de las materias primas de Rusia, que se enviaban de forma ilegal a Occidente.[6] [...] El consumo de drogas se disparó. En lugar de desarrollar sus capacidades creativas, estos jóvenes se unieron al enorme mundo criminal.»[7]

La privatización global fue de la mano con la explotación a gran escala de la población. Los informes de políticos, representantes del gobierno, académicos y agencias de Inteligencia que facilitaron la asociación delictiva y el robo eran convincentes. Rusia estaba siendo desmodernizada.

El modelo de negocio no es distinto del de otras partes del mundo. Por ejemplo, el contratista del gobierno de Estados Unidos que lideraba la estrategia de guerra contra las drogas en Perú, Colombia y Bolivia, era el mismo que se encargaba de la gestión del conocimiento para las acciones del Departamento de Vivienda y Desarrollo Urbano. Eran los mismos contratistas que trabajaban en Sudán; parte de la gente del «Salvemos Darfur» que causaron la muerte, el hambre y el sufrimiento a millones de personas en nombre de la justicia, la democracia y el estilo de vida estadounidense. Son los mismos que han puesto en apuros a 800 millones de personas en la India con su reciente iniciativa de la «guerra al efectivo»[8]. Este juego de Washington y Wall Street es un juego global. Los granjeros de Latinoamérica, las capas

---

[6] En 1996, Rusia exportó casi 417% de su producción de uranio, y en un año había exportado de 356% de todo el molibdeno producido en el país, lo que significa, básicamente, que las reservas del país estaban siendo vendidas. Véase Stanislav M. Menshikov, *The Anatomy of Russian Capitalism*, EIR News Service, 2007.

[7] Michelle Fuchs y Sky Shields, «Self-Developing Systems and Arctic Development», *Executive Intelligence Review*, 39(1), 6 de enero de 2012. Disponible en: *http://archive.larouchepac.com/node/20987*.

[8] Norbert Häring, «A well-kept open secret: Washington is behind India's brutal experiment of abolishing most cash», *Norbert Häring, mo-*

más bajas de la India y los habitantes de Sudán se enfrentaban a los mismos piratas financieros y al mismo modelo de
negocio que la gente de la zona sur de Los Ángeles, el oeste
de Filadelfia, Baltimore o el sur del Bronx.

Como escribe Catherine Austin Fitts:

> Los barrios de Estados Unidos fueron arrasados por el tráfico
> de drogas y el fraude financiero del Departamento de Vivien-
> da y Desarrollo Urbano mientras equipos patrocinados por
> DynCorp trabajaban allí para aplicar y realizar incautaciones
> en la guerra contra las drogas y generar beneficios para el fon-
> do de Harvard.
>
> Los oleoductos, las cañerías del agua y otros activos de
> Latinoamérica fueron vendidos con importantes descuentos a
> Enron y otros inversores multinacionales mientras DynCorp
> ayudaba a los equipos militares de la guerra contra las drogas
> a echar a los campesinos de sus tierras.
>
> Los bancos rusos y los fondos de pensiones fueron vacia-
> dos por el crimen organizado que blanqueó el dinero a tra-
> vés de bancos miembros de la Reserva Federal de Nueva York
> mientras Harvard, como asesor financiero, ayudaba a privati-
> zar empresas petrolíferas rusas mediante su red de fondos de
> inversión.
>
> En la mafia local de Europa del Este había personal en
> activo de DynCorp proporcionando policía y mantenimien-
> to de aviones y practicando el acoso y la venta de niños como
> esclavos sexuales.[9]
>
> 3.3 billones de dólares desaparecieron del Departamento
> de Defensa y del Departamento de Vivienda y Desarrollo allí

*ney and more, 1 de enero de 2017. Disponible en: http://norberthaering.
de/en/27-german/news/745-washington-s-role-in-india.*

[9] David Isenberg, «It's Déjà Vu for DynCorp All Over Again»,
Huffington Post, 25 de mayo de 2011. Disponible en: *http://www.
huffingtonpost.com/david-isenberg/its-dj-vu-for-dyncorp-all_b_792394.
html.*

donde Lockheed, DynCorp y AMS gestionaban activamente los sistemas informáticos y Harvard proporcionaba candidatos laborales y contratos de servicios.

La manipulación de los mercados del oro por parte del Tesoro de Estados Unidos y los bancos miembros de la Reserva Federal de Nueva York fue dirigida por Larry Summers, secretario del Tesoro y exrector de la Universidad de Harvard, y su predecesor, Robert Rubin, secretario del Tesoro y ahora miembro del comité de la Harvard Corporation.

El sistema lo gestionan firmemente los cárteles organizados en torno a los bancos centrales y la maquinaria de guerra, y consta de cuatro fases:

Fase uno: irrupción. Organizaciones privadas se enriquecen destruyendo un lugar mediante el crimen organizado, las operaciones encubiertas, la guerra o una variedad de todo lo anterior.

Fase dos: compra. Los beneficios generados por la irrupción se utilizan para comprar o adquirir el «control legal» a un precio reducido.

Fase tres: reconstrucción. Se utilizan fondos gubernamentales, créditos y subsidios para «reconstruir» mientras se recopilan los activos que queden, incluido el tráfico de drogas, la esclavitud sexual y cualquier otra forma de liquidación del capital humano, intelectual y medioambiental de un lugar.

Fase cuatro: declaración de la victoria. La victoria se declara cuando un torrente de becas de fundaciones y universidades financiadas por quienes «lo han roto y lo han arreglado» generan premios, oportunidades de salir en la foto y archivos y documentos oficiales para que los perpetradores sean admirados por llevar la civilización avanzada a los nativos.

Lo que emergió después de analizar las transacciones implicadas en estas situaciones, en todos los lugares, año tras año, es sorprendentemente sencillo. El mundo está experimentando un atraco global: el capital está siendo aspirado de un país tras otro. La presentación que hizo Catherine Austin Fitts en Londres reveló una pieza del puzle que fue difícil de comprender para quienes la escuchaban. Esto no estaba sucediendo únicamente en los mercados emergentes. También estaba sucediendo en Estados Unidos.[10]

En otoño de 1997, grandes cantidades de dinero estaban saliendo de Estados Unidos, incluso de forma ilegal. Más de 4 billones de dólares desaparecieron[11] del gobierno de Estados Unidos. En el ejercicio fiscal de 1999, el Departamento de Defensa «perdió» 2.3 billones de dólares. Para hacernos una idea de lo que es esa cantidad, es aproximadamente tres veces lo que el presidente electo Obama proponía gastar para revitalizar Estados Unidos.[12] En el ejercicio fiscal de 2000, el Departamento de Defensa «perdió» 1.1 billones de dólares, aproximadamente 1.5 veces lo que el presidente electo Obama quería invertir en Estados Unidos. En otras palabras, entre octubre de 1998 y septiembre de 2000, el Departamento de Defensa «perdió» 3.3 billones de dólares. En marzo de 2000, el Departamento de Vivienda y Desarrollo Urbano no pudo justificar el gasto de 59 000 millones de dólares.[13] En 2004, Eric Sprott, de Sprott Asset Manage-

---

[10] Catherine Austin Fitts, *Dillon, Read & Co. Inc. and the Aristocracy of Stock Profits*, verano de 2005. Disponible en: *http://www.dunwalke.com/resources/documents/DillonRead_1112506as.pdf*

[11] Catherine Austin Fitts, «Will Defense Run the "Real" Stimulus Package?», *Solari, 9 de enero de 2009. Disponible en: https://solari.com/blog/will-defense-run-the-real-stimulus-package/*.

[12] «Obama will spend to revitalize economy», CNN *Money*, 17 de junio de 2008. Disponible en: *http://money.cnn.com/2008/06/16/news/economy/obama_economy/index.htm?section=money_topstories*.

[13] Statement of Susan Gaffney, Inspector General Department of Housing and Urban Development before the House of Representatives Committee on Government Reform Subcommittee on Government

ment, informó de un déficit de 11 billones de dólares en el ejercicio fiscal del gobierno de Estados Unidos del año 2004. En 2016, el inspector general del Departamento de Defensa publicó un informe que decía que los ajustes imposibles de documentar del Departamento de Defensa al final del año fiscal 2015 ascendían a 9.3 billones de dólares.[14] El Departamento de Estado, en el mandato de la secretaria Clinton, perdió 6 000 millones de dólares. La élite, en su guerra contra las clases medias y trabajadoras, también se había quedado con 27 billones de dólares mediante rescates.

La cantidad de dinero deslizándose fuera de las cuentas federales era mareante. Nadie parecía darse cuenta. «Engañados pensando que Estados Unidos vivía un *boom* económico a causa de una burbuja de débito fraudulenta creada con fuerza e intención por parte de los niveles más altos del sistema financiero, los estadounidenses emprendieron una orgía de consumo que estaba liquidando el auténtico patrimonio financiero que el país necesitaba urgentemente para reposicionarse de cara a los tiempos venideros. [...]

»Aun así, quedaban por formular algunas preguntas difíciles: una vez la burbuja se rompiera, ¿habría llegado también el momento de desmodernizar la sociedad?»[15] Lo que resulta interesante es que las personas que dirigían estos programas y controlaban este sistema eran las mismas en las Administraciones Reagan, Bush (padre), Clinton, Bush (hijo) y Obama.

Management, Information and Technology, 22 de marzo de 2000. Disponible en: *http://www.whereisthemoney.org/59billion.htm*.

[14] Scot J. Paltrow, «U.S. Army fudged its accounts by trillions of dollars, auditor finds», *Reuters*, 19 de agosto de 2016. Disponible en: *http://www.reuters.com/article/us-usa-audit-army/u-s-army-fudged-its-accounts-by-trillions-of-dollars-auditor-finds-idUSKCN10U1IG*.

[15] Catherine Austin Fitts, «Financial Coup d'Etat», *Solari*, 8 de agosto de 2011. Disponible en: *https://solari.com/blog/financial-coup-d%E2%80%99etat/*.

Por ejemplo «desde 1997 a marzo de 2001, el vicesecretario de Defensa (auditor) que cumplía las funciones de oficial jefe financiero del Departamento de Defensa era William J. Lynn III. En ese puesto, era el oficial jefe financiero del Departamento de Defensa y el principal asesor del secretario de Defensa y su ayudante en todos los temas presupuestarios y fiscales. Eso significa que era la persona responsable de asegurarse de que no se perdiera ninguna cantidad de dinero y que el Departamento de Defensa publicara declaraciones financieras auditadas, algo que no hizo en ningún momento. Cuando el señor Lynn dejó Defensa en 2001, se unió a DFI International y en 2005 pasó a dirigir el *lobby* de Raytheon.[16]

»El 8 de enero de 2009, el presidente electo Obama nombró a William J. Lynn III[17] ayudante del secretario de Defensa. El comunicado de prensa decía: "Lynn aporta décadas de experiencia y conocimiento experto en la reforma del gasto gubernamental y a la hora de tomar decisiones duras pero necesarias para asegurar que el dinero de los contribuyentes de Estados Unidos se gasta con sentido común". Bienvenidos al mundo de las cortinas de humo.

»Obama también nombró a Robert Hale como vicesecretario de Defensa (auditor). De 1994 a 2001, el señor Hale sirvió como ayudante del secretario de la Fuerza Aérea (auditor y gestor financiero). Esto significa que Hale, como Lynn, estaba al cargo del dinero cuando el dinero estaba desapareciendo. Supongo que quienes se habían quedado con los últimos 3.3 billones de dólares estaban muy

---

[16] Executive Session: Nomination of William J. Lynn, III, to be Deputy Secretary of Defense. Disponible en: *https://www.gpo.gov/fdsys/pkg/CREC-2009-02-11/html/CREC-2009-02-11-pt1-PgS2103.htm*.

[17] «Press Release: President-Elect Obama Announces Key Department of Defense Posts», *The American Presidency Project*, 8 de enero de 2009. Disponible en: *http://www.presidency.ucsb.edu/ws/index.php?pid=85359*.

contentos con el señor Lynn y el señor Hale y decidieron traerlos de vuelta».[18]

Lo que me genera una pregunta que no dejo de plantearme: «¿dónde está el dinero y cómo lo recuperamos?». Sin embargo, el robo no es nuevo. Las condiciones para él se crearon en la década de 1930.

En 1934, la Ley de la Reserva de Oro crea el Fondo de Estabilización del Cambio que recibió parte del botín durante y después de la Segunda Guerra Mundial. Al mismo tiempo, un crecimiento explosivo de la deuda del Tesoro de Estados Unidos financia los grandes presupuestos militares y de Inteligencia. Entre 1947 y 1949, se crea la Ley de Seguridad Nacional, seguida por la Ley de la CIA, y la Ley del 47 creaba los mecanismos para que las apropiaciones de Estados Unidos se desviaran a «presupuesto en negro». Las empresas privadas asumieron el control de la tecnología más poderosa del mundo, financiada con dinero del gobierno.[19]

Los recursos financieros proporcionados se contaban por billones. Hacia 1980, mediante una orden ejecutiva, se permitió a las empresas privadas gestionar proyectos secretos y clasificados como contratistas del gobierno. «Con estos cambios crearon una forma opaca de que las empresas consiguieran todo el dinero necesario para gestionar, controlar y desarrollar la tecnología más potente del planeta sin rendir cuentas de ningún tipo. Como resultado de esto, el gobierno perdió literalmente el control. Eso es parte del problema actual. Si el gobierno hubiese conservado el control de la financiación y la tecnología, creo que nos enfrentaríamos a un panorama muy distinto. Lo que tenemos es un mundo en el que los intereses privados son los que controlan,

---

[18] Catherine Austin Fitts, «Will Defense Run the "Real" Stimulus Package?», *Solari*, 9 de enero de 2009. *Disponible en: https://solari.com/ blog/will-defense-run-the-real-stimulus-package/.*

[19] Disponible en: *https://solari.com/Library/2013/20_30.html.*

incluso a los mecanismos gubernamentales, y no responden ante nadie a pesar del hecho de que siguen recibiendo cantidades sin límite de financiación mediante los mecanismos gubernamentales para ello.»[20]

Como resultado de esto, «las agencias de Inteligencia de Estados Unidos trabajan con empresas de telecomunicaciones para construir una maquinaria global de vigilancia, tal y como se ha descrito en muchas ocasiones en películas como *Enemigo público* y *El final de la violencia*. Simultáneamente, se reorganizan «tecnologías opacas» para crear nuevas tecnologías digitales que conduzcan a un crecimiento explosivo de la riqueza en las zonas de alta tecnología como las que rodean San Francisco, Boston y Denver. En 1982, se firmó un memorándum de entendimiento entre la CIA y el Departamento de Justicia que eximía a la mayoría del personal de la CIA y de los contratistas de informar del tráfico de drogas al Departamento de Justicia.

Hacia mediados de la década de 1990, el golpe de Estado financiero se desarrollaba a pleno rendimiento. Se implantó el Tratado de Libre Comercio de América del Norte. Se adoptó el GATT de Uruguay, se creó la Organización Mundial del Comercio como «política de dólar fuerte» y se creó una burbuja inmobiliaria, se desplazó una cantidad significativa de capital desde Estados Unidos de forma legal e ilegal hacia mercados emergentes mientras operaciones muy organizadas manipulaban la política internacional y la financiación para conseguir la adquisición de empresas y activos, a menudo a precios de saldo. El G-7 lideró el reequilibrio de la economía global que, en última instancia, condujo a la creación del G-20.[21]

---

[20] Lars Schall, «Behind the Wheel», *LarsSchall.com*, 29 de agosto de 2010. Disponible en: *http://www.larsschall.com/2010/08/29/behind-the-wheel/*.

[21] Disponible en: *https://solari.com/Library/2013/20_30.html*.

El gobierno de Estados Unidos y las empresas de medios de comunicación eliminaron las historias[22] relativas al Gobierno dirigiendo operaciones de droga en Mena, Arkansas[23] y sobre la epidemia de consumo de crack en la zona sur de Los Ángeles[24].

En Mena, las agencias de Inteligencia estaban utilizando un pequeño aeropuerto en Arkansas para exportar armas e importar drogas. Estaban operando un sistema de tráfico ilegal de armas y drogas, dos negocios que acostumbran a ir de la mano.

El negocio más rentable del planeta Tierra es la esclavitud. «Y la forma más eficiente de esclavitud es controlar a la gente mediante su mente, especialmente si puedes controlarlos sin que ellos lo sepan. Las drogas son una parte crucial a la hora de crear este tipo de control mental.»[25]

Es más, el gobierno de Estados Unidos convirtió en blanco a Hamilton Securities,[26] robó su infraestructura digital, incluido Community Wizard, e hizo posible la burbuja inmobiliaria. La emisión de valores hipotecarios fraudulentos y, probablemente de bonos del Tesoro y derivados relacionados, explotó. Trabajando con Estados Unidos y agencias de Inteligencia europeas, las empresas privadas

---

[22] Ambrose Evens-Pritchard, «Arkansas Drug Exposé Misses the Post», *Serendipity*, 29 de enero de 1995. Disponible en: *http://www.serendipity.li/cda/mena-tg2.html*.

[23] Sally Denton y Roger Morris, «The Crimes of Mena», *Ratical*, julio de 1995.

[24] Eliana Dockterman, «This Is the Real Story Behind Kill the Messenger», *Time*, 10 de octubre de 2014. Disponible en: *http://time.com/3482909/this-is-the-real-story-behind-kill-the-messenger/*.

[25] Lars Schall, «Behind the Wheel», *LarsSchall.com*, 29 de agosto de 2010. Disponible en: *http://www.larsschall.com/2010/08/29/behind-the-wheel/*.

[26] Disponible en: *http://www.dunwalke.com/gideon/legal/background.html*.

utilizaron sistemas de vigilancia digital invasivos y operaciones encubiertas para construir una red global de intereses de inversión en empresas y activos. Los sistemas y la capacidad de inteligencia siguieron creciendo. Los depósitos y activos financieros en los paraísos fiscales *offshore* explotaron.

Hacia mediados de la década de 1990, el sistema estaba completamente fuera de control. Durante el año fiscal 1998 se perdieron cuatro billones de dólares de cuentas estadounidenses. ¿Cómo pueden desaparecer cuatro billones de dólares? Fraude de valores, así es como desaparecen. Con los valores hipotecarios, emitidos por el gobierno de Estados Unidos, y los vacíos legales en la emisión de informes sobre las cantidades fuera del balance general por parte de la Seguridad del Tesoro, es muy posible robar billones de dólares muy rápidamente del gobierno de Estados Unidos, especialmente con apoyo militar y la capacidad de la gente a la hora de convertir esos valores en líquido.

Una parte importante de capital de riesgo se desplazó a empresas de Internet, lo que generó una burbuja en el mercado de acciones, y pasó grandes cantidades de capital a quienes estaban diseñando la burbuja y cambiando la orientación de Silicon Valley de la creación de valor de forma descentralizada a facilitar el control central. La OPV movió grandes cantidades de capital de los actores detrás de la burbuja. Sin embargo, en los balances generales del gobierno quedaron algunas cargas significativas: programas de seguros y crédito, pensiones y sanidad y otras obligaciones legales.

Una investigación del Congreso sacó a la luz en ese momento que la mayoría de las agencias federales de Estados Unidos no cumplían con las leyes de gestión financiera. El gobierno de Estados Unidos se resiste a las leyes que requieren informes financieros auditados. Entre 1998 y 2000, los activos y las tasaciones de las empresas crecieron de manera estable, aunque el mercado de acciones cayó significativamente cuando pinchó la burbuja tecnológica. Wall Street gozó de beneficios y bonificaciones récord. Los inversores privados y los fondos siguieron amasando el control de bolsas cada vez más grandes de capital privado.

El 10 de septiembre de 2001, un día antes del 11-S, el secretario de Defensa Donald Rumsfeld reconoce en una rueda de prensa que el Pentágono tiene 2.3 billones de dólares de «ajustes imposibles de documentar» en sus cuentas del año anterior. El 11-S destruye una cantidad significativa de documentación relacionada con la Oficina de Inteligencia Naval, la Comisión de Valores y Cambio e investigaciones sobre el dinero desaparecido y el fraude usado para pagar el golpe de Estado financiero. La destrucción incluyó la sede del mayor proveedor del Tesoro de Estados Unidos. Las operaciones del gobierno de Estados Unidos y los sistemas de contabilidad y pago dependen completamente en la actualidad de empresas privadas que dirigen sus operaciones.

Se estima que los rescates refinanciaron hasta 27 millones de dólares de valores y derivados fraudulentos, nacionalizaron la Asociación Federal Nacional Hipotecaria y gastaron las reservas de la ley de vivienda justa. Las expansiones cuantitativas 1, 2 y 3 proporcionaron refinanciación adicional de hipotecas y valores (posiblemente también del Tesoro) fraudulentos. Los gobiernos europeos proporcionaron rescates significativos a bancos europeos. El presidente de Estados Unidos delegó al asesor en Seguridad Nacional la capacidad de no aplicar regulaciones de la Comisión de Valores y Cambio relacionadas con la información y revelación de finanzas empresariales atendiendo a la seguridad nacional.

En 2012, el Congreso aprobó una legislación de referencia en materia sanitaria conocida como *Obamacare*. Los cargos gubernamentales explotaron. Esto incluye programas de crédito y seguros, así como atención médica y obligaciones en el momento de la jubilación a nivel de gobierno federal, estatal y local. Los gastos en los hogares y el paro siguen aumentando, mientras que los ingresos en los hogares están cayendo. Los balances generales de la Reserva Federal se inflaron cuando la compra de bonos emitidos por esta creció hasta un importe equivalente a aproximadamente 85% de la emisión de deuda del gobierno estadounidense.

Casi todas las comunidades de Estados Unidos están asoladas por el tráfico de drogas y las bandas que lo controlan. Las tensiones al respecto de pagos criminales relacionados con la financiación de golpes de Estado financieros son altas, lo que hace que la reinversión sea problemática. Gracias al apoyo popular al nuevo presidente Obama, los políticos consiguieron nombrar de nuevo a los líderes del golpe para que dirigieran la nueva Administración y transfirieran billones para refinanciar acciones fraudulentas que financiaran el golpe de Estado sin que ni siquiera hiciera falta que nadie importante fuera despedido o procesado.

Si se observan los gastos del gobierno y la disminución de la clase media, muchos analistas financieros predijeron la desaparición del dólar o un colapso financiero global. Obamacare proporcionó un control sin precedentes sobre la economía y el acceso a datos privados y una capacidad aún mayor para exprimir a familias de clase media. Se estima que unos cuatro millones de estadounidenses perdieron sus pólizas de salud.

American Airlines organizó una bancarrota para evitar sus obligaciones de jubilación. La bancarrota de Detroit fue apoyada por los tribunales, amenazando fondos de pensiones y la atención sanitaria de los funcionarios; el G-7 anunció que perseguirá los paraísos fiscales *offshore* después de que Estados Unidos obligara a Suiza a rendir su banca privada y proporcionar jurisdicción y regulación estadounidense a aquellas instituciones que acepten depósitos de Estados Unidos. Se hicieron propuestas para retrasar la edad de jubilación por la Seguridad Social y se requirió a las pequeñas empresas de forma obligatoria que contribuyeran a los planes de pensiones gubernamentales 401 (k). La Administración Obama anunció políticas de privatización en el programa espacial de Estados Unidos.

Una vez prescrita la mayor parte del fraude financiero y con los valores fraudulentos extinguidos, los fondos de capital pasaron a la economía global 3.0 (economía postindustrial y de redes), que se convirtió en segura durante el golpe de Estado financiero. Una parte significativa de la tecnología pasó de proyectos opacos a centros de alta tecnología para su desarrollo en empresas. Numerosos multimillonarios de la alta tecnología invierten en crear empresas del espacio. A medida que la economía mundial del planeta Tierra se desmantela, la economía basada en el espacio se va construyendo. La riqueza y los ingresos de los estadounidenses más ricos siguen creciendo. El sistema bancario en las sombras sigue creciendo.[27]

En 2013, la Reserva Federal anuncia que empezará a reducir las expansiones cuantitativas en 2014. Por primera vez, Obama admite que no hay suficiente dinero para subvencionar la economía mundial, solo la de Estados Unidos.

CIVILIZACIÓN ESCINDIDA: 2014

Con la mayoría de cargas potenciales empresariales y personales prescritas, la «civilización escindida» era libre para reinvertir en la comercialización general y en la aplicación de tecnología desarrollada en los programas de «presupuesto en negro».

Los sistemas de supervisión gubernamental son privatizados, mientras que los socios de la NSA de la fibra oscura en redes sociales, buscadores y empresas de informática y comunicaciones crecen en poder y en valor de mercado. El

---

[27] Disponible en: *https://solari.com/Library/2013/20_30.html.*

G-20 procede con la balcanización de los sistemas de Internet y Satélite.[28]

Se cae la máscara. La democracia de rostro amable está siendo sustituida por un control férreo dictatorial a gran escala. Las agencias de Inteligencia estadounidenses crean un sistema extensivo de dosieres personales que permiten el control encubierto de tribunales estadounidenses, sistemas bancarios y legisladores.

Estamos en mitad de un punto de giro de la inversión y el crédito. El mundo está cambiando. Entre 1995 y 2008, al menos 40 billones de dólares han pasado de entidades del Gobierno de Estados Unidos, fondos de pensiones y hogares del modelo tradicional (vamos a llamarlo Global 2.0) a un modelo de red organizado alrededor de sistemas digitales (vamos a llamarlo Global 3.0), la mayoría de formas ilegales. Esa cantidad debe sumarse a lo que ya se traspasó mediante el presupuesto en negro y el Fondo de Estabilización del Cambio en términos de tecnología, recursos financieros y apalancamiento entre 1947 y 1995.

Fondo de Estabilización del Cambio

El Fondo de Estabilización del Cambio, creado por la Ley de la Reserva de Oro en 1934,[29] empezó con la confiscación de oro a los ciudadanos estadounidenses, que sucedió en abril de 1933. Se ordenó a los ciudadanos estadounidenses que depositaran su oro en la Reserva Federal[30] a cambio

---

[28] *Ib.*

[29] Gary Richardson, Alejandro Komai y Michael Gou, «Gold Reserve Act of 1934», *Federal Reserve History*, 22 de noviembre de 2013. Disponible en: *https://www.federalreservehistory.org/essays/gold_reserve_act.*

[30] Steve Mariotti, «When Owning Gold Was Illegal in America: And Why It Could Be Again», *Huffington Post*, 28 de junio de 2017.

de 20 dólares por cada 30 gramos de metal entregado. Seis meses después, en enero de 1934, el oro se apreció a 35 dólares por cada 30 gramos.[31]

Esta apreciación tuvo como resultado unos 3000 millones de dólares caídos del cielo que fueron utilizados como dinero inicial para el Fondo de Estabilización del Cambio. A partir de ese día, esta institución, que se creó de la nada, se convirtió en la entidad financiera más poderosa del planeta, por virtud del dinero con el que fue creada.

Diseñada sin supervisión, operaba únicamente a discreción del presidente de Estados Unidos en colaboración con el secretario del Tesoro, pero todos los libros, registros y operaciones están en la Reserva Federal de Nueva York y en sus bancos miembros, que son agentes de esta. El Fondo de Estabilización del Cambio en realidad no existe en el gobierno de Estados Unidos. Como tal, todo lo que realizó se hizo a condición de que fuera de interés nacional. Hizo que la autoridad interviniera en todos los mercados y productos.

El Fondo de Estabilización tiene a su disposición la comunidad de inteligencia y los servicios armados de Estados Unidos para que actúen en su nombre con impunidad y para intervenir en los mercados financieros a través de los auspicios de la Reserva Federal de Nueva York y, en concreto, del mostrador de cambio de la Reserva, que actúa como su corredor de bolsa.

Así, tenemos un fondo privado bajo la gestión de banca privada que tiene una amplia autoridad bajo la ley para utilizar crédito federal e intervenir libremente en los mercados

---

Disponible en: *http://www.huffingtonpost.com/steve-mariotti/when-owning-gold-was-ille_b_10708196.html.*

[31] Gary Richardson, Alejandro Komai y Michael Gou, «Gold Reserve Act of 1934», *Federal Reserve History*, 22 de noviembre de 2013. Disponible en: *https://www.federalreservehistory.org/essays/gold_reserve_act.*

financieros sin transparencia. Todo con la finalidad manifiesta de perpetuar la hegemonía del dólar o la perpetuación del dólar en los intercambios comerciales internacionales. Hasta ahora.

«El capital huyó de Global 2.0 y ahora se está reinvirtiendo en Global 3.0. De hecho, la cantidad de dinero que ha huido basta para crear un fondo que pueda generar dividendos e intereses suficientes para financiar Estados Unidos o un Gobierno global de forma privada. Un 5% de ingresos corrientes sobre 40 billones de dólares al año son 2 billones de dólares. Ese dinero basta para dirigir la economía mundial durante un año.»[32]

Esto significa que las cosas están cambiando deprisa. También significa que puede suceder cualquier cosa.

La deuda es un sistema de control. «Esto pone al señor Global, el ganador del golpe de Estado financiero, en una posición de control. Un dólar de promesas compite con 60 céntimos de activos, y todo el mundo tiene que pasar por el aro del señor Global en el proceso de ganar una parte de esos 60 céntimos o la totalidad.

»Los fondos huyeron de la antigua economía industrial 2.0, que se había centrado en el desarrollo del mundo de Norteamérica, Europa y Japón, el G-7, y se está reinvirtiendo en Global 3.0. Esto incluye el desarrollo de reservas nacionales de gas y petróleo en Norteamérica, la reorganización y renacimiento de la base de fabricación de Norteamérica y la capitalización de una industria privada del espacio y una red de puertos espaciales por toda Norteamérica. Esto incluye una explosión de nuevas inversiones y actividad en Silicon Valley.»[33]

---

[32] Catherine Austin Fitts, «The Solari Report: 2013 Annual Wrap-Up Web Presentation», *Solari*, enero de 2014. Disponible en: *http://solari.com/Library/2013/wrapup.html.*

[33] Catherine Austin Fitts, «The CIA...», *op. cit.*

Permitidme que dé un paso atrás y proporcione una visión de conjunto de esto. El Estado profundo tenía un problema. El muro de Berlín cayó en noviembre de 1989. En ese momento, un montón de tecnología de Silicon Valley estaba en manos del presupuesto en negro, de manera que estaban haciendo ingeniería inversa de cosas del presupuesto en negro y llevándolas a Silicon Valley. Era un proceso muy orgánico y en aquel momento ninguno de ellos sabía en realidad lo que estaba sucediendo.

Lo que se estaba desarrollando en Silicon Valley era tecnología que podía eliminar literalmente la existencia de la industria financiera, por no mencionar que podría cambiar significativamente el presupuesto de defensa, del ejército y de todo lo demás. Tenían que controlar aquello.

Creo que hicieron dos cosas. Una es que pusieron dinero y después utilizaron Silicon Valley y lo dejaron tirado. Al mismo tiempo, el sitio estaba lleno de inversores de riesgo que en la época daban 10 millones de dólares a proyectos que estaba claro que nunca iban a funcionar. Por supuesto, lo que sucedió es que se hincharon y después lo vendieron todo a fondos de pensiones en una maniobra de vaciado. Cuando el proceso se agotó, Silicon Valley era propiedad de Wall Street. Los habían explotado y ahora la cosa se había acabado. Wall Street era el rey y mucho de lo que hacían estaba orientado a defensa.

En 1998, Silicon Valley estaba lleno de gente que quería reinventar el mundo y hacerlo más seguro para la humanidad, etcétera. Diez años después, aquello es básicamente un grupo de contratistas de defensa.

Eso es lo primero, pero creo que lo segundo fue: el gobierno de Estados Unidos necesitaba una forma de dirigir un imperio global con un rostro amable. Había salido de la Segunda Guerra Mundial con un sesgo positivo que hacía que Estados Unidos fuera una cara amable, aunque no fuera cierto, y quería mantener su violencia bien encubierta.

La pregunta era: ahora que somos el único superpoder global, ¿qué hacemos? Observaron con atención la tecnología y dijeron: «Vale, así es como lo hacemos. Básicamente tenemos información completa de todas las personas». ¿Pero cómo vendes eso? Necesitas emprendedores jóvenes y amigables como Mark Zuckerberg que hagan que los niños y los jóvenes se limiten a tomar las cosas sin pensar.[34]

Avanzamos hasta hoy. «Global 3.0 está creciendo a toda velocidad. Global 2.0 se está reduciendo porque usa la devaluación y la deuda para devaluar poco a poco el valor de prácticamente todo el trabajo y sus beneficios sociales, sanitarios y de jubilación. El presupuesto federal y el presupuesto en negro interseccionan a medida que el señor Global pasa activos públicos y encubiertos de 2.0 a 3.0.

»Resumiendo, la élite tomó los activos prometidos para su jubilación a los nacidos después de la Segunda Guerra Mundial y los usó para invertir en los mercados emergentes, las nuevas tecnologías y el espacio. La riqueza generada al derogar y devaluar obligaciones para reinvertir en actividades económicas con un mayor margen y reequilibrar la economía global contribuye significativamente a mantener la economía en funcionamiento y mantener la alianza angloestadounidense en una posición dominante global.

»El dinero robado está siendo reinvertido y la fuerza de trabajo de la alta tecnología que está liderando ese esfuerzo se está aprovechando de ello y gastándolo. Mientras tanto, una parte significativa de la población lo está perdiendo todo a manos de Global 3.0. Las predicciones de colapso o de hiperinflación reflejan una profunda ingenuidad al

---

[34] Catherine Austin Fitts, «The CIA, NSA & Google with Nafeez Ahmed», *Solari*, 11 de febrero de 2015. Disponible en: *https://solari. com/blog/the-cia-nsa-google-with-nafeez-ahmed-2/*.

respecto del presupuesto en negro, la economía encubierta y las medidas de control que hacen que el fuego siga ardiendo lentamente.»[35]

Sin embargo, lo que sí es real es la guerra abierta, tras bambalinas, entre los distintos grupos de los círculos de la élite, quienes por primera vez no se ponen de acuerdo sobre quién y cómo gobernar el mundo. Pero la pregunta sigue ahí: ¿cómo puede tan poca gente controlar tantas cosas y hacerlo de forma tan invisible?

SISTEMAS DE CONTROL

Existen numerosos sistemas que se utilizan para controlar. «El poder militar y de la inteligencia y la imposición han sido siempre el núcleo. Las naciones con barcos que controlan las líneas marítimas, y actualmente las líneas de satélite, tradicionalmente controlaban y mantenían la reserva global de divisa. A lo largo de la historia, el sistema financiero, apoyado por el poder militar, se ha convertido en el sistema de control dominante. Es una forma menos sangrienta de iniciar guerras, esclavizar, recolectar y controlar.

»Cada vez más, los sistemas digitales soportan sistemas de comunicaciones mucho más potentes e invasivos, lo que da lugar a sistemas financieros mucho más traicioneros. En parte, ese es el papel de los satélites en un sistema de comunicaciones que está llevando la competencia al espacio. [...]

»El poder del sistema de ordenadores y comunicaciones permite escuchar a cientos de millones de personas y utilizar inteligencia artificial para traducir esos datos en métodos de alta velocidad y accionables para influir en la opinión, gestio-

---

[35] Catherine Austin Fitts, «The Solari Report: 2013 Annual Wrap-Up Web Presentation», *Solari*, enero de 2014. Disponible en: *http://solari.com/Library/2013/wrapup.html*.

nar la información confidencial, comerciar con los hogares y explotarlos y gestionar los sistemas políticos y financieros, es decir, literalmente, para crear mercados.»[36]

Si tienes inteligencia artificial y la juntas con mercados financieros de cualquier tipo, ya sean mercados de acciones o de productos, lo que te puede dar la inteligencia artificial es una herramienta horriblemente predictiva no solo para entender las tendencias futuras del mercado, sino también para manipularlas.

Edward Snowden llega en 2013, con su documentación sobre vigilancia invasiva por parte de la nsa de líderes globales y ciudadanos, y la participación en la guerra económica que ha sacudido el mundo, y nos trae a casa la realidad de un mundo «sin privacidad».

Esto ha acelerado los planes de numerosos gobiernos y grupos privados en todo el mundo «para empezar la balcanización de Internet, promoviendo planes para sistemas independientes de satélites y cable, y nuevas formas de encriptación que les permitan competir con éxito en esta guerra económica mundial».[37]

La violencia que implica el esfuerzo de tomar la delantera nos muestra las fuerzas que trabajan y la importancia de este giro en los flujos financieros de las plataformas digitales. En el núcleo de la competencia por el control de Internet está la velocidad a la que la población global está accediendo a la red y cómo el acceso mediante dispositivos móviles y la red se extiende a las cosas (coches, casas, autopistas, etcétera).

A medida que más usuarios se integran en los sistemas móviles, los flujos de transacciones pasan de la banca tradicional y los sistemas de tarjetas de crédito a Internet y las

---

[36] Catherine Austin Fitts, «The Solari Report: 2013 Annual Wrap-Up Web Presentation», *Solari*, enero de 2014. Disponible en: *http://solari.com/Library/2013/wrapup.html*.
[37] *Ib.*

plataformas de comunicación. Las ventas siguen migrando a Internet. Los esfuerzos de Amazon, eBay y otras tiendas en línea para implementar entregas en el mismo día han sido un cambio radical que acabará impactando en los negocios tradicionales en uno o dos años. Con ese cambio en los flujos llegan también nuevos sistemas móviles de pago y sistemas de monedero digital.

Todo esto desemboca, claro está, en un impulso a la moneda digital, una que proporcione un control centralizado aún más potente. De hecho, este tipo de poder invisible es tan enorme que una gran parte de la gran descentralización económica puede llevarse a cabo gracias a la herramienta de control más nueva que ha aparecido.

Las revelaciones de la NSA de Snowden han puesto al descubierto cierta cantidad de posibles bandos que se enfrentan por el control y la balcanización de Internet.[38] Una de las partes interesadas es el Vaticano, cuya red tradicional de dosieres personales mediante las iglesias y los confesionarios ha sido mejorada por los sistemas de telecomunicación de la NSA.

Otro bando son los actores de las empresas de telecomunicaciones 3.0, tanto las públicas como las encubiertas. «Ahora que el Gobierno ha financiado de forma directa o indirecta las bases del sistema de vigilancia, ¿por qué no expulsarlos de ahí y dejar al mando a los contratistas privados, las empresas de comunicación, los buscadores y las redes sociales? Los actores privados no están obligados a informar ni al Congreso ni a los estadounidenses. La privatización de la vigilancia traerá consigo una nueva forma de control.»[39]

---

[38] *Big Bets & Black Swans: A Presidential Briefing Book. Policy Recommendations for President Obama in 2014*, editado por Ted Piccone, Steven Pifer y Thomas Wright, Foreign Policy at Brookings.

[39] Catherine Austin Fitts, «The Solari Report: 2013 Annual Wrap-Up Web Presentation», *Solari*, enero de 2014. Disponible en: *http://solari.com/Library/2013/wrapup.html.*

12

VENDER UN FASCISMO AMABLE 3.0

¿Recuerdas cómo empezó todo el espionaje? La alta tecnología pasó de rebuscar en la basura a intervenir teléfonos y después se expandió a la minería de datos para extraer toda la información, antes de ser realmente alta tecnología con la irrupción de PROMIS, la nanotecnología y todo un montón de extensiones de la era espacial.

La nueva versión actualizada, lavada, refrescada y como nueva del desacreditado programa del Pentágono sobre conocimiento de la información es como la antigua minería de datos elevada a la enésima potencia: la disolución gradual de nuestras libertades individuales en favor de un sistema de espías mastodóntico representativo de una gran tendencia que ha estado avanzando por Estados Unidos y Europa, el giro prácticamente inexorable hacia la sociedad de la vigilancia.

«En el fascismo amable 3.0 somos nosotros quienes mantenemos actualizado voluntariamente nuestro informe de inteligencia, solo que lo llamamos redes sociales. Pagamos por un dispositivo de vigilancia y rastreo que llevamos encima. Solo que lo llamamos teléfono inteligente. Pagamos por servicios que instalan un contador inteligente en nuestra casa que permite al proveedor de servicios controlar el sistema y monitorizar nuestros patrones y actividades diarias.

»Lo que es importante entender sobre el fascismo amable 3.0 es que está siendo operado por empresas e inversores privados cuyos recursos de computación e inteligencia artificial les proporcionan la capacidad para recopilar inteligencia financiera usable a partir de la información de millones, incluso miles de millones de personas.

»La maquinaria invisible está a punto de obtener una gran entrada de poder invasivo con la introducción de drones a gran escala en el espacio aéreo de Estados Unidos y la robótica en toda la economía. Si añadimos esto a desarrollos recientes en ADN, nanotecnología, investigación cerebral, poder de computación, transhumanismo y proyectos hombre máquina, bueno, ya se ve a dónde quiero llegar. El fascismo amable 3.0 está a punto de perder totalmente el control hasta extremos psicóticos.»[1]

El riesgo más significativo para la economía global es el riesgo de una guerra. A medida que crece la población, se intensifica la competencia por los recursos naturales finitos. La era dorada de la energía barata se ha acabado. La competencia por las fuentes de energía domina el paisaje económico. La degradación medioambiental, la intensificación de la agricultura y el ritmo de urbanización han reducido la fertilidad de la tierra cultivable. La inseguridad alimentaria está provocando migraciones masivas a escala global. La severa escasez de agua en algunas de las zonas más densamente pobladas del mundo, la India, China y Pakistán, provoca disputas en regiones ya muy volátiles, que disparan la acción militar y movimientos de población a gran escala.

La humanidad está en peligro. El cambio es inevitable. No es el fin del mundo, pero ya se ve desde aquí. Más de 50% de la población vive en zonas urbanas en lugar de rurales. «Habrá

---

[1] Catherine Austin Fitts, «The Solari Report: 2013 Annual Wrap-Up Web Presentation», *Solari*, enero de 2014. Disponible en: *http://solari.com/Library/2013/wrapup.html*.

un crecimiento sustancial de las zonas de chabolas y de asentamientos urbanos no planificados, lo que aumentará el coste de los recursos y el impacto medioambiental.»[2] Aumentarán las malas viviendas, las infraestructuras frágiles, la marginación visible, las carencias sociales, los niveles diferenciados de pobreza y la sensación de injusticia, y se convertirán en problemas políticos importantes «basados en los planes de justicia moral transnacionales, incluido el activismo violento de distintos grados de impacto e intensidad».[3]

En una generación, entre 2007 y 2036, la explosión de la población mundial pasará de 7000 millones de personas a casi 10000, y será en los países menos desarrollados donde se dará 98% del crecimiento. En 2036, casi dos tercios de la población mundial vivirán en zonas con problemas de agua. La falta de alimentos, agua, medicinas, higiene, educación y necesidades humanas básicas podrían generar el colapso. Es probable que el crecimiento de la distancia entre la mayoría y un pequeño número de superricos muy visibles suponga una amenaza cada vez mayor para el orden social y la estabilidad. Al enfrentarse a esos desafíos, el mundo de los no privilegiados podría unirse, utilizando el acceso al conocimiento, los recursos y las habilidades para diseñar procesos transnacionales que sean de interés para su clase. El resultado de la desesperación creciente por parte de la humanidad tendrá como resultado «guerras civiles, violencia dentro de las comunidades, insurgencia, criminalidad y desorden generalizados».[4]

El reequilibrio de la economía global ha incrementado su competencia a costa de reducir la clase media global que

---

[2] «The DCDC Global Strategic Trends Programme 2007-2036», Development, Concepts and Doctrine Centre (DCDC), *Resilience*, 27 de febrero de 2007.

[3] «The DCDC Global...», *op. cit.*

[4] *Ib.*

está siendo exterminada en la era del declive de los recursos naturales. En la década de 1980, la clase media fue totalmente erradicada en Latinoamérica. En la década de 1990, mediante la «violación de Rusia», Estados Unidos vivió a costa de la creación de 168 millones de pobres. Hoy en día, el último reducto de la clase media, la vieja Europa, está siendo limpiada sistemáticamente. Como resultado, ya no se puede «vivir a costa de...» en ningún lugar del planeta.

«Durante la última década, Estados Unidos y la alianza angloestadounidense se han desplazado globalmente para llevar a todos los gobiernos soberanos al sistema de banca central y su sistema de vigilancia y pagos asociado. Afganistán, Irak, Libia, Cuba, Siria, Corea del Norte, Venezuela e Irán han sufrido feroces guerras públicas o encubiertas.»[5]

El saqueo de Irak

La desesperación económica que llevó a la invasión de Irak ha sido descrita de forma elocuente por Chris Sanders, de Sanders Research Associates, y encaja en los patrones que su colega, también de la Sanders Research Associates, John Laughland, y sus compañeros del Grupo de Derechos Humanos británico de Helsinki han documentado en Europa del Este.[6] Asumiendo que son aplicables los patrones que hemos visto en todo el mundo, la desesperación económica que se alimentó de Irak (y que hará exactamente lo mismo en todo el mundo hasta que ya no queden mercados que conquistar, lo que traerá consigo el fin del capitalismo, que nece-

---

[5] Catherine Austin Fitts, «The Solari Report: 2013 Annual Wrap-Up Web Presentation», *Solari*, enero de 2014. Disponible en: *http://solari.com/Library/2013/wrapup.html*.

[6] «The American Tapeworm. It consumes its host energy with the host doing most of the work», *Solari*. Disponible en: *http://solari.com/archive/the-american-tapeworm/*.

sita mercados y beneficios para perpetuar su permanente estado de expansión) se desarrolló de la siguiente manera:

La primera cosecha de Irak son los beneficios de la invasión, desde contratos con el gobierno al tráfico ilegal de armas y la cobertura de los medios de comunicación.

La segunda cosecha de Irak es el control resultante de activos, incluidos oro, petróleo, cuentas bancarias y antigüedades. Todo en Irak fue arrancado y enviado al exterior o, si no, cambió de propietario. La ocupación en Irak usó sus activos para apalancar las deudas que genera aumentar los contratos y el volumen de negocio para las empresas del país. Las antigüedades en Irak y en esa zona del mundo tienen un significado especial y generan atracción entre las redes de liderazgo estadounidenses y británicas, así que no hay que subestimar su valor. Los locos del oro de Le Metropole Café informaron de que los estadounidenses se habían hecho con 1 000 millones de dólares en oro, lo que era importante, porque los bancos de la Reserva Federal, especialmente J. P. Morgan, Goldman y Citibank, estaban llevando a cabo muchas ventas cortas para moderar el precio del oro. Un reabastecimiento así de sus reservas (o de las del Tesoro estadounidense, en nombre del cual podrían estar actuando; lo que hacen normalmente en estos casos es hacer las ventas cortas a los contribuyentes) sería muy refrescante.

La tercera cosecha de Irak es la gestión de la ocupación. Si Europa del Este es un ejemplo, Estados Unidos se alió con el crimen organizado local y global y otras agencias de Inteligencia para aumentar significativamente los beneficios del crimen organizado de ese lugar. Los niños atractivos serán seleccionados entre la población y enviados a Europa y a otras zonas como esclavos sexuales para pedófilos. El tráfico ilegal de narcóticos se incrementará como ha hecho en Afganistán. Premiar a csc DynCorp con un único contrato de 500 millones de dólares para dirigir la policía, los juzgados y el sistema judicial en Irak es una señal importante. Mi pregunta después de años investigando es si el núcleo de las competencias de csc DynCorp está relacionado con montar infraestructuras diseñadas para lugares con fraude económico, tráfico de drogas, esclavitud sexual y control de los líderes mediante «dosieres personales» crecientes. Estos son los talentos que Estados Unidos necesita para extraer los activos que necesita desesperadamente su economía.

La cuarta cosecha será arreglarlo todo y declarar la victoria. Esto implica una cantidad significativa de contratos gubernamentales para llevar allí la civilización occidental, en el sentido de construir todas aquellas cosas que aseguran que los activos que las empresas y los inversores privados han adquirido tendrán el mayor incremento posible de su valor sin que les cueste nada. Un análisis minucioso muestra que se gasta al estilo soviético, es decir, que se gasta mucho más de lo necesario para hacer cualquier cosa. Los bancos adquirirán un mercado completamente nuevo. En la fase de «arreglar las cosas» es crítico que con la ocupación se obligue a Irak a usar el dólar estadounidense. Estados Unidos emitirá dólares y los iraquíes los usarán. Esto equivale a financiación gratuita para Washington. Después vendrán las pagas de los grupos sin ánimo de lucro. Como el cristianismo es un apoyo político esencial para legitimar la despoblación de los territorios musulmanes, es probable que se dé un flujo de recursos a los grupos de iglesias correctos para apoyar la expansión de sus ministerios misioneros. Los grupos progresistas ofertarán contratos para llevar allí el imperio de la ley, el desarrollo económico y cosas como los «derechos de las mujeres». Habrá un flujo de dinero de fundaciones y universidades para estudiar cómo ayudar a Irak y justificar lo que estamos haciendo.[7]

---

[7] «The American Tapeworm. It consumes its host energy with the host doing most of the work», *Solari*. Disponible en: *http://solari.com/archive/the-american-tapeworm/*.

«A medida que las empresas y los bancos digieren Irak, la supra élite nacional estadounidense estará echando el ojo al siguiente banquete. El dinero fluirá hacia los *think tank*, académicos y aparato de medios de comunicación correctos para preparar la siguiente inyección en el cuerpo político.

»La combinación letal de una deuda basada en el sistema financiero, una productividad decreciente y la ausencia de sistemas significativos de realimentación significa que el sistema mágico de interés compuesto dictará que el hambre de capital de la solitaria estadounidense se acelerará.»[8]

Estas acciones diversas forman parte del plan de devolver a todo el mundo al «buen camino» del control, para que pueda ponerse en funcionamiento un sistema de moneda digital. También se trata de poner en jaque diversos poderes crecientes, incluidos China y Rusia, y asegurar que Estados Unidos conserva la hegemonía global, incluso en Asia.

Estados Unidos debe equilibrar los beneficios de ser una reserva monetaria con los costes de mantener una operación de imposición global.[9] A medida que la carga de deuda se hace cada vez más insoportable, se ve obligado a elegir entre las promesas a los contribuyentes (como la Seguridad Social), los derechos de los acreedores y la necesidad de financiar un despliegue militar global.

---

[8] *Ib.*

[9] William H. Overholt, «Will the Dollar Remain the Reserve Currency?», *The International Economy*, otoño de 2014. Disponible en: *http://www.international-economy.com/TIE_F14_ReserveCurrencySymp.pdf*

13

MODELO DE BANCA CENTRAL BASADO EN LA GUERRA Y LA GUERRA AL EFECTIVO

El modelo de banca central e inversión basado en la guerra es, en realidad, un modelo mediante el cual un pequeño grupo de personas puede controlar la mayoría de los recursos de la forma más rentable. Lo que sucede en esencia es: «Los bancos centrales emiten dinero y después el ejército se asegura de que las otras partes lo aceptan y de que el sistema financiero sigue teniendo liquidez. La pregunta que muchos se hacen en relación al dinero fiduciario, que es el papel moneda, es: ¿por qué debería la gente aceptar el papel, que no tiene valor? Aceptan el papel porque forma parte de la imposición y la supervisión militar, es decir, de la red que imprime el dinero. El sistema ha creado una forma increíblemente rentable de controlar grandes poblaciones y acceder a recursos de forma muy económica.

»Digamos que el señor Global está al mando del modelo de banca central e inversión basado en la guerra: el señor

Global emite dinero y después la gente toma ese papel y, esencialmente, le da lo que él necesita para comprar y controlar los recursos nacionales. La población depende de su papel, y entonces él controla todas las cosas reales. Además, mediante el ejército, puede robar todo lo que quiera. Y el crimen organizado también es un componente muy importante, porque puede ser caro desplegar un ejército y ocupar un lugar. Si puede tomar un lugar y comprarlo con el dinero de ese mismo lugar, es mucho más eficiente, y ahí es cuando tradicionalmente entra el negocio de la droga. Básicamente forma parte de un modelo de control del territorio con enormes recursos y el mínimo coste posible».[1]

El modelo de banca central basado en la guerra depende de la liquidez financiera. La liquidez financiera depende del imperio de la ley. En el momento en que la población general deja de creer en el imperio de la ley, depende únicamente de tu fuerza, y la relación precio-beneficio pasará de 15 o 20 a 1. Así que estamos hablando de un problema de liquidez muy serio.

El negocio de las drogas es el síntoma de un modelo, el de la banca central basado en la guerra, y si vamos a abandonarlo (el modelo liberal, el modelo bancario de Clinton), vamos a necesitar uno alternativo. Para mantener en funcionamiento el modelo de banca central e inversión basado en la guerra hacen falta dos cosas: más control central y despoblar. El modelo es increíblemente ineficiente y no se puede mantener a menos que tengas un gran control jerárquico y mucha despoblación, que es lo que estamos experimentando de forma acelerada.

Si vamos a abandonar el modelo existente, necesitamos una idea de qué aspecto tiene el nuevo modelo y formas de

---

[1] Lars Schall, «Behind the Wheel», *LarsSchall.com*, 29 de agosto de 2010. Disponible en: *http://www.larsschall.com/2010/08/29/behind-the-wheel/*.

crear prototipos y probarlo, especialmente con los jóvenes, que pongan a prueba sus errores. Para abandonar algo es necesaria una alternativa, para tenerla hay que inventarla, para hacerlo hay que tener una idea y empezar un prototipo de forma descentralizada.

Si observamos el nuevo modelo económico que podría funcionar, primero y principalmente hace falta una moneda fuerte, y se necesitan también distintas monedas, tanto locales como globales. Se necesita una moneda fuerte porque la clave de la comunicación entre las personas es que puedan hacerlo de manera efectiva con un coste mínimo o inexistente en el tiempo y en sus transacciones. El problema con el dinero fiduciario que utilizamos es que es muy útil para robarlo todo, pero no lo es para ayudarte a manejar una economía real de forma eficiente, porque hay mucha desinformación y errores de comunicación en una moneda manipulada. Así que lo que se necesita es una moneda fuerte.[2]

Ahora mismo, el equipo del modelo de banca central basado en la guerra no ve una forma de pasar de un extremo al otro «sin promover una civilización inhumana, incluido el uso de tecnología digital, para, básicamente, controlar una población bajo control mental, rota y esclavizada. Si vamos a ser una civilización inhumana, ya puedes despedirte de la liquidez».[3]

A medida que el presupuesto de defensa de Estados Unidos quede frenado por las limitaciones del déficit en la financiación y el crecimiento de los tipos de interés, la presión recaerá sobre los fabricantes de armas para que justifiquen sus presupuestos. «Mientras anuncian que tienen

---

[2] Lars Schall, «Behind the Wheel», *LarsSchall.com*, 29 de agosto de 2010. Disponible en: *http://www.larsschall.com/2010/08/29/behind-the-wheel/*.

[3] Catherine Austin Fitts, «The Solari Report: 2013 Annual Wrap-Up Web Presentation», *Solari*, enero de 2014. Disponible en: *http://solari.com/Library/2013/wrapup.html*.

previsto un aumento de sus ventas en el extranjero, nos preguntamos si las peleas en el mar de la China Oriental y el incremento de la dialéctica militar de los líderes de China y Japón representan la necesidad de distraer a la gente de sus problemas domésticos. O si, en cambio, representan la necesidad perpetua de crear una guerra para mantener la centralización de las industrias y el control. O quizá representan el fin de la civilización tal y como la conocemos. El crecimiento económico y la inversión siguen desplazándose al este. La imposición llega después. La inversión nunca fluye a las zonas donde no se puede practicar la imposición.

»Todo esto nos lleva de vuelta al mercado de bonos y los tipos de interés. El planeta Tierra necesita cambiar a un sistema de acciones en el que se gane dinero mediante la cooperación y la creación de riqueza en lugar de emprendiendo guerras perpetuas financiadas con un crecimiento sin fin de la deuda. Pero mientras la deuda y sus derivados sigan creciendo, la geopolítica global seguirá siendo frágil.»[4] Si los tipos de interés suben demasiado rápido, habrá guerra y será el fin de la vida en el planeta Tierra tal y como lo conocemos.

¿QUIÉN DIRIGE EL ESPECTÁCULO?

El gran misterio de todo esto es quién está realmente al mando. Por un lado, vemos una acción oficial del aparato gubernamental de Estados Unidos. «Por el otro, ese aparto gubernamental está dirigido por las empresas privadas y los bancos que operan las cuentas, los sistemas y las finanzas cada vez más endeudadas del aparato. Los inversores tras estas entidades son globales, no estadounidenses. Este no es un retrato de un gobierno soberano o de líderes leales al pueblo estadounidense. Un repaso a las posiciones globales de

---

[4] Catherine Austin Fitts, «The Solari...», *op. cit.*

primas de riesgo, deuda y mercados de capital muestra mejor quién maneja la política estadounidense.»[5]

El sistema es quien controla y quien está devorando al pueblo de Estados Unidos, así como al de Irak, Libia, Rusia, Venezuela y más. Faltan 3.3 billones de dólares de las cuentas federales, los fondos de pensiones han sido vaciados mediante operaciones fraudulentas de *pump and dump* y los barrios están siendo arrasados por el tráfico de drogas. «Cada vez hay más ciudadanos de Estados Unidos que tienen más en común con la gente de Irak que con los líderes de Wall Street y Washington.

»Con el asalto a los datos digitales de los estadounidenses por parte de contratistas de defensa y de los bancos que gestionan las funciones gubernamentales, la guerra económica cobra un significado completamente nuevo. Lo que se supone que es privado no lo es, porque los que saben tienen acceso total. Lo que debería ser transparente es privado, excepto para quienes saben, que pueden usarlo en su beneficio. Con total conocimiento de causa, los contratistas de defensa pueden ajustar a las personas para que los mercados no tengan que ajustarse.

»El sistema estadounidense parasitario es un síntoma de que el modelo de banca central basado en la guerra que ha creado la supremacía de los angloparlantes desde tiempos de la reina Isabel I está muriendo. Y no muere porque esté mal, sino porque es débil. Muere porque, como parásito que es, ha empezado a crear rápidamente un sistema más débil. Por eso es responsabilidad de los angloparlantes reinventarse e involucrarse globalmente en la invención de un nuevo modelo.

»Sin embargo, la oportunidad de pasar a un nuevo modelo requiere la capacidad de ver dónde estamos y lanzar la idea

---

[5] «The American Tapeworm. It consumes its host energy with the host doing most of the work», *Solari*. Disponible en: *http://solari.com/archive/the-american-tapeworm/*.

de que hay esperanza a quienes están en el sistema. Hacerlo es cada vez más importante, ya que quién esté al mando importa menos que cuántos de nosotros dependemos totalmente de un retorno negativo en la economía de inversión, a medida que la solitaria va camino de extinguir el planeta, y a nosotros con él.

»Resumiendo, el principal problema no es que quienes están al mando estén centralizando la riqueza de forma destructiva o que tengan mucho dinero. Eso es un problema, pero es secundario. El problema es que, desde el punto de vista de los delfines, las plantas y los árboles, el planeta ha empeorado por la presencia de humanos.

»Todas las soluciones aparecen cuando nos damos cuenta de que hay cosas que tú y yo podemos corregir sin malgastar tiempo intentando encontrar a alguien que esté al mando de la solitaria e intentar convencerlo de que cambie su manera de hacer las cosas. No puede cambiar, está demasiado ocupado intentando encontrar alimento para alimentarnos a todos.»[6]

La capacidad global para la deuda ha alcanzado su cenit. Los llamados mercados desarrollados y emergentes han alcanzado su máxima carga de deuda.[7] Todos los grandes países que tienen impacto en el PIB global están completamente apalancados con deuda.

«El sistema bancario no estaba fijo en 2009. La herida pútrida fue cosida sin desinfectante por un caudal de banqueros y reguladores, todos de acuerdo en que el sistema tenía que conservar su forma de entonces. Los activos de los 10 bancos más grandes, superiores a 20 billones de dólares, crecieron 13% por año en los últimos diez. Esa no es mi idea

---

[6] «The American Tapeworm…», *op. cit.*

[7] Rory Hall, «Central Banking Warfare Model Readies the Next Step», *Gold Seek*, 19 de abril de 2017. Disponible en: *http://news.goldseek.com/GoldSeek/1492697160.php.*

de mitigar un riesgo sistémico. Ahora estamos acercándonos a lo más alto de un ciclo de negocio envejecido, donde los malos créditos empiezan a aflorar y las malas ideas comienzan a morir. Empieza a aparecer la gangrena.»[8] La deuda garantizada empieza a dar sus frutos, porque la no garantizada empieza a apilarse como la basura durante una huelga de basureros en Nueva York.[9] Las obligaciones de deuda garantizada, las temidas ODG, están empezando a ser liquidadas.[10] CitiGroup suspendió, pero mucho, muchísimo, sus pruebas de estrés.[11] Muchos bancos suspenderán cuando lleguen las pruebas de estrés reales.

«Aunque pueden dispararse grandes problemas por un incumplimiento casi en cualquier punto del sistema, un fondo especulativo internacional o incluso una elección presidencial fuera de lo común, el desastre será global. El primer infierno rabioso es muy probable que arda en Europa e incluirá sin duda al Deutsche Bank (DB). El Deutsche Bank era la herida más pútrida de 2009 y nunca llegó a sanar. En 2014, se vio obligado a conseguir capital adicional vendiendo acciones con 30% de descuento. Pero ¿por qué?[12] Este

---

[8] David Collum, «2016 Year in Review. A Clockwork Orange», *Peak Prosperity*, 22 de diciembre de 2016.

[9] Tyler Durden, «The Credit Crunch Is Back: Banks Scramble to Collateralize Loans to Record Levels», *Zero Hedge*, 27 de diciembre de 2015. Disponible en: *http://www.zerohedge.com/news/2015-12-27/credit-crunch-back-banks-scramble-collateralize-loans*.

[10] Tyler Durden, «The Next Shoe Just Dropped: Equity NAVs of 348 CLOs Slide Below Zero; "Market Changed Dramatically In 6 Weeks"», *Zero Hedge*, 21 de febrero de 2016. Disponible en: *http://www.zerohedge.com/news/2016-02-21/next-shoe-just-dropped-equity-navs-348-clos-slide-below-zero-market-changed-dramatic*.

[11] John Carney, «What Citigroup's 'Living Will' Win Means for Big Banks», *The Wall Street Journal*, 13 de abril de 2016. Disponible en: *https://www.wsj.com/articles/what-citigroups-living-will-win-means-for-big-banks-1460567876*.

[12] Michael Snyder, «There Are Indications That a Major Financial

año el Deutsche Bank ha vendido 1 500 millones de dólares en deuda a intereses basura (según han admitido, a un irrisorio 4.25% en los tiempos que corren).[13] El ministro de finanzas alemán Wolfgang Schäuble dijo que "no le preocupaba el Deutsche Bank",[14] lo que significa que tenemos problemas serios. A principios de 2016, la *scheisse* llegaba a la rodilla. En marzo, se volvió a pedir al Deutsche Bank que ampliara su base de capital.[15] En abril, el Deutsche Bank llegó a un acuerdo en su demanda sobre la manipulación del LIBOR (2 100 millones de dólares en multas) así como su manipulación del cambio de la plata.[16] En mayo, uno de los CEO (tienen un CEO de más) decidió pasar tiempo con su familia, y el otro obtuvo autoridad en caso de emergencia por una «crisis» de gestión. Pronto, ambos CEO se habían convertido en padres dedicados que se quedan en casa con sus hijos.[17]

Event in Germany Could Be Imminent», *The Economic Collapse*, 21 de septiembre de 2015. Disponible en: *http://theeconomiccollapseblog. com/archives/there-are-indications-that-a-major-financial-event-in-germany-could-be-imminent.*

[13] Tyler Durden, «Deutsche Bank Sells Another $1 5 Billion In Debt at Junk Bond Terms», *Zero Hedge*, 12 de octubre de 2016. Disponible en: *http://www.zerohedge.com/news/2016-10-12/deutsche-bank-sells-another-15-billion-debt-junk-bond-terms.*

[14] Wolf Richter, «Deutsche Bank is coming unglued», *Business Insider*, 8 de julio de 2016. Disponible en: *http://www.businessinsider.com/ deutsche-bank-is-coming-unglued-2016-7.*

[15] Vogeli Voegeli y Donal Griffin, «Citigroup Said to Purchase CDS Portfolio from Credit Suisse», *Bloomberg*, 5 de agosto de 2016. Disponible en: *https://www.bloomberg.com/news/articles/2016-08-05/citigroup-said-to-buy-derivatives-portfolio-from-credit-suisse.*

[16] Tyler Durden, «Deutsche Bank Pays $38 Million To Settle Silver Manipulation Lawsuit», *Zero Hedge*, 17 de octubre de 2016. Disponible en: *http://www.zerohedge.com/news/2016-10-17/deutsche-bank-pays-38-million-settle-silver-manipulation-lawsuit.*

[17] Michael Snyder, «There Are Indications That a Major Financial Event in Germany Could Be Imminent», *The Economic Collapse*, 21

»Un impago de la deuda por parte de Grecia en junio hizo pensar en un incumplimiento total,[18] que coincidió con la recalificación de los bonos de Deutsche Bank por parte de Standard & Poor's como "casi basura" (tres niveles por encima de "basura").[19] Deutsche Bank rechazó entregar oro físico a sus clientes (sombras de un fallo global del mercado),[20] y más adelante, en otoño, llegó a un acuerdo en una demanda por amañar el valor del oro.[21] *Business Insider* sugirió que el Deutsche Bank "se estaba desmontando", lo que es un eufemismo patético para decir que estaba incumpliendo con el pago de sus intereses.[22] La degradación de bonos suele ser la antesala de más degradación. El 20% de la fuerza de trabajo del Deutsche Bank fue enviada a casa.[23] Unas semanas después de que la Unión Europea abofeteara a Apple con un recargo de 14 000 millones de dólares por "impues-

---

de septiembre de 2015. Disponible en: *http://theeconomiccollapseblog. com/archives/there-are-indications-that-a-major-financial-event-in-germany-could-be-imminent.*

[18] *Ib.*

[19] *Ib.*

[20] Tyler Durden, «Deutsche Bank Refuses Delivery of Physical Gold Upon Demand», *Zero Hedge*, 1 de septiembre de 2016. Disponible en: *http://www.zerohedge.com/news/2016-08-31/deutsche-bank-refuses-delivery-physical-gold-upon-demand.*

[21] Tyler Durden, «Deutsche Bank Pays $38 Million To Settle Silver Manipulation Lawsuit», *Zero Hedge*, 17 de octubre de 2016. Disponible en: *http://www.zerohedge.com/news/2016-10-17/deutsche-bank-pays-38-million-settle-silver-manipulation-lawsuit.*

[22] Wolf Richter, «Deutsche Bank is coming unglued», *Business Insider*, 8 de julio de 2016. Disponible en: *http://www.businessinsider.com/deutsche-bank-is-coming-unglued-2016-7.*

[23] Tyler Durden, «Deutsche Bank to Fire Another 10 000 Bankers, Bringing Total Layoffs To 20% Of Workforce», *Zero Hedge*, 14 de octubre de 2016. Disponible en: *http://www.zerohedge.com/news/2016-10-14/deutsche-bank-fire-another-10000-bankers-bringing-total-layoffs-20-workforce.*

tos atrasados",[24] Estados Unidos abofeteó al Deutsche Bank con una multa de 14000 millones por hacer lo que hacen los bancos.[25] Menuda coincidencia. Una multa de 14000 millones puede parecer rara cuando hablamos de billones (y ahora de millones de billones), pero no con una capitalización de mercado de 17000 millones de dólares. Los rumores de que la multa había sido reducida notablemente resultaron ser un camelo de los fondos especulativos.[26] Cierto rescate putativo de Catar también resultó ser ficción provechosa.[27] John Mack y Morgan Stanley sugirieron que todo va sobre ruedas porque el Deutsche Bank será sostenido por la madre patria.»[28]

Como escribió Jeff Gundlach de DoubleLine: «Los bancos están muriendo, y quienes hacen las políticas no saben qué hacer. Cuando las acciones del Deutsche Bank pasen a tener un solo dígito, veremos a la gente entrar en pánico».

---

[24] Tyler Durden, «Deutsche Bank Slapped With $14 Billion Fine by DOJ Over Mortgage Probe», *Zero Hedge*, 15 de septiembre de 2016. Disponible en: *http://www.zerohedge.com/news/2016-09-15/deutsche-bank-slapped-14bn-fine-doj-over-mortgage-probe*.

[25] Dakin Campbell, Tom Schoenberg y Jan-Henrik Foerster, «Deutsche Bank Tumbles as DoJ Claim of $14 Billion Rebuffed», *Bloomberg*, 16 de septiembre de 2016. Disponible en: *https://www.bloomberg.com/news/articles/2016-09-15/deutsche-bank-asked-to-pay-14-billion-in-u-s-probe-wsj-says*.

[26] Tyler Durden, «Deutsche Bank Charged by Italy For Market Manipulation, Creating False Accounts», *Zero Hedge*, 2 de octubre de 2016. Disponible en: *http://www.zerohedge.com/news/2016-10-01/deutsche-bank-charged-italy-market-manipulation-creating-false-accounts*.

[27] Tyler Durden, «Rumor of Qatar Investment in Deutsche Bank Denied; Speculation of A $1.2 Billion Margin Call Remains», *Zero Hedge*, 7 de octubre de 2016. Disponible en: *http://www.zerohedge.com/news/2016-10-07/greater-fool-found-deutsche-bank-spikes-qatari-investment-rumor-4-hours-ago*.

[28] David Collum, «2016 Year in Review. A Clockwork Orange», *Peak Prosperity*, 22 de diciembre de 2016.

«Resumiendo mucho, el problema del Deutsche Bank es que tienen una sangría de apalancamiento de x26. Tienen 70 billones de dólares en derivados teóricos en busca de salvación. Si empiezan a disparar permutas de incumplimiento crediticio (CDS por sus siglas en inglés), esto será como un canguro en un campo de minas, y la escalada de CDS empezó en septiembre.[29] Abundan los rumores sobre restricciones de efectivo y bonos contingentes convertibles (CoCo).[30] Raoul Pal, de Real Vision, dice que los bonos CoCo son la crisis.[31] Se convierten en acciones casi en su precio de ejercicio, lo que hace bajar el precio de las acciones y destruye el banco como la máquina del fin del mundo del Doctor Strangelove.[32]

»Los italianos lo están pasando fatal. El tercer banco más grande de Italia, Monte Paschi, quebró en 2012,[33] pero este año ha empeorado.[34] ¿Qué es peor que quebrar? Su activi-

---

[29] Tyler Durden, «The Run Begins: Deutsche Bank Hedge Fund Clients Withdraw Excess Cash», *Zero Hedge*, 29 de septiembre de 2016. Disponible en: *http://www.zerohedge.com/news/2016-09-29/run-begins-deutsche-bank-hedge-fund-clients-cut-collateral-exposure*.

[30] Tyler Durden, «Some Deutsche Bank Clients Unable to Access Cash Due To "IT Outage"», *Zero Hedge*, 3 de octubre de 2016. Disponible en: *http://www.zerohedge.com/news/2016-10-02/some-deutsche-bank-clients-unable-access-cash-due-it-outage*.

[31] «European banks should be a worry for investors: Raoul Pal», CNBC, 2 de febrero de 2006. Disponible en: *https://www.cnbc.com/video/2016/02/02/european-banks-should-be-a-worry-for-investors-raoul-pal-.html*.

[32] Wolf Richter, «Banking Crisis in Europe? Deutsche Bank's CoCo Bonds Collapse», *Wolf Street*, 9 de febrero de 2016. Disponible en: *https://wolfstreet.com/2016/02/09/banking-crisis-in-europe-deutsche-banks-coco-bonds-collapse/*.

[33] Disponible en: *https://en.wikipedia.org/wiki/Banca_Monte_dei_Paschi_di_Siena*

[34] Tyler Durden, «Italy Bans Short-Selling of Imploding Monte Paschi», *Zero Hedge*, 5 de julio de 2016. Disponible de: *http://www.*

dad comercial se detuvo después de caer solo 7%.[35] Italia prohibió las ventas a corto plazo, que era el último refugio de los intervencionistas antes de la inevitable fallida.[36] Los mayores bancos de Italia están sangrando por sus pérdidas y han sido saldados en más de 50% este año. George Friedman, fundador de Stratfor, nos dice que los bancos italianos han estado comprando créditos basura de Europa desde que empezó la crisis y que van directos a una recapitalización interna.[37] Sigue diciendo que unos Estados Unidos en recesión podrían disparar un fallo sistémico con el consiguiente nacionalismo. Italia no puede inyectar fondos al sistema bancario hasta forzar antes una recapitalización interna que generará un trauma a cualquier banco que reciba ayuda. Un fondo de rescate de 5 000 millones de euros creado este año en Italia se quedó con la Banca Veneto después de que un incremento de 1 000 millones de euros de capital no recibiera ofertas.[38] La idea era canalizar dinero del sector privado para rescatar los bancos. ¿Qué apostamos a que los filántro-

---

zerohedge.com/news/2016-07-05/italy-bans-short-selling-imploding-monte-paschi.

[35] Tyler Durden, «Futures Slide as Italian Banks Drag Risk Lower; Sterling Tumbles; Bond Yields Drop to New Record Lows», *Zero Hedge*, 5 de julio de 2016. Disponible en: *http://www.zerohedge.com/news/2016-07-05/futures-slide-italian-banks-drag-risk-lower-sterling-tumbles-bond-yields-drop-new-re.*

[36] Tyler Durden, «Italy Bans Short-Selling of Imploding Monte Paschi», *Zero Hedge*, 5 de julio de 2016. Disponible de: *http://www.zerohedge.com/news/2016-07-05/italy-bans-short-selling-imploding-monte-paschi.*

[37] George Friedman, «George Friedman: Italy Is the Mother of All Systemic Threats», *Mauldin Economics*, 14 de septiembre de 2016. Disponible en: *http://www.mauldineconomics.com/editorial/george-friedman-italy-is-the-mother-of-all-systemic-threats#.*

[38] Sarah Gordon, «The spreading pain of Italy's bank saga», *Financial Times*, 11 de agosto de 2016. Disponible en: *https://www.ft.com/content/821f138a-5e2a-11e6-bb77-a121aa8abd95.*

pos privados blanquearon dinero público? Mientras escribo esto, una gran votación en Italia sobre, básicamente, si dejan la Unión Europea puede haber destruido el mercado de bonos italiano.[39]

»El Banco Nacional Suizo (SBN) dice que UBS y Credit Suisse tendrán que juntar más de 10000 millones de francos suizos en capital.[40] La pérdida de un solo trimestre en Credit Suisse se llevó por delante años de beneficios.[41] El Banco Popular de España, buscando 2500 millones de euros de capital, ofreció créditos a bajo interés para, un momento, comprar las recién emitidas acciones del banco.[42] Con 29000 millones de euros, el Bremen Landesbank está a punto de quebrar y ha visto reducida su capitalización de mercado en 50% en un abrir y cerrar de ojos.[43] Como es obvio, todos los inversores que tienen fondos cotizados en bancos europeos están viviendo tormentas como la de Dresden.

---

[39] Jason Karaian, «Italian prime minister Matteo Renzi is quitting. What happens next?», *Quartz*, 4 de diciembre de 2016. Disponible en: *https://uk.finance.yahoo.com/news/italian-prime-minister-matteo-renzi-011026988.html.*

[40] «SNB says UBS, Credit Suisse likely need 10 bln Sfr in new capital», *Reuters*, 16 de junio de 2016. Disponible en: *http://www.reuters.com/article/swiss-snb-banks/snb-says-ubs-credit-suisse-likely-need-10-bln-sfr-in-new-capital-idUSZ8N18R00F.*

[41] Tyler Durden, «Credit Suisse Blames "Worst January Ever" On Rogue Traders; Fires 2000», *Zero Hedge*, 23 de marzo de 2016. Disponible en: *http://www.zerohedge.com/news/2016-03-23/credit-suisse-blames-worst-january-ever-rogue-traders-fires-2000.*

[42] Tyler Durden, «Next Banking Scandal Explodes in Spain», *Zero Hedge*, 8 de junio de 2016. Disponible en: *http://www.zerohedge.com/news/2016-06-08/next-banking-scandal-explodes-spain.*

[43] Tyler Durden, «Europe's Bank Crisis Arrives in Germany: €29 Billion Bremen Landesbank On the Verge of Failure», *Zero Hedge*, 7 de julio de 2016. Disponible en: *http://www.zerohedge.com/news/2016-07-07/europes-bank-crisis-arrives-germany-%E2%82%AC29-billion-bremen-landesbank-verge-failure.*

»En Estados Unidos tenemos problemas, pero aún no parecen sistémicos. CitiGroup, el mayor propietario de derivados de Estados Unidos, compró 2.1 billones de dólares en créditos derivados teóricos de Deutsche Bank y Credit Suisse.[44] Supongo que Citi ha sido designado un "banco malo" un poco como el Banco Santander en 2009. Ha suspendido las pruebas de estrés porque has autoridades han preguntado de forma teórica "¿Por qué no darles a ellos la escoria de las minas?". Goldman, banco desde 2009, llegó a un acuerdo judicial en el que se le obligaba a pagar 5 100 millones de dólares por acciones dudosas sin culpabilidad ni penas de prisión, y seguramente con pagos bajos después de impuestos.[45] El acuerdo fue profético si la alternativa era esperar y sobornar a la presidente Clinton.

»JPM firmó una oferta de acciones de Weatherford International, que fueron identificadas en bolsa con las siglas WTF, para conseguir dinero de inversores para pagar la deuda a JPM.[46] ¿Sin conflicto de intereses, eh? Creo que a eso se le llama engañar. Al parecer, los bancos lo están haciendo mucho. Averiguamos que JPM hacía veinte años que sabía lo del esquema Ponzi de Bernie Madoff.[47] Eso es

---

[44] Vogeli Voegeli y Donal Griffin, «Citigroup Said to Purchase CDS Portfolio from Credit Suisse», *Bloomberg*, 5 de agosto de 2016. Disponible en: *https://www.bloomberg.com/news/articles/2016-08-05/citigroup-said-to-buy-derivatives-portfolio-from-credit-suisse*.

[45] Nathaniel Popper, «In Settlement's Fine Print, Goldman May Save $1 Billion», *The New York Times*, 11 de abril de 2016. Disponible en: *https://www.nytimes.com/2016/04/12/business/dealbook/goldman-sachs-to-pay-5-1-billion-in-mortgage-settlement.html?mcubz=0*.

[46] Tyler Durden, «The Liquidity Endgame Begins: Whiting's Revolver Cut By $1.2 Billion As Banks Start Slashing Credit Lines», *Zero Hedge*, 14 de marzo de 2016. Disponible en: *http://www.zerohedge.com/news/2016-03-14/liquidity-endgame-begins-whitings-revolver-cut-12-billion-banks-start-slashing-credi*.

[47] Catherine Austin Fitts, «JP Madoff with Helen Chaitman», *Solari*, 19 de mayo de 2016. Disponible en: *https://solari.com/blog/jp-madoff-with-helen-chaitman/*.

como conducir el coche en un atraco. Bruno Iksil, la Ballena de Londres, rompió el silencio para afirmar que él era un chivo expiatorio.[48] ¿En serio? JPM anunció una recompra de acciones un mes después de que Jamie Dimon comprara 500 000 para conseguir que subieran.[49] Una carta de los federales parece sugerir que JPM podría destruir Estados Unidos en caso de otra crisis financiera.[50] Gracias a Dios que eso no volverá a suceder.

»El premio al mayor escándalo es para Wells Fargo, el orgullo y la alegría de Warren Buffett. En 2011, los empleados de Wells Fargo crearon en secreto millones de cuentas bancarias y tarjetas de crédito no autorizadas.[51] Los fondos de las cuentas de los clientes fueron desplazados a las nuevas cuentas sin su conocimiento ni consentimiento. A los clientes no les gustaron las cuotas de descubierto. Hasta la CNN expresó su preocupación y perplejidad. Como es normal, la multa de 185 millones de dólares ni siquiera sirvió para empezar a enfrentarse al problema,[52] especialmente tenien-

---

[48] Lucy McNulty y Gregory Zuckerman, «'London Whale' Breaks Silence», *The Wall Street Journal*, 22 de febrero de 2016. Disponible en: *https://www.wsj.com/articles/london-whale-breaks-silence-1456189964*.

[49] Tyler Durden, «JPM Announces $1 9 Billion Buyback One Month After CEO Jamie Dimon Buys 500 000 Shares in The Open Market», *Zero Hedge*, 17 de marzo de 2016. Disponible en: *http://www.zerohedge.com/news/2016-03-17/jpm-announces-19-billion-buyback-one-month-after-ceo-jamie-dimon-buys-500000-shares-*.

[50] Tyler Durden, «The Fed Sends a Frightening Letter to JPMorgan, Corporate Media Yawns», *Zero Hedge*, 15 de abril de 2016. Disponible en: *http://www.zerohedge.com/news/2016-04-15/fed-sends-frightening-letter-jpmorgan-corporate-media-yawns*.

[51] Jason Silverstein, «Wells Fargo exec who oversaw scam-plagued department gets $125 million golden parachute», *Daily News*, 12 de septiembre de 2016. Disponible en: *http://www.nydailynews.com/news/national/wells-fargo-exec-125m-leaving-scam-plagued-unit-article-1 2789040*.

[52] Michael Corkery, «Wells Fargo fined $185 Million for Fraudulently Opening Accounts», *The New York Times*, 8 de septiem-

do en cuenta que se oyó murmurar a los fiscales, encantados de absolver de sus delitos a ejecutivos, "por mí, bien". Los empleados de Wells Fargo despedidos por no alcanzar sus cuotas de fraude han demandado por 2 600 millones de dólares.[53] [...]

»Por supuesto, estos escándalos palidecen en comparación con el escándalo del blanqueo de dinero por parte de Wells Fargo y por el que fue multada en 2014. *Ídem* con HSBC, CitiGroup y Wachovia.»[54]

Repito, la capacidad global para la deuda ha alcanzado su máximo. Todos los mercados del mundo han alcanzado su máximo total de deuda. «Hemos llegado a los rescates. El G-7 ya había apalancado. Después llegaron los mercados emergentes, que también apalancaron, y cuando ellos acabaron, todo el mundo lo había hecho. Ya no hay adónde ir. Podemos ir a un modelo de acciones y podemos optimizar la organización desde abajo, pero eso requiere una determinación de precio legitimada. Y cuando lo intentas dirigir todo con información falsa de inteligencia, ciencia falsa, noticias falsas... La máquina de cosechar necesita una nueva manera de cavar, y la moneda y el dinero digital son esa forma. Pero necesitas a todos los países y la capacidad para obligar a todo el mundo a adoptar el sistema digital.»[55]

---

bre de 2016. Disponible en: *https://www.nytimes.com/2016/09/09/business/dealbook/wells-fargo-fined-for-years-of-harm-to-customers.html?mcubz=0*.

[53] Tyler Durden, «Wells Fargo Slammed With $2 6 Billion Lawsuit by Terminated Workers», *Zero Hedge*, 24 de septiembre de 2016. Disponible en: *http://www.zerohedge.com/news/2016-09-24/wells-fargo-slammed-26-billion-lawsuit-fired-workers*.

[54] David Collum, «2016 Year in Review. A Clockwork Orange», *Peak Prosperity*, 22 de diciembre de 2016.

[55] «Catherine Austin Fitts: Black Budget Wars & Central Bank Panic!», *Dark Journalist*, 18 de abril de 2017. Disponible en: *https://www.youtube.com/watch?v=JrvoKHzFzHA*.

Como ya he dicho antes, por primera vez en la historia, los grupos de poder de la élite, que operan a nivel supranacional, no se ponen de acuerdo. Un sistema se ha roto y no tiene arreglo, al otro le está costando nacer. Clinton contra Trump solo era un microcosmos de esta guerra.

14

UN MUNDO SIN EFECTIVO

«Los intereses de negocio de las empresas estadounidenses que dominan el mercado global de las telecomunicaciones y los sistemas de pago son un motivo importante para el celo del gobierno de Estados Unidos en su impulso por reducir el uso de efectivo en todo el mundo, pero no es el único, y podría no ser el más importante. Otro motivo es la capacidad de vigilancia que proporciona un mayor uso del pago digital. Las organizaciones de Inteligencia de Estados Unidos y las empresas de comunicaciones pueden supervisar todos los pagos hechos mediante bancos y pueden monitorizar la mayor parte del flujo general de datos digitales. Los datos financieros suelen ser los más importantes y valiosos.

»Aún más importante, la posición del dólar como moneda de referencia y la posición de dominio de las empresas de Estados Unidos en las finanzas internacionales proporcionan al gobierno de Estados Unidos un poder tremendo por encima de todos los participantes en el sistema financiero formal sin efectivo. Podría hacer que todo el mundo tuviera que obedecer las leyes estadounidenses en lugar de sus leyes locales o las internacionales. El periódico alemán *Frankfurter Allgemeine Zeitung* ha publicado recientemente una historia escalofriante explicando cómo va eso.[1] Los empleados de una empresa de factoraje que hacía negocios completamente legales con Irán fueron introducidos en las listas de terroristas de Estados Unidos, lo que significa que fueron bloqueados en la mayor parte del sistema financiero e incluso que algunas empresas de logística no transportaban ya sus muebles. Un banco alemán importante se vio obligado a despedir a diversos empleados, que no habían hecho nada impropio ni ilegal, a petición de Estados Unidos.

»Hay muchos más ejemplos de este tipo. Todos los bancos activos a nivel internacional pueden ser chantajeados por el gobierno de Estados Unidos para que sigan sus órdenes, ya que quitarles la licencia para hacer negocios con Estados Unidos o en dólares es el equivalente a cerrarlos. Pensemos en el Deutsche Bank, que tuvo que negociar con el Tesoro de Estados Unidos durante meses sobre si tendrían que pagar una multa de 14 000 millones de dólares y probablemente arruinarse o salir con solo 7 000 millones[2] y sobrevivir. Si tienes el poder para hacer quebrar los bancos más grandes, incluso de países grandes, también tienes poder sobre sus gobiernos. Este poder mediante el dominio sobre el sistema financiero y los datos asociados ya está ahí. Cuanto menos efectivo se utilice, más extensivo y seguro es, ya que el uso de efectivo es el mejor camino para eludir ese poder.»[3]

---

[1] Stefan Buchen y Rainer Hermann, «Wie ein deutscher Unternehmer auf Amerikas Terrorliste geriet», *Frankfurte Allgemeine*, 1 de diciembre de 2016. Disponible en: *http://www.faz.net/aktuell/politik/ deutscher-auf-usa-terrorliste-wegen-exporten-nach-iran-14552747.html*.

[2] Jan-Henrik Foerster y Yalman Onaran, «Deutsche Bank to Settle U.S. Mortgage Probe for $7.2 Billion», *Bloomberg*, 23 de diciembre de 2016. Disponible en: *https://www.bloomberg.com/news/ articles/2016-12-23/deutsche-bank-to-settle-u-s-mortgage-probe-for-7-2-billion*.

[3] Norbert Häring, «A well-kept open secret: Washington is behind India's brutal experiment of abolishing most cash», *Norbert Häring, mo-*

El director del Banco Central Europeo, Mario Draghi, dijo recientemente que «existe la convicción generalizada, y cada vez mayor en la opinión pública, de que los billetes de banco de alta denominación se usan con fines criminales». Sin embargo, antes de abrazar la idea de una sociedad sin efectivo, tenemos que apreciar que toda moneda digital es un paso hacia un objetivo mayor, uno que destruirá la libertad humana. «Si crees que la vigilancia del capitalismo es desagradable ahora, espera a que los grandes bancos y las agencias de inteligencia tengan el poder de retirar tu capacidad de hacer traspasos o acceder a tus fondos si no les gusta algo qué has pensado o dicho esta mañana en la "privacidad" de tu casa. La guerra al efectivo es una guerra contra la humanidad, no permitamos que suceda. Mientras tanto, ha llegado el momento de ilegalizar el monopolio de la banca privada a la hora de crear moneda. Si ahí es adonde quieren ir, ha llegado el momento de que se acabe su monopolio.»[4]

EL DUOPOLIO DE CHINA-RUSIA

«La única pregunta que queda por resolver es si China y Rusia forman parte del plan. China ya tiene una moneda digital y la mayoría de las transacciones en China se llevan a cabo sin la intervención del efectivo. Así que sí, China se apunta. Eso nos deja con la duda de Rusia. ¿Qué papel tendrá Rusia en la adopción de una moneda digital operada por los bancos centrales?

---

ney and more, 1 de enero de 2017. Disponible en: *http://norberthaering. de/en/27-german/news/745-washington-s-role-in-india*.

[4] Catherine Austin Fitts, «The War on Cash: Aaron Russo Explains Why the Rockefellers Want People Microchipped», *Solari*, 4 de febrero de 2017.

»El elemento clave es el oro y el oro como moneda. ¿Cómo funcionaría el oro en este nuevo paradigma? ¿Cuál sería su papel? ¿Volverá a ser ilegalizado, confiscado, o sencillamente se quedará fuera del sistema?

»El oro y la plata han sido moneda durante miles de años. El dominio del oro sigue en vigor, quien tiene el oro marca las normas. China, y su socio militar, Rusia, tiene montones de oro. La India tiene mucho oro en manos de sus ciudadanos, pero el banco central de la India no es un actor tan importante como China o Rusia. La India no ha estado acumulando oro como sí lo han hecho Rusia y China durante la última década. Es divertido ver a la India haciendo todo lo posible para que sus ciudadanos dejen de adquirir oro físico mientras al otro lado de la frontera, en China, el gobierno anima y ofrece muchas facilidades a sus ciudadanos para adquirir oro. Los ciudadanos chinos han respondido desde el primer momento en que se anunció esta iniciativa. Por otro lado, los ciudadanos de la India hacen todo lo posible para mantener a la gente de la banca y a su gobierno corrupto alejados de sus reservas de oro.

»El mundo occidental "desarrollado" necesita desesperadamente una guerra a gran escala. La guerra a gran escala puede encubrir los crímenes de la camarilla de los bancos occidentales y permitir al sistema resetearse mientras los criminales culpan a otros. Rusia y China son los objetivos evidentes de Estados Unidos y el Reino Unido, mientras que Corea del Norte tiene un papel menor y seguramente se utilizará como peón para hacer saltar todo. Lo de Siria está relacionado con las conducciones de petróleo y gas, de modo que Siria también podría ser un punto de partida.»[5]

Sin embargo, sería un error considerar que China y Rusia son socios cercanos. Sí, en 2014, China y Rusia firmaron un

---

[5] Rory Hall, «Central Banking Warfare Model Readies the Next Step», *Gold Seek*, 19 de abril de 2017. Disponible en: *http://news.goldseek.com/GoldSeek/1492697160.php.*

gran acuerdo a treinta años sobre el gas por valor de unos 40 000 millones de dólares.[6] El acuerdo ayudaría al Kremlin a reducir su dependencia de las exportaciones de gas a Europa. Eso es una prueba de que el señor Putin tiene aliados cuando intenta mitigar las sanciones occidentales al respecto de Ucrania. Tanto Rusia como China quieren afirmarse como poderes regionales.[7] Ambos tienen relaciones cada vez más tensas con Estados Unidos a quien acusan de retenerlos. «Hace más de cuarenta años, Richard Nixon y Henry Kissinger convencieron a China de dejar de lado a la Unión Soviética y aliarse con Estados Unidos. ¿La colaboración actual entre Rusia y China es una renovación de su alianza contra Estados Unidos? [...]

»Incluso antes de firmar el acuerdo del gas, ambos lados expresaron su esperanza de duplicarlo en 2020. Si los bancos occidentales se vuelven más reacios a conceder créditos, la financiación China podría ayudar a Rusia a llenar el hueco. China necesita desesperadamente los recursos que Rusia tiene en abundancia. El acuerdo del gas calmará la preocupación de China al respecto de que la mayoría de sus reservas de combustible entran en el país por el punto estratégico del estrecho de Malaca, y también permitirá a China dejar de quemar tanto carbón, algo que contamina el aire de las ciudades chinas.»[8]

A pesar de todo esto, Rusia y China tendrán problemas para superar algunas diferencias fundamentales. Empecemos por el propio acuerdo del gas, como informa la revista *The*

---

[6] Alec Luhn y Terry Macalister, «Russia signs 30-year deal worth $400bn to deliver gas to China», *The Guardian*, 21 de mayo de 2014. Disponible en: *https://www.theguardian.com/world/2014/may/21/russia-30-year-400bn-gas-deal-china*.

[7] «Best Frenemies», *The Economist*, 22 de mayo de 2014. Disponible en: *https://www.economist.com/news/leaders/21602695-vladimir-putin-pivots-eastward-should-america-be-worried-best-frenemies*.

[8] «Best Frenemies», *op. cit.*

Economist: «El hecho de que se tardaran diez años en elaborarlo, y que el acuerdo se anunciara en el último momento, nos indica lo complicado que resultó alcanzarlo. Se rumorea que los chinos regatearon al máximo, a sabiendas de que el señor Putin estaba desesperado por poder mostrar algún resultado de aquel viaje.

»En ese acuerdo, como en toda la relación, China es quien lleva la delantera. Se están conectando otros suministros de gas en Australia y Asia Central. Y mientras que el poder global de China está creciendo, el de Rusia disminuye, corrompido por la corrupción e incapaz de diversificar su economía al margen de los recursos naturales. El gobierno chino espera que el Kremlin reconozca este giro histórico, una receta para la impaciencia china y el resentimiento ruso. Aunque los dos países están unidos contra Estados Unidos, también lo necesitan para su mercado y como influencia estabilizadora. Y están luchando por su influencia en Asia Central. Su gran frontera común es una fuente constante de desconfianza, el lado ruso escasamente poblado y lleno de lujos, el lado chino lleno de gente. Por eso Rusia tiene tantas armas tácticas nucleares apuntando a China. A largo plazo, es igual de probable que Rusia y China se peleen como que formen una alianza estable. Y esa es una perspectiva aún más alarmante».[9]

El punto decisivo de la alianza estratégica de Rusia y China «es hacer que exista el mundo post OTAN, con distintos núcleos de poder, un mundo en que el proyecto dirigido por China del Cinturón y Ruta de la Seda, llegue a hacer sombra y, en última instancia, sustituir al agonizante orden internacional creado y controlado por la alianza anglosajona post Segunda Guerra Mundial. Este giro inexorable hacia el este enfatiza todas las interconexiones, y la conectividad en desarrollo, relacionada con las nuevas rutas de la seda, la Organización de Cooperación de Shanghái (OCS), el Nuevo Banco de Desarro-

---

[9] «Best Frenemies», *op. cit.*

llo del BRICS (NDB), el Banco Asiático de Inversión en Infraestructura (AIIB) y la Unión Económica Euroasiática (UEE).

»Por supuesto, el giro de Rusia hacia Asia es solo una parte de la historia. El grueso de las industrias rusas, la infraestructura, la población, está en el oeste del país, más cerca de Europa. La geografía de Rusia le permite un doble giro, estar simultáneamente en Europa y Asia; o que Rusia explote al máximo su carácter eurasiático. No es casual que esto sea un anatema en Washington. De ahí la predecible y actual estrategia excepcional descontrolada de prevenir cueste lo que cueste la necesaria integración este-oeste de Rusia.

»Al mismo tiempo, el giro a Asia también es esencial porque es donde se encuentra la gran mayoría de los futuros clientes de Rusia, tanto los que quieren energía, como los demás. Será un proceso largo y tortuoso educar a la opinión pública rusa sobre el incalculable valor para la nación de Siberia y del lejano este ruso. Pero eso ya ha empezado. Y estará en pleno funcionamiento a mediados de la próxima década, cuando estén en funcionamiento y unidas todas las nuevas rutas de la seda».[10]

La «Contención» de Rusia y China seguirá siendo el nombre del juego de los excepcionalistas. En lo que respecta al complejo industrial-militar de seguridad y vigilancia-empresas de medios de comunicación, no habrá ningún cambio.[11] Se utilizarán agentes, desde el estado fallido de Ucrania a Japón, en el mar de la China Oriental, así como cualquier facción que se presente voluntaria en el sudeste asiático en el mar de la China Meridional.

[10] Pepe Escobar, «The Whole Game is About Containing Russia-China», *Sputnik*, 29 de agosto de 2016. Disponible en: *https://sputniknews.com/columnists/201608291044733257-russia-china-game-brics/*.

[11] Angela Stent, «There will be no 'reset' with Russia», *The Washington Post*, 18 de agosto de 2016. Disponible en: *https://www.washingtonpost.com/news/in-theory/wp/2016/08/18/there-will-be-no-reset-with-russia/?utm_term=7f23bffb6b81*.

Aun así, la hegemonía tendrá problemas para contener los dos lados de la alianza Rusia-China al mismo tiempo. La OTAN no ayuda; su brazo dedicado al comercio, el Acuerdo Transpacífico de Cooperación Económica, se ha hundido antes de salir de puerto. «De hecho, la alianza hegemónica depende de Australia, la India y Japón contra China. Olvidémonos de instrumentalizar al miembro de los BRICS, la India, que nunca caerá en la trampa de entrar en guerra con China (por no hablar de Rusia, con quien la India goza tradicionalmente de muy buenas relaciones).

»Los instintos imperialistas de Japón fueron reavivados por Shinzo Abe. Sin embargo, persiste su desesperante estancamiento económico. Es más, el Departamento del Tesoro de Estados Unidos ha prohibido a Tokio seguir practicando la expansión cuantitativa. Moscú ve como un objetivo a largo plazo alejar progresivamente a Japón de la órbita de Estados Unidos e integrarlo en Eurasia.

»El Pentágono está aterrorizado de que Rusia y China sean también socios militares. Comparado con el armamento superior y de alta tecnología de Rusia, la OTAN es como un patio de colegio; por no mencionar que pronto Rusia será inviolable ante cualquier ataque procedente de una guerra de las galaxias. China tendrá pronto todos los submarinos y misiles DF-21 necesarios para convertir la existencia de la Armada de Estados Unidos en un infierno en caso de que el Pentágono tuviera alguna ocurrencia extraña. Y después están los detalles regionales, desde la base aérea permanente de Rusia en Siria a la cooperación militar con Irán y, en última instancia, Turquía, el miembro contrariado de la OTAN.

»No hay duda de por qué algunos conocidos ideólogos excepcionalistas como el ya difunto doctor Zbigniew Brzezinski, que fue mentor del presidente Obama en política exterior, se sienten fuera de juego».[12] Cuando Brzezinski

---

[12] Pepe Escobar, «The Whole Game is About Containing Russia-

observó la progresiva integración de Eurasia, no pudo evitar detectar que los «tres grandes imperativos de la geoestratégica imperial» que él había resumido en su célebre artículo *The Grand Chessboard* (El gran tablero de ajedrez), se estaban, sencillamente, disolviendo; «para evitar la conspiración y mantener la dependencia de la seguridad entre los vasallos, para mantener a los tributarios dóciles y protegidos y para evitar que los bárbaros se unan».

Los vasallos que cita Brzezinski, empezando por la casa de Saúd, están aterrorizados al respecto de su propia seguridad; «lo mismo sucede con los bálticos histéricos. Los tributarios ya no son dóciles, y esto incluye a muchos europeos. Los "bárbaros" que se están uniendo son, de hecho, antiguas civilizaciones: China, Persia, Rusia, hartas de un poder único controlado por arribistas.

»Como era de esperar, para "contener" a China y Rusia, definidas como "amenazas potenciales" (el Pentágono considera que las amenazas existen), Brzezinski proponía (qué si no) el divide y vencerás; por ejemplo, "contener al menos predecible, pero seguramente más propenso a extralimitarse". Aunque no sabe cuál es cuál; "Actualmente, el que tiene más probabilidades de extralimitarse es Rusia, pero a largo plazo podría ser China"».[13]

Habrá sangre. Las élites liberales transnacionales del sistema bancario ya la huelen, desde Siria a Irán, al mar de la China Oriental. «La duda es si ellos, y casi toda la clase dirigente que rodea a Clinton, están lo suficientemente enfadados para provocar a Rusia y China y comprar un billete de ida al territorio post MAD (destrucción mutua asegurada).»[14]

China», *Sputnik*, 29 de agosto de 2016. Disponible en: *https://sputniknews.com/columnists/201608291044733257-russia-china-game-brics/*.

[13] *Ib.*

[14] Pepe Escobar, *op. cit.*

Sea quien sea quien empiece la siguiente guerra mundial, podemos estar seguros de que Estados Unidos no se va a librar. Caerán bombas en suelo estadounidense y desaparecerán ciudades, estados enteros, si no todo el continente. Como dijo Jack Ma, el CEO de Alibaba, el portal de venta en internet más grande de China, «si el negocio se *detiene, empieza la guerra*». «El mundo no puede escapar a la saturación de deuda en la que nos encontramos. Solo hay un puñado de maneras de salir de la red y la guerra siempre ha sido, a lo largo de la historia, la principal forma en que se ha llevado a cabo. La diferencia hoy en día son las armas nucleares. Las armas nucleares generan problemas durante miles de años, de modo que ¿de verdad son una opción viable? Un perdón/reinicio de la deuda es otra forma en la que se ha gestionado esto a lo largo de la historia, sin embargo, el mundo era entonces mucho más pequeño. ¿Volver al patrón oro y reiniciar la deuda como oro? No sé cuál es la respuesta, pero sé que nos estamos quedando sin tiempo.»[15]

La élite global quiere eliminar el efectivo para poder ejercer sin restricciones sus políticas monetarias. Cuando el antiguo secretario del Tesoro, Larry Summers, empieza a apoyar la eliminación del efectivo porque esto «combatirá la actividad criminal [...] en interés de los ciudadanos corrientes»,[16] habría que sentarse y prestar atención. Dice que «nos encontramos esencialmente en un campo de batalla peligroso con muy poca munición». No está hablando de la guerra contra el crimen, sino de los esfuerzos para luchar contra las fuerzas de los mercados que intentan contener al cártel bancario global.

---

[15] Rory Hall, «Central Banking Warfare Model Readies the Next Step», *Gold Seek*, 19 de abril de 2017. Disponible en: *http://news.goldseek.com/GoldSeek/1492697160.php*.

[16] David Collum, «2016 Year in Review. A Clockwork Orange», *Peak Prosperity*, 22 de diciembre de 2016.

Narayana Rao Kocherlakota, expresidente del Banco de la Reserva Federal de Minneapolis, intentó lanzar evasivas usando la psicología inversa sobre los defensores del libre mercado argumentando que «el hecho de que los gobiernos emitan efectivo [...] tiene poco de libre mercado». A medida que avance la historia, los libertarios deberían apoyar la sociedad sin efectivo y dejar que las monedas compitan en el mercado.[17] Claro está, olvidó mencionar que el gobierno acabaría con sus competidores como hizo con Bernard von NotHaus, el creador del Liberty Dollar, a quien confiscaron sus activos y acabó en prisión por ejercer esta competencia. «Satoshi Nakamoto, el fundador de Bitcoin, es un fugitivo.[18]

»Cuando los proglobalización dejaron Davos,[19] la guerra al efectivo pareció acelerarse casi de la noche a la mañana:

» — El CEO de Deutsche Bank, John Cryan, predijo que el efectivo habrá dejado de existir en diez años.

» — El mayor banco danés, el DNB, pidió el fin del efectivo.

» — Bloomberg publicó un artículo titulado "Que llegue el futuro sin efectivo".

» — Un artículo de opinión del *Financial Times* titulado "Los beneficios de arrancar el efectivo" abogaba por la eliminación del dinero físico.

» — El exrector y exestudiante de Harvard Peter Sands escribió un *paper* titulado "Para ponérselo más difícil a los malos: la hipótesis de eliminar los billetes de más alta denominación", en el que se centraba en guerras concretas: la guerra contra el crimen, las drogas y el terrorismo.

---

[17] Narayama Kocherlakota, «Want a Free Market? Abolish Cash», *Bloomberg*, 1 de septiembre de 2016. Disponible en: *https://www.bloomberg.com/view/articles/2016-09-01/want-a-free-market-abolish-cash*.

[18] Disponible en: *https://en.wikipedia.org/wiki/Satoshi_Nakamoto*.

[19] Nick Giambruno, «Revealed: The Hidden Agenda of Davos 2016», *International Man*. Disponible en: *http://www.internationalman.com/articles/revealed-the-hidden-agenda-of-davos-2016*.

» — Mario Draghi, presidente del Banco Central Europeo, eliminó el billete de 500 euros, 30% de los euros físicos en circulación: "Queremos hacer cambios. Pero pueden estar seguros de que estamos decididos a que el señoreaje no sirva de ayuda a los criminales".

» — El *New York Times* pidió el fin de los billetes de alta denominación.

»Una vez más, todo esto sucedió un mes después del fiestón de Davos. Pues ellos y sus compañeros de los bancos son los criminales y parecen muy incómodos con el efectivo. Si de verdad les preocupa, que cierren HSBC.

»Con el efectivo limitado, JPM estima que el Banco Central Europeo podría bajar los tipos de interés hasta 4.5% negativo,[20] lo que conduciría a la destrucción de la economía de mercado y promovería un empobrecimiento económico masivo.[21]

»Eliminar el billete de 100 dólares eliminaría 78% de toda la divisa estadounidense en circulación.[22] Hasbro anunció que el juego Monopoly sustituiría el efectivo por tarjetas de crédito especiales (¿con derechos especiales de giro?) con las que los jugadores comprarían y venderían con dispositivos de mano. Más recientemente, el primer ministro de la India, Narendra Modi, retiró todos los billetes de alta denominación esencialmente de la noche a la mañana.[23] Los

---

[20] Nick Giambruno, *op. cit.*

[21] Frank Shostak, «Will Eliminating Cash Save the Economy?», *Mises Institute,* 11 de octubre de 2016. Disponible en: *https://mises.org/blog/will-eliminating-cash-save-economy.*

[22] Nick Giambruno, «Revealed: The Hidden Agenda of Davos 2016», *International Man.* Disponible en: *http://www.internationalman.com/articles/revealed-the-hidden-agenda-of-davos-2016.*

[23] Tyler Durden, «Indian Economy Grinds to A Halt After Cash-Ban: "Faith in System Shaken"» *Zero Hedge,* 18 de noviembre de 2016. Disponible en: *http://www.zerohedge.com/news/2016-11-17/indian-*

resultados fueron los predecibles en una sociedad en la que el efectivo es el rey: el sistema dejó de funcionar. Casi de manera instantánea, la flota de camiones india, millones de camiones, quedaron aparcados en las cunetas: sin efectivo no hay gasolina.[24] […] Los billetes de 500 euros fueron finalmente abolidos.[25] Angela Merkel puso límites a las retiradas de efectivo en los bancos.[26]

»Las hipótesis de pesadilla para una sociedad sin efectivo incluyen: 1) tipos de interés negativos de cualquier magnitud; 2) incautación de activos por sospecha criminal (aunque me estoy repitiendo); 3) recapitalización interna de los bancos; 4) ser expulsado o dejado al margen del sistema, por error o por otros motivos; 5) naciones expulsadas del sistema SWIFT de verificación (que se lo pregunten a Putin); 6) la ilegalización del oro (una vez más); y 7) ¡ataques informáticos! Podríamos llegar a ver un mercado negro basado en vales de descuento.»[27]

economy-grinds-halt-after-cash-ban-demonetisation-has-shaken-our-faith-moneta.

[24] Piyush Rai, «45 million trucks stranded on Indian roads, says union», *The Times of India*, 19 de noviembre de 2016. Disponible en: *http://timesofindia.indiatimes.com/city/bareilly/4-5-million-trucks-stranded-on-Indian-roads-says-union/articleshow/55517305.cms.*

[25] Joseph T. Salerno, «The Shooting War on Cash Begins», *Mises Institute,* 15 de febrero de 2016. Disponible en: *https://mises.org/blog/shooting-war-cash-begins.*

[26] Tyler Durden, «Germany Unveils "Cash Controls" Push: Ban Transactions Over Ä5 000, Ä500 Euro Note», *Zero Hedge*, 3 de febrero de 2016. Disponible en: *http://www.zerohedge.com/news/2016-02-03/germany-unveils-cash-controls-push-ban-transactions-over-%E2%82%AC5000-%E2%82%AC500-euro-note.*

[27] David Collum, «2016 Year in Review. A Clockwork Orange», *Peak Prosperity*, 22 de diciembre de 2016.

15

INVERSIÓN ESPACIAL PRIVADA

Hoy en día, a medida que intentamos desentrañar las inexplicables conspiraciones de la geopolítica o los flujos de efectivo encubiertos y los agujeros negros del sistema financiero, todos los cabos terminan por llevarnos de vuelta a los secretos de lo que sucede a nuestro alrededor en el espacio. El enorme y caro estado de seguridad nacional que fue creado después de la Segunda Guerra Mundial para ocultar esos secretos está en el centro de la cuestión. Y surgen muchas preguntas.

Por ejemplo, ¿por qué el gobierno de Estados Unidos ha perdido 8.5 billones de dólares[1] desde 1995? ¿Por qué Wall Street, el Banco de la Reserva Federal y el Tesoro de Estados Unidos han emprendido de forma cooperativa un fraude colateral y rescates por valor de 27 billones de dólares? El valor total de las hipotecas residenciales en Estados Unidos en ese momento era aproximadamente de 8 billones de dólares.[2]

---

[1] Scott J. Paltrow, «U.S. Army fudged its accounts by trillions of dollars, auditor finds», *Reuters*, 19 de agosto de 2016. Disponible en: *http://www.reuters.com/article/us-usa-audit-army/u-s-army-fudged-its-accounts-by-trillions-of-dollars-auditor-finds-idUSKCN10U1IG*.

[2] Mike Collins, «The Big Bank Bailout», *Forbes*, 14 de julio de 2015.

¿Por qué casi todas las comunidades de Estados Unidos han sido asoladas por el tráfico de drogas[3] y las bandas? ¿Por qué las agencias de Inteligencia estadounidense y las sociedades secretas financian y gestionan redes de esclavos sexuales y pedofilia? ¿Por qué crean un sistema extensivo de dosieres personales que permiten el control encubierto de nuestros tribunales, sistemas bancarios y legisladores?

¿Y por qué no se ha despedido ni juzgado a nadie como consecuencia de décadas de una conducta tan indignante? En lugar de eso, las burocracias dedicadas a hacer cumplir la ley han despedido, acosado e incluso asesinado a quienes han intentado detener esos sucesos o han avisado de que estaban sucediendo.

¿Cómo pudo ser que se asesinara con éxito al presidente de Estados Unidos a plena luz del día mientras la mayor parte del país seguía haciendo ver que su asesinato (y los asesinatos consiguientes) no era un golpe de Estado? Desde los acontecimientos del 11 de septiembre a los continuos tiroteos en colegios ¿por qué se toleran las constantes operaciones de bandera falsa?

Cuando investigadores serios siguen esas pistas, lo que nos encontramos es una Seguridad Nacional muy poderosa, obsesionada con el secretismo y el control centralizado. Esta solicita cantidades cada vez más elevadas para financiar proyectos, tecnología secreta y armas secretas para asegurar que la sociedad es cada vez más dependiente de ella en el plano financiero.

Desde la Segunda Guerra Mundial, «una de las mayores inversiones de los gobiernos del mundo desarrollado

---

Disponible en: *https://www.forbes.com/sites/mikecollins/2015/07/14/the-big-bank-bailout/#5e94e0fd2d83.*

[3] Conor Friedersdorf, «America Has a Black-Market Problem, Not a Drug Problem», *The Atlantic*, 17 de marzo de 2014. Disponible en: *https://www.theatlantic.com/politics/archive/2014/03/america-has-a-black-market-problem-not-a-drug-problem/284447/.*

ha sido mantener a los ciudadanos ajenos a todo lo relativo al espacio exterior y a lo que los humanos podrían estar haciendo en él. Al mismo tiempo, la cantidad de dinero que desaparece en sistemas ocultos de financiación y presupuestos en negro (presumiblemente relacionados con programas y armas espaciales) indica que en el espacio están pasando muchas cosas. Si este secretismo está relacionado con el control oculto de gobiernos soberanos, el sistema financiero o la población general sigue siendo un misterio.

Aquellos de nosotros a quienes nos inspiró el apoyo del presidente Kennedy a la exploración espacial creímos que nos dirigíamos con fuerza al espacio hace mucho tiempo. Después de la muerte de Kennedy, el presupuesto de la NASA llegó a ser de hasta 4.5% del presupuesto federal. Ahora es de 0.5%.

¿Nuestro presupuesto en el espacio se redujo después de la década de 1960 o sencillamente se ocultó? ¿Asegurar que los esfuerzos espaciales de Estados Unidos en el espacio se mantuvieran en secreto para asegurar el dominio en solitario del país era uno de los objetivos del asesinato de Kennedy? La inversión en el espacio es un área del empeño humano que está siendo protegida ante las vicisitudes de las fortunas económicas. De hecho, existe un esfuerzo para promover la exploración espacial.[4]

Otro motivo para integrar el espacio exterior en nuestra idea del mundo es porque la parte de nuestra economía que se transporta, se almacena o se analiza digitalmente en la órbita terrestre es cada vez mayor. Nuestra dependencia de los satélites para aplicaciones comerciales, de inteligencia, de ejecución de las leyes y militares es creciente. Para abordar la necesidad de satélites y sistemas de satélites GPS,

---

[4] Catherine Austin Fitts, «2015 Annual Wrap Up – Space: Here We Go!», *Solari*, 5 de enero de 2016. Disponible en: *https://solari.com/blog/2015-annual-wrap-up-space-here-we-go/*.

más países están desarrollando programas espaciales y lanzando opciones que requieren productos adicionales y servicios de defensa, aeroespaciales, satélites y empresas espaciales privadas.

Lo que sigue es la creación de una infraestructura de Seguridad Nacional construida alrededor de un gran número de empresas e inversores privados con un gran número de mecanismos secretos de financiación gubernamental, secreta y privada. Este aparato secreto controla ahora la tecnología más poderosa del mundo que funciona «por encima de la ley». Ha creado poderosos intereses para que el secretismo continúe. Algunos, tal vez todos, se han convertido en una «civilización escindida».

Está protegida por operaciones de contrainteligencia que identifican y acosan a candidatos, periodistas y académicos que intentan sacar a la luz los hechos. Está protegida por empresas de medios de comunicación que retransmiten una serie infinita de extrañas explicaciones para los acontecimientos, y que cada vez más dependen de noticias «fabricadas» como si se trataran de *reality shows*. Está protegida por medios de comunicación alternativos en Internet asolados por la desinformación, la pornografía del miedo y explicaciones aún más raras.

El secretismo con respecto al espacio ha conducido a la necesidad de un control centralizado. Y los satélites en órbita han sido instrumentales para implementar este control centralizado. Estas actividades han sido financiadas por dólares procedentes de los impuestos estadounidenses y los ahorros para la jubilación, así como mediante presupuestos en negro, rescates y crimen organizado.

El equipo que está en órbita es actualmente el responsable del flujo de información cada vez mayor, incluido GPS, comunicaciones, pagos y transacciones financieras, medios de comunicación, funciones militares y de inteligencia. Por eso la plataforma en órbita es como «las rutas marítimas del siglo XXI».

Antes del lanzamiento del Sputnik en 1957, la Armada de Estados Unidos controlaba las rutas marítimas globales como forma de mantener el dólar estadounidense como la reserva de moneda global. Esa fue la columna vertebral del sistema Bretton Woods. Después del Sputnik, la Armada estadounidense se expandió hasta incluir el equivalente al mar, que es el espacio exterior que nos rodea.

Creo que este es un desarrollo que incluía armamento espacial secreto que ha sido básico a la hora de preservar el dólar como moneda de reserva. Sería probable que un armamento así fuera un factor decisivo en la evolución de monedas digitales globales, al margen de qué centros de poder supranacionales acaben ganando la lucha.

Esto incluiría el uso de satélites para la vigilancia, la inteligencia, la ciberguerra, la gestión de drones y soldados y la emisión de programas relevantes para la guerra basada en «revoluciones blandas». Esto también incluiría funciones más «duras», como las relativas a disparos de láser desde el espacio, rayos de energía concentrada, manipulación del clima u otros sucesos disfrazados de desastres naturales.

El Sistema de Posicionamiento Global (GPS) de Estados Unidos fue el primer sistema de navegación basado en el espacio que proporcionaba información sobre ubicación y tiempo, en cualquier condición climatológica y en cualquier lugar de la Tierra o cercano a ella. Era completamente operativo en 1995, el mismo año de la creación de la Organización Mundial del Comercio. El GPS, junto con una red de comunicación y satélites de observación de la Tierra, hizo posible el reequilibrio de la economía global.

Este equilibrio plantea una pregunta. ¿Reequilibró Estados Unidos la economía global sencillamente porque se lo permitió su infraestructura, incluida la infraestructura de satélites? ¿O reequilibraron la economía global para crear las capacidades humana, intelectual e industrial necesarias para invertir en la infraestructura y la exploración espacial necesarias para convertirse en una civilización multiplanetaria? ¿El objetivo era reequilibrar la economía global? ¿O era este reequilibrio una estrategia para alcanzar un objetivo mucho mayor?

Durante los últimos cincuenta años hemos lanzado satélites, cables, hemos construido torres de telecomunicaciones y distribuido teléfonos, televisores y ahora contadores de la luz inteligentes. Este sistema se está construyendo globalmente. Una estimación reciente predijo que todas las personas del planeta tendrían un teléfono inteligente en 2025. Combinado con inteligencia artificial y tecnología de bases de datos basadas en la nube, esta distribución está creando una infraestructura de vigilancia que puede monitorizar, exprimir financieramente y manipular mediante control mental de forma individual. Parece que cada vez más se está añadiendo el «arrastre» y la programación subliminal para influir en los pensamientos y emociones.

Todas las personas que llevan encima un dispositivo de vigilancia y arrastre en forma de teléfono inteligente están actualizando dosieres personales con redes sociales; se está creando un estado totalitario sin límites, de fascismo amable 3.0, basado en esta infraestructura.

Entre otras cosas, el encuentro exitoso en 2012 entre Space x y la Estación Espacial Internacional con contrato de la NASA ha demostrado que la empresa privada puede llevar a cabo numerosas funciones en el espacio a un coste significativamente inferior, incluso antes de la integración total de las innovaciones tecnológicas en proceso.

Ese fue el mismo año que un grupo de multimillonarios de Silicon Valley junto con Ross Perot hijo y Richard Branson anunciaron su inversión en Planetary Resources, con un plan para hacer minas en los asteroides cercanos a la Tierra. De modo que ahora tenemos a los emprendedores de la alta tecnología compitiendo en el terreno del espacio exterior:

Jeff Bezos ha fundado Blue Origin.[5] Elon Musk ha fundado Space x. Richard Branson ha fundado Virgin Galactic. Los chicos de Google patrocinan Planetary Resources.

Si dejamos de lado los aspectos menos habituales, una de las razones para invertir en plataformas suborbitales y en una mayor actividad espacial es el paso a las plataformas digitales. Las redes integradas sin cables e Internet incrementan la importancia de los sistemas de satélites. Esta infraestructura crecerá. China está construyendo su sistema de navegación mediante satélite Beidou,[6] que ya tiene un año, como rival del GPS de Estados Unidos y el GLONASS de Rusia.[7] Espera pasar de 16 a 30 satélites en 2020 y mudar de un sistema con cobertura en Asia Pacífico a uno con alcance global. Un sistema de satélites global es un componente esencial para mantener la moneda global.

PAGO FINANCIERO GLOBAL, LIQUIDACIÓN Y MONEDA DE RESERVA GLOBAL

Es imposible exagerar la importancia de los teléfonos inteligentes a la hora de proporcionar vigilancia y gestión vertical, así como comunicación y transacciones ascendentes. Una de las razones por las que hay tanta prisa a la hora de añadir satélites a la órbita es para proporcionar acceso a todos los ciudadanos, mediante los teléfonos inteligentes, al Internet de las cosas. Esto tendrá lugar sobre una base que reduce

---

[5] Mike Wall, «How Jeff Bezos and Other Billionaires Are Transforming Space Travel», *Space*, 16 de septiembre de 2015. Disponible en: *https://www.space.com/30557-jeff-bezos-billionaires-private-spaceflight.html.*

[6] Hu Qingyun, «Satellites added to Beidou to rival GPS», *Global Times*, 27 de julio de 2015. Disponible en: *http://www.globaltimes.cn/content/933993.shtml.*

[7] Disponible en: *https://www.glonass-iac.ru/en/.*

dramáticamente los costes de las transacciones a niveles asequibles por los mercados emergentes y de frontera. Efectivamente, creará el equivalente a una nueva «fiebre del oro», la capacidad de que todos, desde los políticos a las empresas de consumo, hagan ofertas a la población global de tú a tú.

Las oportunidades financieras creadas por la plataforma orbital es uno de los motivos por los que otros países están haciendo movimientos agresivos para crear sus propios sistemas de navegación global en órbita. No quieren depender de Estados Unidos para los sistemas de navegación, liquidación y pago. Tampoco quieren que su población sea manipulada en su contra mediante «revoluciones suaves». Esto significa tener cables oceánicos y sistemas de satélites independientes. Significa redundancia.

¿Por qué necesitan redundancia? Necesitan redundancia, especialmente en los sistemas financieros, porque no quieren que pueda chantajearlos cualquiera. Si vas a mantener las cosas limpias, necesitas redundancia y necesitas competencia entre sistemas redundantes. De otro modo, no es lo suficientemente fuerte, innovadora ni explícita.

El futuro de cualquier sistema de moneda digital depende de un sistema redundante y experto de satélites en órbita. Esto hace que los temas sobre legalidad y gobierno relativos al espacio sean mucho más interesantes.

Una vez que esté construido este sistema global, será posible pasar a un sistema de moneda global digital. Por lo tanto, no resulta sorprendente que veamos prototipos como bitcoin, que combina moneda digital con no estar atado a un depósito asegurado soberano, una bendición para los gobiernos del G-7 si puede conseguirse.

«Si una persona cree que los bancos centrales y su moneda digital competirán con el bitcoin, es que no tiene una perspectiva de conjunto. Esto no va a suceder. Jamás. El motivo por el que el oro fue ilegalizado en Estados Unidos en la década de 1930 fue para evitar que compitiera con el dinero emitido por la Reserva Federal. ¿Por qué iba a creer nadie que la Reserva Federal va a permitir que una moneda digital compita con su mecanismo de transmisión de la riqueza a gran escala?».[8]

Una moneda global, digital y fiduciaria que está libre del seguro de depósito soberano es el mecanismo de control definitivo. De modo que siempre que sea digital y controlada de forma central, a la Empresa Mundial, S. A., las élites mundiales y el Estado profundo les va a dar igual si el sistema de moneda se llama dólar, peso, franco, oro o plata.

[8] Rory Hall, «Central Banking Warfare Model Readies the Next Step», *Gold Seek*, 19 de abril de 2017. Disponible en: *http://news.gold-seek.com/GoldSeek/1492697160.php.*

CUARTA PARTE

EL NUEVO MODELO

16

EL REAJUSTE DE PODERES

Es evidente que la Unión Europea no puede sobrevivir en su formato actual; es imposible desde el punto de vista económico. Pero como ocurrió con la antigua Unión Soviética, en breve seremos testigos de un «reajuste», es decir, de nuevas tendencias de unificación en Europa. Y si puede sobrevivir el «núcleo» de la Unión Europea, con la alianza de Francia y Alemania, es bastante probable que la Europa continental pueda aspirar a su propio renacimiento que, si no es la Unión Europea en un nuevo formato, entonces será la reencarnación del imperio de Carlomagno.

Este renacimiento puede adoptar varias formas. Una posibilidad es el eje París-Berlín. Otra, el eje Berlín-Washington. Este modelo es fruto del desarrollo regional del sistema de Westfalia y tiene unas características definitorias clave. Excluye e incluso genera un enfrentamiento con Rusia. «Es una parte orgánica de la estructura del mundo occidental global y desempeña un papel en su enfrentamiento con el mundo no occidental global. Este enfrentamiento es a veces (con Rusia) tosco y directo, y en ocasiones (con China) adopta una estructura compleja y toma en consideración la interdependencia económica.

»El objetivo del nuevo orden es reforzar el viejo mundo occidental o la Europa de la Unión Europea. Se basa en la unidad en varios frentes: militar y político (OTAN), económico (la futura Asociación Transatlántica de Comercio e Inversión o alguna otra encarnación), en materia de cultura y civilización (protestantismo liberal) e incluso en materia de identidad étnica (la mayoría relativa de la población de raza blanca en Estados Unidos tiene ascendencia alemana). [...] Se mueve por hechos reales y por intereses. Y este orden, como cualquier otro, es lo que realmente quieren las élites políticas y económicas de Europa, tras haber titubeado en los últimos años.

»El nuevo orden europeo viene definido por cuatro grandes procesos internacionales y políticos. En primer lugar, Europa ya no quiere intentar incorporar a Rusia como socio menor, sino que trata de reavivar su papel histórico de país rival y amenaza. En segundo lugar, existe una profunda crisis en el proyecto de integración europea, que requiere un firme liderazgo para superarla. En tercer lugar, el Reino Unido quiere salir de la Unión Europea, lo cual es una oportunidad para que la Unión revise sus obsoletos sistemas administrativos y reguladores. Y finalmente, Europa necesita encontrar su lugar en el nuevo sistema de relaciones en el seno del mundo occidental global. Este sistema se basa en nuevos acuerdos comerciales y económicos megarregionales que no rechazan la globalización, sino que la encauzan en beneficio de los líderes históricos del proceso».[1] Se está recuperando una de esas asociaciones: el Acuerdo Transpacífico (TPP, por sus siglas en inglés) está listo para seguir adelante sin Estados Unidos.[2] «Este tratado de libre comercio

---

[1] *Timofei Bordachev, Russia and the Berlin-Washington Order in Europe*, 31 de julio de 2016. Disponible en: *http://greater-europe.org/archives/1398*.

[2] Associated Press, «Trans-Pacific Partnership Set to Move Ahead Without U.S.», *Huffington post*, 21 de mayo de 2017. Disponible en: *www.hu ffingtonpost.ca/2017/05/21/tpp-11-trans-pacific-part nership_n_16740592.html*.

está tan ingeniosamente diseñado que incluso la falta de ratificación no lo detendría. Por ejemplo, podría ponerse en vigor mejorando el mecanismo de acuerdos bilaterales sobre comercio e inversión.»[3]

Es inevitable que se produzcan profundos cambios. «El nuevo orden de [París-Berlín y] Berlín-Washington podría ser una respuesta eficaz al inminente caos que amenaza a la Unión Europea. Se centraría en torno a una asociación estratégica y global de respeto mutuo entre los gigantes económicos occidentales» (Estados Unidos y Alemania)[4] o Alemania y Francia. «La OTAN se convertirá en la base militar y política de la unidad contra Rusia. El nuevo sistema pondrá fin a los intentos de crear una identidad europea en materia de seguridad y defensa. Esta identidad ya se forjó durante los drásticos acontecimientos en Europa Oriental tras el golpe de Estado en Ucrania. Sin embargo, en lugar de una amorfa política común de seguridad europea, la OTAN proporcionará una base institucional sólida para esta identidad. Estados Unidos seguirá desempeñando el papel bien definido de líder militar y político de Occidente. [...]

»El *brexit* también alterará radicalmente la Unión Europea y Europa en su conjunto, dado que le seguirán dos procesos globales. Para sobrevivir, la Unión Europea hará todo lo que esté a su alcance para consolidar su unidad económica. Por otra parte, es muy probable que se suspenda la integración de los sistemas políticos y de seguridad. La OTAN asumirá la responsabilidad de ocuparse de la seguridad exterior de la Unión Europea. Se ha perdido la esperanza de contar con estructuras europeas de defensa. Estados Unidos y el *lobby* proestadounidense en la Unión Europea

---

[3] *Timofei Bordachev, Russia and the Berlin-Washington Order in Europe*, 31 de julio de 2016. Disponible en: *http://greater-europe.org/archives/1398*.

[4] *Timofei Bordachev..., op. cit.*

han restablecido el control total de la situación a raíz de los drásticos acontecimientos de los últimos años en Europa oriental.»[5]

Superado el escollo que supone Gran Bretaña, la teoría es que «a Alemania le costará menos persuadir a Francia y a algunos opositores dentro de Alemania de que solo la liberalización encubierta y la reducción de las obligaciones sociales pueden salvar la economía europea. Las élites de Berlín parecen admitir que hay que dar un giro radical a la economía y aceptan la idea de que tras haber liderado Europa con éxito durante la eurocrisis, Alemania debe salvaguardarla estratégicamente y llevarla a un nuevo grado de desarrollo, por supuesto por la vía pacífica. [...]

»Se ha hablado mucho de la amenaza que supone la peligrosa influencia creciente de Alemania tras la eurocrisis y el futuro *brexit*. Pero un pacto estratégico más firme entre Berlín y Estados Unidos podría ser la solución al problema. Alemania, sólidamente integrada en la asociación transatlántica, no alertará a otras naciones sobre la posibilidad de un "Reich 2.0"».

El nuevo orden internacional Berlín-Washington, de permitirse su consolidación, sería «una combinación de un mercado sumamente abierto (siempre ventajoso para las potencias económicas) y de naciones soberanas que reclaman parte de su autoridad política (lo que permitirá a los miembros fuertes abordar las cuestiones de seguridad sin tener en cuenta a los más débiles). La necesidad de luchar contra el terrorismo también alentará a las naciones soberanas a reclamar una cierta autoridad. Las atrocidades cometidas en París, Bruselas y Niza son la prueba de que el terrorismo amenaza con engullir a Europa. En consecuencia, Europa dejará de dedicar esfuerzos a instaurar servicios de Inteligencia europeos únicos, y presionará para tener un

---

[5] *Ib.*

mayor control sobre las fronteras nacionales lo antes posible. Es evidente que la policía y los servicios de Inteligencia de algunos países serán más efectivos que otros en la lucha contra el terrorismo, y por ello, será crucial restablecer la seguridad en las fronteras. Las élites europeas tendrán que encontrar una forma de combinar un mercado abierto y una seguridad más estricta».[6]

En consecuencia, Bruselas cree que, para sobrevivir, Europa tendría que mantener una unión económica, a la vez que reserva su unión política a un grupo limitado de temas: aquellos que no socaven la alianza trasatlántica que, junto con su encarnación institucional en la OTAN, se convertirá en el factor clave determinante de la supervivencia de la civilización occidental y en la principal herramienta en su lucha por el liderazgo global.

«Con la llegada del nuevo orden, es improbable que la Unión Europea se convierta en un socio ruso más dócil y comprometido. Muchos observadores han expresado su preocupación de que incluso podría volverse más agresiva y pasar del enfrentamiento político a la provocación militar. Se podrán entablar conversaciones sobre cuestiones particulares con las naciones europeas más sensatas, pero sin incumplir las duras normas del sistema Berlín-Washington que se está forjando en Europa. [...]

»Sin embargo, la Unión Europea nunca reconocerá Crimea como parte de Rusia ni levantará sus brutales sanciones contra la península. A su vez, Rusia tendrá que prestar más atención al desarrollo de sus territorios más allá de los Urales y potenciar sus vínculos con economías asiáticas. Para ello podría involucrar a empresas europeas, si son lo suficientemente flexibles para soportar la presión de las sanciones. Ayudaría que Rusia, China, Kazajistán y otros socios regionales avanzaran en la construcción de un sistema eurasiático

---

[6] *Timofei Bordachev..., op. cit.*

de transporte y logística, a lo cual siguiera un área común de desarrollo. [...]

»Rusia no formará parte del nuevo orden europeo, lo cual podría volverlo relativamente inestable y efímero. Eso es lo que le sucedió a otro orden, el modelo Versalles-Washington, que básicamente dejó de lado a Rusia. Por el contrario, los órdenes internacionales que consideraron Rusia como una parte importante (Viena y Yalta-Potsdam) prosperaron y garantizaron la paz en Europa. Aun así, Rusia y el orden Berlín-Washington serán factores externos que se necesitarán entre sí. El futuro de Rusia reside en los amplios formatos democráticos de la cooperación internacional. Estos formatos deben desarrollarse en Eurasia en el marco de una extensa colaboración eurasiática. Solo si forma parte de esta comunidad, Rusia tendrá suficiente capacidad para lidiar con el nuevo orden de Berlín-Washington.»[7]

Ahora bien, las alianzas Berlín-Washington y París-Berlín son justo lo que Londres no quiere. Y aquí entra en escena Macron, el nuevo presidente francés, un hombre que se revelará como representante de los intereses del Imperio británico.

MACRON Y LA REENCARNACIÓN DE NAPOLEÓN III

Una Europa fuerte, boyante en el plano económico y político, supondría un problema considerable para Gran Bretaña, ya que ese país necesita mercados (aquellos que ha perdido con el *brexit*). Por ese motivo, el proyecto favorito de Gran Bretaña —la creación de un «califato» al amparo del Imperio británico— es una cuestión de suma importancia (veremos eso más adelante). Y esto significa que hay que retomar la política de mediados del siglo XIX, cuando Napoleón III, un secuaz de los Rothschilds, creó un prototipo centenario

---

[7] *Timofei Bordachev..., op. cit.*

de la guerra franco-prusiana, en la que Francia perdió repetidamente y solo gracias al apoyo de Gran Bretaña garantizó su seguridad y su estabilidad política. Es decir, Napoleón III creó un sistema de dominación británica sobre Francia.

No es ningún secreto que Macron es un producto de los Rothschild. Pero su aparición en la escena política de Francia indica que las élites mundiales ya están pensando en las consecuencias del colapso de la Unión Europea. Y por este motivo, los resultados de las elecciones francesas estaban predeterminados mucho antes de la votación definitiva. Nunca se dudó de la victoria de Macron, como nunca dudaron de la victoria de Trump quienes entienden los entresijos de la política en profundidad. Así pues, no debe subestimarse el papel de los Rothschild a la hora de promover la candidatura de Macron.

Los Rothschild

«La aparición de los bancos de los Rothschild y otros bancos londinenses de nombres judíos a finales del siglo XVIII y principios del XIX, y la colonización de Estados Unidos por los Rothschild, y más tarde por los Warburg, con sus bancos corresponsales, eran en gran medida un reflejo de la influencia política y de otra índole que Londres tenía en Alemania, sobre todo a través de la Casa de Hanover (Guelph) y sus aliados de Hesse. Puesto que las grandes y pequeñas baronías tenían la costumbre de usar a sumisos "judíos de casa" o "judíos de la corte" (*Hofjuden*) como banqueros privados, siempre vulnerables desde el punto de vista político, aquellos *Hofjuden* más capaces, o más feroces, tarde o temprano pasaron a formar parte de la City de Londres.

»Nunca se convirtieron en el poder independiente con el que soñaban los admiradores antisemitas de los Cecil, los Russell y compañía. Un banquero judío sobrevivía en la

Inglaterra antisemita en la medida en que llegara a ser tremendamente útil para la monarquía británica, y para los Cecil, los Russell, etcétera. Nathan Rothschild se convirtió en alguien tremendamente útil para los intereses de la monarquía británica, tremendamente útil para Wellington, y muy pero muy útil para lord John Russell. Con el creciente poder del barón James Rothschild en Francia en la era posterior a Napoleón Bonaparte, con una sucursal en Fráncfort, en Nápoles, y el delicioso saqueo y ruina de la peseta española, los Rothschild lograron un gran poder financiero y político, y pasaron a ocupar un lugar destacado en los círculos de las entidades financieras de Londres, aliadas contra la raza humana con la clase parasitaria de terratenientes aristocráticos de Gran Bretaña.

»Cecil Rhodes era el protegido de los Rothschild. Empleado de los Rothschild, lord Milner, ayudado por un Rothschild con título nobiliario, lord Roseberry, lideró una drástica reorganización de la política británica y de los servicios de Inteligencia británicos a principios de este siglo. Todos los Rothschild, junto con la monarquía británica y los Cecil, Churchill, Russell, etcétera, se unieron con el objetivo común de subvertir y conquistar Estados Unidos como fuere, para acabar de una vez por todas con el republicanismo dirigista que hacía de Estados Unidos una gran nación.»[8] Para las actuales élites británicas, Donald Trump y otros populistas de derechas son la reencarnación del antiguo republicanismo que antepone los intereses nacionales de un estado-nación a los intereses del imperio.

Su *modus operandi* no ha cambiado en los siglos posteriores, ni tampoco sus intentos de subvertir y conquistar

---

[8] Lyndon LaRouche, «How to Profile the Terrorist», *Executive Intelligence Review*, 37 (5), 26 de septiembre de 1978. Disponible en: *www.larouchepub.com/eiw/public/1978/eirv05n37-19780926/eirv05n37-19780926_044-how_to_profile_the_terrorist_inf-lar.pdf*.

Rusia y Europa Occidental. Así, en lo que se refiere a Rusia, de haber sido presidenta, Le Pen hubiera destruido la Unión Europea y sus políticas rusófobas, anteponiendo los intereses nacionales de Francia, mientras que Macron podría destruir la Unión Europea priorizando los intereses de Gran Bretaña. Además, Le Pen hubiera encomiado a Rusia, mientras que Macron la increpará, pero ello no impedirá que se aceleren igualmente los procesos globales que tienen como fin el hundimiento del mundo liberal. Macron los impulsará aún más activamente, pues Le Pen iba a destruir la Unión Europea, pero hubiera desistido ante una lucha sin cuartel con Alemania, mientras que la misión de Macron es destruir el núcleo de integración de la Europa continental. Es decir, en líneas generales, empujará a Alemania a los brazos de Rusia. ¿Y Rusia lo necesita? Buena pregunta. Putin lo necesita, pero los liberales (es decir, el gobierno y el Banco Central) no.

Macron, al igual que Jean-Luc Mélenchon, líder de un movimiento de extrema izquierda que obtuvo casi 20% de los votos en la primera vuelta de las elecciones presidenciales de Francia, carece de trayectoria política y, en este sentido, como político no puede entrar por sí solo en este o aquel grupo de las élites. En su trabajo es el típico arribista al que no le importa mucho a quién sirve, y en este sentido está plenamente integrado en el sistema de «financieros» (del que forma parte la Francia actual). Pero hay un problema: Macron es un producto de los Rothschild (es decir, está bajo el área de influencia de Gran Bretaña), así que en este momento no puede ser «financiero», ya que los Rothschild «juegan» del lado de los «aislacionistas» (Trump); tan solo hay que fijarse en el *brexit*.

Cabe señalar que, en Gran Bretaña, los «financieros» desempeñan un papel muy importante, lo cual puede apreciarse claramente en los resultados de un referéndum en el que la votación quedó al 50/50. Sin embargo, en este caso, los Rothschild están claramente en contra de los «financieros», lo cual queda sin duda patente en los ataques a sus estructuras en Estados Unidos en años anteriores (los casos de BP y HSBC).

Desde este punto de vista, Macron sería un «agente secreto» que oficialmente estaría al servicio de la burocracia de «financieros», si bien trabajaría en realidad para el grupo contrario. Este análisis se complica aún más porque cuando Macron inició su trayectoria con los Rothschild, estos se hallaban plenamente integrados en la élite «financiera». ¿Cómo se explica la lealtad inquebrantable de Macron a los Rothchild?

La pregunta es: ¿por qué debería Macron «posicionarse» públicamente como banquero y financiero, sobre todo teniendo en cuenta que se ha injuriado y culpado a banqueros y financieros de la crisis económica, no solo en Estados Unidos sino en el resto del mundo capitalista?

Empecemos por la economía. ¿En qué confiaba el Reino Unido (que pronto podría convertirse en tan solo Gran Bretaña, ya que Escocia está mucho más cerca de la Europa continental que Inglaterra)? Al fin y al cabo, la economía moderna es una economía de mercado basada en los mercados de ventas, y el Reino Unido, al rechazar los mercados de la Unión Europea, saboteó, al parecer, su propia economía. ¿En qué confiaba Londres?

Se barajan varias opciones. Una de ellas es la creación de bloques monetarios regionales (nos ocuparemos de ello más adelante). De hecho, Trump, en el discurso tras su victoria, habló de la «regionalización de las economías» como uno de los dos ejes principales de su programa. Una de esas regiones económicas incluiría el Reino Unido y los países árabes (de Marruecos a Arabia Saudí), lo cual significa que Israel corre un grave peligro. No es de extrañar que Arnold Toynbee, uno de los historiadores y espías británicos más influyentes, afirmara en los sesenta que Israel tiene una esperanza de vida de 75 años como máximo. De hecho, Henry Kissinger y los propios Rothschild advirtieron hace cuatro años que

Israel desaparecerá antes del año 2022.[9] Ya ha servido a sus fines. Los judíos están regresando a Crimea (hablaremos de eso más adelante y en mayor detalle). Pocos saben que Putin y la familia Rothschild negociaron en secreto el acuerdo de anexión de Crimea a Rusia.

Así, en el caso del Reino Unido, su bloque económico regional se centraría en el «mundo árabe». El problema es que este plan requiere la eliminación de Israel, y estaba claramente pensado para llevar a Clinton al poder en Estados Unidos, lo que, como sabemos, no ocurrió. Con Trump y su lealtad a Israel en la Casa Blanca, el imperio necesitaba un plan B. Una opción sería repetir lo que pasó en el siglo XIX, cuando Francia entró en la zona de influencia británica y luchó durante un siglo contra Alemania, que trataba de consolidar Europa occidental.

La ventaja añadida de esa opción puede ser que Escocia aún no se decida a separarse de Gran Bretaña, dado que Francia es, desde el punto de vista histórico, el país más cercano a Escocia. Además, ese plan presupone la destrucción acelerada de la Unión Europea (si Inglaterra se sale con la suya), con todas sus instituciones y mecanismos para proteger el mercado nacional, lo que permitirá que Inglaterra, en muchos sentidos, compense el *brexit*. Y quizá, si realmente consigue su propósito, podrá acaparar una mayor cuota de los mercados de cada país en Europa occidental.

Sin embargo, esta opción requiere que entre en escena su propio Napoleón III, que debe liderar Francia e implementar el escenario descrito, es decir, someter a Francia al control británico. Y por este motivo, el candidato para ocupar el puesto de Napoleón III debería ser un personaje con una capacidad de persuasión especial.

---

[9] «Kissinger Said Israel Won't Exist in 10 Years», *Israel Hayom*, 27 de septiembre de 2012. Disponible en: *www.israelhayom.com/site/newsletter_article.php?id=5907*.

Para entender a Macron hay que retroceder en el tiempo, «a la sombra de las Cámaras del Parlamento de Westminster, en Londres. Corre el año de gracia de 1850. A mi alrededor se encuentra el Londres victoriano, el Londres de Dickens y Thackeray, de John Stuart Mill y Thomas Carlyle. Esta ciudad es ahora la capital del mayor imperio colonial que el mundo ha conocido, y en breve alcanzará entre una quinta y una cuarta parte de la población total y de la superficie terrestre. Aunque en teoría aún existen imperios gobernados por los franceses, los españoles, los portugueses, los holandeses, los belgas y los daneses, todos ellos, en este año de 1850, no son más que satélites del Imperio británico. Gran Bretaña es la dueña de los mares, el imperio en el que nunca se pone el sol. Es la nueva Roma a orillas del Támesis.

»La emperatriz es la reina Victoria, que está muy ocupada con el príncipe Alberto engendrando nuevas camadas de Sajonia-Coburgo-Gotha para apoderarse de las casas reales de Europa. En veinticinco años le concederán el título de emperatriz de la India como premio a tanta descendencia. Sin embargo, a pesar de toda la riqueza y el poder de Victoria, Gran Bretaña no es realmente una monarquía, sino una oligarquía al estilo veneciano, y el líder más poderoso de la oligarquía británica en esa época, entre 1830 y el final de la guerra de Secesión estadounidense, es lord Palmerston. [...]

»¿Cómo se las arreglan los británicos? ¿Cómo puede gobernar el mundo entero una camarilla de aristócratas depravados desde esta pequeña y estrecha isla? No hay que creerse eso de la "fábrica mundial"; aquí hay algunas fábricas, pero Gran Bretaña vive del expolio de las colonias. Su flota es formidable, pero también está sobrevalorada, y es muy vulnerable a los desafíos importantes. El ejército es de tercera. No obstante, los británicos han aprendido de los venecianos que la mayor fuerza en la historia ha sido la fuerza de las ideas, y que, si puedes controlar la cultura, puedes controlar cómo piensa la gente, y así, los estadistas, las flotas y los ejércitos se doblarán a tu voluntad.

»Pongamos por caso a nuestro amigo lord Palmerston. Cuenta con el Ministerio de Asuntos Exteriores, el Ministerio del Interior y Whitehall, pero cuando necesite iniciar la revolución de 1848, o cuando estalle la guerra de Secesión, recurrirá a una troika de agentes.

»Son los Tres Chiflados de lord Palmerston. Pero en lugar de Moe, Larry y Curly, estos Tres Chiflados se llaman Giuseppe Mazzini, Luis Napoleón Bonaparte y David Urquhart. Estos Tres Chiflados son la esencia del denominado Imperio británico, mucho más que la bandera británica, Victoria, la raza bulldog, la delgada línea gris de héroes y la flota».[10]

A efectos de nuestra historia, solo nos interesa uno de los chiflados, el francés Luis Napoleón Bonaparte, Napoleón III.

Empezó su andadura como carbonario, es decir, como miembro de una red informal de sociedades secretas revolucionarias que estuvo activa en Italia alrededor del año 1800 al 1831, y «como terrorista en contacto con Mazzini. En 1836, Napoleón trató de aprovechar la fama de su apellido para perpetrar un golpe de Estado con éxito; pero fracasó y tuvo que exiliarse a Estados Unidos. Más tarde se le dio un estudio privado en la nueva sala de lectura del Museo Británico y frecuentó la compañía de lord Palmerston. Empezó a escribir su libro, *Ideas napoleónicas*. La principal idea que defendía era que al Napoleón original no le faltaba razón en ser imperialista, sino que tan solo se había equivocado al tratar de expandir su imperio a expensas de Gran Bretaña.

---

[10] Webster Tarpley, «Palmerston's London During the 1850s: A Tour of the Human, Multicultural Zoo», *Executive Intelligence Review* 21(16), 1994. Disponible en: *www.larouchepub.com/eiw/public/1994/eirv21n16-19940415/eirv21n16-19940415_006-palmerstons_london_during_the_18.pdf*.

Hay mucho espacio para un Imperio francés si se es un socio menor de los británicos».[11]

El investigador Webster Tarpley, en unos cuantos párrafos de corta extensión, describe la relación entre la banca y la política venecianas en los siguientes capítulos de la historia europea: «La forma preferida de gobierno sería el cesarismo democrático, con plebiscitos frecuentes. En 1848, Napoleón trabajaba como agente especial (o policía antidisturbios) para los británicos, con el fin de sofocar una esperada revolución cartista; después se le envió a París. Allí, Napoleón III se valió de su apellido para convertirse en presidente, y más tarde gestó un golpe de Estado que lo elevó a emperador. Palmerston apoyó rápidamente el golpe, lo cual desató la histeria de la camarilla de la corte de Victoria y Alberto. Palmerston se vio obligado a dejar el ministerio, pero pronto regresó, más fuerte que nunca.

»Tras siglos de conflictos, Francia había quedado destrozada, sometida a un régimen títere británico más o menos fiable. Habían nacido las "potencias occidentales", las "anglo-francesas". Napoleón III dio a Palmerston un ingrediente indispensable para su estrategia imperial: un poderoso ejército de tierra. No tardó en ponerse en marcha una entente abierta anglo-francesa. Cuando Victoria visitó París, fue la primera visita de un soberano inglés desde que Enrique VI fuera coronado rey de Francia en Notre Dame en 1431. Cuando Napoleón se unió a Palmerston para atacar a Rusia en Crimea, fue la primera guerra en cuatro siglos en que Francia e Inglaterra luchaban en el mismo bando.

»El pabellón francés del zoo se está redecorando con una nueva versión de empirismo británico: se trata del positivismo, la deplorable filosofía de Auguste Comte y Ernest Renan. Esto provocará la aparición de los estructuralistas, etnólogos e incluso deconstruccionistas franceses de finales del siglo XX.

---

[11] *Ib.*

»Napoleón III es el catamita estratégico de Palmerston, con la misma voluntad propia que una muñeca hinchable. Podríamos considerarlo un agente británico hinchable. Tras la de Crimea, Palmerston necesitará una guerra por tierra contra Austria en el norte de Italia. Napoleón, incitado por Camillo Benso di Cavour, que sabe jugar a los intersticios, le complacerá con la guerra de 1859 y con la gran Batalla de Solferino. Cuando llegue el momento de que Maximiliano se embarque en su aventura mexicana, Napoleón estará deseando enviar una flota y un ejército. Durante la guerra de Secesión, la postura proconfederada de Napoleón será aún más agresiva que la de Palmerston. En 1870, Bismarck derrotará a Napoleón y le obligará a exiliarse a Inglaterra. En este momento, Napoleón urdirá un plan para regresar tras la Comuna de París, pero tendrá que aparecer montado a caballo, y padece de la vejiga. La operación de vejiga con la que se pretendía volverle a subir a un caballo acabará con su vida.

»Napoleón III, que se autoproclama socialista, bautizará la última fase de su régimen como "el imperio liberal". Eso significa que toda Francia es un parque temático dentro del zoológico británico. En 1860, Napoleón firmará un tratado de libre comercio con los británicos»,[12] el denominado tratado de Cobden-Chevalier, un *remake* francés del tratado de libre comercio de Turgot con Inglaterra en 1786, con los mismos resultados catastróficos.

«Por el camino, en 1862 captará socios menores como Senegal e Indochina para su imperio colonial, lo cual sentará las bases para la guerra de Vietnam un siglo después. Durante el gobierno de Napoleón, Francia construirá el canal de Suez, que acabará cayendo más tarde bajo dominio británico. Napoleón III será el prototipo de los dictadores fascistas del siglo xx. Tras su derrota en la guerra franco-prusiana, legará a Francia un partido de colonialistas protofascistas y

---

[12] Webster Tarpley, *op. cit.*

de revanchistas que defienden a capa y espada Alsacia-Lorena, que Napoleón perderá frente a Bismarck. Estos revanchistas volverán a aparecer en Vichy, la Cuarta República y el actual Partido Socialista francés.

»Y sucederá que lord Palmerston tratará de gobernar el mundo a través de la agencia de un triunvirato de Chiflados, cada uno de los cuales custodia algunos pabellones de un zoológico humano.

»Del porqué nos ocuparemos ahora.»[13]

LA IDEOLOGÍA DEL IMPERIALISMO BRITÁNICO

Uno de los «secretos» a voces que compartía la oligarquía británica era que Venecia servía de modelo al Imperio británico. Benjamin Disraeli, primer ministro de Inglaterra a finales del siglo XIX, lo reveló en su novela *Coningsby* al afirmar: «El gran objetivo de los líderes del partido republicado *(whigs)* de Inglaterra desde el primer movimiento bajo los auspicios de Hampden hasta el último más exitoso en 1688 era instaurar en Inglaterra una república aristocrática a imagen y semejanza de Venecia, convirtiendo a los reyes en duques, y con una "constitución veneciana"».[14]

El Imperio británico existe en la mente de sus víctimas. Es el imperio de los sentidos, de la certeza de los sentidos, el imperio del empirismo. Es el imperio del radicalismo filosófico británico, del utilitarismo, del cálculo hedonista,[15] del existencialismo[16] y del pragmatismo.

---

[13] Webster Tarpley, *op. cit.*

[14] Benjamin Disraeli, *Coningsby*, Adamant Media Corporation, 2006.

[15] *Philosophy 302: Ethics. The Hedonistic Calculus.* Disponible en: *http://philosophy.lander.edu/ethics/calculus.html.*

[16] «Existentialism», *Encyclopaedia Britannica.* Disponible en: *www.britannica.com/topic/existentialism.*

«En los años posteriores al Concilio de Florencia de 1439,[17] los enemigos venecianos del cardenal Nicolás de Cusa urdieron un plan para declarar la guerra al Alto Renacimiento italiano y al proyecto ecuménico de Cusa.[18] Para combatir el platonismo renacentista de Cusa, los venecianos de Rialto y de Padua se decantaron por un nuevo aristotelismo, manteniendo la característica visión de Aristóteles, pero despojado de sus ramificaciones averroístas y escolásticas medievales.

»Esto se expresaba en la obra de Pietro Pomponazzi, así como en la de su discípulo, Gasparo Contarini. Durante la guerra de la Liga de Cambrai de 1509-1517, la alianza formada por casi todas las potencias europeas amenazó con aniquilar la oligarquía veneciana. Conscientes de que Francia o España podían aplastarlos como moscas, los venecianos respondieron poniendo en marcha la Reforma Protestante con tres Protochiflados: Lutero, Calvino y Enrique VIII. A su vez, Contarini y sus jesuitas convirtieron a Aristóteles en una pieza clave de la Contrarreforma católica y del Concilio de Trento, e incluyeron a Dante y Piccolomini en el *Índice de libros prohibidos*. Esto dio lugar a siglo y medio de guerras de religión, así como a una "mini Edad Media", que culminó en la Gran Crisis del siglo XVII.

»Venecia era un cáncer que planeaba a conciencia su propia metástasis. Desde su laguna, los venecianos eligieron un pantano y una isla frente al Atlántico Norte (Holanda y las islas británicas). Allí, el hegemónico partido de la Giovani

---

[17] Nora Hamerman, «The Council of Florence: The Religious Event That Shaped the Era of Discovery, Schiller Institute», julio de 1992. Disponible en: *www.schillerinstitute.org/fid_91-96/922_council_of_florence.pdf*.

[18] Webster G. Tarpley, «The Role of the Venetian Oligarchy in Reformation, Counter-Reformation, Enlightenment, and the Thirty Years' War», *Tarpley.net*, 6 de septiembre de 1992. Disponible en: *http://tarpley.net/online-books/against-oligarchy/the-role-of-the-venetian-oligarchy*.

trasladaría su fortuna familiar, sus *fondi* y su particular epistemología. Aunque Francia también acabaría colonizada, se apostó sobre todo por territorios más septentrionales. En primer lugar, se envió a Francesco Zorzi, pariente y vecino de Contarini, para que ejerciera de asesor sexual de Enrique VIII,[19] cuya ardiente libido sería clave para los planes de los venecianos. Zorzi llevó el misticismo rosacruz y la masonería a un territorio que los banqueros venecianos llevaban siglos saqueando. En Inglaterra, el Partido Veneciano creció durante el reinado de los primeros Estuardos, cuando Francis Bacon y su cónyuge, Thomas Hobbes, importaron el neoaristotelismo de Fra Paolo Sarpi, el gran *gamemaster* veneciano de principios de la década de 1600, el artífice de la guerra de los Treinta Años.

»Cuando Jaime I y Carlos I decepcionaron a los venecianos en esa guerra de los Treinta Años, Cromwell, Milton y un popurrí de sectarios subieron al poder en una Inglaterra sumergida en una guerra civil panprotestante y en el establecimiento de la *Commonwealth*. Era la época del genocidio irlandés y de la fundación del imperio de ultramar en Jamaica. Tras la depravación que supuso la Restauración, la "Revolución Gloriosa" de 1688 dio lugar a la imitación más perfecta del sistema oligárquico veneciano jamás vista. Los grandes aristócratas de los partidos republicano *(Whig)* y conservador (Tory) de Inglaterra se propusieron crear un nuevo Imperio romano con centro en Londres. Tras fracasar el intento de Leibniz de salvar Inglaterra, Gran Bretaña emprendió el camino hacia el imperio con su nueva dinastía Welf hannoveriana.

»La guerra de Sucesión Española (1702-1713) fue el primer conflicto bélico librado a escala mundial y el último sus-

---

[19] Gerald Rose, *The Venetian Takeover of England: A 200-Year Project,* The Schiller Institute, 1994. Disponible en: *www.schillerinstitute. org/conf-iclc/1990s/conf_feb_1994_gmr.html.*

piro para las rivales España y Holanda. La Paz de Utrecht concedió a los británicos la supremacía en el mar. Luis XIV y Colbert fueron derrotados por la geopolítica veneciana basada en el "divide y vencerás", dado que se usaba dinero británico para reclutar a estados como Brandeburgo y Saboya en la lucha contra los franceses. Al hacerse con el codiciado "asiento", el monopolio del comercio de esclavos con la América española, los británicos se convirtieron en los principales comerciantes de esclavos del mundo. La riqueza de Bristol y Liverpool se cimienta en la esclavitud.»[20]

MACRON

Y esto nos lleva al nuevo presidente electo de Francia, Macron. Resulta difícil entender su figura a menos que se contemple a través del prisma de los Rothschild, de Venecia, de los traicioneros intereses financieros y de la política profunda.

Según dicta el canon, el nuevo presidente francés debe ser ambicioso hasta la médula y fácilmente controlable. Es conveniente que cuente con una orientación no tradicional (muy bien aceptada por el público liberal) y una trayectoria liberal «correcta» en aras de consolidar el electorado pertinente. A su vez, debe tener un discurso sumamente populista y «eurocentrista», manteniendo en secreto su auténtico propósito, bien oculto a las curiosas miradas de los fisgones del público general. Sí, y también debe ser joven y no formar parte de la clase dirigente; esa misma clase dirigente odiada

---

[20] Webster Tarpley, «Palmerston's London During the 1850s: A Tour of the Human, Multicultural Zoo», *Executive Intelligence Review* 21(16), 1994. Disponible en: *http://www.larouchepub.com/eiw/ public/1994/eirv21n16-19940415/eirv21n16-19940415_006-palmerstons_ london_during_the_18.pdf*.

y criticada por el público general. Y su lealtad al cártel bancario debe encubrirse al máximo.

¡Es la viva imagen de Macron! Eso es justo lo que necesita la élite británica para implementar los planes que le permitan restituir, aunque sea de forma parcial, la grandeza del Imperio británico. La presencia de una figura «materna» (es decir, su esposa, veinticinco años mayor) no hace más que poner de manifiesto su manejabilidad y voluntad de obedecer.

Así pues, ¿qué hará Macron? En primer lugar, ¡presionará a Angela Merkel, acusándola de no proteger lo suficiente la integridad y los intereses de la Unión Europea! Y lo hará sin dilación, con el fin de complicar y hacer peligrar su posición tanto como sea posible de cara a las elecciones de otoño. En la situación actual, Merkel no puede prometer invertir en la Unión Europea antes de las elecciones, lo que inevitablemente deteriorará su relación con Bruselas. Y Macron se convertirá en la «salvación» para la Unión Europea, propondrá varios planes que no pueden ponerse en marcha sin Alemania y creará una gran división entre Bruselas y Berlín. Y a tenor de la situación actual, le saldrá muy bien la jugada.

¿Qué habría hecho Le Pen? De haber sido elegido presidenta de Francia, Le Pen habría creado un «núcleo» en Europa Occidental mediante la alianza de Francia y Alemania, un eje París-Berlín que hubiera gobernado directamente al resto de los países, saltándose la mediación de Bruselas.

La llegada del *Frexit*

«La salida de Gran Bretaña implica el fin de una era. La de Francia significaría el fin de la Unión Europea.»[21] En

---

[21] Robert Zaretsky, «Frexit is Coming», *Foreign Policy*, 29 de junio de 2016. Disponible en: *http://foreignpolicy.com/2016/06/29/frexit-is-coming-brexit-france-le-pen.*

la revista de la clase dirigente *Foreign Policy,* Robert Zaretsky interpreta así la situación: «Por razones históricas e institucionales, sería catastrófico que Francia entrara en crisis. [...] Francia es la "nación fundadora de la Unión Europea por excelencia, la única nación capaz de tomar la iniciativa para comenzar la creación de Europa a principios de la década de 1950". [...]

»Mientras se sentaban las bases de un nuevo orden europeo, el pasado imperial le pasaba factura a Francia, al asentarse en el país cientos de miles de inmigrantes de sus antiguas colonias en el norte de África (Marruecos, Túnez y sobre todo Argelia). Contratados para cubrir puestos de trabajo creados durante los "Treinta Gloriosos", esos mismos inmigrantes vieron cómo se les quitaba la alfombra de bienvenida de debajo de los pies cuando la economía francesa se ralentizó y después se contrajo a finales del siglo xx. A principios del siglo xxi, el temor generalizado al "Gran Reemplazo" (un término acuñado por el ensayista Renaud Camus que postula la sumersión de una Francia blanca y cristiana a los inmigrantes árabes y musulmanes) se había convertido en un dogma de fe entre el creciente número de franceses que respaldaba ahora al partido de extrema derecha Frente Nacional (fn).

»El auge de las instituciones supranacionales, el declive de la economía nacional, la aparición de nuevas comunidades de inmigrantes, la desaparición de las antiguas industrias y empleos: todos ellos son afluentes que desembocan en la ciénaga de aguas salobres llamada *frexit.* Al igual que el *brexit,* el *frexit* es básicamente una crisis de identidad nacional. La incapacidad de los gobiernos, tanto conservadores como socialistas, para reparar las crecientes fisuras sociales y económicas en la sociedad francesa, así como para reinventar el modelo republicano en el siglo xxi, ha fomentado la vuelta al nativismo y al nacionalismo. Es revelador que una encuesta de 2015 pusiera de manifiesto que, si se repitiera el referéndum de 2005 sobre la Constitución Europea, 62% de los encuestados votaría en contra, 7% más de los que votaron "no" en aquel momento».[22]

Sin embargo, el enfoque de Macron es radicalmente distinto al de Le Pen. Se cargará la relación entre Alemania y Francia (con la retirada gradual de esta última bajo los auspicios de Gran Bretaña) con el pretexto de preservar la unidad comunitaria y proteger los intereses de los miembros «pequeños» de la Unión Europea. Y es muy posible que tarde menos en cargarse la Unión Europea de lo que hubiera tardado Le Pen. Pero si bien ella estaba dispuesta a hacerlo abiertamente, Macron, por el contrario, ocultará sus planes con su retórica «eurocentrista».

El plan británico reúne todos los requisitos para ser una brillante estrategia a distintos niveles. Aun así, no está exento de problemas. Vivimos en un mundo inmerso en una gran agitación geopolítica, al borde del colapso y de la desintegración económica. «Es probable que la creciente brecha entre la mayoría y un reducido número de multimillonarios con gran notoriedad suponga una amenaza cada vez mayor para la estabilidad y el orden social. Ante estos retos, las clases sociales desfavorecidas de todo el mundo podrían unirse, valiéndose del acceso a la información, los recursos y las habilidades para diseñar procesos transnacionales en su propio interés como clase.»[23] Esta creciente desesperación de la humanidad desencadenará «una guerra civil, violencia intercomunitaria, insurgencia, una criminalidad omnipresente y disturbios generalizados».[24]

Ante el declive de los mercados financieros en una espiral descendente y ante el colapso económico global, cabe

---

[22] Robert Zaretsky, *op. cit.*

[23] Ministry of Defense and Joint Forces Command, DDCDC *Strategic Trends Programme*, 17 de octubre de 2013, actualizado en febrero de 2017, p. 80.

[24] *Ib.*, p. 68.

prever «un fuerte impacto en los precios, posiblemente causado por una acusada subida del precio de la energía o por una serie de malas cosechas»[25] que «desencadene un efecto dominó que comporte el desplome de los mercados internacionales clave en una amplia gama de sectores».[26] Los efectos de esta caída de los mercados, propagados a toda la economía globalizada, podrían causar el desmoronamiento del sistema político internacional y un colapso económico total.

¿Significa eso que toda la humanidad está en peligro? La respuesta es negativa, ya que incluso si se «erosionan las libertades civiles», los multimillonarios quedarán protegidos gracias a «los avances tecnológicos y la vigilancia omnipresente». Combinada con «bases de datos intrusivas, accesibles y de información sumamente sensible, la aparición de la denominada "sociedad de la vigilancia" cuestionará cada vez más los supuestos en torno a la privacidad, con el correspondiente impacto en las libertades civiles y los derechos humanos».[27]

HA LLEGADO LA HORA DE QUE LAS ÉLITES SE SUBLEVEN CONTRA LAS MASAS IGNORANTES

Ahora bien, entre los medios corporativos occidentales suele reinar esta visión de futuro: el *brexit* ha dejado al descubierto el cisma político de nuestro tiempo. Ha llegado el momento de que las élites se subleven contra las masas ignorantes. La actual revuelta ciudadana (en Estados Unidos, Gran Bretaña y Europa) puede generar una drástica transformación política, pero nada más.

Este punto de vista coincide con el que expresó en 1902 una asociación elitista británica, el Coefficients Club. Lord

---

[25] *Ib.*, p. 78.

[26] *Ib.*, p. 78.

[27] Ministry of Defense and Joint Forcest Command, *op. cit.*, p. 61.

Alfred Milner, de la Mesa Redonda, reveló su visión de futuro en una reunión en 1903 en el hotel St. Ermin's. Milner hizo hincapié en que «debemos tener una aristocracia, pero no marcada por los privilegios, sino por los conocimientos y por el sentido de propósito; de lo contrario, la humanidad estará abocada al fracaso. La solución no pasa por el enfrentamiento directo. Podemos acabar con la democracia porque entendemos cómo funciona la mente humana, los entresijos del intelecto que se oculta tras la persona física. No creo que el progreso humano sea el fruto espontáneo de una multitud de mentes en bruto movidas por las necesidades más básicas, sino una consecuencia natural, aunque elaborada, de intrincadas interdependencias humanas».

A principios del siglo xx, la eugenesia era el credo común de las élites. Tras la Segunda Guerra Mundial, con el genocidio aún fresco en la mente del pueblo, el término se cambió primero por *interdependencia* y más tarde, en ese mismo siglo, por *reingeniería*. Con el *brexit* y Trump, las élites tratan de «reingenierizar» a la sociedad para abocarla a la extinción.

Había una vez

En la revista *Foreign Policy*, el órgano oficial de las clases dirigentes estadounidenses, un artículo de James Traub define su «particular» visión de cómo podría ser el futuro: «A finales de la década de 1960, las élites se encontraban en una situación caótica, como ahora, aunque en aquel entonces rehuían de los muchachos que se rebelaban contra el mundo de sus padres; ahora las élites rehúyen de los padres. El extremismo se ha convertido en algo habitual».[28] Los «nue-

---

[28] James Traub, «It's Time for the Elites to Rise Up Against the Ignorant Masses», *Foreign Policy*, 28 de junio de 2016. Disponible en: *http://foreignpolicy.com/2016/06/28/its-time-for-the-elites-to-rise-up-against-ignorant-masses-trump-2016-brexit*.

vos pobres», a diferencia de los pobres tradicionales, tienen una buena educación y están acostumbrados a los hábitos de consumo de masas que requieren un flujo sinfín de dinero en efectivo o de crédito. Este grupo, que representa entre 15 y 20% de la sociedad, nunca perdonará ni olvidará que se le prive de la posibilidad de disfrutar de un estilo de vida que considera «normal». Y por primera vez en más de un siglo, desde el deliberado desmantelamiento del Imperio ruso, este grupo «antiélites» de los «nuevos pobres» está dispuesto a suicidarse en masa para desmantelar las estructuras de poder occidentales. No quieren salvar el sistema e intercambiar un líder por otro, ni llegar a un acuerdo con los círculos de poder. Están dispuestos a destruir el sistema, a sabiendas de que acabar con él significará su propia caída.

«Uno de los aspectos que quedó patente en el voto a favor del *brexit* fue el repudio total de los banqueros y economistas, así como de los jefes de Estado occidentales que advirtieron a los votantes de los riesgos de romper con la Unión Europea. El primer ministro británico, David Cameron, creía que los votantes harían caso de la opinión casi universal de los expertos, lo cual no hace más que evidenciar lo mucho que se equivocó con su propio pueblo.

»En Gran Bretaña, tanto el Partido Conservador como el Laborista están ahora en crisis.»[29] El gobierno socialista francés sufrió un fiasco similar en las elecciones nacionales de mayo de 2017, en las que el partido del presidente François Hollande quedó totalmente borrado del mapa, y ni siquiera llegó a la última ronda de votaciones. Theresa May, primera ministra británica, ha perdido recientemente su abrumadora mayoría en Gran Bretaña. «Los partidos de derechas de toda Europa piden a gritos su propio referéndum para salir de la UE. Lo que importa, en definitiva, es la globalización.»[30]

---

[29] *Ib.*
[30] James Tranb, *op. cit.*

17

GLOBALIZACIÓN Y CIVILIZACIÓN

Uno de los motivos por los que se ha estancado la globalización es porque requiere subvenciones directas e indirectas procedentes de la financiación pública en forma de deuda soberana y municipal. Sin embargo, ahora que el modelo de crecimiento de la deuda está llegando a su fin, se están reduciendo estos subsidios. Se nos apremia a centrarnos en lo que es productivo desde el punto de vista económico en vez de en objetivos políticos o en el beneficio económico de los inversores privados y las empresas. ¿Cómo es un mundo así? Nadie lo sabe.

Catherine Austin Fitts, exsubsecretaria de Vivienda del Departamento de Vivienda y Desarrollo Urbano de Estados Unidos (HUD, por sus siglas en inglés), plantea así el dilema: «A través de Davos y de otros grupos que trabajan para lograr un consenso estratégico, sabemos desde hace varios años que las élites se muestran cada vez más preocupadas por el impacto de la automatización en el empleo, la desigualdad y la pobreza. Una revisión de varios estudios indica que la automatización incrementará significativamente el desempleo. El nuevo empleo que se cree requerirá competencias actualizadas o diferentes. Esta es una de las cuestiones que parece inspirar miedo entre las autoridades. No saben con certeza qué hacer.

»Esto plantea una cuestión muy importante. ¿Por qué tratamos de industrializar la agricultura si carecemos de puestos de trabajo para quienes perderán su estilo de vida autosuficiente basado en el cultivo de la tierra? Como dijo *sir* James Goldsmith, "si […] abocamos a 2 100 millones de personas a los barrios marginales de las ciudades, provocaremos una migración masiva de proporciones nunca vistas […]. Crearíamos dos mil millones de refugiados. Estaríamos generando oleadas migratorias masivas que ninguno de nosotros podría controlar.

»Los bancos centrales y los gobiernos han utilizado gran parte de su capacidad para intervenir y subvencionar. Los fondos de pensiones, las instituciones financieras y las empresas se dedican a la destrucción de pasivos, o a lo que yo llamo "demoliciones controladas". Los gobiernos reestructuran sus presupuestos, operaciones y políticas. Según opina mucha gente de todo el mundo, los cambios en múltiples áreas nos impactarán a todos a la vez. En parte, esto explica la "guerra contra el efectivo" del G7. Las autoridades quieren tener más control sobre los flujos de efectivo y los datos financieros asociados con el fin de poder dirigir ese flujo hacia los impuestos gubernamentales, las grandes instituciones financieras y los servicios de Inteligencia».[1]

El *brexit*, Trump, el Frente Nacional y demás demuestran que las élites políticas han subestimado la magnitud de la ira de las fuerzas globales y, por ende, la exigencia de que alguien, sea como sea, restituya el *statu quo ante*. Puede parecer extraño que la reacción haya llegado hoy y no justo después de la crisis económica de 2008, pero es que, al retroceder la crisis, se ha generado una nueva sensación de estancamiento. A tenor de las previsiones de crecimiento cero en Europa y del aumento mínimo de los ingresos en Estados

---

[1] Catherine Austin Fitts, «2016 Annual Wrap Up», *Solari Report*, enero de 2017. Disponible en: *https://solari.com*.

Unidos, los votantes se están rebelando contra sus pésimas perspectivas a largo plazo. Y la globalización abarca tanto la cultura como la economía: las personas mayores, que ven como el mundo que conocen se va desvaneciendo entre una mezcolanza de lenguas extranjeras y actos de celebración multiculturales, alzan los puños a las élites cosmopolitas.

En Polonia, «un partido de extrema derecha que aboga por el nacionalismo[2] y la tradición ha llegado al poder a pesar de que durante años se ha gozado de una innegable prosperidad con un régimen centrista. Sus partidarios repiten una y otra vez las mismas palabras para justificar su voto: "valores y tradición". Votaron a favor de su identidad polaca frente a la modernidad de la Europa Occidental.[3]

»Quizá la política se reorganice en torno al eje de la globalización, con los detractores a un lado y los pragmáticos al otro. Los nacionalistas se ganarían la lealtad de los blancos de clase obrera y de clase media,[4] que se consideran a sí mismos los defensores de la soberanía. En el centro reformado estarían los beneficiados por la globalización y los ciudadanos pobres, de raza no blanca y marginados, que son conscientes de que la defensa de la identidad nacional los deja al margen.

»Por supuesto, los principales partidos tanto de izquierdas como de derechas tratan de llegar a los nacionalistas airados. A veces esto requiere doblegarse totalmente, como

---

[2] James Traub, «The Party That Wants to Make Poland Great Again», *The New York Times Magazine*, 2 de noviembre de 2016. Disponible en: *https://www.nytimes.com/2016/11/06/magazine/the-party-that-wants-to-make-poland-great-again.html*.

[3] James Traub, «It's Time for the Elites to Rise Up Against the Ignorant Masses», *Foreign Policy*, 28 de junio de 2016. Disponible en: *http://foreignpolicy.com/2016/06/28/its-time-for-the-elites-to-rise-up-against-ignorant-masses-trump-2016-brexit*.

[4] Joel Rogers y Ruy Teixeira, «America's Forgotten Majority», *The Atlantic*, junio de 2000. Disponible en: *www.theatlantic.com/magazine/archive/2000/06/americas-forgotten-majority/378242*.

cuando Nicolas Sarkozy, en su intento de recuperar la presidencia francesa, [y profundamente avergonzado en las encuestas], denuncia[5] la "tiranía de las minorías" e invoca la "Francia de siempre" con su pasado totalmente blanco. Desde la izquierda, Hillary Clinton ha abandonado su antigua defensa del libre comercio[6] para atraer a sindicalistas y demás que quieren proteger las fronteras nacionales frente al mercado global. Sin embargo, izquierda y derecha discrepan tanto acerca de cuál es la mejor forma de amortiguar los efectos de la globalización[7] y de hacer frente a la llegada masiva de refugiados e inmigrantes que incluso la amenaza del extremismo quizá no baste para incitarles a hacer causa común».[8]

LAS ÉLITES ABREN UN SEGUNDO FRENTE

Sin duda, Trump, si es que no lo asesinan como hicieron con John F. Kennedy, cambiará la imagen de la América moderna, y no solo en Estados Unidos. Aunque es pronto para sacar conclusiones, podemos entender, si es que hemos entendido los planes actuales de la élite mundial, cómo se va a desarrollar el futuro cercano.

---

[5] «Sarkozy Puts the "Nation" in the Heart of His Campaign», *French Fresh News*, 8 de junio de 2016. Disponible en: *http://frenchfreshnews.blogspot.ca/2016/06/sarkozy-puts-nation-in-heart-of-his.html*.

[6] Zeke J. Miller, «Hillary Clinton Haunted by Past Support for Trade Deals», *Time Magazine*, 27 de julio de 2016. Disponible en: *http://time.com/4426483/dnc-hillary-clinton-trans-pacific-partnership*.

[7] Larry Elliott, «Brexit is a Rejection of Globalization», *The Guardian*, 26 de junio de 2016. Disponible en: *https://www.theguardian.com/business/2016/jun/26/brexit-is-the-rejection-of-globalisation*.

[8] James Traub, «It's Time for the Elites to Rise Up Against the Ignorant Masses», *Foreign Policy*, 28 de junio de 2016. Disponible en: *http://foreignpolicy.com/2016/06/28/its-time-for-the-elites-to-rise-up-against-ignorant-masses-trump-2016-brexit*.

En la actualidad, el mundo se adentra en una era dominada por los grandes espacios de civilización y sus luchas, en una época de importantes derrumbes geopolíticos, donde la religión y su moralidad adoptan una posición preeminente. La llegada de Trump forma parte del plan. ¿Por qué se inventó el concepto del choque de civilizaciones? Muy sencillo. Desde la óptica del «Estado profundo», el mundo estaba impregnado de darwinismo social, dado que se rige por la lucha por la supervivencia. El desarrollo mundial puede presentarse como algo positivo (a través del arte, la ciencia, la ética y la estética) o negativo (a través de la lucha por la supervivencia, la lucha entre las razas humanas). La civilización son los grandes espacios culturales.

Por tanto, se necesitan choques de civilizaciones para que Rusia y Occidente entren en conflicto. Divide y vencerás. Cuando divides a la gente, es más fácil manejarla a tu antojo. En segundo lugar, la élite supramundial necesita disolver la identidad europea, creando un nuevo crisol cultural europeo, para lo cual se sirve de la civilización islámica. Ha decidido enfrentar al islam y al mundo cristiano europeo, encarando y movilizando a grandes masas de población. ¿Cómo se hace eso? Desintegrando el mundo islámico desde dentro. Para ello, el primer paso es acabar con los gobiernos socialistas civilizados y reemplazarlos por regímenes radicales y fundamentalistas.

En Egipto, por ejemplo, esto se consiguió con los Hermanos Musulmanes, cuya aportación más importante al Imperio británico fue la difusión de un extremismo oscurantista y antifilosófico, de la xenofobia y de un movimiento de contracultura entre las masas egipcias y árabes, sobre todo entre los estudiantes. Con el ascenso del sionismo, «los Hermanos Musulmanes se convirtieron en el principal instrumento del antisemitismo demagógico y del falso nacionalismo islámico que perpetuó la continua mediación de los británicos (¡y del ejército británico!) entre las facciones árabes y judías enfrentadas».[9] Los infernales cánticos de los adeptos a esta locura están aniquilando las valiosas capacidades mentales creativas de toda una generación.

Sin duda, esto es justo lo que los británicos tenían en mente. La erradicación de toda «influencia occidental» del islam (es decir, el desarrollo y la tecnología industrial) es propia del método británico de dominio colonial mediante el retroceso forzado.

EL MODELO DE PSICOLOGÍA DE MASAS

La contracultura que impusieron los británicos en Oriente Medio contaba con un precedente: las ceremonias de los cultos paganos de los decadentes imperios egipcio y romano, las cuales tenían a su vez su propia historia. «La continuidad del culto a Apolo es importante en este sentido. Existen clanes de la Nobleza Negra de Roma cuyas familias y tradiciones políticas se remontan a la República romana. [...] La república y el imperio en el que vivían sus antepasados estaban a su vez controlados por la rama romana del culto a Apolo. En aquella época, ese culto era, según los casos, la principal institución de préstamo usurero agrícola de la región mediterránea, un servicio de Inteligencia político, y a la vez un culto y un creador de cultos.

»Desde la muerte de Alejandro Magno hasta que el culto de Apolo[10] se disolviera para convertirse en el estoicismo[11] que este había creado en el siglo II a. C., este culto se basaba

---

[9] Robert Dreyfuss, «Muslim Brotherhood: London's Shocktroops for the New Dark Ages», *Executive Intelligence Review*, 6(18), 8 de mayo de 1979, p. 14.

[10] «Apollon Cult 1», *Theoi Project*. Disponible en: *www.theoi.com/Cult/ApollonCult.html*.

[11] Jacques Brunschwig y Geoffrey E. R. Lloyd (eds.), *The Greek Pursuit of Knowledge*, Flammarion, 1996, p. 369.

en el Egipto ptolemaico, el cual era utilizado para controlar Roma. En Egipto, el culto a Apolo combinaba el culto a Isis y a Osiris como imitación directa del culto frigio a Dionisos y de su imitación romana, el culto a Baco. Fue allí donde el culto a Apolo creó el culto del irracionalismo estoico. Fue el culto a Apolo el que erigió el Imperio romano, el cual creó la legislación romana basándose en la antihumanista *Ética a Nicómaco*, de Aristóteles. Esta es la tradición que transmiten las antiguas familias "negras" romanas.»[12] Estas familias romanas, con el tiempo, pasaron a conocerse como la Nobleza Negra Veneciana, y actualmente sus miembros ocupan cargos clave en el núcleo de poder de organizaciones como el Club Bilderberg.

Esta tradición persistió bajo diversas coberturas institucionales, conservando siempre intactas su visión del mundo y su doctrina esencial. La monarquía británica, la clase parasitaria de terratenientes aristocráticos de Gran Bretaña y las facciones feudales y de dominio británico de la Orden de Malta son la expresión moderna y concentrada de la tradición y las políticas ininterrumpidas del antiguo culto a Apolo.

Todo aristotélico sabe que «el progreso tecnológico y científico generalizado, dadas las condiciones de educación y libertad de innovación que este progreso exige, produce en el ciudadano una dedicación al potencial creativo de la mente humana que es la antítesis del sistema oligárquico. Lo que los aristotélicos han odiado y temido a lo largo de los milenios es porque saben que el progreso tecnológico y científico generalizado y continuado, como política regidora de la sociedad, conlleva una hegemonía republicana que termina

---

[12] Lyndon H. LaRouche, Jr., «How to Profile the Terrorist Infrastructure», *Executive Intelligence Review*, 5(37), 26 de septiembre de 1978. Disponible en: *http://www.larouchepub.com/eiw/public/1978/ eirv05n37-19780926/eirv05n37-19780926_044-how_to_profile_the_te- rrorist_inf-lar.pdf*.

para siempre con la posibilidad de establecer un dominio oligárquico en el mundo».[13]

Han recurrido a los mismos métodos que usaron los antiguos sacerdotes de Apolo y el clero del culto egipcio a Isis del tercer milenio antes de Cristo.: «fomentar los cultos dionisíacos de las culturas de drogas, las contraculturas eróticas-orgiásticas, las multitudes desquiciadas de "destructores de máquinas" y los terroristas fanáticos para convertir esta potencia combinada en una plebe enloquecida contra aquellas fuerzas de la sociedad que están dedicadas al progreso tecnológico y científico».[14]

Así, una vez aniquilados los regímenes sociales progresistas, llegó el momento de pasar a la siguiente parte del plan: lanzar las tarjetas de refugiados y, con ellas, la «larga marcha» hacia el norte.

Uno de los motivos que llevan a la población a emigrar es garantizar su seguridad física; abandonan una zona devastada por la guerra en busca de un lugar en paz. Otra razón es la comida: dejan una zona donde reina la hambruna en busca de un sitio con abundancia de alimentos. Parémonos por un momento a pensarlo. ¿Por qué quiere el presidente Trump construir un muro en la frontera meridional de Estados Unidos? Trump representa una facción del Estado profundo que quiere proteger Estados Unidos y sacrificar el imperio.[15] La intención de este grupo es reunir recursos y lograr una recuperación dentro de las fronteras de su propio país.

La frontera septentrional de Estados Unidos linda con Canadá, un país rico y amistoso con un gran superávit de alimentos, que es más que capaz de gestionar sus propias

---

[13] Lyndon H. LaRouche, Jr., *op. cit.*

[14] *Ib.*

[15] Chris Marsden, «The Trump Presidency and the Coming Conflict Between Europe and America», *World Socialist Web Site*, 19 de enero de 2017. Disponible en: *www.wsws.org/en/articles/2017/01/19/pers-j19.html.*

fronteras. A este y oeste, Estados Unidos está protegido por inmensos océanos. Sin embargo, su frontera meridional está desprotegida.

Si el mundo experimenta una crisis económica global, o una guerra comercial, o un grave cambio climático, ¿qué probabilidades hay de que una gran cantidad de población migre por una frontera meridional abierta[16] desde un territorio en que Estados Unidos ha favorecido el crecimiento de cárteles del crimen organizado? En algunos casos, esta migración bastaría para destruir tanto a México como a Estados Unidos.

Abordemos ahora el tema del muro de Trump desde una nueva perspectiva, que ha tenido muy poca repercusión en los medios de comunicación. Estados Unidos forma parte del próspero hemisferio norte. Para las élites económico-financieras, la llegada de Trump comporta una pérdida de poder. Por lo tanto, ¿qué pueden hacer para contrarrestarla? Pues inundar Estados Unidos de refugiados procedentes de América Latina (además de inundar Europa de refugiados de Oriente Medio y del Norte de África). Una nueva invasión y un nuevo foco de conflicto. Un nuevo frente abierto entre el Norte rico y el Sur pobre. Ante la futura invasión estadounidense por parte de los «latinos» había que tomar medidas. El «conflicto» entre Rusia y Europa es ya «agua pasada». Trump tiene la intención de convertir Estados Unidos en un bastión infranqueable ante una «invasión» desde el sur. Además, los estadounidenses se han dado cuenta de que se están involucrando intencionadamente en el conflicto eurasiático para desviar la atención de los problemas que vienen del sur.

En 2015 seguía desatándose una migración masiva en Oriente Medio, Europa y América del Norte. Una de las mejores descripciones de este fenómeno la encontramos en

---

[16] SUNY Levin Institute, *Migration and Globalization*. Disponible en: *www.globalization101.org/uploads/File/Migration/migration.pdf*.

el libro de Kelly Greenhill, *Weapons of Mass Migration: Forced Displacement, Coercion, and Foreign Policy* («Armas de migración masiva: desplazamientos forzosos, coacciones y política exterior»): «Mi principal argumento es que la migración coercitiva puede concebirse provechosamente como una estrategia de coerción mediante castigo, normalmente asimétrica y a dos niveles, con la que rivales internacionales pretenden influir en el comportamiento de su población objetivo, aprovechándose de la existencia de intereses nacionales opuestos en el seno del estado (u estados) en cuestión y manipulando los costes o riesgos impuestos a su población civil. Tradicionalmente, en los casos de coerción, estos costes suelen imponerse por medio de amenazas y del uso de la fuerza militar para lograr objetivos políticos "a precio de ganga". Sin embargo, en la migración coercitiva, los costes se imponen a través de amenazas y usando bombas demográficas humanas para cumplir objetivos políticos que serían totalmente inalcanzables por medios militares».[17]

En este caso, somos testigos de una migración masiva diseñada por los líderes políticos y empresariales para renovar los colectivos de trabajadores, crear grupos electorales controlados y aumentar notablemente la necesidad nacional de contar con un gobierno y un poder ejecutivo centralizados,[18] todo ello en aras de mermar el poder político efectivo de una clase media bien preparada. La migración en masa ha llevado a la Unión Europea a revisar los acuerdos fronterizos y de circulación de personas, además de añadir más presión a la capacidad de la Unión Europea para mantener la coherencia política.

---

[17] Kelly M. Greenhill, *Weapons of Mass Migration: Forced Displacement, Coercion, and Foreign Policy*, Cornell University Press, Ithaca, NY, 2011.

[18] Vijeta Uniyal, *Merkel's Migrant Deception*, Gatestone Institute, 15 de marzo de 2017. Disponible en: *www.gatestoneinstitute.org/10048/merkel-migrant-deception*.

Después de que un industrial alemán declarara que Alemania necesitaba otros 800 000 trabajadores a causa del envejecimiento de la población, ese país reveló que tenía 800 000 inmigrantes en 2015. A mí eso me suena a mano de obra suplementaria. Según los cálculos de la Unión Europea, los inmigrantes eran en su mayoría (70%) varones solteros de 17 a 36 años. En el libro *La trata de esclavos*, de Hugh Thomas, se describe la creación de grandes plantaciones en Alabama, Misisipi y Luisiana, y la migración de un gran número de esclavos procedentes de zonas costeras que sirvieron de mano de obra.[19] En el plan se estipulaba que 70% serían varones solteros de 17 a 36 años de edad. Al parecer, el manual de operaciones vigente en el siglo xxi es bastante similar al que se usaba en el siglo xix.

Lo que está por llegar

Estados Unidos no está dispuesto a ceder su posición de liderazgo a China, y luchará por mantener y retener a aliados asiáticos como Japón, Taiwán y otros. Las élites económicas, que viven según los preceptos de los Rockefeller, no perdonarán el aislacionismo de Trump.[20] Ya existe un plan B, que están desarrollando con todo detalle dos centros de estudios estadounidenses, el Hudson Institute y la RAND Corporation (ambos financiados por la Fundación Rockefeller).[21]

---

[19] Hugh Thomas, *La trata de esclavos. Historia del tráfico de seres humanos de 1440 a 1870*, Editorial Planeta, Barcelona, 1998.

[20] Tyler Durden, «Globalists Are Building an Army of Millennials to Destroy Sovereignty», ZeroHedge.com, 31 de mayo de 2017. Disponible en: *www.zerohedge.com/news/2017-05-31/globalists-are-building-army-millennials-destroy-sovereignty.*

[21] Walter Russell Mead, «The Risk of Nation-State Conflict», *Hudson Institute*, 13 de noviembre de 2014. Disponible en: *www.hudson.org/research/10836-the-risk-of-nation-state-conflict.*

El plan consiste en un choque entre el Norte rico y el Sur pobre, pero del continente americano.[22] Sin embargo, esto no acaba aquí. Se busca el enfrentamiento no solo de Europa, sino también de Rusia y de los países pobres que le quedan al sur (Asia Central y el Cáucaso). El enfrentamiento del mundo cristiano en general y del mundo islámico.[23] Y Donald Trump tiene que ser el que ponga freno a este plan.

Para contrarrestar el ataque de los financieros, Trump no tardará en exigir una auditoría completa del Sistema de la Reserva Federal, desde el que los banqueros de Rockefeller lo controlan todo y a todos desde 1913, obligando a Estados Unidos a seguir sus políticas económicas. Para evitarlo, la élite bancaria está dispuesta a usar la carta del choque de civilizaciones como contrapartida, salvo que esta vez se enfrentaría al Norte rico con el Sur latino pobre.

[22] Dave Majumdar, «New Report Details Why a War between China and America Would be Catastrophic», *The National Interest*, 1 de agosto de 2016. Disponible en: *http://nationalinterest.org/blog/ the-buzz/new-report-details-why-war-between-china-america-would- be-17210*.

[23] Ronald Inglehart y Pippa Norris, «The True Clash of Civilizations, Foreign Policy», marzo-abril de 2003. Disponible en: *www.glo- balpolicy.org/component/content/article/162/27604.html*.

18

LA RESERVA FEDERAL DE ESTADOS UNIDOS

La cuestión es cómo puede Donald Trump servirse de su poder como presidente para subyugar a la Reserva Federal estadounidense. Esta institución lleva décadas actuando como una mafia más que como un estabilizador financiero de la economía estadounidense.

Es importante entender que la Reserva Federal ha globalizado el dólar estadounidense, una medida precursora de la estrategia que se está implementando actualmente en América. Por ejemplo, a principios de la década de 1990, un acuerdo financiero autorizó a Citibank, bajo la gestión de facto de la Reserva Federal, a prestar dinero a George Soros con el fin de destruir una serie de monedas específicas. «La guerra monetaria de Soros puede concebirse como el despliegue de tropas de choque invasoras con la misión de aniquilar a la resistencia, encarnada por el crédito nacional. Los dólares entrantes son las fuerzas de ocupación que siguen a los ataques iniciales de las tropas de choque. Esta ha sido la tónica en Iberoamérica, en Europa oriental y Rusia, y en China, y se ha dirigido contra Europa occidental, a través de los repetidos y sucesivos ataques al mecanismo europeo de tipos de cambio desde el verano de 1992.»[1]

---

[1] «The Dollarization of the World Economy: Who Benefits?», *Exe-*

La dolarización es la precursora del tipo de medidas que la Reserva Federal supervisaba en México. «Se sacaban dólares de Estados Unidos en un volumen sin precedentes, no solo en transacciones asociadas al narcotráfico y la economía sumergida, sino también a través del Banco de la Reserva Federal de Nueva York, en colaboración con grandes bancos, concretamente Citybank y el Republic National Bank of New York, vinculado al crimen organizado, propiedad del mafioso Edmond Safra, que enviaban dólares a granel en envases azules a los clientes "solicitantes", sobre todo en Iberoamérica.»[2]

Lo que deja boquiabierto es que, en la actualidad, más de 60% de los dólares estadounidenses «no están físicamente en territorio estadounidense, sino que circulan por el extranjero. Es decir, casi dos de cada tres billetes de dólar ya no están en manos de ciudadanos estadounidenses, sino que el dólar se ha internacionalizado».[3]

QUÉ HAY DETRÁS DE TODO ESTO

«Existen dos motivos que explican la salida masiva de dólares de Estados Unidos, hasta el punto de que solo queda realmente un tercio de los billetes físicos de dólar en ese país. El primero es la economía sumergida e ilegal dominada por el narcotráfico; los narcotraficantes, controlados por los bancos de Londres y Estados Unidos, desvían parte

---

cutive *Intelligence Review*, 20(39), 8 de octubre de 1993, p. 30. Disponible en: *www.larouchepub.com/eiw/public/1993/eirv20n39-19931008/ eirv20n39-19931008_030-the_dollarization_of_the_world_e.pdf*.

[2] «The Dollarization...», *op. cit.*

[3] Richard D. Porter y Ruth A. Judson, «The Location of U.S. Currency: How Much Is Abroad?», *Federal Reserve Bulletin*, octubre de 1996. Disponible en: *www.federalreserve.gov/pubs/ bulletin/1996/1096lead.pdf*.

de los dólares físicos (sobre todo los billetes de 50 y 100 dólares) a países como Colombia, Perú, Venezuela, México y Hong Kong. El segundo motivo es que la Reserva Federal, Citibank, [y desde principios de la década de 1990] el Republic National Bank of New York y el Chemical Bank mandan dólares a Rusia, Argentina, China e Indonesia. [...]

»La Reserva Federal envía algunos dólares por su cuenta, pero normalmente suelen mandarse cuando los grandes bancos lo solicitan, es decir, cuando un banco como Citibank hace un pedido. La Reserva Federal agrupa los dólares en envoltorios de plástico azul, y estos se agrupan en fardos. A continuación se transportan en camiones para embarcarse en barcos o aviones y enviarse al extranjero.

»Aunque es evidente que la dolarización física de las economías las destruye, también es cierto que ese proceso está destruyendo Estados Unidos. No es en absoluto un síntoma de que ha recuperado fuerza en el mundo posterior a la Guerra Fría, como algunos han afirmado. La fuga de dólares físicos hace que crezca la categoría de "dólares internacionales" (que engloba los billetes de dólar físicos, los bonos del Tesoro estadounidenses denominados en dólares y los productos derivados designados en dólares), los cuales se diferencian, en cierto sentido, de los dólares estadounidenses nacionales. Se están volviendo en contra del propio país, que está obligado a bailar al son de quienes tienen los Ωdólares en sus manos.

»Conforme este proceso se vuelve en contra de Estados Unidos, tal como pretenden quienes diseñaron el acuerdo secreto del Tratado de Libre Comercio de América del Norte (TLCAN), irá mermando la propia soberanía estadounidense para volver al tipo de esclavitud por deudas a la que están sometidos los ciudadanos mexicanos incluso en este momento.»[4] Trump está en contra de esto, y lo ha hecho

---

[4] «The Dollarization of the World Economy: Who Benefits?», *Exe-*

saber. ¿Es posible que el Estado profundo tenga otra razón más para odiarlo?

«Lo que hemos visto hasta ahora en torno al dominio que ejerce la banca en las economías de Iberoamérica es solo el principio. Los bancos centrales de México y Argentina tienen "acuerdos" con la Reserva Federal de Estados Unidos. En el caso argentino, la emisión de moneda nacional está vinculada al volumen de dólares en circulación; el banco central de Argentina no puede emitir más volumen de su propia moneda a menos que la Reserva Federal le envíe algunos dólares. En el caso mexicano, el banco central es el "beneficiario" de una línea de crédito de la Reserva Federal.»[5]

Desde principios de la década de 1990, «los bancos centrales nacionales debían instituirse como extensiones del Sistema de la Reserva Federal de Estados Unidos, con capacidad para conceder créditos en dólares, ejerciendo de "prestamista de último recurso" para detener las odiosas burbujas especulativas que se van creando. ¡Esto supone una traición para Estados Unidos!».[6] Y Donald Trump lo sabe. «La Reserva Federal estadounidense se convierte en el prestamista emisor, y en el de último recurso, con el fin de respaldar la generación de créditos en dólares fuera de Estados Unidos, en forma de burbujas de derivados y préstamos en dólares del banco central. Así, mediante acuerdos secretos [...], la Reserva Federal se está posicionando para poder coordinar

---

cutive Intelligence Review, 20(39), 8 de octubre de 1993, p. 30. Disponible en: *www.larouchepub.com/eiw/public/1993/eirv20n39-19931008/ eirv20n39-19931008_030-the_dollarization_of_the_world_e.pdf*.

[5] «Federal Reserve Takes Over Banking in the Hemisphere», *Executive Intelligence Review*, 20(39), 8 de octubre de 1993, p. 27. Disponible en: *www.larouchepub.com/eiw/public/1993/eirv20n39-19931008/ eirv20n39-19931008.pdf*.

[6] *Ib.*

de qué modo ese crédito generado en el exterior se utilizará contra el propio país de Estados Unidos.»[7]

Lo que se está maquinando es que «la Reserva Federal desempeñe la función de banco central hemisférico, o Reserva Federal hemisférica, que fue para lo que se diseñó originalmente en 1913. La Reserva Federal se convertirá en el banco central de todos los bancos centrales hemisféricos, al sur de la frontera. Deberá ir acompañada de un dólar internacional globalizado, que a su vez se originará en esa misma Reserva Federal internacionalizada».[8]

Aunque todo parecía ir sobre ruedas, había un pequeño obstáculo que amenazaba con complicar los planes de las élites. A finales de febrero de 2013 se descubrió todo el pastel: el Sistema de la Reserva Federal de Estados Unidos se declaró en quiebra. Dennis Small, director de la sección de Latinoamérica de la revista *Executive Intelligence Review*, afirma que «cuando se escriba el epitafio de la Reserva Federal, podría figurar perfectamente como causa de la muerte "el desvío indebido de fondos a operaciones especulativas". Y lo mismo puede decirse del sistema bancario estadounidense totalmente en quiebra, dirigido por la Reserva Federal, así como de todo el sistema financiero transatlántico del Imperio británico. Por fin se ha puesto punto final a la política de interminables rescates financieros hiperinflacionarios.

»La defunción se anunció públicamente el 26 de febrero [de 2013]. Ese día, Bloomberg News informó que la calificadora de riesgo MSCI, con sede en Nueva York, acababa de completar una prueba de tensión para comprobar la robustez del Sistema de la Reserva Federal de Estados Unidos, cuyos resultados revelaban que en el caso "adverso" de una "salida" de la Reserva Federal de la expansión cuantitativa (EC) (es decir, si vendiera los tres billones de activos que

---

[7] *Ib.*
[8] *Ib.*

la Reserva ha acumulado en el marco de la EC) las pérdidas de ajuste al valor de mercado en la partida de activos de la Reserva Federal serían de alrededor de 547 000 millones de dólares en tres años. Esa cifra es muy superior al valor del capital de la Reserva Federal, e implica que esta institución se encuentra, de hecho, "en quiebra", tal como establecerían los buenos principios contables.

»MSCI es la misma compañía potentada que la propia Reserva Federal utiliza para realizar pruebas de tensión a los 19 principales bancos de Estados Unidos. El presente estudio, encargado por Bloomberg News, aplicaba los mismos criterios usados en los bancos para analizar la solvencia de la propia Reserva. "Las posibles pérdidas son algo sin precedentes en el siglo de historia de la Reserva Federal", escribió Bloomberg en su teletipo.

»La publicación del estudio del MSCI se hizo coincidir perfectamente en el tiempo, casi a la misma hora, con la comparecencia anual del presidente de la Reserva Federal, Ben Bernanke, ante el Comité de Banca del Senado y el Comité de Servicios Financieros de la Cámara de Representantes de Estados Unidos, los días 26 y 27 de febrero de 2013, respectivamente. Ninguno de los congresistas o senadores de los comités estaba lo suficientemente envalentonado como para plantear la recuperación de la Ley Glass-Steagall de 1933, de Franklin Roosevelt, como solución evidente a la inminente catástrofe.

»Sin embargo, algunos sí tomaron nota de las ingentes pérdidas que se producirían cuando la Reserva Federal revirtiera sus compras en el marco de la EC, y un senador republicano por Tennesee, Bob Corker, llegó incluso a enviar una carta abierta a Bernanke el mismo día en que comparecía ante el Senado, exigiendo una respuesta a lo siguiente: "Si los tipos de interés subieran y su cartera de valores estuviera a precio de mercado, ¿acaso no se lo podría declarar insolvente, al menos en lo que respecta a la hoja de balance contable? Y de ser así, ¿qué riesgo comportaría eso?".

»Cuando un senador estadounidense de alto rango pregunta públicamente al presidente de la Reserva Federal si el Banco de la Reserva no es "insolvente", sabes que la situación ha llegado demasiado lejos».[9]

El informe sobre la quiebra de la Reserva Federal pilló por sorpresa, «pero ahora parece que esa realidad la tiene cada vez más clara una gran cantidad de importantes actores en el seno de la comunidad financiera transatlántica (incluida la propia Reserva, los banqueros de Wall Street y sus socios británicos importantes), es decir, que la propia Reserva está innegablemente en quiebra».

ENTRANDO DESPACITO EN QUIEBRA

«La Reserva Federal recoge ahora lo que ella misma, condicionada por la insistencia de Londres, ha sembrado con su política de expansión cuantitativa hiperinflacionaria, en respuesta al estallido de la burbuja financiera mundial en 2008. Desde 2008, y hasta finales de 2012, la Reserva Federal emitió más de 2.5 billones de dólares en nuevos fondos que simplemente se inyectaron en el sistema bancario. En 2013, la Reserva introdujo otro billón de dólares a través de la EC. (El rescate total de los bancos cuesta mucho más en orden de magnitud; la EC es tan solo el nuevo volumen de efectivo que la Reserva ha inyectado directamente.)

»El argumento que daba en ese momento la Administración Obama para justificar el gasto público en estos rescates iba en la línea de: "Oye, tenemos que ayudar a los bancos para que a su vez puedan volver a dar préstamos a las empresas y a los consumidores." Pero ese no fue el resultado, ni

---

[9] Dennis Small, «The Game Is Up: The Fed Is Bankrupt», Executive *Intelligence Review*, 8 de marzo de 2013. Disponible en: *www.larouchepub.com/eiw/public/2013/eirv40n10-20130308/19-25_4010.pdf*.

tampoco la intención real. En el mismo periodo en que la EC estadounidense ascendía a más de 2.5 billones de dólares, los depósitos bancarios aumentaron en realidad casi 1.7 billones de dólares. Pero ¿llegaron a prestar los bancos ese dinero? Por supuesto que no; se destinó a alimentar el cáncer especulativo. En consecuencia, el total de préstamos bancarios se contrajo en casi un billón de dólares entre 2008 y 2012, al mismo tiempo que la EC aumentaba en 2.5 billones de dólares.

»Pero el verdadero problema es aún peor que todo eso, ya que, por regla general, quizá la mitad, a lo sumo, de los préstamos bancarios en un año cualquiera es realmente productiva. La otra mitad es especulativa por naturaleza, dado que se dedica a proporcionar préstamos interbancarios, apuestas hipotecarias, etcétera.

»Esta política no es exclusiva de Estados Unidos. Todo el sistema financiero transatlántico se ha visto socavado por esta misma locura especulativa.

»En el Reino Unido, en el mismo periodo, el Banco de Inglaterra emitió, asimismo, alrededor de 590 000 millones de dólares en EC,[10] y los depósitos bancarios también aumentaron (experimentaron un drástico incremento en 1.1 billones de dólares, un salto de 42%).[11] Como era de esperar, los préstamos bancarios cayeron en el Reino Unido durante este periodo, al igual que sucedió en Estados Unidos, en este caso en unos 80 000 millones de libras esterlinas (o 125 000 millones de dólares al tipo de cambio actual), un descenso de 5%.[12]

---

[10] Zoso Davies, «What Has the Bank of England's Corporate Bond Buying Achieved?», *Financial Times*, 3 de abril de 2017. Disponible en: *www.ft.com/content/be19fbb4-1623-11e7-80f4-13e067d5072c?mhq5j=e2.*

[11] John C. Williams, «Cash Is Dead! Long Live Cash!, *Federal Reserve Bank of San Francisco 2012 Annual Report*, 2012. Disponible en: *www.frbsf.org/files/2012_Annual_Report_Essay.pdf.*

[12] Andrew G. Haldane, Matt Roberts-Sklar, Tomasz Wieladek y

»Lo mismo ocurre con la política del Banco Central Europeo (BCE) en la Europa continental. En el mismo periodo entró en escena el equivalente europeo de la EC (curiosamente denominado OFPML, operaciones de financiación a plazo más largo), con una nueva inyección de más de 1.3 billones de dólares de dinero fácil,[13] para tratar de rescatar a los gigantes bancarios europeos en quiebra, mientras que los préstamos bancarios siguen estancados en toda Europa.»[14]

Esta es la situación global en la que se encuentra el sistema financiero transatlántico: «La EC acumulada causó una hiperinflación en el sistema financiero del orden de 4.4 billones antes de finales de 2012,[15] y se disparó a entre 5.5 y 6 billones en 2013. Y mientras tanto, los préstamos bancarios se han reducido en alrededor de un billón de dólares».[16] Todo el sistema mundial está en crisis. Se trata de una crisis general centrada en la comunidad transatlántica.

LA AUTÉNTICA REFORMA

Los propagandistas del Imperio anglo-veneciano han hecho todo lo posible para tratar de convencer al mundo de que el

---

Chris Young, *QE: The Story So Far*, Bank of England, octubre de 2016. Disponible en: *www.bankofengland.co.uk/research/Documents/workingpapers/2016/swp624.pdf*.

[13] «Trans-Atlantic QE Soars as Bank Lending Collapses», *LaRouchepac.com*, 6 de marzo de 2013. Disponible en: *http://archive.larouchepac.com/node/25737*.

[14] *Ib.*

[15] «A National Economic Recovery Program: A Glass-Steagall System of National Banking to Fund NAWAPA and Other Great Projects», *Bulletin of The Committee for the Republic of Canada*, 3(2), marzo de 2013. Disponible en: *www.committeerepubliccanada.ca/IMG/pdf/bulletinvol3no2march2013.pdf*.

[16] Dennis Small, «The Game Is Up: The Fed Is Bankrupt», *Executive Intelligence Review*, 8 de marzo de 2013. Disponible en: *www.larouchepub.com/eiw/public/2013/eirv40n10-20130308/19-25_4010.pdf*.

futuro mundial depende de la restitución de su abusivo sistema financiero. «Nos inducen a centrarnos en cuestiones que tienen relativamente poca importancia, como las primas de los banqueros y ciertos temas contables, mientras los depredadores financieros siguen robándonos sin que nos demos cuenta. Nos hacen creer que los necesitamos, aunque nos aboquen a una terrible austeridad fascista, a un gobierno global y a un genocidio.

»La auténtica reforma pasa por poner fin al sistema monetario imperial, acabando con su control sobre la emisión y el precio del dinero, y sustituirlo por sistemas de crédito soberano. Implica acabar con el poder de los bancos centrales privados, empezando por la Reserva Federal, y retomar los principios estipulados en la Declaración de Independencia y la Constitución de Estados Unidos.»[17]

Trump debería erradicar todo lo que apesta a globalización. «Empezando por la idea del impuesto global sobre las transacciones financieras, concebido para ser en realidad el primer gravamen de la dictadura económica global. Y lo mismo con los impuestos asociados al capital y al comercio, y todo el resto de impuestos "verdes". Nada de financiar sistemas imperiales, punto.»[18]

Y hay que hacer lo mismo con la regulación de los instrumentos financieros derivados. Trump debería ilegalizarlos. «Deben declararse nulos y sin efecto todos los contratos de derivados actualmente en vigor y prohibirse firmar nuevos contratos. Problema resuelto.

»La montaña de deuda especulativa se cancela mediante la reorganización de la quiebra, y el sistema bancario que

---

[17] John Hoefle, «The Only Real Reform Measure Is the LaRouche Plan», *Executive Intelligence Review*, 18 de diciembre de 2009. Disponible en: *http://www.larouchepub.com/eiw/public/2009/2009_40-49/2009-49/pdf/14-15_3649.pdf*.

[18] *Ib.*

se deriva de ese proceso opera en virtud de la Ley Glass-Steagall.»[19]

Tal como propone acertadamente el economista John Hoefle, Trump debería obligar al sector bancario a estar al servicio de la economía, y no al revés. Debería «fundar un nuevo Banco de Estados Unidos que ejerza de intermediario entre el gobierno y el sistema bancario privado, y auditar a la Reserva Federal después de echarle el cierre».[20]

Para frustrar estos planes, los círculos liberales de las élites tienen intención de desencadenar la tercera guerra mundial.

LA GUERRA HÍBRIDA EN EL FRENTE FINANCIERO

Básicamente, la tercera guerra mundial, en la que el mundo occidental se enfrentará al islámico, se librará en varios frentes: 1) la guerra con armas de fuego en Irak y Oriente Próximo (Siria, Palestina, Turquía y Egipto), Oriente Medio (Yemen, Somalia y Afganistán) y Ucrania; 2) la guerra en los medios de comunicación y el ciberespacio; 3) la guerra económica para obtener recursos y tecnología; 4) la guerra social en el ámbito de la educación, la cultura y el deporte. Esta contienda híbrida se denomina históricamente el Gran Juego.

El Gran Juego original enfrentó principalmente a Gran Bretaña, Rusia y el decadente Imperio otomano en una guerra continua entre sí para hacerse con el control de la región transcaucásica y de Asia Central. La filosofía del Gran Juego es enfrentar a los pueblos entre sí, inculcando ideologías basadas en estrictos preceptos religiosos, étnicos o territoriales. Allí donde existan ya tales ideologías, hay que cultivarlas y exacerbarlas, y allí donde no existan, inventarlas. Utilizar

---

[19] John Hoefle, *op. cit.*
[20] *Ib.*

agentes provocadores y rumores para provocar las reacciones necesarias de paranoia violenta.

La desestabilización actual en Oriente Medio y el subcontinente indio es el reflejo de la siguiente fase de un plan de Inteligencia británico urdido tras la guerra árabe-israelí de 1973. Requiere la proliferación de guerras tribales, sectarias y étnicas por todas estas regiones, así como favorecer movimientos musulmanes fundamentalistas. Por ejemplo, fue este plan el que en gran parte guió la desestabilización del Líbano. La guerra del Líbano enfrentó a las comunidades católica, palestina, musulmana chiita, musulmana suní, drusa y griega ortodoxa del país. La guerra tuvo como consecuencia la división de facto del Líbano por parte de Israel y Siria.

El Consejo de Relaciones Exteriores de Estados Unidos, el principal comité de expertos de ese país, definía así su visión: «Si el poder central está lo suficientemente debilitado, no existe una sociedad civil real que mantenga la unidad del sistema político, ni un sentido real de identidad nacional común, ni una lealtad absoluta al Estado nación. En ese caso, el Estado se desintegra (como sucedió en el Líbano) y se sumerge en un caos de disputas, pugnas, sectas en conflicto, tribus, regiones y partidos».[21]

En la actualidad, esto se hace a través de organismos como la Organización de Naciones y Pueblos no Representados (UNPO), con sede en La Haya, una de las instituciones clave en la maquinaria global del príncipe Felipe y su Fondo Mundial para la Naturaleza, que respalda el plan de desintegrar las naciones para convertirlas en las denominadas *biorregiones*. El objetivo real de la UNPO es geopolítico: imponer un sistema neofeudal global dirigido por Naciones Unidas.

---

[21] Bernard Lewis, «Rethinking the Middle East, Bernard Lewis», *Foreign Affairs Magazine*, otoño de 1992. Disponible en: *https://www.foreignaffairs.com/articles/middle-east/1992-09-01/rethinking-middle-east*.

Estos buitres ven en la actual desintegración económica global una oportunidad para lograrlo. La UNPO «está jugando a un juego delicado, aunque totalmente coherente con la estrategia geopolítica británica. [...] Apoyan las tendencias separatistas-secesionistas, dando por hecho que los rusos, los chinos de la zona continental y otros (como los indonesios) reaccionarán ajustándose a lo que suelen hacer en tales situaciones, es decir, reprimiendo brutalmente los movimientos "étnicos" en cuestión. A corto y medio plazo, esta supresión disuade a estos y posiblemente otros movimientos de desafiar al "centro", pero se cree que a más largo plazo instiga un espíritu revolucionario. Se trata de una trampa clásica, utilizada una y otra vez por los imperialistas británicos para desintegrar otras naciones o imperios en las últimas décadas».[22]

La versión actual del Gran Juego ha evolucionado hasta tal punto que ahora se sientan a jugar ante el «tablero de la historia» seis proyectos globales: Nueva Babilonia (Estados Unidos), Nuevo Califato (terroristas), el eterno reino de Israel, Datong China, Gran Europa y Gran Eurasia.

En la actual crisis de la sociedad industrial, que choca con la realidad de los «límites de crecimiento» de la capacidad del mercado mundial, los préstamos y el endeudamiento, los recursos naturales y la contaminación, el principal frente de la guerra híbrida son las estructuras financieras mundiales. A su vez, el sistema de comercio internacional basado en los petrodólares estadounidenses se encuentra a la defensiva, atacado por el nuevo dinero digital (*blockchains* y bitcoines), así como por la antigua medida de valor natural, las onzas de oro y los quilates de diamantes.

---

[22] Mark Burdman, «UNPO Plays Key Role in Transcaucasus Blowup», *Executive Intelligence Review*, 12 de abril de 1996, p. 31. Disponible: *www.larouchepub.com/eiw/public/1996/eirv23n16-19960412/ eirv23n16-19960412_031-unpo_plays_key_role_in_transcauc.pdf*.

La situación de «transformación global» en 2017, el año del gallo de fuego en China, se caracteriza por un grave enfrentamiento entre las élites de Estados Unidos en lo que respecta al modo de salir de la crisis. Los globalistas, las clases dirigentes liberales, las élites bancarias y sus primos los financieros tratan de mantener a flote el sistema del petrodólar de la Reserva Federal, motivados por el ideal de la victoria del liberalismo fariseo de la Nueva Babilonia. Por su parte, los aislacionistas (Trump) quieren salvar Estados Unidos como «ciudad asentada sobre un monte».[23]

El eslogan del presidente Trump, «Primero Estados Unidos», implica que se luchará por salvar el sueño americano de agricultores, vaqueros y trabajadores comunes a costa del sistema global del petrodólar. Por otro lado, la caída del petrodólar garantizará que la «ciudad asentada sobre un monte» vuelva a soñar con estar al frente del liderazgo industrial y tecnológico. Por lo tanto, la caída del sistema financiero global basado en el petrodólar será el foco principal de la «Batalla Final» de la tercera guerra mundial del nuevo modelo híbrido.

La ofensiva estratégica de Trump contra el petrodólar se desarrollará de la siguiente manera: la banca y los círculos financieros estadounidenses veían en la «contracción de las burbujas» a través de una guerra a escala mundial la forma de salir de la crisis global de emisión ilimitada en dólares por parte de la Reserva Federal. Esto es justo lo que sucedió durante la escalada de las hostilidades contra el «eje del mal» proclamada por el presidente estadounidense George W. Bush tras el 11 de septiembre.

---

[23] «Una ciudad asentada sobre un monte» es una expresión usada en la parábola de la sal y la luz en el sermón de Jesús en la montaña. En Mateo 5, 14 predica a sus discípulos: «Vosotros sois la luz del mundo; una ciudad asentada sobre un monte no se puede esconder».

El «eje del mal» de estados no gratos incluía países que supuestamente patrocinaban el terrorismo: Afganistán, Irak, Irán, Libia y Siria. Sin embargo, las guerras regionales de Estados Unidos tan solo mantuvieron el *status quo* del sistema de dominación global basado en el petrodólar, no resolvieron el problema de la crisis. Para acabar con las burbujas que amenazan con sumir al mundo en el caos hace falta una guerra mundial. Se hicieron planes para que estallara una contienda de ese tipo, a raíz de la escalada de la crisis en Ucrania.

Por su parte, los aislacionistas estadounidenses, con su dinero invertido en el sector inmobiliario y la economía real, tienen otra idea para acabar con la crisis, la caída pacífica del propio sistema del petrodólar mediante la neutralización (liquidación) de la Reserva Federal.

Una vez desmantelada la oposición financiera/bancaria, Trump reorganizará la economía estadounidense. Concretamente, reducirá drásticamente las libertades liberales, reforzará el control estatal, emprenderá la confiscación de bienes y nacionalización de grandes empresas y recursos, y dejará de emitir moneda para sostener la economía mundial.

En Estados Unidos, el motor del progreso no va a ser el préstamo con intereses y la diferencia de cambio entre las operaciones de compra y venta de los especuladores, sino el avance en las nuevas tecnologías de convergencia NBIC (Nano-Bio-Info-Cogno) y el mundo digital de bitcoines y *blockchains* con vistas a liderar el camino hacia el transhumanismo. Estas tecnologías de convergencia incluyen la robótica, la cibernética, la inteligencia artificial, la tecnología antienvejecimiento, la mejora cognitiva, la interacción intercerebral, la realidad virtual, la ingeniería genética, el teletransporte, las interfaces hombre-máquina, la ingeniería neuromórfica y la mejora de las capacidades humanas en el terreno de la defensa.

Hay algo que es evidente. Por primera vez en la historia, entramos en una era en la que la inteligencia colectiva de la humanidad será cada vez «menos biológica y billones de veces más potente que en la actualidad, el inicio de una nueva civilización gracias a los medios tecnológicos»,[24] lo que nos permitirá superar nuestras limitaciones biológicas y aumentar nuestra creatividad.

Donald Trump quiere hacer de esta visión una piedra angular de su presidencia. Su discurso semanal del 25 de marzo de 2017 incluía «un potente e inspirador vídeo de cinco minutos en el que anunciaba su intención de liderar al país en su vuelta a la carrera espacial tras siete años en los que Obama había destruido la NASA y el programa espacial nacional. A Trump le vino la inspiración mirando al vacío por el telescopio Hubble en 1995, cuando se dio cuenta de que aún quedan por descubrir miles, o millones, o una cantidad aún mayor de nuevas galaxias. Trump comentaba: "Fue un descubrimiento totalmente increíble. Pero esa inolvidable imagen no satisfizo nuestras profundas ansias de conocimiento, sino que las alimentó aún más y nos recordó lo mucho que desconocemos acerca del espacio, y francamente, lo mucho que desconocemos acerca de la vida." [...]

»Con pocas excepciones, los principales medios de comunicación estadounidenses, obsesionados con destruir al presidente estadounidense movidos por las mentiras del Imperio británico sobre el peligro que supone Rusia para el mundo, han pasado totalmente por alto este histórico vídeo. No ha habido un presidente que haya inspirado tanto a la nación desde el llamamiento de JFK a ir a la Luna y el llamamiento de Ronald Reagan para que Estados Unidos y Rusia crearan juntos una defensa estratégica en el espacio frente a las armas nucleares, y aun así, la mayoría de la

---

[24] Ray Kurzweil, *The Singularity is Near: When Humans Transcend Biology*, The Viking Press/Penguin Group, Nueva York, 2005.

gente no se digna ni a escucharlo, sin asumir que es nuestra responsabilidad».[25]

Para fomentar el progreso, el desarrollo tecnológico y la inversión en una infraestructura nacional decrépita, Trump tiene que dejar de perseguir la cohesión nacional mediante la destrucción y la guerra. En Estados Unidos se necesita la asombrosa cifra de 4.6 billones de dólares para reparar infraestructuras.[26] El continuo deterioro de las infraestructuras estadounidenses no solo perjudicaría a millones de ciudadanos y a su economía en general, sino que también dañará a la posición que ocupa Estados Unidos en el mundo. El motivo es que otros países (sobre todo China) están avanzando a toda velocidad con una infraestructura superior. Estados Unidos prácticamente no tiene ningún plan para construir vías de tren de alta velocidad. «China ya tiene 20 100 kilómetros de líneas ferroviarias de alta velocidad, cerca de 60% del total de kilómetros de vías que hay en el mundo. Su plan es contar con más de 29 000 kilómetros para el año 2020 y casi 48 000 kilómetros antes de 2030.

»Algunos de estos trenes de alta velocidad unen a las ciudades y las agrupan para ser más productivas. Por ejemplo, eso facilita el ajuste de las capacidades profesionales con los requisitos laborales. El Banco Mundial ha estimado que la agrupación de ciudades mejora la productividad 10%, lo que significaría un aumento de 10% en los ingresos reales. A largo plazo, el plan chino de unir megaciudades mediante trenes con una velocidad próxima a la del sonido, que es

---

[25] «Trump, and the LaRouche Movement, Inspire a Return to Mankind's Mission to Space», *LaRouchePac*, 26 de marzo de 2017. Disponible en: *https://larouchepac.com/20170326/trump-and-larouche-movement-inspire-return-mankinds-mission-space*.

[26] Thomas Frank, «Civil Engineers Say Fixing Infrastructure Will Take $4 6 Trillion», *CNNMoney*, 9 de marzo de 2017. Disponible en: *http://money.cnn.com/2017/03/09/news/infrastructure-report-card/index.html*.

de 965 km/h, permitirá unir a más de cien millones de personas que colaborarán en una red totalmente integrada. Un tren que fuera a 560 km/h o más podría unir Boston, Nueva York y Washington para convertirlas en una única región urbana integrada.»[27]

Para poder invertir libremente en el futuro de Estados Unidos, Trump debe superar primero el sabotaje intencionado del futuro nacional que perpetra el arma de la colonización, la Reserva Federal, de propiedad privada. Para superar la omnipotencia económica de la Reserva Federal, el equipo de Trump solo dispone de medios políticos. Y ya se ha hecho pública la dirección en la que va esta línea política: acabar con el poder del Califato Negro wahabí (ISIS), socavando la estabilidad de los regímenes de sus patrocinadores de la economía del petrodólar: Arabia Saudí y Catar, donde el wahabismo es la religión oficial.

En los dos primeros meses de presidencia, la Administración Trump anunció la eliminación de las trabas jurídicas a la presentación de demandas en tribunales estadounidenses contra Arabia Saudí como país responsable del atentado del 11 de septiembre de 2001. De iniciarse procesos judiciales, acabarían con la detención o confiscación de activos saudíes por valor de miles de millones de dólares.[28] Además, Trump

---

[27] «A Loss of Faith in The American Dream and Why All Roads Lead to China and A New Gold-Backed Monetary System», *KingWorldNews.com*, 8 de abril de 2017. Disponible en: *http://kingworldnews.com/all-roads-lead-to-china-and-a-new-gold-backed-monetary-system*.

[28] No me creo la teoría de que Trump y los saudíes son muy buenos amigos, ni tampoco que, al parecer, de la noche a la mañana, la Administración Trump haya pasado de abogar por una política exterior antiglobalización, en la que Estados Unidos está por encima de todo, a una estrategia que ha adoptado todos los puntos de la política neoconservadora del gobierno de George W. Bush/Dick Cheney. Creo que Trump se ha dejado intimidar temporalmente por el Estado profundo. Cuan-

ha indicado que se niega a apoyar a la «oposición modera-
da» al gobierno de Assad en Siria.[29] Esto significa que se da
luz verde al ataque de los «combatientes de la guerra santa» (yihad) proscritos en Occidente y Rusia por parte de los
alauitas sirios (el ejército de Assad), los chiitas (Irán, Líbano
e Irak), los kurdos y los turcos.

Frente a esto, la familia real de Arabia Saudí ha amenazado con romper el pacto de Quincy (un acuerdo en
materia de petrodólares firmado en 1945 entre el presidente Roosevelt y el rey Ibn Saud) y poner a la venta todos los
bonos del Estado de Estados Unidos.[30] La maniobra políti-
co-militar de la Administración Trump para socavar el papel
y la posición de Arabia Saudí y Catar en lo que respecta a
la geopolítica es en realidad una estrategia bien articulada,
cuyo objetivo es socavar el sistema financiero mundial basado en los petrodólares.[31]

La caída del petrodólar como unidad básica de cálculo
del comercio mundial y como principal moneda de reserva abrirá una vía de salida a la crisis a través de una «nueva
unidad monetaria mundial». Esto se acompañará de un
espectacular aumento de los precios del oro físico y de la
hiperinflación. Habrá dos maneras de gravar la deuda cua-

---

do todo se aclare, Trump volverá a su tradicional base de apoyo política.
Si los saudíes se creen que han comprado la lealtad de Trump por unos
cuantos cientos de miles de millones de dólares, tal vez descubran, de-
cepcionados, lo mercurial que puede llegar a ser el presidente.

[29] Karen DeYoung y Louisa Loveluck, «Fearing Abandonment by
Trump, CIA-Backed Rebels in Syria Mull Alternatives», *Washington Post*,
3 de diciembre de 2016.

[30] Henry Laurens, «Washington, Riyadh and the Legend of the
Quincy Pact», *Washington Post*, 1 de marzo de 2016. Disponible en:
*https://www.alaraby.co.uk/english/comment/2016/3/1/washington-ri-
yadh-and-the-legend-of-the-quincy-pact.*

[31] William Engdahl, *A Century of War: Anglo-American Oil Politics and the New World Order*, Pluto Press, 2004 edition.

trillonaria: primero, convirtiendo la riqueza en el valor unitario natural, la onza y el quilate; segundo, implementando sistemas de dinero digital como *blockchains* y bitcoines.

Establecer el patrón oro del dinero mundial (Ruta A) estabilizará el mercado de productos naturales; en este caso, el principal beneficiario será China, la «fábrica del siglo xxi». Instaurar el dinero virtual (Ruta B) supondrá un gran avance digital hacia el transhumanismo; aquí quien más se beneficiará será Estados Unidos.

¿Y qué papel desempeña Rusia en esta situación de incertidumbre? Para evitar que el país sufra terremotos tectónicos de transformación global por la inminente caída de los ingresos presupuestarios del Estado y la gravísima falta de ingresos derivados de las exportaciones, el presidente Putin debe recurrir de inmediato a la experiencia de los bolcheviques para instaurar una moneda soviética sostenible (los «ducados de oro» de 1922-1923) como segundo circuito de circulación monetaria y crear una institución para llevar a cabo una inminente reforma de la circulación monetaria en dos circuitos separados: oro numérico y físico.

La salida de Rusia de la crisis mundial no puede llevarse a cabo en el marco de un sistema externo, sino como un elemento dentro del nuevo orden mundial, utilizando sus propios recursos naturales inagotables y volviendo al patrón oro. Sería cuestión de crear un centro emisor independiente de «ducados de oro», avalado no solo por las reservas de oro en las cajas fuertes, sino también por las reservas de oro en su forma natural, así como por las divisas, las materias primas y las empresas de defensa a manos del Estado.

Ahora bien, Arabia Saudí no va a rendirse. En el primer viaje oficial de Trump al extranjero como presidente de Estados Unidos en mayo de 2017, sus anfitriones saudíes prometieron invertir miles de millones de dólares en la economía estadounidense.

«Cuando parece agotarse todo el resto de fuentes de crecimiento económico, el complejo militar-industrial acude siempre al rescate del PIB estadounidense con la venta de armas y equipamiento al mayor comprador de armas del mundo, Arabia Saudí. Porque cuando se deja de lado la pompa, el esplendor y la ceremonia de la visita de Trump a Arabia Saudí, se descubre que el objetivo principal de la visita del presidente es precisamente eso, vender armas» (cerca de 350 000 millones de dólares en la próxima década, tal como informa *The Independent*).[32,33]

«Según un reciente comunicado de la Casa Blanca, Trump acaba de cerrar el mayor acuerdo armamentístico de la historia de Estados Unidos, en el que se ha negociado un paquete que asciende a más de 109 700 millones de dólares. [...] La Casa Blanca añadía que el acuerdo [...] también reafirmará el compromiso de Estados Unidos con Arabia Saudí.»[34]

Sin embargo, no es solamente una cuestión de armas. «Según Bloomberg, Saudi Aramco firmará acuerdos iniciales y contratos de asociación valorados en cerca de 50 000

---

[32] Tyler Durden, «Trump Signs "Single Largest Arms Deal in US History" With Saudi Arabia Worth $350 Billion», *Zero Hedge*, 20 de mayo de 2017. Disponible en: *www.zerohedge.com/news/2017-05-20/ trump-signs-single-largest-arms-deal-us-history-saudi-arabia-350-billion-over-ten-ye*.

[33] Mythili Sampathkumar, «Donald Trump to Announce $350bn Arms Deal with Saudi Arabia – One of the Largest in History», *The Independent*, 17 de mayo de 2017. Disponible en: *www.independent. co.uk/news/world/americas/us-politics/trump-saudi-arabia-arms-deal-sale-arab-nato-gulf-states-a7741836.html*.

[34] Tyler Durden, «Trump Signs "Single Largest Arms Deal in US History" With Saudi Arabia Worth $350 Billion», *Zero Hedge*, 20 de mayo de 2017. Disponible en: *www.zerohedge.com/news/2017-05-20/ trump-signs-single-largest-arms-deal-us-history-saudi-arabia-350-billion-over-ten-ye*.

millones de dólares con empresas como General Electric Co., Schlumberger, Ltd. y Halliburton Co.»[35,36]

«Tras el declive del gasto industrial que ha sufrido Estados Unidos en los últimos dos años a raíz de la caída de los precios de las materias primas y que ha dejado en *standby* gran parte de la inversión estadounidense, el PIB de Estados Unidos está a punto de recibir un nuevo impulso por gentileza del que se ha convertido en el traficante de armas más prolífico del mundo. Así, tanto los neoconservadores de Washington como el todopoderoso complejo militar-industrial estadounidense pueden declarar una victoria realmente sin precedentes.»[37]

La asociación entre Washington y Riyad pone a Siria en un aprieto. A corto plazo, el excepcional conjunto de alianzas y relaciones económicas de Siria lo convierten en una piedra angular de la agitación en Oriente Medio. En 2011 ya advertí de que ese país representaba la primera ficha de una cadena de fichas de dominó que podría abocar a una guerra regional generalizada y atraer a grandes potencias como Estados Unidos y Rusia. Eso fue entonces.

---

[35] *Ib.*

[36] Matthew Martin, Vivian Nereim y Zainab Fattah, «Saudi Arabia Welcomes Trump with Billions of Dollars of Deals», *Bloomberg*, 21 de mayo de 2017. Disponible en: *www.bloomberg.com/news/articles/2017-05-20/aramco-to-sign-50-billion-in-deals-with-u-s-companies-today*.

[37] Tyler Durden, «Trump Signs "Single Largest Arms Deal in US History" With Saudi Arabia Worth $350 Billion», *Zero Hedge*, 20 de mayo de 2017. Disponible en: *www.zerohedge.com/news/2017-05-20/trump-signs-single-largest-arms-deal-us-history-saudi-arabia-350-billion-over-ten-ye*.

19

LA CRISIS SIRIA Y EL REAJUSTE GLOBAL

Desde mediados del año 2016 tenía la impresión de que Trump se convertiría en presidente de Estados Unidos, puesto que las élites bancarias de todo el mundo necesitaban un chivo expiatorio para la crisis económica en curso que llevaban muchos años maquinando. Con Trump en el poder, las élites salen beneficiadas de la estrategia siria, ya que con él no existe la moderación. Si pueden influir en él para que se desboque, sin preocuparse por las repercusiones en la región, su chivo expiatorio implicará a todo el conjunto de conservadores con poco esfuerzo por su parte. El vaticinio de George Soros de que Trump «fracasará» porque es «impredecible y no está preparado» y que «acabará teniendo efectos negativos en los mercados» se convertirá en una profecía autocumplida.[1]

Al ver quiénes fueron los elegidos de Trump para formar su gabinete,[2] se hizo evidente que se estaba rodeando de

---

[1] Stephen Gandel, «George Soros Just Threw Some Serious Shade on Donald Trump», *Fortune*, 19 de enero de 2017. Disponible en: *fortune.com/2017/01/19/george-soros-donald-trump-davos*.

[2] Julie Hirschfeld Davis, «Trump's Cabinet, with a Prod, Extols the 'Blessing' of Serving Him», The New York Times, 12 de junio de 2017. Disponible en: *www.nytimes.com/2017/06/12/us/politics/trump-boasts-of-record-setting-pace-of-activity.html?mcubz=3*.

miembros de las clases dirigentes que dirigirían la Casa Blanca por él, o bien que iba a colaborar de buena gana con ellos. Lo único que hay que hacer es fijarse en un par de sus elegidos clave para entender la gravedad de la situación.

Por ejemplo, el líder de política exterior y camarilla de Trump es James Mattis, secretario de Defensa. Mattis tiene solera en los servicios de Inteligencia. «Su madre, nacida en Canadá, llegó a Estados Unidos de niña y trabajó para la Inteligencia Militar del Ejército estadounidense en Sudáfrica durante la Segunda Guerra Mundial. El principal objetivo de los servicios de Inteligencia estadounidenses era el movimiento pronazi en Sudáfrica, el *Ossewabrandwag* antibritánico, que llevó a cabo actos de sabotaje contra las fuerzas militares leales al primer ministro Jan Smuts, que se unió a los Aliados contra el Eje.

»El otro miembro de la camarilla de Trump es el secretario de Comercio, Wilbur Ross, que llevó puestas unas zapatillas Stubbs & Wootton de 500 dólares, con la insignia del Departamento de Comercio bordada, al discurso de Trump en febrero, antes de una sesión conjunta del Congreso. A Ross se le conoce como el "rey de la compra apalancada", especializado en adquirir empresas en quiebra. Exalumno de N. M. Rothschild & Sons en Nueva York y administrador de la globalista Brookings Institution, Ross aprendió a economizar, incluso a expensas de la seguridad de los empleados. La mina de Sago, que se derrumbó en 2006 en Virginia Occidental tras una explosión de gas y provocó la muerte de doce mineros, era propiedad de la empresa de Ross, International Coal Group.

»Ross se quedó de brazos cruzados tras caerse doce veces el techo en la mina de Sago a lo largo de 2005, y ante los 208 casos de incumplimiento de las normas de seguridad que registró el Ministerio de Trabajo de Estados Unidos durante ese mismo año, incluyendo 21 incidentes asociados con la acumulación de gases tóxicos. Es una lástima que el señor Trump y su camarilla no muestren la misma preocupación por el gaseo de los mineros del carbón de Virginia Occidental a manos de Wilbur Ross que por el supuesto y dudoso gaseo con gas sarín de los aldeanos sirios por parte de Assad.»[3] Su reciente discurso político de alta tensión contra el gobierno sirio y contra Corea del Norte no hace más que confirmar mis sospechas.

Así pues, ¿adónde nos lleva todo esto? A nada bueno. El analista político Brandon Smith va más allá al evaluar el peligro que supone todo ello: «Primero hay que considerar que cada vez que parece que el gobierno sirio avanza en la destrucción del ISIS, de repente se produce otro ataque químico que pone a Assad bajo sospecha».[4] En *Fuera de control*, publicado en 2015, puse de manifiesto la complicidad del gobierno estadounidense e incluso su ayuda directa para crear el ISIS.

«En segundo lugar, hemos sabido que la Administración Trump está más que interesada en acelerar antiguos proyectos de las clases dirigentes que implican una acción cinética (es decir, la destrucción y la muerte). Si se mostraron tan dispuestos a reaccionar tan rápido para atacar a Siria sin aportar pruebas que sustentaran el ataque, no debería sorprendernos que quieran atacar Corea del Norte, un país con medios reales que amenazan a objetivos estadounidenses o sus intereses en el Pacífico. Se está sentando un precedente para llevar a cabo un programa continuo de ataques preventivos acelerados. Creo que esto superará incluso la famosa afición de Barack Obama por apretar el gatillo para desestabilizar regiones.

---

[3] «America's Fascist Corporate-Military Junta Takes Shape», *Wayne Madsen Report*, 11-12 de abril de 2017. Disponible en: *www.waynemadsenreport.com/articles/20170411*.

[4] Brandon Smith, «The Real Dangers Behind the Syrian Crisis Are Economic», *Alt-Market.com*, 12 de abril de 2017. Disponible en: *www.alt-market.com/articles/3171-the-real-dangers-behind-the-syrian-crisis-are-economic*.

»En tercer lugar, creo que la gente se olvida de que Siria sigue manteniendo un pacto de defensa mutuo con Irán. ¿Por qué es importante saber esto? Siria no es Libia; Assad no va a caer como Gadafi a manos de grupos insurgentes como el ISIS. En Siria, el cambio de régimen va a exigir la presencia de una gran cantidad de soldados estadounidenses sobre el terreno. Esto, a su vez, invitará a cientos de miles de miembros de la Guardia iraní a interceder. Si uno analiza la preparación militar en todo el mundo, se da cuenta de que un país como Irán o Corea del Norte ofrecerá una resistencia mucho mayor que la que se ha visto en Afganistán o Irak.

»Aunque sigue habiendo países muy pobres desde el punto de vista militar (en lo que respecta al gasto en defensa), siguen estando relativamente bien preparados, y la brecha tecnológica no es demasiado grande. En una batalla así morirán muchos estadounidenses. Si se plantea una invasión terrestre en Siria, lo más seguro es que Irán vaya después, y lo siguiente igual será que vuelva a instaurarse el servicio militar en Estados Unidos. Pero cabe tener en cuenta que en este momento los estadounidenses nunca aceptarán el servicio militar obligatorio a menos que se sufra un ataque masivo en suelo estadounidense, o que se ataque a las fuerzas estadounidenses en el extranjero. Así que, a corto plazo, cabe esperar que se produzca un cierto estupor y consternación.»[5]

En cuarto lugar, «se sigue planteando la pregunta de en qué momento "toparán" entre sí las fuerzas estadounidenses y las rusas y morirá alguien en alguno de los bandos. La mayoría de los analistas [...] cree que esto será inevitable. Supongo que estoy de acuerdo, pero no creo que las élites hayan estado atrincherando miles de millones de dólares en tecnología Grid de control en todas las grandes ciudades del mundo solo para evaporarlos con una serie de hongos

---

[5] Brandon Smith, *op. cit.*

nucleares. […] A mi parecer, la progresión natural de estas tensiones será acabar con represalias económicas de Oriente hacia Occidente, no con represalias nucleares. Lo cierto es que este es, en realidad, el peor de los casos.

»Con el conflicto nuclear, las élites pierden inmediatamente el control total. Pierden su red de vigilancia, pierden los medios para mantener una fuerza militar establecida, se quedan sin recursos para contar la historia porque los principales medios de comunicación no funcionarán llegado ese punto, etcétera. Durante una crisis económica pueden mover fácilmente su patrimonio a refugios seguros, pueden debilitar a ciertos ejércitos a la vez que refuerzan a otros. Mantienen su sistema de redes de control y lo utilizan con eficacia contra la ciudadanía mientras no haya una notable resistencia civil, y la lista continúa.

»Con la guerra nuclear reinaría un caos total. Con la crisis económica existe un caos controlado. Las clases dirigentes prefieren esta última opción.

»Las naciones orientales y sus aliados siguen teniendo bonos del Tesoro estadounidense en sus arcas y usando el dólar sobre todo como moneda de reserva mundial (aunque lleven al menos desde 2008 preparando el terreno para deshacerse del dólar). Además, muchos de estos países también tienen la posibilidad de dejar de usar el dólar como petromoneda y destruir nuestro monopolio del comercio mundial del petróleo. Si países como Rusia, China y Arabia Saudí adoptan alguna de estas medidas, la estructura económica estadounidense perderá el último pilar que la sostiene sobre el agua. Estados Unidos entrará, de facto, en el Tercer Mundo en el transcurso de unos cuantos años.

»No se trata de riesgos hipotéticos, sino de peligros muy reales que ya han mencionado públicamente los agentes orientales interesados en sus propios medios de comunicación. A largo plazo, son también riesgos al servicio de la agenda globalista. Tal como he observado una y otra vez en el pasado, aportando numerosas pruebas, los gobiernos orientales, como el de Rusia y China, apoyan abierta y ávidamente al Fondo Monetario Internacional y siguen pidiéndole que asuma la dirección de la política monetaria global para crear un único sistema monetario mundial. Quizá sean antiestadounidenses en su oratoria, pero no son antiglobalistas.

»Siria sigue siendo un catalizador muy útil para los globalistas a la hora de lograr la crisis que necesitan para impulsar su gran reajuste. Dado que han tratado de meter a los estadounidenses en ese aprieto tantas veces en los últimos años, creo que puedo afirmar con certeza que [por un lado] planean utilizar Siria de gatillo, tanto si Washington colabora como si no», y, por el otro, de gancho para obtener el apoyo público estadounidense al llamado *cambio de régimen*.[6]

Los principales medios de comunicación como *The New York Times* respaldan abiertamente el discurso de que el presidente sirio Bashar al Asad cuenta con un largo historial de crímenes de guerra, incluyendo el uso de armas químicas contra civiles. Aun así, ni *The New York Times* ni ningún miembro del gobierno ha aportado una sola prueba convincente de que Asad sea culpable de esos hechos, incluido el último ataque químico que la Administración Trump ha utilizado para justificar los ataques con misiles de cruceros contra objetivos militares sirios y para exigir el derrocamiento de Asad.[7]

---

[6] Brandon Smith, *op. cit.*

[7] Kate Darvall y Daniel Peters, «'I'm Skeptical about Some of These Claims': Independent MP Andrew Wilkie Says There's No Evidence the Assad Government Was Responsible for Gassing of Civilians», *Daily Mail Australia*. Disponible en: *www.dailymail.co.uk/news/article-4400200/MP-Andrew-Wilkie-no-evidence-Assad-responsible-gas-attack.html*.

Ahora bien, yo siempre he pensado que la próxima «guerra mundial» no sería de índole nuclear, sino principalmente económica. Es decir, creía y sigo creyendo que a las élites de las clases dirigentes les resulta mucho más útil servirse de Oriente como enemigo para abatir determinadas partes de Occidente con armas económicas, como el abandono del dólar estadounidense. «El caos que esto supondría en los mercados globales y el pánico que se desataría entre la población general sería la excusa perfecta para introducir lo que los globalistas llaman el *gran reajuste financiero*. El término *reajuste* es básicamente una palabra en clave para designar la centralización total de toda la gestión fiscal y monetaria de las economías mundiales bajo una institución, muy probablemente el FMI. Esto acabaría con el estatus del dólar como reserva mundial, que se vería reemplazado por la cesta de monedas de los derechos especiales de giro (DEG) del FMI».[8]

Finalmente, «el sistema de los DEG sería un trampolín hacia un único sistema monetario global, y es probable que su forma y función finales sean totalmente digitales. Esto daría a los globalistas el control total de incluso los aspectos más insignificantes del comercio estándar».[9] Al disponer de un único sistema centralizado de moneda digital, gozarían de un poder infinito.

Así pues, ¿cómo será la economía global tras el «Gran Reajuste»? «En última instancia, los globalistas tienen la intención de socavar o acabar con el papel del dólar estadounidense como moneda de reserva mundial. Sin duda

---

[8] Brandon Smith, «The Real Dangers Behind the Syrian Crisis Are Economic», *Alt-Market.com*, 12 de abril de 2017. Disponible en: *www. alt-market.com/articles/3171-the-real-dangers-behind-the-syrian-crisis-are-economic*.

[9] Brandon Smith, *op. cit.*

tratan de instaurar el sistema de los derechos especiales de giro (DEG) del Fondo Monetario Internacional en sustitución del sistema basado en el dólar; este plan se describió incluso en la revista *The Economist* dirigida por los Rothschild en 1988. Quieren consolidar la gobernanza económica, pasando de un sistema de franquicias formado por bancos centrales nacionales a una única autoridad monetaria mundial, muy probablemente bajo la dirección del FMI o del Banco de Pagos Internacionales. Y abogan sistemáticamente por la centralización del poder político en aras de eliminar las barreras legislativas y soberanas para garantizar una regulación financiera más firme y segura.

»No se trata de "teorías" del cambio fiscal, sino de hechos reales que confirman los procedimientos globalistas. Cuando el FMI se refiere al "gran reajuste global", incluye en él los cambios mencionados con anterioridad. [...] ¿Con qué clase de sistema económico nos despertaríamos cada día si los globalistas se salieran totalmente con la suya? [...] Si ponen todo su empeño en conseguir un cambio social o económico concreto, empezamos a percibir las señales.»[10]

LA CRISIS INICIAL

«Así sería probablemente el mundo tras el reajuste económico mundial [...]. ¿Quién sabe cuál será el desencadenante? Hay tantos posibles catalizadores de la inestabilidad económica que no hay forma de preverlos. Lo único que es seguro es que se accionarán uno o más de estos catalizadores. El abandono del dólar estadounidense por parte de los saudíes,

---

[10] Tyler Durden, «What Will the Global Economy Look After The "Great Reset"?», *Zero Hedge*, 11 de mayo de 2016. Disponible en: *www.zerohedge.com/news/2016-05-11/what-will-global-economy-look-after-great-reset*.

un atentado terrorista a gran escala, una desbandada general en los mercados bursátiles por la pérdida de confianza en la política del banco central, un enfrentamiento entre potencias de Oriente y Occidente. En realidad no importa demasiado. Todo está diseñado para producir un resultado, el caos. Ante el cual los globalistas ofrecerán restaurar el "orden", su propio orden, implementando sus propias soluciones en calidad de "mediadores imparciales".

»En Occidente, con nuestro sistema sumamente interdependiente, en el que se ha domesticado a más de 80% de la población hasta dejarla incapacitada para pensar por sí misma, es muy probable que una alteración en las cadenas de suministro y los servicios estándar provoque un considerable índice de pobreza y muerte. Sin duda, una amenaza de ese tipo llevaría a la población, asustada y desprevenida, a exigir un mayor control gubernamental para poder recuperar el grado de confort al que se han acostumbrado en el seno de la red de control.

»Un factor importante que cabe tener en cuenta son los argumentos que ofrecerán los globalistas para justificar un aumento de la centralización y del control en manos de unos pocos.»[11] Un ejemplo es el de John Casti, miembro de la RAND Corporation, y su «teoría del eje», que postula que «es inevitable que se produzca el colapso de lo que él denomina *sistemas excesivamente complejos*. Cuantos más elementos independientes haya en cualquier sistema, más probabilidades hay de que se produzcan hechos impredecibles que aboquen a una supuesta catástrofe. Aparentemente, la solución sería optimizar todos los sistemas y eliminar los radicales libres. Es decir, la salida al problema es la centralización total. ¡Qué sorpresa!

»En la era posterior al reajuste, las élites argumentarán que los bancos y banqueros no son necesariamente

---

[11] Tyler Durden, *op. cit.*

culpables. Más bien, culparán al "sistema" por ser demasiado complejo y caótico, lo cual lo deja expuesto a la codicia, la insensatez y el sabotaje general inconsciente. Pero no se mencionará nunca que la crisis se planeó desde el principio. Se defenderá la centralización como la panacea frente a la bárbara complejidad del pasado. Casi todos los demás cambios que se produzcan en nuestro entorno económico se derivarán de esa única mentira. [...]

»Vamos a ser testigos del sacrificio de instituciones financieras de consolidado prestigio en aras de reformar el sistema global. No hay que dar por sentado que no se desmantelarán ciertos bancos importantes (¿Deutsche Bank?), ni que no se harán caer algunos bancos centrales (Reserva Federal) conforme avance el reajuste. Tampoco hay que dar por sentado que determinadas estructuras geopolíticas no acaben sumidas en el caos (Unión Europea). En su ofensiva para lograr la globalización total y la gobernanza económica mundial, las élites no muestran lealtad a ninguna empresa, nación o incluso banco central. Cortarán casi cualquier vínculo si pueden alcanzar un sistema mundial único en el terreno comercial.

»A pequeña escala, esto implica la capitalización de deuda, es decir, la confiscación legalizada de cuentas bancarias, fondos de pensiones, acciones, etcétera, con el fin de prolongar el colapso. Ya lo hemos visto en cierta medida en Europa, y acabará sucediendo en Estados Unidos. Algunos [...] incluso pueden aplaudir esa medida por suponer el fin del "capitalismo" y un paso hacia la "armonización" económica; a ellos les resulta fácil celebrarlo, ya que en su mayoría nunca han trabajado lo suficientemente duro como para tener propiedades o activos que valga la pena confiscar. [...]

»Todo aquel que es consciente de ello lo ve venir, pero es importante saber que, probablemente, se producirá una devaluación generalizada de la moneda en todas las regiones del mundo. A algunas monedas esto simplemente les afectará más que a otras. El dólar, al ser el principal objetivo de los globalistas, se hundirá. No desaparecerá, pero cada vez será más irrelevante en la escena global. Si *The Economist* acierta en sus previsiones, el final del dólar estará ya muy encarrilado antes de 2018.

»Aunque Estados Unidos se enfrentará primero a una estanflación, el precio de muchas necesidades y de los medios para producirlas se disparará. Quizá no todos los sectores de la economía sean víctimas de la inflación, ya que la implosión de la demanda podría compensar algunos de los efectos de la caída del valor de la moneda, pero se producirá una inflación extrema en las áreas que más afectan a la gente normal y corriente. [...]

»A pesar de todos los fallos y mecanismos de control que comporta el dinero fiduciario, aún existen sistemas peores.»[12] En abril de 2016, «más de un centenar de ejecutivos de las principales instituciones financieras del mundo se reunieron en privado en la oficina de Times Square de Nasdaq Inc. para discutir el futuro del dinero; concretamente, de un dispositivo de *software* llamado *Blockchain*.[13] El objetivo es implementar Blockchain para digitalizar totalmente las transacciones monetarias en todo el mundo, de una forma rastreable e infalible. Es decir, se quiere acabar con todas las transacciones de dinero en efectivo.

»Crear una sociedad sin dinero en efectivo supondría el fin de la intimidad en el ámbito comercial. Incluso las monedas digitales que teóricamente están en contra de la centralización, como bitcoin, se ven obstaculizadas por el *modus operandi* de Blockchain, que exige el seguimiento de todas y cada una de las transacciones para que la moneda funcione.

---

[12] Tyler Durden, *op. cit.*

[13] Matthew Leising, «Inside the Secret Meeting Where Wall Street Tested Digital Cash», *Bloomberg*, 2 de mayo de 2016. Disponible en: *www.bloomberg.com/amp/news/articles/2016-05-02/inside-the-secret-meeting-where-wall-street-tested-digital-cash.*

Aunque podrían plantearse métodos para garantizar el anonimato, lo cierto es que la moneda digital, por su propia naturaleza, destruye el auténtico comercio privado que permite el dinero en efectivo y el trueque. Cuando se rastrean todas las transacciones comerciales, y se digitalizan todos los ahorros, quienquiera que tenga en su poder las claves que permiten acceder al núcleo de Blockchain podrá causar estragos en la vida de cualquier persona como le venga en gana.

»Que quede claro que el Blockchain que las élites tienen en mente nunca permitirá realizar transacciones anónimas, ya que la moneda digital no se asocia al anonimato o a la "comodidad", sino al control. [...]

»La corrupción del gobierno es la herramienta que permite a los globalistas extorsionar bienes y trabajo a la población, así como hacer fuerza para reprimir la rebelión. Es bastante improbable que el reajuste global acabe con la caída del gobierno. Por el contrario, suele ser durante un colapso económico cuando los gobiernos adquieren más poder hasta alzanzar el totalitarismo. Siempre habrá un nuevo mecanismo monetario o estructura financiera que reemplace al anterior, y los globalistas siempre se las arreglarán para pagar a los ejércitos y a los necios útiles para que cumplan sus deseos. Que nadie piense que las élites se enfrentan al colapso de la misma manera que nosotros. Eso es ser ingenuo. Las élites han originado el colapso y estarán preparadas para usarlo en su beneficio. [...]

»Tras el reajuste y la crisis inicial, es probable que la distribución de recursos se convierta en un problema importante. Si las élites se salen con la suya, no se permitirá volver a la actual producción de bienes a tan gran escala, lo cual provocará una perpetua escasez de oferta (por naturaleza). La única forma de hacer frente a la pérdida de producción a nivel industrial sería fomentar la producción local en cada comunidad, o bien, obligar a la gente a bajar su nivel de vida y su demanda de una forma extrema. Sin duda, las élites presionarán para que suceda lo segundo.

»Apostar por una producción local en cada comunidad acabaría con cualquier tipo de control financiero que los globalistas pudieran tener sobre la población. De hecho, creo que intentarán frustrar cualquier intento de producción local, primero aplicando impuestos tan altos que solo las grandes empresas supervivientes puedan permitirse operar y, segundo, confiscando las materias primas necesarias para fabricar bienes a una escala que aportaría riqueza a la comunidad. El gobierno afirmará que esos recursos deben gestionarlos las autoridades por el bien de todos en vez de ser "malgastados" por los negocios independientes que "buscan su propia riqueza". Ya no se verán niños que montan puestos de limonada en la calle, y menos gente corriente llevando pequeñas fábricas, granjas y tiendas. Al final también tendrán que limitar o prohibir el trueque y las monedas alternativas para que la economía digitalizada funcione. […]

»Por mucha información que se publique para desmentir totalmente el engaño de que existe un calentamiento mundial provocado por la actividad humana, las clases dirigentes siguen avanzando a toda máquina para crear un modelo económico basado en el carbono. ¿Por qué? Porque la idea de las "emisiones de carbono" es el arma fundamental para la dominación. El "impuesto sobre el carbono" es un gravamen sobre la propia vida. Es así».[14]

Esta nueva justificación a favor del culto globalista tiene su lógica, aunque muy retorcida, tal como podemos ver en la «propaganda elitista de Timothy Snyder, miembro del Consejo de Relaciones Exteriores. En sus publicaciones, Snyder

---

[14] Tyler Durden, «What Will the Global Economy Look Like After The "Great Reset"?», *Zero Hedge*, 11 de mayo de 2016. Disponible en: *www.zerohedge.com/news/2016-05-11/what-will-global-economy-look-after-great-reset*.

sostiene que casi todos los desastres provocados por el hombre son fruto de un alto nivel de vida o de un estilo de vida extravagante. Aunque su definición de "alto nivel de vida" es bastante vaga, me parece que cree que la gran mayoría de la sociedad occidental es gente que necesita varias lecciones de humildad. También afirma que los tiranos y los asesinos en serie suelen hacer caso omiso de las autoridades científicas en aras de una mayor riqueza productiva, y que quienes no hacen caso a la "climatología" contribuyen a generar futuros holocaustos. Así pues, en resumen, todos debemos dejar de producir, dejar de perseguir la riqueza y el logro personal, y sacrificar nuestro propio progreso personal en pos del progreso colectivo y de la seguridad del planeta.

»Igual que promulga Casti, Snyder quiere que el populacho se postre ante una autoridad central en aras del bien común. Y seguramente es pura coincidencia que los globalistas para los que trabajan estos hombres vayan a estar al frente de esa autoridad central. Recordemos que para conseguir una centralización total, las élites deben optimizar, lo cual no solo significa optimizar la gobernanza económica, sino también el tamaño del sistema que quieren imponer. Cuanto más grande y diverso sea el sistema, más difícil es rodearlo con los tentáculos. Esto implica una reducción considerable de la producción, pero también, por ende, un gran descenso de la población. En ese caso son fundamentales los controles de población.

»Si puede gravarse y administrarse la producción de carbono, puede gravarse y administrarse la vida. Las clases dirigentes se convierten en una entidad divina, en el proveedor de todo sustento. Puede utilizarse el hombre del saco de carbono para asustar a una población harta de la crisis actual y abocarla a una sublimación total, porque si el carbono por sí solo puede causar el fin del mundo tal como lo conocemos, entonces la gente, solo por el mero hecho de existir, se convierte en una amenaza para el futuro que debe ser regulada.

»El cambio climático antropogénico es el modelo que deben defender las élites si esperan convencer a la ciudadanía de que es aceptable poner un límite concreto a la producción y a la población. Si llegamos al punto en que la sociedad humana se odia tanto a sí misma como para desear su propia esclavitud y destrucción mediante controles de carbono, pueden pasar mil años antes de que volvamos a conocer la libertad. [...]

»Todos los peligros descritos con anterioridad no están marcados a fuego. Tal vez algunos afirmen que "se acerca el fin". [...] Pero el fin nunca está cerca. La humanidad lleva generaciones enfrentándose a una tragedia tras otra; lo que pasa es que la tragedia a la que nos enfrentamos es históricamente épica en comparación. No será la última de las tragedias. Al cabo de los siglos habrá nuevas tragedias y nuevos necios que le digan a todo el mundo que "se acerca el fin". A pesar de todo, ha habido personas valientes que han estado a la altura de las circunstancias. Algunas son gente de éxito y otras no, pero no vivimos en un Nuevo Orden Mundial, de momento, y eso quiere decir algo. Hoy no es ni de lejos tan terrible como podría ser el mañana si no actuamos en consecuencia.

»El reajuste globalista necesita un desencadenante, una crisis que, sin duda, somos incapaces de evitar. Pero el reajuste también depende de que haya gente apropiada que reconstruya el sistema una vez desatada la crisis. Aquí es donde puede decidirse el futuro. Quienquiera que quede en pie tras la salva inicial tendrá elección: esconderse y rezar para que todo salga bien, o luchar para poder elegir quién construye el mañana. ¿Será la camarilla globalista psicótica, o será gente libre con conciencia? Tal vez ahora no nos lo parezca, pero el resultado final depende de nosotros».[15]

Ahora bien, esto no quiere decir que las élites lograrán lo que se propongan. En todo gran plan hay siempre

---

[15] Tyler Durden, *op. cit.*

incógnitas. Como dijo Mike Tyson, «todo el mundo tiene un plan hasta que le dan un puñetazo en la boca». Creo que las élites recibirán por sorpresa algunos puñetazos fuertes en la boca asestados por Rusia, casi con toda seguridad a media partida. Hasta entonces, sin embargo, parece seguir su curso la estrategia del actual Estado profundo de desmantelar la economía mundial. Por lo tanto, lo que tenemos al final es: 1) centralización; 2) más control que nunca; 3) moneda digital.

20

LA ALTERNATIVA DIGITAL

Es incuestionable que la caída del petróleo dará paso a una nueva divisa económica. «En 2010, el entonces presidente del Banco Mundial, Robert Zoellick, causó cierto revuelo al sugerir que quizá no era tan mala idea tener un sistema monetario global totalmente nuevo. El sistema que tenía en mente giraba en torno a un yuan libremente convertible y, lo que es más controvertido, basado en el oro como punto de referencia central.»[1]

El discurso de Robert Zoellick del 8 de noviembre de 2010 fue clave para desmontar el actual sistema financiero basado en el petrodólar: «El G20 debería complementar este programa de recuperación del crecimiento con un plan para crear un sistema monetario cooperativo acorde a la situación económica emergente. Es probable que este nuevo sistema tenga que incluir el dólar, el euro, el yen, la libra y un renminbi que avance hacia la internacionalización y después hacia una cuenta de capital abierta. El sistema también debería usar el oro como punto de referencia internacional de las expectati-

---

[1] Tyler Durden, «Things That Make You Go Hmm... Like the Death of the Petrodollar, And What Comes After», *Zero Hedge*, 27 de diciembre de 2016. Disponible en: *www.zerohedge.com/news/2016-12-27/things-make-you-go-hmm-death-petrodollar-and-what-comes-after*.

vas del mercado sobre la inflación, la deflación y los futuros valores monetarios. Aunque en los libros se considere el oro como el dinero del pasado, los mercados lo están usando en la actualidad como un activo monetario alternativo».[2]

«Por cierto, dos años más tarde, apremiada por las sanciones estadounidenses, Irán empezó a aceptar el yuan en las operaciones de compra de petróleo», lo cual libró de paso a Beijing de la necesidad de tener tantos dólares en sus reservas.[3,4] «Las transacciones se realizaron a través de bancos rusos. [...] El punto fundamental de este acuerdo fue que, al diversificar así sus compras, los chinos habían encontrado no solo la manera de tener menos reservas de dólares, sino de eludir totalmente el sistema del petrodólar. En 2013, el Banco Popular del China (PROC), totalmente consciente de ello, declaró que el país ya no iba a acumular más divisa estadounidense.»[5] Al parecer, «a China ya no le conviene acumular reservas de divisas».[6] «Y efectivamente, en 2014 empezaron a reducirse las reservas mundiales de divisas a una velocidad nunca vista en ochenta años.

»Ese mismo año se puso otra pieza del rompecabezas cuando Xu Luode, el presidente de la recién fundada Bolsa

---

[2] Tyler Durden, «Things That Make...», *op. cit.*

[3] *Ib.*

[4] Henny Sender, «Iran Accepts Renminbi for Crude Oil», *Financial Times*, 7 de mayo de 2012. Disponible en: *www.ft.com/content/63132838-732d-11e1-9014-00144feab49a.*

[5] Tyler Durden, «Things That Make You Go Hmm... Like the Death of the Petrodollar, And What Comes After», Zero Hedge, 27 de diciembre de 2016. Disponible en: *www.zerohedge.com/news/2016-12-27/things-make-you-go-hmm-death-petrodollar-and-what-comes-after.*

[6] «The US Dollar Is Now in The Process of Collapsing and It Will Eventually Lose the Reserve Status of The World», *IWB*, 25 de noviembre de 2013. Disponible en: *http://investmentwatchblog.com/the-us-dollar-is-now-in-the-process-of-collapsing-and-it-will-eventually-lose-the-reserve-status-of-the-world.*

de Oro de Shanghái, explicó que el oro se cotizaría y vendería en yuanes en aras de avanzar hacia lo que él denominaba la "internacionalización del renminbi" (si alguien se hace un lío con el yuan y el renminbi, solo tiene que verlos como el equivalente chino de los términos "libra" y "esterlina").»[7]

El 15 de mayo de 2014, Xu Luode asistió al IV Foro de Inversión en Oro para Bancos Comerciales en Hangzhou, donde declaró que «los inversores extranjeros pueden utilizar directamente yuanes en el extranjero para operar con oro en el mercado internacional de la Bolsa de Oro de Shanghái, que promueve la internacionalización del renminbi».[8]

«Curiosamente, Luode reconoció la existencia de lo que él describía con precisión como "consumo en Oriente, cotización en Occidente", y aseguró al mundo que el precio "real" del oro se haría evidente en cuanto China ocupara el lugar que le correspondía en el centro del mercado de oro. […] Cuando llegue ese día, los mercados de oro del mundo experimentarán un cambio sin precedentes.

»En 2015 hubo otra declaración que pasó casi inadvertida por el mundo. Revelaba que la empresa rusa Gazprom también empezaría a vender petróleo a los chinos en yuanes[9] y que estaban negociando nuevos acuerdos para usar directamente rublos y yuanes en el comercio de gas natural, sin necesidad de operar en dólares.»[10]

---

[7] Tyler Durden, «Things That Make You Go Hmm... Like the Death of the Petrodollar, And What Comes After», Zero Hedge, 27 de diciembre de 2016. Disponible en: *www.zerohedge.com/ news/2016-12-27/things-make-you-go-hmm-death-petrodollar-and-what-comes-after.*

[8] *Ib.*

[9] «Gazprom Neft sells oil to China in renminbi rather than dollars», *Financial Times*, 1 de junio de 2015. Disponible en: *www.ft.com/ content/8e88d464-0870-11e5-85de-00144feabdc0.*

[10] Tyler Durden, «Things That Make You Go Hmm... Like the Death of the Petrodollar, And What Comes After», Zero Hed-

«En 2010, el presidente del Banco Mundial, Robert Zoellick, sugiere que el oro sea el punto de referencia de un nuevo sistema monetario mundial que incluya un yuan chino "internacionalizado". En 2012, Irán empieza a aceptar yuanes para pagar el petróleo. En 2013, el PROC declara que ya no necesita acumular reservas de divisas (UST). En 2014, las reservas mundiales de divisas caen al ritmo más rápido en setenta años. En 2014 [también] se pone en marcha la Bolsa de Oro de Shanghái para ayudar a "internacionalizar el yuan". En 2015, Rusia comienza a vender petróleo en yuanes.»[11]

El mes de abril del año 2016 fue «tremendo si uno le prestó suficiente atención. En primer lugar, el ministro de Asuntos Exteriores saudí, Adel al Jubeir, amenazó con vender activos estadounidenses por valor de casi un billón de dólares (incluyendo más de 300 000 millones de dólares en bonos del Tesoro) como represalia por un proyecto de ley aprobado por el Congreso que permitía culpar a los saudíes de los atentados del 11 de septiembre».[12,13]

«Entretanto, China ha sustituido a Estados Unidos como principal importador mundial de petróleo,[14] lo cual

---

ge, 27 de diciembre de 2016. Disponible en: *www.zerohedge.com/news/2016-12-27/things-make-you-go-hmm-death-petrodollar-and-what-comes-after*.

[11] Tyler Durden, «Things That Make...», *op. cit.*

[12] *Ib.*

[13] Tom DiChristopher, «Saudis Threaten $750B Asset Sale, But Experts Question It, *CNBC*, 20 de abril de 2016. Disponible en: *www.cnbc.com/2016/04/20/saudis-threaten-750b-asset-sale-but-experts-question-it.html*.

[14] Christopher Sell, «China Overtook U.S. as Biggest Oil Importer in September: Chart», *Bloomberg Markets*, 13 de octubre de 2016. Disponible en: *www.bloomberg.com/news/articles/2016-10-13/china-overtook-u-s-as-biggest-oil-importer-in-september-chart*.

aumenta tanto su importancia en los mercados del petróleo como la posibilidad de lanzar su propio contrato en yuanes en algún momento. [...]

»Así que el mayor exportador mundial de petróleo opera ahora con el mayor importador directamente en yuanes y es capaz de convertir esos ingresos en yuanes en oro físico a través de la Bolsa de Shanghái (algo que, según la información disponible, hace lo más rápido posible).

»En la actualidad, el comercio bilateral de petróleo a cambio de oro solo está disponible para lo que Estados Unidos consideraría, sin duda, una "cesta de deplorables" en Irán y Rusia... Pero pensemos simplemente en lo que pasa una vez que ese contrato petrolero totalmente convertible está en marcha... De repente, todo el mundo tiene la posibilidad de cotizar el precio del petróleo en oro, y dado el aumento de las tensiones entre Arabia Saudí y Estados Unidos, y la reciente disposición de las naciones de Oriente Medio a proporcionar "apoyo político y estratégico" a China, es fácil ver por qué esto les resultaría atractivo a los saudíes, por ejemplo.

»Pase lo que pase, abrir las puertas a ese tipo de contrato crea una oportunidad de arbitraje en todo el mercado que permite que cualquiera que tenga petróleo venda la capacidad de intercambiar ese crudo por oro y que cualquiera que quiera petróleo lo adquiera barato, comprando oro barato en Occidente y enviándolo a Shanghái o Hong Kong, donde puede venderse en yuanes. [...]

»¿Y qué pasa con el petróleo, que los saudíes, por ejemplo, pueden simplemente extraer de la tierra a su antojo con un coste de poco menos de diez dólares por barril? ¿O con el oro? Una materia prima escasa que cotiza a su mínimo histórico con respecto al dólar estadounidense y que no solo cuesta más esfuerzo y dinero producir, sino que también está llamando la atención no solo de los bancos centrales de los dos principales productores mundiales, sino del principal importador y exportador de petróleo.»[15]

El fin de una era: la centralización total

En palabras del legendario comerciante de oro Egon von Greyerz, «los motivos que llevan a la mentira y al engaño son bastante complejos. Dicho llanamente, nos encontramos al final de una era en la que todos los valores morales y éticos han desaparecido. Esto suele ocurrir en todos los imperios. El ciclo empieza con la prosperidad inicial basada en un crecimiento real combinado con el robo de las «colonias», que pueden ser tanto físicas como financieras. Tarde o temprano, el crecimiento se ralentiza y hay menos bienes o dinero que robar del imperio o del sistema financiero. También suben vertiginosamente los costes de la guerra, del armamento o de la manipulación financiera, lo que genera más endeudamiento y mayor impresión de moneda. Se instaura la burocracia y aumentan los gastos en prestaciones y los impuestos. La gente se vuelve perezosa y menos productiva, y una proporción cada vez mayor de la población recibe ayudas o no trabaja en nada. Eso es lo que está sucediendo ahora en muchos países occidentales. En Estados Unidos, por ejemplo, hay casi cien millones de personas aptas para trabajar que no forman parte de la población activa, y 45 millones reciben cupones de comida.

»Con el tiempo, la expansión crediticia o la impresión de moneda no tiene ningún efecto. Y por qué iba a tenerlo, puesto que nunca tendrá valor el hecho de imprimir trozos

---

[15] Tyler Durden, «Things That Make You Go Hmm... Like the Death of the Petrodollar, And What Comes After», Zero Hedge, 27 de diciembre de 2016. Disponible en: *www.zerohedge.com/news/2016-12-27/things-make-you-go-hmm-death-petrodollar-and-what-comes-after*.

de papel o prestar dinero que no existe. Al final, la impresión acelerada de moneda lleva a la quiebra, como afirmó muy acertadamente Ludwig von Mises: "No hay forma de evitar la caída final de una era de bonanza causada por la expansión crediticia. Lo único que se puede elegir es si la crisis llegará antes debido al abandono voluntario de una mayor expansión crediticia, o más adelante, devastando totalmente el sistema monetario en cuestión".

»Tras un siglo realizando experimentos fallidos con la expansión crediticia, que dio lugar a burbujas de activos y cuatrillones de pasivos, el mundo se encuentra ahora al borde de la quiebra económica y de "una total devastación del sistema monetario". [...] Están presentes todos los elementos necesarios para que esto suceda. Ya solo es una cuestión de cuánto tiempo los gobiernos y los bancos centrales puedan seguir engañando a la población antes de que lleguemos al final del juego. En este momento se está reduciendo rápidamente el efecto de la expansión crediticia, ya que se necesitan cada vez más dólares para producir un aumento de un dólar en el PIB».[16]

EL DESESPERADO AVANCE HACIA LA GUERRA

«El último intento desesperado de desviar la atención de la grave situación económica de un país es la guerra. Después de menos de tres meses en el poder, Trump ha tenido que recurrir a la guerra. Han fracasado la mayoría de sus intentos de valerse del poder presidencial. Todas sus declaraciones de que Estados Unidos ya no será un agresor cambiaron

---

[16] Egon von Greyerz, «Gold Is Protection Against Damned Lies and War», *GoldSwitzerland.com*, 13 de abril de 2017. Disponible en: *https://goldswitzerland.com/gold-is-protection-against-damned-lies-and-war*.

muy rápidamente tras el supuesto ataque con gas por parte de Siria. El presidente de Estados Unidos tomó la decisión de bombardear Siria antes de que se hubiera llevado a cabo una investigación independiente.»[17]

Volvemos a la vieja y trillada retórica de la «lucha contra el terrorismo». Detrás del forzado ceño fruncido de Trump, las orejas apenas perceptibles del Estado profundo se ven lo suficiente como para que podamos entender la dinámica del juego. Todo el mundo sabe que «es imposible ganarle la guerra al terrorismo porque no se puede derrotar una táctica, y eso es justo con lo que cuenta el Estado profundo. Una guerra imposible de ganar, como la lucha contra las drogas y contra la pobreza, da lugar a una financiación sin fin, a que no se mida el éxito o el fracaso, a una propaganda continua que designa nuevos enemigos siempre que convenga y a una narrativa que pone en duda el patriotismo de cualquiera que critique el intervencionismo extranjero».[18]

«No deja de sorprenderme la capacidad que tienen quienes están en el poder de crear un discurso creíble para la plebe crédula que carece de espíritu crítico. Apelar a las emociones cuando tienes millones de discípulos del *status quo* que son analfabetos funcionales, son adictos a la normalidad y están embobados con los dispositivos electrónicos ha sido el plan de acción del Estado profundo a lo largo del siglo pasado. Los estadounidenses no quieren pensar, porque pensar cuesta.[19] Prefieren sentir. Durante décadas, el sistema educativo público controlado por el gobierno ha realizado lobotomías en serie a sus desafortunados estudiantes, eliminando su capacidad de pensar y reemplazándola con

---

[17] Egon von Greyerz, *op. cit.*

[18] *Ib.*

[19] De hecho, en su mayoría, los estadounidenses no solo no pueden pensar, sino que no saben qué es pensar. Lo confunden con los sentimientos.

sentimientos, dogmas fabricados y adoctrinamiento social. Se les ha moldeado sus mentes sensibleras para aceptar el discurso difundido por sus tutores del gobierno.

»Con una mayoría confundida, embobada, maleable, deliberadamente ignorante y fácil de manipular con discursos engañosos, imágenes desgarradoras y noticias falsas, los secuaces del Estado profundo han podido controlar a las masas con relativa facilidad. El ascenso imprevisto de Donald Trump a la posición de poder más importante del mundo dio esperanzas a muchos cascarrabias escépticos y críticos, contrarios al gran gobierno, de que él podría drenar la ciénaga y empezar a desmontar la gran burocracia federal fuera de control.»[20]

The Burning Platform, un sitio web que publica análisis políticos en profundidad, describe a la perfección el funcionamiento interno del Estado profundo y su influencia en Donald Trump: «Su discurso durante su campaña para revocar el nefasto aborto incluido en el Obamacare, bajar impuestos, eliminar los trámites burocráticos de las autoridades reguladoras federales, obligar a México a pagar por el muro fronterizo, destituir a Janet Yellen [presidenta de la Junta de Gobernadores del Sistema de la Reserva Federal], favorecer la subida de los tipos de interés y dejar de realizar intervenciones militares en países que no suponen una amenaza para Estados Unidos, atrajo a muchas personas de ideología libertaria».[21]

«El plan de acción ha quedado probado. El Estado profundo crea o bien provoca un escenario de bandera falsa con el fin de presionar para generar una respuesta militar. Se sirve de los portavoces de los medios de comunicación y de su

---

[20] «The Horror! The Horror!», *The Burning Platform*, 30 de abril de 2017. Disponible en: *www.theburningplatform.com/2017/04/30/the-horror-the-horror*.

[21] *Ib.*

capacidad de difundir propaganda para desinformar y forjar la opinión de las masas sin espíritu crítico. Las imágenes dramáticas y una trama con un malvado villano son básicas para lograr influir en un público maleable, distraído y fácil de engañar.

»El Estado profundo lleva décadas sirviéndose de operaciones de bandera falsa, noticias falsas y montajes fotográficos para controlar y manipular la opinión pública con el fin de presionar al país a entrar en un conflicto militar que tanto anhela el complejo militar-industrial. Hace casi un siglo que sabemos que la guerra es un chanchullo.»[22]

«El único interrogante en este momento es si Trump ya se ha unido al complejo militar-industrial del Estado profundo o si se le está manipulando con datos falsos y técnicas de propaganda convencionales. A tenor de lo lento que avanza su plan nacional para la reforma migratoria, la derogación del Obamacare, los recortes fiscales, el gasto en infraestructuras y la reforma comercial, parece que Trump ha decidido seguir el consejo de los neoconservadores de dentro y fuera de su Administración y distraer a las masas con nuevas temeridades militares.»[23]

«Así pues, tenemos a Donald Trump, el abanderado multimillonario de los ciudadanos corrientes, que hizo campaña para huir de la construcción nacional. ¿Dónde he oído eso antes?».[24] En abril de 2016, «Trump pronunció un discurso sobre política exterior en el que exponía su visión del papel de Estados Unidos en el mundo: "Estamos dejando el tema de la construcción nacional y centrándonos, en su

---

[22] «The Horror! The Horror!», *op. cit.*

[23] «The Horror! The Horror! (Part Two)», *The Burning Platform*, 5 de mayo de 2017. Disponible en: *www.theburningplatform. com/2017/05/05/the-horror-the-horror-part-two*.

[24] «The Horror! The Horror!», *The Burning Platform*, 30 de abril de 2017. Disponible en: *www.theburningplatform.com/2017/04/30/the-horror-the-horror*.

lugar, en la creación de estabilidad en el mundo. Sin embargo, a diferencia de otros candidatos a la presidencia, la guerra y la hostilidad no serán mi principal motivación. No se puede tener una política exterior sin diplomacia. Cualquier superpotencia sabe que la precaución y la moderación son en realidad auténticas muestras de fortaleza. Aunque no estuviera en el Gobierno, estaba totalmente en contra de la guerra de Irak, y con mucho orgullo, alegando durante muchos años que desestabilizaría Oriente Medio. Por desgracia, yo tenía razón, y quien más ha salido beneficiado ha sido Irán, que se está apropiando sistemáticamente de Irak y accediendo a sus riquísimas reservas de petróleo, lo cual llevaba décadas deseando."[25]

»Desdeñó la iniciativa de Obama y Bush para crear democracias al estilo occidental en la guarida de serpientes del tercer mundo, habitada por facciones de fanáticos religiosos musulmanes. Arremetió contra los billones derrochados en guerras libradas en vano, que dejan a países sumidos en la anarquía y permiten que organizaciones terroristas como el ISIS llenen el vacío. Sin duda, Trump se declaraba contrario al intervencionismo.

»Hemos sido testigos de errores desde Irak hasta Egipto y Libia, pasando por la línea divisoria del presidente Obama en Siria. Todas y cada una de esas acciones han contribuido a abocar a la región al caos y han dado a ISIS el espacio que necesita para crecer y prosperar. Muy mal hecho. Todo empezó con la peligrosa idea de que podíamos convertir en democracias occidentales a países que no tenían experiencia ni interés en convertirse en una democracia occidental. Destrozamos las instituciones que tenían y luego nos sorprendimos de las consecuencias. La guerra civil, el

---

[25] «Transcript: Donald Trump's Foreign Policy Speech», *The New York Times*, 27 de abril de 2016. Disponible en: *www.nytimes.com/2016/04/28/us/politics/transcript-trump-foreign-policy.html*.

fanatismo religioso, la muerte de miles de estadounidenses, vidas perdidas. Terriblemente desperdiciadas. Se perdieron muchos billones de dólares en consecuencia. Se creó el vacío que llenaría el ISIS. Irán también se apresuraría a llenar ese vacío para enriquecerse de una forma realmente injusta.

»Como es lógico, Trump prometió mantener una relación pacífica con las otras dos superpotencias nucleares. Se mostró diplomático, lúcido y cordial al hablar de los dos países a los que los neoconservadores les encanta odiar. Su promesa de mejorar las relaciones duró lo mismo que tardó el Estado profundo en crear un flagrante escenario de bandera falsa en Siria.

»Queremos vivir en paz con Rusia y China, tener una relación amistosa. Aunque tenemos importantes diferencias con estas dos naciones, y hay que vigilarlas con los ojos bien abiertos, no tenemos por qué ser adversarios. Debemos encontrar un denominador común basado en intereses compartidos. Rusia, por ejemplo, también ha sido testigo del terrible terrorismo islámico. Creo que es posible, totalmente posible, relajar las tensiones y mejorar la relación con Rusia tan solo desde una posición de poder. Por sentido común, este ciclo, este terrible ciclo de hostilidades debe terminar, e idealmente lo hará, y eso será beneficioso para ambos países.

»Al parecer, es algo recurrente que todos los presidentes acaben acatando las órdenes del complejo militar-industrial nada más instalarse en el Despacho Oval, al margen de lo que prometieran durante sus campañas. Trump es el último ejemplo que ha hablado a favor de la diplomacia y en contra de la construcción nacional, el intervencionismo y el despliegue de tropas, para luego hacer justo lo contrario a las pocas semanas de tomar posesión de su cargo.»[26]

---

[26] «The Horror! The Horror!», *The Burning Platform*, 30 de abril de 2017. Disponible en: *www.theburningplatform.com/2017/04/30/the-horror-the-horror*.

En abril y mayo de 2017, todos vimos indignados cómo, por tercera vez consecutiva, un presidente incumplía las promesas de no intervencionismo que había hecho cuando era un candidato a la presidencia. George W. Bush prometió una modesta política exterior y nada de construcción nacional. Había criticado a la Administración Clinton-Gore por ser demasiado intervencionista: «Si no dejamos de desplegar nuestras tropas por todo el mundo en misiones de construcción nacional, con el tiempo vamos a tener un grave problema. Y yo voy a impedirlo».[27]

Poniendo como excusa el atentando del 11 de septiembre, «invadió naciones soberanas amparándose en datos erróneos, aprobó la Ley Patriótica, echando así por tierra la cuarta enmienda, permitió a los neoconservadores crear un estado de vigilancia orwelliana y permitió también que el complejo militar-industrial recuperara su poder y el control sobre el aparato político en Washington D. C. Al carecer de la guerra fría para engrosar las arcas, los neoconservadores del Congreso, los conspiradores belicistas de los grupos de expertos, los altos mandos militares y sus amigotes traficantes de armas necesitaban crear una nueva guerra para seguir adelante con el engaño».[28]

«Tras el gobierno plagado de errores de Bush, la elección como presidente de un activista de la comunidad liberal seguramente conllevaría una drástica reducción de la intervención militar en todo el mundo. Y tanto era así que Obama fue galardonado con el Premio Nobel de la Paz tan solo por haber sido elegido por prometer esperanza y cambio. Se enfrentó al neoconservador McCain, que nunca conoció un país que no

---

[27] «First Debate Transcript: Page 5», *ABC News*, 3 de octubre de 2000. Disponible en: *abcnews.go.com/Politics/story?id=122828*.

[28] «The Horror! The Horror!», *The Burning Platform*, 30 de abril de 2017. Disponible en: *www.theburningplatform.com/2017/04/30/the-horror-the-horror*.

quisiera invadir. El discurso de Obama cuando era candidato recordaba al de Bush hijo antes de que lo sentaran al trono los poderes fácticos: "Nos encontramos aún en una guerra que nunca debería haberse autorizado. Estoy orgulloso de haber afirmado ya en el año 2002 que esta guerra fue un error".

»Después de ganar las elecciones, Obama cambió de inmediato su discurso sobre el tema de la guerra. Retiró tropas de Irak, tal como exigía el acuerdo firmado por Bush con el gobierno títere iraquí, pero intensificó la interminable guerra de Afganistán (que dura ya dieciséis años y aún no se ha ganado). El vacío que dejó nuestro épico fracaso en Irak permitió que surgiera el ISIS. Básicamente, Obama creó el ISIS proporcionando armas a los rebeldes "moderados" que luchaban contra Asad en Siria.

»Antes de acabar su mandato, las tropas habían vuelto a Irak, y hay más de camino. Obama y una secretaria de Estado llamada Clinton decidieron derrocar a Gadafi aunque no suponía ninguna amenaza para los intereses estadounidenses. Han dejado un estado sin ley, caótico y fallido, que ahora alberga el ISIS, Al Qaeda y otras facciones terroristas.

»Obama debería haber ganado el Premio Nobel de los Aviones Teledirigidos, ya que lanzó diez veces más ataques que Bush, los cuales dejaron miles de víctimas, hicieron saltar por los aires banquetes de bodas y asesinaron a cientos de civiles inocentes. Bombardeó siete países a pesar de no estar oficialmente en guerra con ninguno. Reformó todos los detalles de la inconstitucional Ley Patriótica. […]

»El continuo apoyo de Obama al derrocamiento de Asad, para que Arabia Saudí y Catar pudieran construir un gasoducto de gas natural que conectara con Europa, se vio frustrado por Putin. Histéricamente, tras ocho años de guerras y de expansión del estado de vigilancia del malestar/bienestar, Obama ha quedado como un pacifista. Lo cierto es que Obama, al igual que Bush, cumplieron su cometido en el imperio, vigilando el mundo, enriqueciendo al complejo militar-industrial y acatando las órdenes de sus patrocinadores del Estado profundo.»[29]

«Donald Trump, cuando era ciudadano, antes de convertirse en presidente, se mostraba inequívocamente contrario a la intervención siria, tal como queda patente en estos tuits»:[30,31]

Muchos «rebeldes» sirios son yihadistas radicales. No son nuestros amigos, y apoyarlos no ayuda a nuestros intereses nacionales. ¡Fuera de Siria!

No ataquen Siria, ¡un ataque que no hará más que entorpecer el objetivo central de Estados Unidos de volver a ser un país fuerte y extraordinario!

«El discurso no intervencionista de Trump con respecto a Siria y su reticencia a declarar a Putin como un malvado enemigo de Estados Unidos durante su campaña provocó un ataque en toda regla por parte del Estado profundo para hacer descarrilar su candidatura, bajo falsas alegaciones de que era un títere de Rusia. Estas acusaciones sin fundamento y la mordaz campaña de propaganda contra Trump para que se votara por la candidata favorita del Estado profundo (la turbia Hillary) llevó a los medios de comunicación alternativos a realizar un heroico esfuerzo a través de Internet para refutar la propaganda de los grandes medios de comunicación con datos y sentido común.

---

[29] «The Horror! The Horror!», *op. cit.*

[30] The Horror! The Horror! (Part Two)», *The Burning Platform*, 5 de mayo de 2017. Disponible en: *www.theburningplatform.com/2017/05/05/the-horror-the-horror-part-two*.

[31] Martin Finucane, «'Stay out of Syria!' Trump was no fan of Syria intervention in 2013», *Globe Staff*, 7 de abril de 2017. Disponible en: *www.bostonglobe.com/news/nation/2017/04/07/trump-argued-against-syrian-involvement-tweets/mfqEBKuuZXuAs7porzlO7M/story.html*.

»Cuando los cómplices de los grandes medios de comunicación corporativos difundieron la historia de las "noticias falsas" para desacreditar a los medios alternativos que contaban la verdad, les salió el tiro inmediatamente por la culata, ya que la mayoría de la población empezó a darse cuenta de que quienes difundían las noticias falsas eran la CNN, MSNBC, CBS y el resto de los grandes medios corporativos captados.

»El descontento con el *status quo* que reinaba entre los ciudadanos de a pie de todo Estados Unidos era tan grande que superó toda la propaganda del Estado profundo, las noticias falsas, las ingentes sumas de dinero invertidas en Clinton y los bastiones urbanos liberales, y llevó a elegir a Donald Trump como agente del cambio que echaría a la calle a los sinvergüenzas de Washington. La imagen de Trump como presidente empezó a socavarse antes de que tomara posesión de su cargo, cuando se aceleró a toda velocidad la máquina propagandística y los medios de comunicación no dejaban de gritar a los cuatro vientos que Rusia había amañado las elecciones estadounidenses en favor de Trump.

»No había datos, ni pruebas, ni fundamentos, sino muchas insinuaciones, muchas acusaciones infundadas y noticias falsas a un nivel que rozaba el fanatismo, publicadas por falsos periodistas a los que se pagaba millones por cumplir su cometido. La imagen de Putin como un malvado manipulador que controlaba a Trump fue el meme con el que nos machacó veinticuatro horas al día el Estado profundo para mantener a Trump a la defensiva. [...]

»El incesante machaque con la historia de que Rusia había amañado las elecciones puso a Trump a la defensiva. Dado que Siria y Rusia estaban a punto de aplastar a ISIS, a Al Qaeda y a la resistencia formada por "rebeldes moderados", se necesitaba una nueva operación de bandera falsa.»[32]

---

[32] «The Horror! The Horror! (Part Two)», *The Burning Platform*, 5 de mayo de 2017. Disponible en: *www.theburningplatform.com/2017/05/05/the-horror-the-horror-part-two*.

«Es evidente que Rusia no lo va a aceptar, y en estos momentos está ayudando a Siria a reforzar sus defensas.[33] Asimismo, Rusia está enviando barcos de guerra al Mediterráneo, allí donde ya hay buques de guerra estadounidenses. En abril de 2017, el ministro británico de Asuntos Exteriores, Boris Johnson, canceló un viaje a Rusia; acordó con el secretario de Estado estadounidense liderar la campaña para sacar a Rusia de Siria.»[34]

En las sabias palabras de Egon von Greyerz, «se trata de una situación extremadamente peligrosa que podría convertirse fácilmente en un importante conflicto de dimensiones catastróficas. Sin embargo, encaja a la perfección, dado que los ciclos bélicos apuntan a una escalada de las guerras en los próximos años. Por regla general, los ciclos bélicos coinciden con la situación económica. Ahora que la economía mundial va peor que en cualquier otro momento de la historia, el riesgo de guerra es mayor de lo que lo ha sido durante mucho tiempo.

»Países como Japón, China, muchas naciones europeas y Estados Unidos presentan una deudas y unos déficits excesivos que nunca serán saldados. En 2007-2009 casi se hunde el sistema financiero mundial por el endeudamiento. Desde entonces, la deuda mundial ha aumentado como mínimo 70%. No se ha resuelto ninguno de los problemas que causaron la Gran Crisis Económica, lo que significa que

---

[33] «Russia Furious After U.S. Missile Strike, Vows to Support Syria's Air Defense After "Significant Blow" to Relations», *National Post*, 7 de abril de 2017. Disponible en: *http://nationalpost.com/news/ world/russia-furious-after-u-s-missile-strike-vowing-to-protect-syrias-air-defence-after-significant-blow-to-relations/wcm/3af89f9c-45e6-4cb5-897b-71d8dc26a586.*

[34] Egon von Greyerz, «Gold Is Protection Against Damned Lies and War», *GoldSwitzerland.com*, 13 de abril de 2017. Disponible en: *https://goldswitzerland.com/gold-is-protection-against-damned-lies-and-war.*

el riesgo es ahora exponencialmente mayor que hace diez años. La mayoría de los líderes saben que no pueden hacer nada para sacar a la economía de su pésimo estado y aun así permanecer en el poder. Por lo tanto, para una superpotencia como Estados Unidos, en este momento solo hay una solución definitiva. La solución más apropiada para un líder que está fracasando en casa es encontrar un motivo y un chivo expiatorio para desviar la atención hacia fuera de su país. Así es como, en contra de todo lo que prometió durante la campaña electoral, Trump está dando los primeros pasos hacia un gran conflicto global. Esta guerra no se libra contra la pequeña Siria. Recordemos que Asad ha asesinado a una cifra notablemente inferior de inocentes que los estadounidenses y sus aliados en Afganistán, Irak y Libia. No, esta guerra se libra contra Rusia y tiene como objetivo el control de Oriente Medio. A Rusia la ha invitado Siria para ayudarla a defender el país, mientras que Estados Unidos es un agresor. Así que nos encontramos frente a un posible gran conflicto entre las dos superpotencias mundiales.

»Es imposible prever cuáles serán las consecuencias de un posible conflicto a este nivel, sobre todo porque podrían usarse armas nucleares. Muy pocos países escaparán de este gran conflicto, aunque es posible que partes de América del Sur, así como Nueva Zelanda y Australia estén en mejores condiciones de evitarlo. Para la mayoría de la gente no es práctico mudarse a otro lugar, ni puede hacerlo.[35] Tengamos esperanza y recemos para que no suceda nada. Pero debemos ser conscientes de que hay más riesgo que nunca».[36]

---

[35] «The Horror! The Horror!», *The Burning Platform*, 30 de abril de 2017. Disponible en: *www.theburningplatform.com/2017/04/30/the-horror-the-horror*.

[36] *Ib.*

QUINTA PARTE

BRETTON WOODS
Y EL CONSENSO DE WASHINGTON

21

EL CAMBIO DEL ORDEN MUNDIAL

El 5 de noviembre de 2014 tuvo lugar la Conferencia de Dartmouth en Dayton, Ohio (Estados Unidos). Un día antes, el 4 de noviembre, se celebraron en Estados Unidos las elecciones de mitad de legislatura, en las que el Partido Republicano obtuvo una abrumadora victoria. La conferencia empezó con una presentación de cada orador sobre su opinión de lo sucedido.

El 6 de noviembre, un grupo de analistas de Inteligencia rusos se reunió en Washington con un grupo seleccionado del aparato del Partido Republicano. A los representantes estadounidenses les interesaba el punto de vista ruso sobre lo que con el tiempo se convertiría en la mayor sorpresa electoral de la historia de Estados Unidos. La pregunta formulada fue tan simple como previsible: ¿qué creen que pasará en noviembre de 2016? Los rusos explicaron a los estadounidenses que las elecciones de 2016 serían las primeras que no podría controlar la maquinaria manipuladora de cualquiera de los dos partidos; estarían impulsadas por ideales y, por eso, era totalmente imposible valorar la probabilidad de ganar que tenían los candidatos basándose tan solo en meras estrategias políticas, porque la maquinaria, aunque bien engrasada, simplemente no funcionaría en esta ocasión. La delegación estadounidense se quedó allí sentada, en silencio, ante lo que resultaron ser las proféticas palabras de los analistas rusos de alto nivel.

Pasemos ahora a la parte ideológica del debate. Desde el 23 de diciembre de 1913, con la creación de la Reserva Federal, todo el modelo de desarrollo económico ha estado condicionado exclusivamente a la impresión de moneda. Este sistema se reforzó en 1944 a raíz de la Conferencia de Bretton Woods y, por segunda vez, se le dio un mayor impulso en 1981 con el auge de la política económica del presidente Reagan, la llamada *reaganomía*.

BRETTON WOODS Y EL FRAUDE DEL PETRÓLEO DE LA DÉCADA DE 1970

«El sistema de Bretton Woods de la posguerra fue un tratado internacional para regular el comercio mundial, así como la estabilidad monetaria y financiera. [...] Cuando las 44 naciones se sentaron a negociar en Bretton Woods, en el escenario económico mundial, la única potencia con una amplia base industrial y con capacidad para proporcionar la maquinaria y los bienes que se necesitaban con urgencia, así como el crédito que se aceptaría en todas partes como moneda sólida, era Estados Unidos. [...] La base del sistema de Bretton Woods y del Convenio Constitutivo del Fondo Monetario Internacional aprobado en 1944 era crear un sistema fijo de cambio de divisas entre naciones. Los tipos de cambio se modificarían en relación con el dólar o el oro, pero solo como último recurso, y únicamente después de agotarse las medidas políticas nacionales.

»Tras la guerra, el valor de la libra esterlina, el franco francés, la corona sueca, la lira italiana y, después de 1948, el marco alemán se fijaron en un ratio de conversión, más o menos permanente, con respecto al dólar estadounidense. Podrían realizarse inversiones a largo plazo y entablar relaciones comerciales sobre una base monetaria estable. En el marco de Bretton Woods no se corría el riesgo de experimentar drásticas pérdidas monetarias.

»A su vez, el valor del dólar estadounidense se fijó con respecto a un peso específico de oro (una onza de oro monetario valdría 35 dólares estadounidenses). La intención era estimular a los Gobiernos miembros a que no abarataran su divisa simplemente imprimiendo dinero e incurriendo en déficit, un problema importante que impedía la estabilidad de muchos países europeos durante el periodo de posguerra. Además, con la garantía de contar con un tipo de cambio fijo se pretendía estimular la recuperación del comercio mundial lo antes posible.

»En 1945, el dólar tuvo un papel insólito en el sistema de Bretton Woods, y con razón. En ese momento era la única divisa importante, avalada por la economía industrial más fuerte y productiva del mundo, la nación comercial más grande, que además poseía grandes reservas de oro para respaldar al dólar. En definitiva, el dólar estadounidense era la única divisa considerada "tan buena como el oro". [...]

»Dado que, después de 1945, el Sistema de la Reserva Federal de Estados Unidos tenía en su poder alrededor de 65% de las reservas de oro monetario del mundo, también tenía sentido establecer el denominado *patrón de cambio-oro*. [...] En el marco de este patrón de Bretton Woods, el dólar se consideraba un sustituto aceptable para las reservas de los bancos centrales, es decir, "tan bueno como el oro". Por consiguiente, en virtud de ese sistema se permitía al banco central de un país miembro del FMI emitir moneda en la proporción estipulada en relación con sus reservas de dólares y de oro. El propósito era facilitar en gran medida el proceso de creación de crédito no inflacionista a las economías europeas tras la guerra, así como potenciar la tan necesaria reconstrucción e inversión industrial. El Banco Mundial se había creado para conceder préstamos en dólares a los

Gobiernos europeos con el fin de financiar la reconstrucción tras la guerra. El dólar actuaría como sustituto aceptado del oro durante casi el siguiente cuarto de siglo, hasta finales de los sesenta. [...]

»En consecuencia, en el marco del sistema de cambio-oro de Bretton Woods, en el que el dólar era la moneda de reserva central, se descartaba la devaluación unilateral del dólar por parte de Estados Unidos. Solo se permitía la revaluación al alza de otras monedas que no eran la de reserva, ya que sus economías se iban recuperando del periodo de depresión en la posguerra y empezaron a tener superávit de ingresos en divisas. A finales de los sesenta, la norma que prohibía la devaluación del dólar se convertiría en un factor clave en la ruptura definitiva del sistema de Bretton Woods. [...]

»La guerra de Vietnam de los sesenta supuso el desmantelamiento definitivo del sistema de Bretton Woods. Como el ingente déficit público se empleaba para financiar el coste de esa impopular guerra, evitando así poner nuevos impuestos impopulares, los bancos centrales extranjeros fueron acumulando año tras año grandes depósitos de dólares, el denominado mercado de "eurodólares".

»A finales de 1969, la economía estadounidense había entrado en una gran recesión.»[1] A su vez, «la cantidad de dólares en circulación por el mundo aumentó notablemente en comparación con la cantidad de oro que los avalaba. Por este motivo, los Estados extranjeros empezaron a cambiar activamente sus dólares por oro, agotando así las reservas estadounidenses. Las reservas habían bajado de 574 millones

---

[1] William Engdahl, «What the Bretton Woods system really was designed to do», *Executive Intelligence Review*, 24(33), 15 de agosto de 1997. Disponible en: *www.larouchepub.com/eiw/public/1997/eir-v24n33-19970815/eirv24n33-19970815_032-what_the_bretton_woods_system_re.pdf.*

de onzas al final de la Segunda Guerra Mundial a 261 millones en 1971».[2]

«En 1970, la Administración Nixon y la Reserva Federal suavizaron la política monetaria para bajar los tipos de interés y estimular el consumo interno. Los especuladores de divisas de todo el mundo reaccionaron de inmediato perpetrando un importante ataque al dólar. En 1971, cuando la recesión empeoró en Estados Unidos y Nixon se enfrentó a una dura campaña de reelección, aumentaron la inflación y el dinero fácil de la Reserva Federal bajo la presión política de la Casa Blanca.»[3]

«El 15 de agosto de 1971, el presidente Nixon canceló lo que quedaba del patrón oro. Fue uno de los acontecimientos más importantes de la historia de Estados Unidos, junto con la caída del mercado de valores en 1929, el asesinato de Kennedy o los atentados del once de septiembre.»[4] Desde ese momento se sentaron las bases para pasar de un sistema con tipos de cambio fijos que era ventajoso a un sistema de auténtico desarrollo e inversión productivos, y a partir de 1971, todo les sonrió a los especuladores.

El presidente Nixon desvinculó el dólar del oro, lo cual

---

[2] Nick Giambruno, «Trump Left Saudi Arabia Off His Immigration Ban... Here's the Shocking Reason Why», *Casey Research International Man*, 15 de febrero de 2017. Disponible en: *www.internationalman.com/articles/trump-left-saudi-arabia-off-his-immigration-ban-heres-the-shocking-reason*.

[3] William Engdahl, «What the Bretton Woods system really was designed to do», *Executive Intelligence Review*, 24(33), 15 de agosto de 1997. Disponible en: *www.larouchepub.com/eiw/public/1997/eir-v24n33-19970815/eirv24n33-19970815_032-what_the_bretton_woods_system_re.pdf*.

[4] Nick Giambruno, «Trump Left Saudi Arabia Off His Immigration Ban... Here's the Shocking Reason Why», *Casey Research International Man*, 15 de febrero de 2017. Disponible en: *www.internationalman.com/articles/trump-left-saudi-arabia-off-his-immigration-ban-heres-the-shocking-reason*.

supuso una ruptura con todo el sistema de Bretton Woods y abrió las compuertas al tipo de manipulaciones que hemos visto desde entonces: las fluctuaciones monetarias, los juegos con el petróleo y, más tarde, todas las burbujas imaginables. Todo ello coincidió con la formación del Grupo Inter-Alpha, el sistema bancario de la oligarquía, dirigido por Jacob Rothschild, que luego creó la burbuja que todos conocemos y asumió el control.[5]

Para las élites, el sistema de Bretton Woods era un sistema de estabilidad, pero si uno quiere sumir al mundo en el caos, tiene que librarse de esas instituciones que velan por la estabilidad. ¿Y cómo se acaba con la estabilidad del mercado? En primer lugar, librándote de los tipos de cambio fijos y de los cambios fijos de divisas, y en segundo lugar, apropiándote del Banco Mundial y del Fondo Monetario Internacional y transformándolos en organismos del imperio, al contrario de lo que pretendía Roosevelt, que era convertirlos en organismos de la descolonización.

A principios de 1973, el dólar estaba cayendo y las economías de Francia, Alemania y Japón estaban empezando a prosperar de verdad.[6] En ese mismo periodo, el marco de la Alemania Occidental ya había aplastado a la libra esterlina, y entre julio y agosto de 1973 iba camino de arrebatarle la hegemonía al débil dólar estadounidense.

En mayo de 1973, el Grupo Bilderberg se reunió en un exclusivo complejo en Saltsjobaden, Suecia. «Algunos

---

[5] John Hoefle, «The Inter-Alpha Group: Nation-Killers for Imperial Genocide», *Executive Intelligence Review*, 17 de septiembre de 2010, p. 24. Disponible en: *www.larouchepub.com/other/2010/3736inter-alpha_genocide.html*.

[6] Marc Levinson, «End of a Golden Age: Unprecedented Growth Marked the Era from 1948 to 1973. Economists Might Study It Forever, But It Can Never Be Repeated. Why?», *AEON*, 22 de febrero de 2017. Disponible en: *https://aeon.co/essays/how-economic-boom-times-in-the-west-came-to-an-end*.

miembros de las élites vinculados a los principales bancos de Nueva York decidieron que había llegado la hora de provocar una importante sacudida que invirtiera la marcha de la economía global, incluso a costa de causar una recesión en la economía estadounidense (esto les traía sin cuidado, siempre y cuando fueran ellos los que controlaran los flujos monetarios).»[7]

Se utilizó la guerra egipcio-israelí como excusa para imponer un embargo de petróleo contra Estados Unidos y otros países que apoyaban a Israel. El punto clave en la agenda de la reunión del Club Bilderberg era la crisis del petróleo de 1973, el aumento previsto de 400% en el precio del petróleo en los países de la OPEP en un futuro próximo. «El debate no giraba en torno a cómo nosotros, algunos de los representantes más poderosos de los países industrializados del mundo, convenceremos a los países árabes de la OPEP de que no disparen el precio del crudo. Sino que se habló de lo que debíamos hacer con todos los petrodólares que inevitablemente iban a entrar en los bancos de Londres y de Nueva York procedentes de los ingresos que iban a tener los países de la OPEP gracias al crudo.»[8]

Todo ello iba dirigido a continuar con el proceso imperial sistémico de saquear la riqueza productiva real de las principales naciones del planeta. Con el tiempo, esta estafa petrolera creó una ingente transferencia de riqueza, en principio hacia los países de la OPEP, los denominados *petrodólares*, pero en realidad el dinero se llevó a Londres y a Wall Street para su gestión. Así, la oligarquía financiera, en grandes bancos e instituciones, utilizó la estafa del precio del

---

[7] J. S. Kim, «A History of Rigged & Fraudulent Oil Prices (and What It Can Teach Us about Gold & Silver)», *Benzinga*, 21 de marzo de 2011. Disponible en: *www.benzinga.com/11/03/939144/a-history-of-rigged-fraudulent-oil-prices-and-what-it-can-teach-us-about-gold-silver.*

[8] *Ib.*

petróleo para lograr un dominio absoluto del sistema crediticio mundial y para asegurarse de que ya no se destinara al desarrollo civil y cultural.

La subida de 400% del precio del petróleo entre 1973 y 1974 salvó al dólar, salvó a Wall Street y el poder del dólar como entidad financiera, pero no salvó en absoluto a la economía estadounidense. De hecho, el alza del precio frenó el crecimiento en Europa, hizo trizas la industrialización de los países en desarrollo del tercer mundo, que a principios de los años setenta gozaban de un rápido crecimiento, y volvió a inclinar la balanza de poder hacia Wall Street y hacia el sistema del dólar.

Así que «el mercado de petróleo no lo controla la OPEP, sino el Imperio británico por medio del dominio que ejerce sobre las gigantes compañías petroleras que conforman el cártel internacional del crudo. Estas empresas, encargadas del transporte, el procesado y la distribución de productos petrolíferos, controlan la parte física del negocio petrolero, mientras que el precio se fija en los mercados financieros. Esta mecánica permite que el precio fluctúe al margen de la oferta y la demanda, y ha reportado grandes beneficios a los financieros» que controlan el imperio.[9]

Estos petrodólares, combinados con los ingresos del narcotráfico generados por Drogas, S. A., propiedad del Imperio británico, fueron decisivos en la reestructuración de Wall Street en la década de 1970, y prepararon el terreno a los bonos basura de los ochenta y a los derivados de los noventa. El Estado profundo usó el fraude del petróleo para «financiar operaciones destinadas a transformar Estados Unidos desde dentro, incluida la absorción del sistema

---

[9] John Hoefle, «British Geopolitics and the Dollar», *Executive Intelligence Review*, 16 de mayo de 2008, pp. 51-52. Disponible en: *https://www. larouchepub.com/eiw/public/2008/2008_20-29/2008_20-29/2008-20/ pdf/51-52_3520.pdf.*

bancario estadounidense y la cartelización (bajo el nombre eufemístico de fusiones y adquisiciones) de las empresas de Estados Unidos. Wall Street se transformó en un gigantesco casino en el que las apuestas en instrumentos financieros sustituyeron a las inversiones, y se perdió toda noción de la realidad. A su vez, los petrodólares ayudaron a financiar la guerra cultural contra el pueblo estadounidense, con el fin de que este permaneciera ciego al perjuicio que se estaba causando, o incluso engañándolo para que creyera que aquello era progreso».[10]

El imperio se ha valido de este grandioso timo financiero para perpetrar un ataque y hacerse con el control del mundo. «En este momento, el efecto de ese ataque se está haciendo evidente. Ha estallado la burbuja financiera, y el gran motor financiero que se suponía que iba a sustituir a la industria como motor económico del futuro ha demostrado ser tan real como el traje nuevo del emperador. Y ahora nos dejan con un sistema bancario en quiebra que se asienta sobre la carcasa oxidada de la economía, dependiente de los cárteles de la "Empresa Mundial" para satisfacer muchas de las necesidades de la vida.»[11] Se han destruido el progreso y el desarrollo a expensas de los cárteles monetarios que controlan la economía mundial. Pero me estoy adelantando.

La ventanilla del oro

En aquel momento, Nixon dijo que la suspensión era tan solo una medida temporal. Es evidente que mintió, ya que la situación no ha cambiado en los últimos cuarenta años. También declaró que esta medida era necesaria para proteger a los estadounidenses de los especuladores internacionales,

---

[10] John Hoefle, *op. cit.*
[11] *Ib.*

una afirmación que tampoco era cierta. La principal razón para dar ese paso fue la necesidad de imprimir moneda para financiar el incontrolable gasto público.

Nixon aseguró que suspender la convertibilidad del dólar en oro ayudaría a estabilizar la moneda estadounidense, otra afirmación falsa. Incluso considerando los datos estadísticos gubernamentales, que eran extremadamente dudosos, la moneda estadounidense ya había perdido 80% de su capacidad adquisitiva desde 1971.

El fin del sistema de Bretton Woods (de hecho, el incumplimiento de la obligación de Estados Unidos de cambiar dólares por oro) tuvo consecuencias geopolíticas sumamente graves. La principal fue que los Estados extranjeros ya no vieron utilidad en tener reservas en dólares americanos y utilizarlos para liquidar saldos en el comercio internacional.

A continuación se suponía que iba a caer la demanda de dólares, junto con la capacidad adquisitiva de la moneda estadounidense. Había que hacer algo. Washington se sacó de la manga un nuevo acuerdo para dar a los Estados extranjeros motivos de sobra para tener reservas de dólares. El nuevo acuerdo, el denominado *sistema del petrodólar,* permitió que el dólar siguiera siendo la moneda de reserva.

DE BRETTON-WOODS AL PETRODÓLAR

El escritor y economista Grant Williams explica lo siguiente: «En la década de 1970, Henry Kissinger y Richard Nixon firmaron un acuerdo con la Casa de los Saud, el cual dio origen al sistema del petrodólar. Las condiciones del acuerdo eran sencillas: los saudíes se comprometían a aceptar "solamente" dólares estadounidenses a cambio de su petróleo y a reinvertir su excedente de dólares en valores del Tesoro estadounidenses. En contrapartida, Estados Unidos proporcionaría armas y velaría por la seguridad de los saudíes, que hay que reconocer que vivían en un vecindario muy peligroso. [...] Todo iba a las mil maravillas.

»Las compras saudíes de títulos del Tesoro crecieron a la par que el precio del petróleo, y todos contentos. [...] La relación inversamente proporcional entre el dólar y el crudo es casi tan perfecta como cabría esperar (hasta hace poco tiempo, claro)».[12]

«Desde que Nixon cerrara de golpe la ventanilla del oro, crecieron exponencialmente los compradores extranjeros de deuda estadounidense, un crecimiento que se aceleró una vez instaurado el sistema del petrodólar. El hecho de que el precio de la principal materia prima del mundo se fijara exclusivamente en dólares estadounidenses obligaba a todo el mundo a tener grandes reservas en dólares para pagar el crudo, lo cual comportó una enorme puja por los valores del Tesoro. [...] En 2015 [...] había títulos del Tesoro equivalentes al valor de aproximadamente seis años de suministro total de petróleo a nivel global en manos extranjeras.»[13]

«Por ejemplo, consideremos el caso de empresas que no tienen una relación directa con el dólar; pongamos por caso que una empresa en Suecia exporta bienes a otra en Japón. La sueca tiene que recibir el pago en coronas, así que la japonesa firmará un contrato con un banco japonés para comprar coronas en un momento específico, normalmente tres meses antes de la fecha de entrega prevista de la mercancía. Si el banco japonés tuviera reservas de coronas, lo cual es improbable, este simplemente cobraría su comisión y ya está. Sin embargo, tener este tipo de reservas es ineficiente y costoso. Así que, en vez de eso, el banco japonés realizaría la opera-

---

[12] Tyler Durden, «Things That Make You Go Hmm... Like the Death of the Petrodollar, And What Comes After», *Zero Hedge*, 27 de diciembre de 2016. Disponible en: *www.zerohedge.com/news/2016-12-27/things-make-you-go-hmm-death-petrodollar-and-what-comes-after.*

[13] *Ib.*

ción en eurodólares: compraría dólares a cambio de yenes y luego vendería esos dólares a cambio de coronas. Aunque eso describe en teoría cómo debería ser el proceso, en la práctica, el banco japonés realizaría *swaps* de eurodólares. El banco japonés podría ser más eficiente y comprar un depósito en eurodólares con vencimiento a tres meses y vender simultáneamente a futuro esos dólares para convertirlos en coronas. En lo que respecta al dinero o moneda real, la entrega a futuro ya no es responsabilidad del banco japonés ni del importador japonés, sino que depende de la capacidad del mercado para entregar a tiempo obligaciones de otro banco en dólares. Si al vencimiento, ese banco de eurodólares carece de dólares sobrantes que ingresar en la cuenta de coronas, ese banco simplemente los "tomará prestados" en cualquier otro lugar del mercado del eurodólar [...] porque el "mercado" siempre tiene en su poder» (eso era antes de agosto de 2007, el momento en que se produjo el Armagedón financiero).[14]

Estos acuerdos consolidaron el poder adquisitivo de la moneda estadounidense, creando un mercado mayor y con más liquidez para el dólar y los valores del Tesoro estadounidenses. A Estados Unidos también se le concedió el privilegio único de importar bienes, como el petróleo, usando su propia moneda, que no tenían más que imprimir, a diferencia de otros países, que necesitaban comprarla.

Tal como observa acertadamente Grant Williams, el sistema del petrodólar «permitió al gobierno y a los ciudadanos estadounidenses vivir por encima de sus posibilidades durante décadas. Por este motivo, los medios de comunicación y la élite política del país dan un trato distinto a los saudíes. Por este motivo, el presidente Trump no incluyó a los saudíes en la lista de patrocinadores del terrorismo, [...] a pesar de

---

[14] Jeffrey Snider, *Why Does the World Need so Many Dollars?* Alhambra Investment Partners, p. 16. Disponible en: *https://es.scribd.com/document/339694812/Snyder-Presentation#from_embed*.

que 15 de los 19 terroristas que secuestraron los aviones el 11 de septiembre eran de Arabia Saudí. En definitiva, el sistema del petrodólar es el pegamento que mantiene unidos a Estados Unidos y Arabia Saudí. Pero no puede durar para siempre».[15]

«El sistema de Bretton Woods duró veintisiete años, mientras que el sistema del petrodólar lleva ya cuarenta años de existencia. Sin embargo, el pegamento está empezando a despegarse. De hecho, estamos a las puertas de otro cambio de paradigma en el sistema financiero global, un cambio al menos tan trascendente como el que supuso el final del sistema de Bretton Woods en 1971.»

LA REAGANOMÍA

La reaganomía era un programa económico que daba por sentado que habría una constante estimulación de la demanda a golpe de crédito. Estos eran los parámetros macroeconómicos de equilibrio de los hogares estadounidenses antes de implementarse: la deuda total no llegaba a 60-65% de la renta anual y el ahorro era de aproximadamente 10% de la renta real disponible; antes de finalizar 2008, esos parámetros habían cambiado, de modo que la deuda media superaba 130% de la renta anual y los ahorros habían caído a un porcentaje de menos 5-7%. Desde principios de la década de 1980, el sistema bancario permitió a los hogares refinanciar sus deudas, es decir, podían pagarse los préstamos antiguos a costa de los nuevos (esto formaba parte de la reaganomía). Y para garantizar que no se redujera la deman-

---

[15] Tyler Durden, «Trump Left Saudi Arabia Off His Immigration Ban… Here's Why», *ZeroHedge*, 8 de febrero de 2017. Disponible en: *www.zerohedge.com/news/2017-02-18/trump-left-saudi-arabia-his-immigration-ban-heres-why?page=2.*

da, empezaron a bajar el coste de los préstamos. En 1980, el tipo de descuento de la Reserva Federal estadounidense era de 19%, mientras que en diciembre de 2008 había bajado prácticamente a cero.

En resumidas cuentas, la reaganomía o economía «centrada en la oferta» era un fraude contra la economía estadounidense. El paquete de recortes fiscales no se diseñó para favorecer la inversión de capital en la industria básica, sino para fomentar el saneamiento «postindustrial» y los flujos de capital hacia áreas especulativas. «El programa del presidente [de Estados Unidos], tal como se definió en sus inicios, cedía prácticamente el control de la importantísima área de la política monetaria a la Junta de la Reserva Federal y a su presidente, Paul A. Volcker, elegido por Carter. [...] Lo crítico es que el programa de Reagan no logró potenciar una reforma del sistema monetario mundial que permitiera al gobierno estadounidense imponer disciplina en los mercados privados y extraterritoriales controlados por Londres, ni tampoco logró hacerse con el control para dirigir el crédito nacional, al dar plena libertad a la Junta de la Reserva Federal.

»En el marco de las políticas de "desintegración controlada" de la economía estadounidense y de la mundial, unas medidas políticas anunciadas con el nombre de *Proyecto 1980* a finales de los setenta en una serie coordinada de volúmenes publicados por el Consejo de Relaciones Exteriores de Nueva York y hechas públicas en 1979 por Paul Volcker, había que luchar contra la creencia popular en el crecimiento ilimitado y el progreso, así como contra su fomento desde el gobierno (lo cual estaba en total contradicción con la perspectiva de Reagan).»[16]

---

[16] Richard Cohen, «Reaganomics, Volcker, and the Traps of 1981», *Executive Intelligence Review*, 9(1), 5 de enero de 1982. Disponible en: *www.larouchepub.com/eiw/public/1982/eirv09n01-19820105/eirv09n01-19820105_016-reaganomics_volcker_and_the_trap.pdf*.

La desintegración económica controlada y el desmantelamiento de las concentraciones industriales y científicas más avanzadas del mundo eran la piedra angular del informe titulado *Proyecto 1980*. «El Consejo de Relaciones Exteriores (Council on Foreign Relations, CFR), una de las instituciones centrales que la oligarquía posee en Estados Unidos, denominó a este proyecto *la empresa más grande de su historia*.[17]

»El informe del CFR, que constaba de 33 volúmenes, contenía planes de acción que la oligarquía llevó a la práctica, sirviéndose de su poder, durante la segunda mitad de la década de 1970 y la de 1980. Impuso uno de los cambios más profundos en las políticas económicas y de las naciones Estado habido durante el siglo xx: el cambio de paradigma a favor de una economía posindustrial.[18]

»¿Qué quiere decir "desintegración controlada"? Que se empujaría a la economía mundial hacia la desintegración, pero no de manera incontrolable. Más bien, la oligarquía abrigaba la esperanza de poder controlar ella el proceso. Sería necesario que las fuerzas externas aportasen diversas conmociones que llevaran a la desintegración de la economía mundial: conmociones en el petróleo, cierre del crédito, conmociones en los tipos de interés, obligar a la economía mundial a bajar al nivel cero, y finalmente llegar a un crecimiento negativo.

»De forma simultánea, ello vendría seguido del establecimiento del mercado al contado en el petróleo, la creación de los mercados de eurobonos y del mercado de derivados, la expansión del aparato de la banca en el extranjero y el blan-

---

[17] Angie Carlson, «Project 1980s: The CFR's Program for "Controlled Disintegration"», *NewsWithViews.com*, 8 de agosto de 2001. Disponible en: *www.newswithviews.com/socialism/socialism1.htm*.

[18] Richard Freeman, «The Policy of Controlled Disintegration», *Executive Intelligence Review*, 26(41), 15 de octubre de 1999. Disponible en: *www.larouchepub.com/eiw/public/1999/eirv26n41-19991015/eirv26n41-19991015_071-the_policy_of_controlled_disinte.pdf*.

queo de grandes cantidades de dinero procedente de la droga a través de alguna de las corporaciones de banca más grandes del mundo.»[19]

«A partir de la semana del 6 al 12 de octubre de 1979, Volcker comenzó a elevar los tipos de interés mediante la táctica de incrementar la tasa de los fondos federales y determinadas categorías de las reservas obligatorias de los bancos comerciales. Y continuó elevando los tipos hasta que, en diciembre de 1980, la tasa de interés de los bancos comerciales de Estados Unidos alcanzó 21.5%.

»Los efectos de esta política fueron rápidos y devastadores, sobre todo porque la oligarquía [del Estado profundo] se había servido de dos fraudes del petróleo durante la década de 1970 para disparar los precios del crudo. En Estados Unidos, la producción industrial y agrícola se desplomó de forma alarmante. Entre 1979 y 1982, la producción de los fabricantes reseñados a continuación, cruciales para el país, se redujo en las cantidades siguientes, en una relación per cápita: máquinas-herramientas para cortar metales, 45.5% menos; excavadoras, 53.2%; automóviles, 44.3%; y acero, 49.4%.»[20]

Además, desde 1981, la economía estadounidense ha crecido con la deuda nacional pisándole los talones. Sin más endeudamiento no habría habido crecimiento. Dado que la impresión de moneda y su legalización corrieron a cargo de una institución financiera, el porcentaje de contribución del sector financiero a la redistribución de beneficios en Estados Unidos aumentó de 5% en 1939 a 10% en 1947, apenas tres años después de la conferencia de Bretton Woods, y a

---

[19] Daniel Estulin, *Camino del infierno*, Ediciones B, Barcelona, 2012.

[20] Richard Freeman, «The Policy of Controlled Disintegration», *Executive Intelligence Review*, 26(41), 15 de octubre de 1999. Disponible en: *www.larouchepub.com/eiw/public/1999/eirv26n41-19991015/eir-v26n41-19991015_071-the_policy_of_controlled_disinte.pdf*.

20% antes del inicio de la crisis de los setenta. En 2008, con la crisis financiera a la vuelta de la esquina, el porcentaje llegó incluso a 70%.

Lo importante es que desde 1981, de alguna forma, el crecimiento de la economía global se ve impulsado, fundamentalmente, por una redistribución de los dólares estadounidenses, impresos por la Reserva Federal y puestos en circulación a través del Sistema de la Reserva Federal, y ese proceso está controlado por el Fondo Monetario Internacional (FMI), la Organización Mundial del Comercio (OMC) y otras instituciones internacionales surgidas de Bretton Woods. Y respecto a todo lo que se ha dicho de que el sistema de Bretton Woods se abolió en 1971, lo cierto es que el FMI, el Banco Mundial y la OMC son instituciones creadas en Bretton Woods. El sistema sigue vivito y coleando, aunque bajo un disfraz diferente.

En general, todo el mundo era consciente de que para imprimir dinero tenía que haber activos que respaldasen el excedente monetario. En la década de 1980, esos activos fueron varios derivados nuevos; en los noventa y a principios de la década del año 2000, fueron los activos que surgieron a raíz de la disolución de la Unión Soviética. A este respecto, Estados Unidos tenía dos enfoques en ese momento. El primero consistía en utilizar activos sacados de la URSS para saldar las deudas acumuladas en los ochenta y luego empezar de cero. Ese fue el planteamiento de la Administración Bush. Pero había un enfoque alternativo: malversarlo todo y hacer un buen uso de esos activos. Eso es lo que hizo la Administración Clinton en el periodo de «saqueo de Rusia» de principios de los noventa. Por ese motivo, quienes surgieron en Rusia como unidades aliadas del equipo de Clinton (toda la estructura económica y financiera de la Rusia actual) se consideran ladrones ideológicos.

Todo iba sobre ruedas, pero a principios de la década del año 2000, quedó patente que ya no había activos. El gobierno de Estados Unidos decidió imprimir moneda, avalado por activos totalmente ficticios, las hipotecas basura.

El economista estadounidense John Hoefle explica este fenómeno en unos pocos párrafos: «A medida que la burbuja especulativa iba dominando Estados Unidos y las economías del mundo, lo prioritario era hacerla engordar. Entre otras cosas, esto dio lugar a un fuerte incremento del valor de los bienes inmobiliarios, con el fin de proporcionar "riqueza" que pudiera convertirse en deuda hipotecaria, y después a todo un surtido de valores que utilizar, con gran cantidad de apalancamiento, para jugar en los mercados de derivados. A fin de mantener vivo el flujo de las deudas hipotecarias, conforme los precios iban subiendo hacia la estratosfera, los banqueros iban suavizando sin cesar los requisitos para conceder créditos hipotecarios. Este proceso, que fue llevado a cabo por los bancos y el mercado de derivados, terminó explotando. Esto se pintó falsamente como una crisis de las hipotecas *subprime*, pero en realidad eran los estertores de la muerte del sistema financiero en sí mismo.

»A mediados de 2007, el fracaso de dos fondos especulativos de Bear Stearns marcó el derrumbe del mercado mundial de valores, pues los especuladores se dieron cuenta de que se había terminado el juego y empezaron a intentar salirse de él. El mercado de los productos especulativos se secó rápidamente, y los valores nominales cayeron en picado. El mercado, que había tenido un crecimiento asombroso gracias al apalancamiento, empezó a desmoronarse en una implosión de apalancamiento inverso. Los especuladores habían tomado créditos por valor de billones de dólares para hacer sus apuestas, con la expectativa de que ganarían lo suficiente para pagar dichos créditos y todavía seguirían ganando un margen jugoso. Este juego funcionó durante una temporada, pero en seguida se volvió traicionero, cuando el mercado se paralizó. De repente, los especuladores se encontraron con que habían perdido la apuesta que habían hecho y que se habían quedado sin beneficios con los que devolver los créditos, de modo que perdieron por un lado y por el otro. Los activos empezaron a esfumarse por valor de billones, y los preocupados prestamistas empezaron a exigir más garantías en las demandas de cobertura suplementaria, lo cual dio lugar a la venta de activos, que, a su vez, hizo bajar aún más los precios, en una negra espiral de apalancamiento inverso.

»La "solución" que adoptaron los bancos centrales para este pinchazo consistió en empezar a inundar de liquidez los mercados financieros, mediante una serie de recortes en los tipos de interés e inyecciones de dinero en efectivo. Aunque habían jurado imponer disciplina en los mercados, enseguida capitularon bajo la presión de las enormes pérdidas, presas de un pánico hiperinflacionario. Las inyecciones aumentaron rápidamente: pasaron de miles de millones a decenas de miles de millones y luego a centenas de miles de millones, a medida que iban tapando los agujeros causados por la salvaje deflación de las valoraciones del sistema. Pero por mucho dinero que inyectasen, el sistema continuó desmoronándose. [...] El dinero empleado en el rescate —un dinero que no tiene ninguna utilidad económica— no hace sino acelerar dicho proceso. Esto quiere decir que cuanto más deprisa inyecte dinero el gobierno, más deprisa caerá el valor del dólar y más deprisa se hundirá la economía mundial».[21]

Antes de acabar el año 2008, todo el sistema se había desmoronado. De hecho, la crisis de 2008 es hermana gemela de la Gran Depresión de la preguerra que duró de octubre de 1929 a la primavera de 1930. El mercado bursátil estadounidense se derrumbó en octubre de 1929, y la primavera de 1930 fue testigo de una deflación que llegó por

---

[21] John Hoefle, «The End of the Line for the Anglo-Dutch System», *Executive Intelligence Review*, 28 de marzo de 2008.

sorpresa. La propia crisis empezó en 1930. Más tarde, a diferencia de la crisis de 1930, las autoridades monetarias estadounidenses, sobre todo la Reserva Federal, comenzaron por primera vez, abiertamente, a emitir moneda no respaldada por ningún activo. Pero ¿por qué eso no tuvo ningún efecto en la inflación? Porque el problema venía por los cambios en la estructura de la masa monetaria. El multiplicador del crédito cayó en un factor de 4 entre 2008, cuando estaba situado en 18, y 2014, cuando era solamente de 4. En consecuencia, la masa monetaria fuerte se disparó cuatro veces, de 0.8 a 3.3 billones de dólares. Eso significa que Washington simplemente imprimió 2.5 billones de dólares sin que ello tuviera ningún impacto inflacionario. En 2014, Barack Obama detuvo la imprenta. ¿Por qué? Porque una caída del multiplicador del crédito por debajo de 4 pone en marcha un proceso denominado *crisis de impago*.

Más tarde, en 2012, Obama ganó las elecciones, y a principios de 2013, por primera vez en 35 años desde el inicio de la reaganomía, sacó a todos los representantes de Goldman Sachs y J. P. Morgan de su Consejo Económico. En 2014, Obama suspendió la impresión de moneda.[22] Es evidente que la única posibilidad que tienen los financieros de garantizar la impresión de moneda en este contexto es controlar el Sistema de la Reserva Federal desde la Casa Blanca. Será entonces cuando los banqueros/financieros empiecen a promocionar a determinadas personas (Hillary Clinton en

---

[22] Por cierto, también nos afectó a nosotros, ya que las élites financieras mundiales que necesitaban activos líquidos presionaron a través del FMI para que se depreciaran las monedas nacionales en los países en desarrollo, lo que aumentaría el volumen de liquidez a su disposición. Eso es lo que motivó la depreciación del rublo ruso en diciembre de 2014. En este caso, Elvira Nabiullina, directora del Banco Central de Rusia, se sometió directamente a los intereses del FMI para aumentar la salida de capital de Rusia. En cualquier país normal, esto se consideraría delito.

vez de Bernie Sanders) para ocupar el cargo de presidente de Estados Unidos.

El grupo alternativo (los aislacionistas que respaldaban a Trump) también empezó a posicionarse para las siguientes elecciones generales de 2016 en Estados Unidos. En aquel momento, el 5 de noviembre de 2014, muchos miembros de las clases dirigentes estadounidenses creían que sería Rand Paul quien representaría al Partido Republicano. Sin embargo, los expertos rusos en Inteligencia sabían con cierta precisión ya en 2014 que la candidatura republicana a la presidencia sería la de Trump. Quizá porque Trump daba toda la impresión de ser un perfecto dirigente anticrisis que podía tomar las decisiones correctas. No es político, porque los políticos piensan ante todo en cómo evitar exponerse y, por ende, quedar vulnerables. Al contrario, Trump piensa en cómo obtener resultados. Por lo tanto, no se produjo una división entre partidos, como en 2014, sino en su propio seno: los republicanos ganaron porque el plan para poner en marcha la imprenta y así salvar el sistema financiero mundial se asoció a los demócratas, mientras que el plan para salvar la economía nacional se asoció a los republicanos. Los aislacionistas más destacados, es decir, los defensores de la economía nacional, fueron Rand Paul y Trump, del Partido Republicano, y Bernie Sanders, del Partido Demócrata. Por eso el presidente Obama, al principio, respaldaba firmemente a Sanders. La cronología de los hechos es fácil de seguir: el caso Strauss-Kahn tuvo lugar en 2011; el escándalo de Goldman Sachs ocurrió en 2013; Obama detuvo la impresión monetaria (expansión cuantitativa) en 2014, y en 2016 se produjo el *brexit* en el Reino Unido y la victoria de Trump en Estados Unidos.

22

EL CONSENSO DE WASHINGTON

En primer lugar, cabe señalar que el sistema global del socialismo, que controlaba aproximadamente un tercio de la economía mundial, y el sistema occidental, que dominaba alrededor de la mitad, se basaban en diferentes modelos financieros. Se diferenciaban en sus monedas base (rublo frente a dólar), en sus prácticas de fijación de precios, así como en sus mecanismos de crédito e inversión. El 15 de agosto de 1971, el valor del dólar estadounidense dejó de regirse por el oro, mientras que el valor del rublo de la URSS siguió vinculado al oro dos décadas más. Resulta muy difícil determinar qué sistema era «mejor», al no estar claramente definidos los criterios de evaluación. El sistema soviético era superior en lo que respecta a reducir la brecha entre ricos y pobres y garantizar así la justicia social, mientras que el sistema occidental llevaba la delantera a la hora de motivar a la población activa de la sociedad a trabajar más. Sin embargo, en la actualidad, ninguno de esos sistemas logra garantizar la justicia social en una situación de crisis.

Una posible hipótesis es que, a mediados de los setenta, la URSS y sus aliados estaban a punto de ganar la guerra ideológica y social contra sus rivales occidentales, pero los altos cargos del Politburó soviético titubearon y no lograron ganar ventaja ni hacerse con el liderazgo. Diez años después, Estados Unidos no cometió ese error cuando la Unión Soviética dejó de existir. Ahora bien, a principios de los noventa, a raíz de la desintegración de la Unión Soviética, Estados Unidos se enfrentó a un auténtico reto. Había cientos de millones de personas con una ideología antiliberal diferente en los antiguos estados y repúblicas satélites soviéticos, y Estados Unidos tenía que lidiar con ellas, consciente de que estos ciudadanos, al menos en la antigua Rusia soviética, pertenecían a un país con un potente arsenal nuclear de destrucción masiva.

La diferencia de mentalidades resultó ser bastante significativa; basta con echar un vistazo a la ubicación de las mezquitas en el territorio de la actual Alemania para ver que incluso ahora casi no hay mezquitas en la antigua República Democrática de Alemania. Y eso en Alemania, donde se han eliminado ante todo las ideas alternativas (se despedía a todo profesor universitario, maestro de escuela y casi a cualquiera que pudiera grabar en la mente de la juventud una imagen del mundo que no fuera la liberal). Sin embargo, el principal problema guardaba relación con la economía y las finanzas.

El modelo financiero del mundo occidental, como he explicado con anterioridad, se estableció en la Conferencia de Bretton Woods de 1944, y estaba pensado para reemplazar al sistema soviético. El dólar era el núcleo del sistema de Bretton Woods y tenía que convertirse en la moneda base de un nuevo sistema mundial, incluso en Rusia. El dólar, las inversiones en dólares y los préstamos denominados en dólares pretendían ser un medio para gobernar territorios económicamente ocupados en algún momento en el futuro.

Así, el Consenso de Washington no era más que un reglamento para quienes construían el nuevo modelo económico en Rusia y en otros países del bloque socialista derrotado. Se quería garantizar la transición total e incondicional de esos países hacia el sistema económico y financiero occidental, que por entonces había adquirido una posición dominante en el mundo. Así pues, había una serie de principios básicos vinculantes y no se permitía ninguna opción alternativa.

Ante todo, solo el dólar podía impulsar el crecimiento. Los países que orbitaban en torno al sistema de Bretton Woods no podían disponer de ninguna fuente interna de crecimiento que no estuviera vinculada al dólar. Así, cualquier inversión o crédito debía denominarse en dólares, que el país tenía que obtener como fuera. De este modo surgió el infame sistema de la «Caja de Conversión», que permitía a un país tener solo la cantidad de moneda nacional que pudiera cambiarse por una moneda real, principalmente el dólar.

En segundo lugar, se daba máxima prioridad a la inversión extranjera, que se suponía que era la fuente exclusiva de crecimiento y, a su vez, garantizaba que el valor añadido que se creara en el país pudiera trasladarse fácilmente al extranjero. No debía haber flujos financieros confinados en el interior de Rusia (y lo mismo en el caso de cualquier otro país que adoptara el sistema basado en el dólar a finales de los ochenta o principios de los noventa). Atraer inversión extranjera pasó a ser el principal objetivo de cualquier gobierno nacional.

Cabe señalar que los sistemas bancarios nacionales, en principio privados, también podían generar dinero (a través de la concesión de préstamos). Dado que esto socaba prácticamente el monopolio del dólar, el reglamento del Consenso de Washington establece que solo puede permitirse la inversión extranjera si la tasa de inflación es baja, y para ello, hay que limitar la masa monetaria. En la práctica, esto lleva a una grave restricción en la concesión de préstamos al sector de la economía real, así como a un descenso del multiplicador del crédito (es decir, el coeficiente de eficiencia del sistema bancario).[1]

---

[1] Por ejemplo, en los noventa, este coeficiente cayó a 1.2 en Rusia, mientras que la cifra normal era de 4-6 puntos de promedio. Eso signi-

El tercer punto, como es lógico, se deriva de los dos primeros. Se estipula explícitamente en los Estatutos del FMI y queda reflejado en todos los principios de Bretton Woods: se prohibirá cualquier posible restricción a la circulación del dólar y el comercio transfronterizo. Que conste que el Acuerdo General sobre Aranceles Aduaneros y Comercio (GATT) y la Organización Mundial del Comercio (OMC) se crearon a raíz de las decisiones tomadas en la Conferencia de Bretton Woods de 1944.

Así pues, no debe sorprendernos que los bancos centrales utilicen todas las monedas nacionales disponibles para realizar especulaciones monetarias. La rentabilidad de esas operaciones supera con creces la de las inversiones, y por ello, prácticamente bloquean el resto de las opciones para invertir en casa. Es totalmente imposible competir con los fabricantes extranjeros, que pueden obtener préstamos mucho más baratos, ya que los países occidentales no limitan la operativa de sus propios sistemas bancarios, sino al contrario, la estimulan activamente.

Otro elemento clave del Consenso de Washington es la eliminación de los «centros de poder» de la economía nacional, que podrían valerse de su capacidad para hacer presión y anular la prohibición de conceder préstamos en moneda nacional impuesta por los abanderados del Consenso de Washington.

Como es sabido, el sistema monetario de cualquier país, debido a la complejidad estructural, posee un alto grado de flexibilidad. Por ejemplo, Estados Unidos emitió e inyectó en su economía alrededor de 2.5 billones de dólares entre

---

ficaba que los fabricantes rusos eran incapaces de competir con las empresas occidentales. La falta de préstamos hizo aumentar su coste, lo que a su vez provocó un drástico incremento de los gastos incurridos por las empresas rusas de producción. Mientras tanto, se inyectó inversión extranjera en el desarrollo de cadenas de distribución, que comerciaban con bienes importados.

2008 y 2014 (una cifra tres veces superior a la masa monetaria fuerte en todo el mundo a mediados de 2008), y aun así no provocó ningún efecto en la inflación. La actual emisión de dinero efectuada por el Banco Central Europeo tampoco provoca cambios en la inflación, y eso que imprime varios cientos de miles de millones de euros cada año.

Y eso nos lleva a las elecciones presidenciales estadounidenses de noviembre de 2016, que fueron radicalmente distintas a las anteriores. Por primera vez en muchas décadas, los candidatos enfrentados representaban dos modelos totalmente divergentes en vez de versiones ligeramente distintas del mismo modelo económico.

Ese modelo requería una red de instituciones que apoyaran las transacciones denominadas en dólares y la regularización de la cantidad de moneda emitida (en líneas generales, cuanto más extensamente se usara el dólar, más dólares se necesitaban y, por lo tanto, mayor era la cantidad que había que imprimir). Este no es un asunto trivial, ya que no se puede confiar la regularización a cualquiera (había que garantizar un adecuado reparto de los beneficios), y los bancos estadounidenses tenían prohibido tener filiales (para favorecer la competencia).

Esto dio pie al establecimiento de instituciones financieras transnacionales especiales que tendrían oficinas en cada ciudad y en cada calle con relevancia financiera de toda gran ciudad. Pero se necesitaba mucho dinero para mantener una red tan extensa, y los beneficios que generaban no serían suficientes si se dedicaban a realizar operaciones comerciales ordinarias. Hablando en plata, no se hacía hincapié en la viabilidad comercial, sino en tener presencia y cubrir todas las áreas económicas del planeta.

Las oficinas de las cajas de ahorro en la Unión Soviética eran un claro ejemplo de esa estrategia. Se abrieron en cada barrio de la ciudad simplemente porque la gente lo necesitaba. En la actualidad, Sberbank, que heredó esa red, está cerrando muchas de ellas porque no generan los beneficios financieros esperados. Lo mismo sucede con la mayor parte de los bancos transnacionales: la mayoría de sus oficinas generan pérdidas y requieren ingentes inversiones.

Por lo tanto, mientras el mundo mostrara un crecimiento económico y, lo más importante, se imprimiera moneda, tenía sentido preservar y desarrollar la red. En total se obtuvieron ingentes beneficios, y algunos de ellos pudieron desviarse fácilmente a objetivos generales. Sin embargo, el año 2008 fue testigo del inicio de una crisis que mermó considerablemente los ingresos bancarios. En 2014, Estados Unidos redujo su volumen de impresión (imprimía solo el dinero suficiente para hacer frente a su déficit presupuestario). El dólar estadounidense ya no podía expandirse más. La inflación era inevitable, pero Estados Unidos no podía permitírsela. Así, los bancos transnacionales empezaron a entrar en apuros.

Ya en 2011 se dieron cuenta de los problemas a los que se enfrentaban. Los banqueros y financieros trataron de arrebatar a Estados Unidos la gestión de la moneda global y ponerla en manos de lo que se esperaba que se convirtiera en el «banco central de los bancos centrales». Sería una institución supranacional que tendría el derecho exclusivo de imprimir esa moneda global durante la crisis económica. El dólar estadounidense seguiría siendo una moneda nacional y se limitaría su emisión a las cantidades fijadas por el «banco central de los bancos centrales».

En las reuniones del G8 y del G20 de aquel momento se decidió que el responsable fuera el FMI, y se llevaron a cabo debates sobre las acciones, deliberaciones puramente técnicas… Pero luego saltó el escándalo Strauss-Kahn[2] y esa cuestión

---

[2] El caso Strauss-Kahn fue un proceso penal motivado por las acusaciones de agresión sexual e intento de violación que hizo una camarera de hotel, Nafissatou Diallo, contra Dominique Strauss-Kahn en el Sofitel New York Hotel el 14 de mayo de 2011. Se desestimaron los cargos

desapareció de los medios de comunicación y de la correspondencia interna entre los líderes nacionales. Estados Unidos no dejó que se le escapara de las manos el tema de la moneda global.

LA ECONOMÍA MUNDIAL AL BORDE DEL COLAPSO

En la actualidad, la magnitud del problema económico es tal que no puede resolverse con la intervención del gobierno. Todo el sistema financiero de Occidente se enfrenta a un colapso catastrófico provocado por la burbuja de derivados por valor de dos mil billones de dólares (es decir, un 2 y 15 ceros) junto con los *swaps* de incumplimiento crediticio y otros instrumentos exóticos.[3] La deuda global total ha alcanzado un nuevo máximo histórico de 217 billones de dólares.[4] En la actualidad, las cifras de deuda global representan aproximadamente 325% del producto interior bruto mundial. Existe un volumen de 10 billones de dólares de deuda global (bonos, valores, derivados, etcétera) que se negocia y comercializa con tipos de interés negativos. La deuda estadounidense asciende a 20 billones de dólares. Los bancos europeos están apalancados a razón de 28 a

a petición de la fiscalía, lo cual puso de manifiesto serias dudas sobre la credibilidad de Diallo y la inexistencia de pruebas físicas concluyentes (Wikipedia). Toda la operación fue un montaje del gobierno estadounidense para enviar a los círculos bancarios internacionales el mensaje de que no se cederá el control del dólar estadounidense al banco central de los bancos centrales.

[3] «Wall Street v. Trump – The western financial system is facing a catastrophic collapse of the $2 quadrillion derivative bubble», *IWB*, 24 de enero de 2017. Disponible en: *http://investmentwatchblog.com/wall-street-v-trump-the-western-financial-system-is-facing-a-catastrophic-collapse-of-the-2-quadrillion-derivative-bubble*.

[4] *Global Debt Monitor - January 2017*, Institute of International Finance, 3 de enero de 2017. Disponible en: *www.iif.com/publication/global-debt-monitor/global-debt-monitor-january-2017*.

1. Incluso la más mínima variación en los tipos de interés daría lugar a un colapso económico global.

En Europa, la situación no pinta mucho mejor. Hay cinco países de la Unión Europea con deudas superiores a un billón de euros: el Reino Unido, Italia, Alemania, Francia y España.[5] «Italia es el tercer mayor mercado de deuda soberana del mundo, con una deuda pública que supera los 2.5 billones de dólares. Gran parte de esta deuda está en manos del inestable sistema bancario europeo, lo cual acentúa el riesgo de que un impago de la deuda soberana italiana pueda convulsionar el sistema financiero mundial.»[6] «Los bancos italianos tienen ahora alrededor de 360000 millones de euros en préstamos no rentables, lo que supone un alarmante 18% de su cartera crediticia. Por si esto fuera poco, los bancos italianos tienen también un volumen insalubremente grande de deuda pública italiana, que ahora asciende a más de 10% de sus activos globales. [...] El porcentaje de deuda pública del país ha pasado del 100 por cien del PIB en 2008 a 133% del PIB en la actualidad.»[7] Según un nuevo estudio de Mediobanca, un banco de inversiones italiano, 114 de los cerca de 500 bancos que hay Italia están en quiebra, incluidos el gigante Monte dei Paschi di Siena, Veneto Banca y Banco Popolare di Vicenza.[8]

---

[5] Ashley Kirk, «European Debt Crisis: It's Not Just Greece That's Drowning in Debt», *The Telegraph*, 8 de febrero de 2017. Disponible en: *www.telegraph.co.uk/news/0/european-debt-crisis-not-just-greece-drowning-debt*.

[6] Desmond Lachman, *Why Italy's Shaky Economy Should Worry Us All*, American Enterprise Institute, 17 de febrero de 2017. Disponible en: *www.aei.org/publication/why-italys-shaky-economy-should-worry-us-all*.

[7] Desmond Lachman, *Italy's Lost Decade*, American Enterprise Institute, 29 de diciembre de 2016. Disponible en: *www.aei.org/publication/an-italian-threat-to-the-global-economy*.

[8] Don Quijones, «Here's Why Italy's Banking Crisis Has Gone Off the Radar», *Wolf Street*, 30 de marzo de 2017. Disponible en: *http://wolfstreet.com/2017/03/30/how-many-italian-banks-are-insolvent*.

En Alemania, la exposición bruta a derivados del Deutsche Bank es de 42 billones de dólares. «El banco cuya cotización bursátil se ha desplomado casi a la mitad en apenas un año se asienta sobre un descomunal tesoro de dudosos productos cuyo valor es diez veces superior a todo el PIB alemán. Y el mayor prestamista de Alemania parece estar a punto de caer en el olvido, a pesar de guardar estremecedoras similitudes con la compañía global de servicios financieros Lehman Brothers, cuya quiebra en 2008 desencadenó la crisis crediticia y la debacle económica mundial.»[9]

De hecho, ambos bancos, «J. P. Morgan y Deutsche Bank, representan aproximadamente 20% del total de la exposición global a derivados. Cada uno de ellos cuenta con más de 50 billones de dólares que pueden estar en riesgo. [...] El Deutsche Bank está apalancado dos mil veces. Imaginemos que alguien se compromete a comprar una casa que vale dos mil dólares con activos por valor de un dólar».[10]

Esta previsto que la deuda global alcance 1 140 billones de dólares en 2050.[11] La deuda de China se ha disparado a casi 250% del PIB. Los préstamos chinos ascendieron a 25.6 billones de dólares a finales del año pasado, lo que equivale a 249% del rendimiento económico.[12] Japón registró

---

[9] Siobhan McFadyen, «Could Deutsche Bank's £36Trillion in Risky Derivatives Lead to Lehman-Style Collapse?», *Daily Express*, 6 de octubre de 2016. Disponible en: *www.express.co.uk/news/world/718361/Deutsche-Bank-s-36-TRILLION-in-risky-derivatives-may-lead-Lehman-style-collapse*.

[10] John Kay, «Don't Always Believe a Balance Sheet», *Financial Times*, 16 de febrero de 2016. Disponible en: *www.ft.com/content/95895178-d49c-11e5-829b-8564e7528e54*.

[11] Zoltan Ban, «Global Debt Set to Reach $1 140 Trillion By 2050», *Seeking Alpha*, 11 de abril de 2017. Disponible en: *https://seekingalpha.com/article/4061686-global-debt-set-reach-1140-trillion-2050*.

[12] «China's debt is 250% of GDP and 'could be fatal', says government expert», *The Guardian*, 16 de junio de 2016. *www.theguardian*.

una deuda pública equivalente a 250.40% del PIB nacional en 2016.[13]

El mundo entero es un escenario y toda la humanidad somos meros actores. El colapso es inevitable. Es solo cuestión de tiempo.

En Estados Unidos hay casi cien millones de parados. Cincuenta millones de estadounidenses sobreviven gracias a los cupones de alimentos. El índice de miseria de la CIA (calculado con base en la tasa real de inflación más la tasa real de desempleo) es de 32.89. A título comparativo, el índice registrado durante el peor periodo de la Gran Depresión fue de 27. La Reserva Federal dispone de 56 200 millones de dólares estadounidenses en efectivo, pero 20 billones de dólares en deuda. El apalancamiento de la Reserva Federal es 77 a 1. El coeficiente entre la deuda y el PIB de Estados Unidos es de 331%.

«La Oficina Presupuestaria del Congreso (CBO) de Estados Unidos cree que se acumularán como mínimo otros 10 billones de dólares en deuda en los próximos años, y prevé que el déficit presupuestario aumente cada año en Estados Unidos.»[14] Estas previsiones llegan poco después de la reciente publicación del informe anual de la Seguridad Social, que pone de manifiesto que todo el sistema se está quedando rápidamente sin dinero. «En Estados Unidos, los fondos de pensiones públicos no disponen de los 3.85 billones de dólares que necesitan para pagar la jubilación de los trabajadores en activo y jubilados.»[15] Y, por supuesto, están

---

com/business/2016/jun/16/chinas-debt-is-250-of-gdp-and-could-be-fatal-says-government-expert.

[13] «Japan Government Debt to GDP 1980-2017», *Trading Economics*. Disponible en: *https://tradingeconomics.com/japan/government-debt-to-gdp*.

[14] Tyler Durden, «Get Ready for America's New $29 Trillion Debt», *Zero Hedge*, 29 de julio de 2016. Disponible en: *www.zerohedge.com/news/2016-07-29/get-ready-americas-new-29-trillion-debt*.

[15] Attracta Mooney, «US Faces Crisis as Pension Funding Hole Hits

los informes financieros anuales del Tesoro estadounidense, que declaran ya que el gobierno de Estados Unidos está en quiebra... en este mismo momento.

El decomiso de activos civiles (la confiscación gubernamental de la propiedad privada a punta de pistola sin las debidas garantías procesales) roza niveles alarmantes. Aumentan en todo el mundo los controles de capitales. Se habla seriamente de prohibir el dinero en efectivo. Este tipo de cosas no son propias de un gobierno solvente y con una condición económica sólida. Y suelen agravarse conforme la situación del gobierno se deteriora.

Según Jim Rickards, asesor en materia de Amenazas Financieras y Guerra Asimétrica de la CIA, nos enfrentamos a una crisis económica histórica, que tanto él como muchos de sus compañeros de la comunidad de Inteligencia de Estados Unidos temen que será inevitable. «Las señales que hemos seguido de cerca son muy claras, se avecina una inminente caída del mercado bursátil de 70%. Pensemos en lo que supone ese colapso de 70%.»[16] El miedo está más que justificado. Comparemos el índice de capitalización bursátil/PIB en 1929 y el actual: si en 1929 era de 87%, en la actualidad es de 203%. Se avecina un desplome bursátil histórico.

Recientemente vio la luz un delicado informe que incluía la opinión consensuada de las dieciséis ramas de la Comisión de Inteligencia de Estados Unidos. Estos organimos (entre ellos la CIA, el FBI, el Ejército y la Armada), ya han empezado a valorar conjuntamente el impacto de «la caída del dólar como moneda de reserva mundial», citando literalmente el

---

$385tn», *Financial Times*, 15 de mayo de 2017. Disponible en: *www.ft.com/content/f2891b34-3705-11e7-99bd-13beb0903fa3*.

[16] «Buffett's $55 Billion Gamble is a Bet on U.S. Collapse, Warns CIA Economist», *Total Wealth*. Disponible en: *https://totalwealthresearch.com/rickards/buffetts-55-billion-gamble-bet-u-s-collapse-warns-cia-economist*.

informe. El espantoso final planteado en el informe consistía en un colapso económico mundial y un extenso periodo de anarquía global.[17]

¿EL FINAL DEL CAMINO?

Así, los banqueros y financieros se dieron cuenta de que solo podían salvar sus imperios transnacionales (todos juntos y no por separado) si metían a su candidato en la Casa Blanca. El nuevo presidente cambiaría entonces la política de la Reserva Federal, poniendo en marcha la imprenta que emitiría la cantidad necesaria de dólares para sustentar al sector bancario. La Reserva difícilmente se pronunciaría en contra de la Administración, por miedo a que saltara un escándalo similar al de Strauss-Kahn. Este fue el objetivo que llevó a votar la candidatura de Hillary Clinton.

Con Clinton hubiera continuado otros seis u ocho meses la expansión cuantitativa y la emisión de cantidades ilimitadas de efectivo. Durante ese periodo, los precios del petróleo y los mercados hubieran ido al alza gracias a las emisiones, y finalmente, en ocho meses, ese dinero habría vuelto al mercado estadounidense, lo cual hubiera provocado una elevadísima inflación (por encima de la actual tasa de inflación estratosférica) que hubiera hecho estallar todas las burbujas de los mercados financieros (bonos, derivados, valores, bienes raíces, etcétera). El resultado final, el colapso económico, es el mismo con Clinton y con Trump. Estamos a las puertas de un colapso económico mundial y del desmantelamiento del sistema capitalista. La única diferencia es que Clinton nos habría llevado a una guerra mundial, lo que pro-

---

[17] «Jim Rickards: The Coming 25-Year Great Depression», *Jim Rickards Predictions*. Disponible en: *http://jimrickardspredictions.com/investing-secrets/jim-rickards-the-coming-25-year-great-depression*.

bablemente habría significado el fin de la humanidad tal como la conocemos. ¿Acaso es la guerra una forma de condonar la deuda? Pues no. Con la guerra anulas la responsabilidad, pero el resultado final es el mismo; el planeta Tierra, tal como lo conocemos, deja de existir.

Donald Trump representa otro escenario, que fue testigo de cómo Obama ponía la imprenta en modo inactivo en 2014. Antepone los intereses nacionales de Estados Unidos, centrándose en mejorar la economía y en deshacerse de la ingente deuda. Así que ¿cómo se hará cargo Trump de la deuda? La teoría es muy simple: aumentando el coste de los préstamos y cancelándolos en el marco de un proceso de quiebra, ya que será imposible hacer frente a la deuda que se va acumulando. En ese momento, la economía estadounidense empezará a respirar. Sin embargo, eso comportará la caída de los bancos que incluyen esa deuda en sus balances como principales activos.

Dicho de otro modo, los planes de Trump suponen un intento de salvar la economía estadounidense a expensas de los bancos y del propio sistema financiero. Mientras que Clinton hubiera tratado de rescatar a los bancos a expensas de la economía estadounidense y de un empobrecimiento cada vez mayor de sus ciudadanos. Así que sería ingenuo pensar que pueden llegar a un consenso.

Es decir, los planes de Trump y Clinton (o, mejor dicho, de las fuerzas a sus espaldas) son incompatibles. Además, si Trump sigue adelante con sus planes, acabará con las élites que apoyan a Clinton (Wall Street, los fondos de cobertura, los intereses financieros especulativos). Seguirán vivos (aunque lo cierto es que pueden pasar muchas cosas), pero perderán los recursos que solían tener. Los planes de Clinton pondrían en peligro a esas fuerzas (el sector real de la economía estadounidense) que llevaron a Trump al poder. Al igual que en la película *Los inmortales*, solo sobrevivirá uno.

Si Clinton hubiera llegado a la presidencia, sin duda hubiera relajado las políticas monetarias y reiniciado la imprenta, entre otras medidas. Y Trump, por su parte, cree que hay que recuperar la economía nacional, aunque es imposible hacerlo con tanta deuda. Antes de la crisis, 70% de la deuda era del sector financiero; ahora el porcentaje es de 35%. En cualquier caso, si el tipo de interés de los fondos es cero, el capital no se multiplica. Por eso habría que subir el tipo de interés, aunque, claro, eso tampoco se puede hacer cuando hay tanta deuda. Así pues, ¿qué habría que hacer? Si queremos subir los tipos de interés, tenemos que hacer que las empresas y los hogares entren en quiebra y, de esta manera, condonar sus deudas.

Todos los problemas de la crisis económica mundial surgen por el tema de la demanda, ya que se sustentaba solamente en la impresión de más dinero. Una guerra puede reducir la demanda, es decir, agudizar la crisis; pero no puede incrementar la demanda. Por eso los financieros necesitan una guerra por una única razón: usar esta fuerza mayor para liberarse de toda responsabilidad. Por eso les gusta tanto Oriente Medio, porque, por un lado, están los árabes y el petróleo, y por el otro, los judíos. ¡Un sinfín de oportunidades!

La postura de Trump se basa en un razonamiento económico sencillo: si elevamos el tipo de interés de la Reserva, se producirá una quiebra masiva. En Estados Unidos, a diferencia de Rusia, la quiebra no está pensada para saldar deudas con los acreedores, sino para mantener el negocio. Si se eleva el tipo de interés, las instituciones financieras transnacionales empezarán a derrumbarse y desaparecerán, y si sigue subiendo, el dólar no será una buena herramienta de inversión, y la única manera de compensar a otros países será creando monedas regionales de inversión. Deberían ser, sin duda, monedas de inversión, ya que la monetización de todas las monedas regionales es bastante baja, y suelen ser reemplazadas por el dólar. Esto conllevará inevitablemente la división del mundo en determinadas zonas monetarias.

En 2013, en el discurso de apertura de la Asamblea General de las Naciones Unidas, Obama declaró que Estados Unidos carecía de recursos para mantener el orden mundial por sí solo: si no recibían apoyo, el orden mundial cambiaría. Pero nadie le hizo caso. Ahora ha llegado el momento de ponerlo justamente en práctica, y si Moscú se aviene, Rusia logrará llegar a un acuerdo con Donald Trump. De lo contrario, Moscú no tendrá buenas relaciones con Estados Unidos, al margen de la sintonía personal de Trump con su amigote alfa, Vladimir Putin. No olvidemos que la administración del Banco Central de Rusia, así como las principales instituciones financieras rusas están en manos del mismo equipo que quienes apoyaron a Bill Clinton y apoyan hoy a Hillary Clinton. Por eso Trump no va a entablar ningún tipo de conversaciones con nadie que dirija la economía rusa, pues representan los intereses de las élites financieras globales y, por lo tanto, son sus enemigos.

Repito, Trump no va a cooperar con el grupo liberal en Rusia, cuidadosamente seleccionado en la Rusia postsoviética a principios de los noventa por las élites de Washington (los mismos que ayudaron a redactar la Constitución rusa en la era postsoviética).[18] En su primera llamada telefónica en enero de 2017, Trump y Putin llegaron a un acuerdo. El equipo neoliberal favorable a Clinton, que se mostraba intocable e inaccesible para el presidente Putin hasta que Donald Trump fue elegido presidente de Estados Unidos, perdió su protección.[19] Hasta la victoria de Trump, cualquier

---

[18] «Post-Soviet Russia», *Encyclopaedia Britannica*. Disponible en: *www.britannica.com/place/Russia/Post-Soviet-Russia*.

[19] Laura Mills, «Russian Economy Minister Dismissed Over Bribery Allegations», *The Wall Street Journal*, 15 de noviembre de 2016. Disponible en: *www.wsj.com/articles/russian-economy-minister-detained-over-bribe-allegations-1479191610*.

intento de sacar a los neoliberales traidores de los cargos económicos de Rusia se habría interpretado en Washington como una declaración de guerra contra los intereses de las élites transnacionales. La respuesta habría sido decisiva y devastadora para los intereses de Moscú: desde bloquear el acceso de Rusia a SWIFT/CHIPS,[20] hasta sanciones más graves y un embargo económico total. Si se le privaba de acceder al dinero mundial, la única opción de Putin habría sido la guerra nuclear.

Sin embargo, no hay que olvidar que Trump no es amigo de Rusia, sino un patriota estadounidense, siervo de un grupo «alternativo» de la estructura de poder de las élites. Rusia sigue siendo el principal adversario geopolítico/militar de las élites que respaldan a Trump. Son muchas las áreas que suponen el principal motivo de disputa (tensión) en la relación entre Rusia y Estados Unidos: a) Siria, Oriente Medio; b) Ucrania, Odesa; c) Crimea, Donbass; d) Bielorrusia, Moldavia, Abjasia, Nagorno Karabaj y Asia Central.

Por ahora, el de Trump-Putin es un matrimonio de conveniencia que responde a necesidades momentáneas. ¿Puede sobrevivir y prosperar? Solo el tiempo lo dirá.

Así está la situación

En este momento, la aristocracia rusa en el extranjero, que se codea con la aristocracia estadounidense en el extranjero, no solo está en contra de Putin, sino también de Trump.

---

[20] La Sociedad de Telecomunicaciones Financieras Interbancarias Mundiales (SWIFT) es una organización que tiene a cargo una red internacional de comunicaciones financieras entre bancos y otras entidades financieras. En total hay más de 9000 instituciones financieras en 204 países.

Y esta resistencia está abocada a convertirse en una guerra de exterminio. Sin duda, los globalistas lucharán hasta el final. Eso plantea la cuestión de si tiene sentido mantener a Medvedev en su cargo hasta que llegue la prometida reelección de Putin en 2018. No creo que Trump espere tanto mientras la situación requiera una rápida actuación. Habrá que sacar del poder a todos los niveles posibles a los liberales partidarios de Clinton, y Medvedev, que lleva mucho tiempo dispuesto a cooperar con las instituciones financieras globales y ha apoyado abiertamente a Hillary Clinton, no escapará a ese destino. A nivel global, los partidarios de Clinton también forman parte del Banco Central Europeo, el FMI, el Consejo de Europa, el Parlamento Europeo, un sinfín de comités de expertos estadounidenses y grupos de presión liberales.

Rusia Unida, el partido de Medvedev, al igual que los «patriotas ucranianos» y los «amigos de Estados Unidos» europeos tendrán que dar un rápido giro de 180 grados para sobrevivir (Rusia Unida se verá obligada a pasar de ser un partido liberal a uno conservador). No sé cómo se las arreglarán; tendrán que doblegarse y poner todo su empeño para conseguirlo. A Trump le hubiera resultado más fácil lidiar con las élites rusas si ese país lo hubieran liderado agrupaciones como el partido nacionalista Ródina («Patria» en ruso) o el Partido Gran Patria, pero Rusia Unida unida los expulsó de un modo insolente de la votación con el consentimiento tácito de Putin. Se basaron en los mismos métodos que emplea Estados Unidos en todo el mundo para poner a sus representantes en la cúpula de poder y acabar con sus rivales. Los miembros del partido Rusia Unida son tan patriotas como partidarios de la URSS son los partidos del actual Parlamento ucraniano. No hay que dejarse engañar por la denominada facción conservadora dentro del partido Rusia Unida. Todo es una farsa y un acto de histrionismo; quienes representan a Rusia Unida en el gobierno son únicamente liberales. Como no puede ser de otra manera.

Los juegos del poder en Rusia: de los varangios a los griegos, del Partido Comunista de la Unión Soviética a Rusia Unida

El partido gobernante de Rusia, se llame como se llame hoy, hunde sus raíces en el Partido Comunista de la Unión Soviética (PCUS) y en los grupos de las élites de la Unión Soviética de los últimos tiempos. Se trataba de las mismas élites que crearon intencionadamente un gobierno colonial y dotaron de una estructura colonial a la economía rusa. Putin heredó una estructura que no ha podido desmantelar por no contar con el suficiente apoyo del pueblo y de las élites.

Durante la Perestroika, el KGB escribió en su informe confidencial dirigido a Gorbachov que había que considerar el lenguaje utilizado en los grandes medios de comunicación para describir la economía soviética (más tarde rusa) como un arma de guerra psicológica. La jerga se sacó del contexto económico occidental y no encajaba totalmente con la situación real en el país. El objetivo era provocar el denominado *caos controlado* y una percepción incorrecta de la realidad que se estaba viendo sustituida por el espejismo de una «economía de mercado». Pero en Rusia no existe una economía «blanca» o «gris», sino tan solo una economía colonial.

El principal capital que marca la agenda política y las prioridades en Rusia se guarda en el extranjero. El sector de las materias primas desempeña un papel fundamental en Rusia, al explotar los recursos naturales y exportarlos en ingentes cantidades en beneficio de la economía mundial, y no de la economía nacional. Los bancos rusos no son instrumentos comerciales, sino canales de comunicación entre Rusia y el dinero internacional y ruso de origen criminal que se esconde fuera del país. La población está dividida de forma artificial en una minoría que trabaja para la economía colonial y una mayoría que evita que los gastados activos de producción se desmoronen y protege al país de catástrofes provocadas por el hombre.

La principal prioridad del *lobby* liberal ruso no es garantizar el buen estado de la economía rusa, sino favorecer la prosperidad de la economía occidental. Para evitar el «recalentamiento económico global», el concepto favorito de los liberales rusos, el dinero ruso se invirtió en el extranjero en sectores que ayudarían a mantener la estabilidad social en el territorio postsoviético. Se trataba de la alimentación, los bienes de consumo y los productos de lujo. Ese era el tipo de productos que se compraban e importaban a granel en Rusia.

La mayoría de los productos eran de contrabando y, según los informes de las autoridades policiales, su valor era casi equivalente a los pagos en efectivo que recibían los empleados de las empresas que trabajan para la economía colonial. Estas personas, gente de mucho éxito en medio de una pobreza generalizada, fueron los principales objetivos de los contrabandistas y traficantes de bienes de consumo y productos de lujo.

Durante muchos años, apenas ha variado la cantidad de dólares físicos que circulan en ese país, cerca de cien millones. Esta estabilidad indica que el dinero se utiliza para realizar transacciones en metálico dentro del sistema financiero de la economía colonial.

EL PRINCIPIO OPERATIVO DE LA ECONOMÍA COLONIAL RUSA

El principio operativo consta de cuatro fases:

Fase 1. Una cuenta de una empresa extraterritorial (*offshore*) → un «fabricante legal» → un importador ruso → contrabando o entrada de mercancías incumpliendo el reglamento aduanero para introducir en el país «mercancías no declaradas» → venta de mercancías, ocultando la mayor parte de los ingresos para evitar el pago de impuestos.

Fase 2. Financiación de la producción de drogas → contrabando → venta a cambio de dinero en efectivo (una opción son los sectores delictivos estratégicos, es decir, el tráfico de armas y la producción de alcohol).

Fase 3. Blanqueo del dinero negro con diferentes métodos para pagar los denominados *sueldos en mano*.

Fase 4. Compensación sin efectivo a través de las cuentas de las empresas extraterritoriales y legitimación total del capital.

Los organismos estatales y de control no pueden hacer nada contra ese plan en cuatro fases, ni aunque quisieran hacerlo. Y la razón principal no es la corrupción o la falta de profesionalidad en el seno de esos organismos tan característicos de la economía colonial, donde los funcionarios son guardianes más que dirigentes. Romper la maquinaria colonial implicaría abocar al país a una crisis económica y social, y aún más, devolverlo a la época del trueque. Rusia disfruta de una relativa estabilidad social solo porque este modelo corrupto y delictivo funciona de un modo infalible. Esto deben recordarlo todos aquellos que critican a Putin por no combatir la corrupción y por instigarla. El problema es de tal magnitud que la gente no puede ni siquiera llegar a entenderlo totalmente.

Los principales grupos delictivos siguen gozando de impunidad, ya que son una parte intrínseca del «sistema financiero e industrial» de la economía colonial. Hasta el presente, todo ministro tiene redes financieras en el seno de su ministerio, así como bancos para blanquear dinero (y retirar efectivo) que están al servicio de sus intereses personales y de los de su círculo más íntimo. Si se alterase este sistema, se crearía malestar entre los funcionarios públicos y las élites comerciales, y se desataría una crisis de gestión. Esto, a su vez, daría pie a un sabotaje y a un colapso total del país que arrasaría con cualquier poder.

Este sistema se estableció a finales de los ochenta, por orden directa del Comité Central del PCUS, como un instrumento para mantener el control del país en plena transformación del régimen y liberalización de la vida pública. Boris Yeltsin llegó al poder y lo único que descubrió fue que no tenía nada aparte de meros símbolos de poder. Las palancas de control estaban fuera de su alcance.

El proceso de privatización culminó en un cruento experimento cuyo objetivo era el rápido desarrollo del sector privado. Sin embargo, por aquel entonces ya se había instaurado la economía colonial. Así que no habría habido manera de que la campaña de privatización hubiera sido distinta. Solo la usurpación definitiva de poder por parte de Yeltsin en 1993 permitió a su gobierno acceder a los tesoros nacionales de Rusia. En ese momento se llevaron a cabo operaciones como Artel y Systema-Soyuz a cargo de un grupo competidor a finales de los ochenta y principios de los noventa. Algunas personas aún recuerdan esos grandes planes. Así fue como sucedió.

En 1993, el Banco Central ruso, el Sberbank y el Promstroibank financiaron durante varios años a pequeñas empresas de extracción minera de oro. Estas compañías estaban autorizadas a utilizar el oro en la producción de joyas, monedas y armas, y a exportarlas a otros países. Más tarde, esos tres bancos compraron la mayor parte de las reservas nacionales de oro, lo declararon como un producto de esas pequeñas empresas mineras y lo despacharon para exportación. Si se consultan únicamente los informes oficiales, el valor del oro exportado ascendió a 142 millones de dólares al tipo de cambio de la época. El FSB, el Servicio de Seguridad Presidencial y la Oficina del Fiscal General lo encubrieron. Huelga decir que el éxito de esta operación se aseguró al más alto nivel del gobierno central. El ascenso de Pavel Borodin, que abrió las puertas a Putin al recomendar a Yeltsin este joven y desconocido político, se vio impulsado por las exportaciones activas de metales preciosos procedentes de Yakutia y la posterior colocación de fondos en bancos extranjeros a través de «empresas de amigos». El punto álgido de la trayectoria de Borodin fue el caso Mabetex, en el que blanqueó el dinero destinado a la reforma del Kremlin.[21]

Los activos en el extranjero se pusieron a nombre de individuos, la mayoría testaferros. Parte de este dinero volvió más tarde a Rusia en forma de inversión extranjera, y un porcentaje se utilizó para construir el centro comercial Okhotny Ryad, el Marriott Hotel, el Radisson Slavyanskaya Hotel y el Sheraton Palace Hotel en Moscú. La cadena de tiendas de muebles importados Tri Kita se creó gracias al contrabando y entre sus fundadores figuraban generales del FSB. Por cierto, ni siquiera Putin pudo enviarlos a prisión (en aquel momento no tenía los recursos necesarios). Lo que intento decir es que los milagros no existen; en un país pobre, el dinero no sale de la nada, sino que procede de graves actividades fraudulentas.

Con dinero sacado de las reservas rusas se fundaron 32 bancos en Europa y el Sudeste Asiático que se integraron en la economía colonial según el modelo descrito con anterioridad. Después hubo un intento de afianzarse en la región (un infructuoso acuerdo para vender modernos aviones de combate rusos a Malasia).[22]

---

[21] Michael Wines, «The Kremlin's Keeper, the World at His Fingertips, Is Under a Cloud», *The New York Times*, 16 de septiembre de 1999. Disponible en: *http://www.nytimes.com/1999/09/16/world/the-kremlin-s-keeper-the-world-at-his-fingertips-is-under-a-cloud.html*.

[22] Dave Majumdar, «The Middle East's Nightmare: Iran Is Buying Russia's Lethal Su-30», *The National Interest*, 15 de febrero de 2016.

Es muy interesante ver dónde realizaron las principales inversiones las élites rusas: en bancos de Tailandia, Singapur, Malasia y Hong Kong (el ámbito de influencia de Rothschild). Estimularon la economía de esta región de rápido crecimiento y sirvieron de centros de compensación que lavaron el dinero ganado con el narcotráfico. Los protagonistas de ese negocio son los propietarios del Banco de Inglaterra y del Sistema de la Reserva Federal de Estados Unidos. Por eso existe un afecto mutuo entre los liberales rusos en el poder y las élites financieras supranacionales. Una vez más, son enemigos naturales de Donald Trump, y no cooperará con ellos bajo ninguna circunstancia.

Lo sorprendente es que sea China la que desempeña un papel clave en el narcotráfico en la región, controlando a través de sus diásporas la recolección y el procesamiento de sustancias precursoras de drogas.[23] En su territorio, los chinos pueden ejecutar a cualquiera que cometa ese delito, pero en el extranjero, esa actividad pasa a ser su negocio, y muy lucrativo, por cierto. El negocio lo llevan tríadas chinas, capitaneadas casi en su totalidad por los servicios de Inteligencia chinos. Debería abrirles los ojos a quienes admiran a China por ser un ejemplo de economía bien organizada y de rápido crecimiento el hecho de que la mayor parte de la inversión en la economía china procede del narcotráfico. Los servicios de seguridad atribuyen la alta volatilidad del precio del oro a las operaciones chinas de blanqueo de «narcodólares». Y se sabe que Rusia no recurre a ese tipo de métodos.

Disponible en: *http://nationalinterest.org/blog/the-buzz/the-middleeasts-nightmare-iran-buying-russias-lethal-su-30-15213*.

[23] Joshua Philipp, «China Is Fueling a Drug War Against the US», *The Epoch Times*, 18 de diciembre de 2015. Disponible en: *www.theepochtimes.com/n3/1915904-china-is-supplying-a-drug-war-against-the-united-states*.

La crisis de 1998 se desencadenó principalmente por el «recalentamiento del mercado», tras realizarse importantes inyecciones de capital ruso procedente de actividades delictivas. Detrás de esas operaciones estaban altos funcionarios de ese país, es decir, el gobierno de Yeltsin. Con el consentimiento del FMI, los préstamos no se usaron para estabilizar el sistema financiero nacional, sino para mantener la fuente de financiación de la economía colonial.

En la actualidad, hay dos centros con capital de distinto origen, y cada uno de ellos cuenta con alrededor de doscientos mil millones de dólares: en primer lugar, el denominado *Oro del Partido Comunista*, y en segundo lugar, las arcas de la nueva Nomenklatura rusa y de los oligarcas con vínculos gubernamentales.

Todos los acontecimientos políticos y sociales en Rusia vienen determinados por el violento enfrentamiento entre los dos «capitales de influencia». En 2008, durante la primera oleada de la crisis económica, el segundo obtuvo una victoria arrolladora. Desde 2010 se vienen desencadenando crisis en Rusia en medio de los cambios globales que se producen en el sector financiero mundial, y hemos visto cómo burócratas corruptos invertían dinero «en la sombra» en negocios, criminalizando y ampliando su influencia en sectores estratégicos, pasando de la «extorsión a cambio de protección» a confiscar bienes y capital a las empresas que les interesaban. El apalancamiento administrativo se utiliza para tomar el control y proteger a las empresas; los oligarcas colocan a sus secuaces en todos los estamentos de poder.

Ese es el sistema que heredó Putin; esos son los orígenes y la calaña de las élites rusas; así es Rusia Unida, el partido del primer ministro Medvedev en el poder, y así son los liberales y sus figuras clave: de Gaidar (liberal, ideólogo del programa ruso de privatización «préstamos por acciones» que le arruinó la vida, de la noche a la mañana, a 40% de la población rusa) o Chubáis (liberal, «padre» de la privatización rusa en los noventa) a Kudrin (liberal, exministro de Finanzas), Gref (liberal, ministro ruso de Economía) y Uliukáyev (exministro de Desarrollo Económico de la Federación Rusa y tercer cargo económico en el gobierno). La figura de Medvedev es otra prueba más de que ya no puede tolerarse la presencia de este grupo político en Rusia en el marco de los cambios generalizados a nivel mundial tras la victoria de Trump. El caso de Uliukáyev (acusado de aceptar un soborno por valor de dos millones de dólares de la compañía petrolera estatal Rosneft) presagia un largo y difícil proceso para echar a los adláteres de las élites mundiales en Rusia. Desde el punto de vista estratégico, eso implica recuperar la soberanía del país.

En definitiva, que el arresto de Alekséi Uliukáyev coincida con el triunfo de Trump es sumamente simbólico. Está claro que la investigación empezó mucho tiempo antes, y Putin debía de estar al tanto. Eso significa que se programó el arresto de un personaje liberal clave para ejecutarse si Trump lograba la victoria. Si Hillary Clinton hubiera ganado, no se habría detenido a Uliukáyev. Al parecer, el triunfo de Trump es el motivo por el que la quinta columna rusa se ha enfrentado a represiones, lo cual demuestra que la operación de limpieza se preparó con antelación, y Putin tan solo esperó a que se produjeran cambios en Estados Unidos.

El proceso en marcha está en pleno apogeo, y es demasiado tarde para tratar de detenerlo. Rusia Unida tendrá que transformarse pronto en un partido conservador. Bueno, ya están acostumbrados, ya que empezaron siendo el PCUS y evolucionaron a su formato actual sin ningún problema. Y el patético Dimitri Medvedev debería plantearse cambiar de trabajo lo antes posible.

Y ahora queda claro que Trump no siente ningún afecto especial por Vladimir Putin ni por el presidente chino Xi Jinping, ni por nadie que pueda convertirse en un líder regional. Son sus aliados en la misión de instaurar un nuevo orden económico basado en el progreso tecnológico, el desarrollo, las infraestructuras y la eliminación de las perniciosas burbujas de endeudamiento.

EL SISTEMA CREDITICIO FRENTE AL SISTEMA MONETARIO DE ESTADOS UNIDOS

Es evidente que la idea del presidente Trump de apoyar el sistema crediticio estadounidense no es tan solo una cuestión de curiosidad histórica, sino de enorme relevancia para la crisis actual. «El mundo actual está dirigido por sistemas monetarios, no por sistemas crediticios nacionales. Ninguna persona inteligente quiere que un sistema monetario dirija el mundo. Quiere que los Estados nación soberanos dispongan de sus propios sistemas crediticios, que es el sistema de su propia moneda.»[24] Y se quiere sobre todo que sea el Estado el que cree un crédito productivo, no inflacionario, tal como se establece firmemente en la Constitución de Estados Unidos. Esta política fiscal sólida de creación de crédito por parte de los Estados nación ha quedado excluida actualmente en el Tratado de Maastricht, que ni siquiera la considera una estratagema económica y financiera para Europa.

«El sistema monetario es la creación de esta oligarquía financiera que básicamente trata a la humanidad como si fuera ganado.»[25] Así es cómo han operado las élites durante siglos. Las oligarquías existen porque controlan la «moneda del reino», controlan su precio y disponibilidad, lo que les permite controlar al pueblo. Controlar el dinero les sirve para manipular el mundo.

---

[24] Daniel Estulin, *El club de los inmortales*, Ediciones B, Barcelona, 2013.
[25] *Ib.*

«Este es el sistema del imperio [...], es el sistema que Alexander Hamilton desafió cuando se formó Estados Unidos, al inventarse el sistema crediticio estadounidense. Lo que dijo Hamilton fue: "No les vamos a pedir dinero, somos un país soberano, nosotros creamos nuestro propio dinero. Inventaremos el crédito y lo pondremos a funcionar en la economía con el objetivo de incrementar la productividad de nuestro pueblo. Financiaremos proyectos de infraestructuras, manufacturas, financiaremos cosas que incrementan la productividad del trabajo y hacen la economía más productiva y, por lo tanto, más rica."»[26]

En este proceso de producción es cuando se crea la auténtica riqueza. «En lugar de tomar dinero prestado de la oligarquía, creas tu propio dinero como nación soberana y lo utilizas para escapar de las garras de esa oligarquía. Y, de hecho, eso es lo que se hizo y eso es lo que permitió a Estados Unidos resistir a los continuos intentos del imperio»[27] por recuperar a Estados Unidos como protectorado imperial. La diferencia entre el sistema monetario y el crediticio es el principio en el que se basa el actual sistema oligárquico.

«El "Sistema Estadounidense" implicaba usar la capacidad del gobierno para generar crédito y otros medios para crear riqueza nacional mediante el progreso tecnológico. Fue rechazado por los enemigos británicos de la Revolución estadounidense, que trataron de destruirlo desde el mismo momento en que fue concebido por el secretario del Tesoro de George Washington, Alexander Hamilton, y articulado en el *Informe sobre las manufacturas* de Hamilton de 1791. El británico Adam Smith escribió su famosa obra *La riqueza de las naciones* como una primera protesta contra el "Sistema Estadounidense" expresado por Hamilton y su círculo íntimo de partidarios, en el que figuraba el amigo de

---

[26] Daniel Estulin, *op. cit.*
[27] *Ib.*

Benjamin Franklin, el activista irlandés Matthew Carey, y su hijo, Henry C. Carey. Para los británicos, el alegato del "libre comercio" de Smith implicaba que existía la libertad de acumular riquezas mediante la explotación en todas sus formas, desde la esclavitud hasta el narcotráfico, la especulación y la usura.»[28] «El potencial económico físico, en lo que respecta a empleo productivo y centros de trabajo, se ha sacrificado en todo el mundo a favor de mantener un aumento de la demanda asociada a la usura y la especulación contra el decreciente volumen de la riqueza física real producida.»[29]

LO QUE DEPARA EL FUTURO

Teniendo todo esto presente, podemos realizar un pronóstico preliminar. El esfuerzo del presidente Trump por incrementar el tipo de interés de la Reserva Federal en dos o tres puntos porcentuales le permitiría a éste y a la élite «aislacionista» de Estados Unidos debilitar profundamente a su grupo rival de «financieros» (la pandilla de Clinton), al acelerar la crisis financiera. La subida de los tipos de interés aumentará el coste de liquidar la deuda nacional estadounidense. Sin embargo, el problema se solucionará (al menos en parte, aunque de forma temporal) con ayuda de una mayor entrada de capitales, atraídos por el aumento de la rentabilidad. En el peor de los casos, Trump puede recordar la promesa que

---

[28] Nicholas F. Benton, «Lincoln's 'American System' Policy Was a Far Cry from Reaganomics», *Executive Intelligence Review*, 14(6), 6 de febrero de 1987. Disponible en: *www.larouchepub.com/eiw/public/1987/eirv14n06-19870206/eirv14n06-19870206_014-lincolns_american_system_policy.pdf*.

[29] Chris White, «Choices for the US after the Death of Reaganomics, *Executive Intelligence Review*, 14(15), 10 de abril de 1987. Disponible en: *www.larouchepub.com/eiw/public/1987/eirv14n15-19870410/eirv14n15-19870410_028-choices_for_the_us_after_the_dea.pdf*.

realizó durante su campaña electoral: reestructurar la deuda pública estadounidense, condonándola definitivamente.

Trump dispone de un tiempo limitado (un máximo de dieciocho meses) para llevar a cabo negociaciones internacionales (algo así como un nuevo Acuerdo de Yalta y el nuevo Bretton Woods) en aras de desarrollar nuevas regulaciones en materia internacional y en lo que respecta al sistema financiero mundial.

Sin embargo, este panorama tiene una salvedad: Trump debería plantear de inmediato una estructura alternativa para el sistema económico y financiero mundial. ¿Qué propone Trump? En primer lugar, la regionalización de la economía mundial (la consecuencia es que los países desaparecerán en pro de crear bloques económicos), y en segundo lugar, la creación de monedas regionales (dólar, rublo, yuan, rupia, peso, libra, etcétera). Sin embargo, desde el punto de vista técnico, la creación de monedas regionales supone un importante problema porque hoy en día los mercados son, en principio, globales, y el sistema de riesgo crediticio y de riesgos asegurados no está regionalizado.

La mayoría de la gente lo interpreta como una versión mundial de la Unión Económica Europea. Pero la versión de Trump va mucho más lejos. La economía independiente necesita una cuota de mercado para operar. En el mercado moderno, esta cuota es de 600 millones de personas. Para alcanzar una cuota mínima, el mundo tiene que reorganizarse en bloques financieros, y cada bloque debe usar su propia moneda regional. Las siguientes propuestas ya están sobre la mesa, aunque para el público general es aún un tema tabú.

Las áreas económicas

Grupo 1: Estados Unidos, Canadá, Nueva Zelanda, Australia y posiblemente México, lo que le permitiría llegar a los 600 millones de habitantes. Moneda: dólar estadounidense.

Grupo 2: Rusia queda dividida por los Urales en una Rusia Occidental (exrepúblicas y regiones soviéticas de habla turca de Rusia, Irán y Turquía —azerbaiyanos, turcomanos, karacho-bálkaros, baskires, kazajos, karakalpakos, kirguises, uzbecos, altaicos, kumyks, chuvasios, nogayos, khakas, tuvanos, tofalares, yacutos—, así como Siria y los Balcanes) y una Rusia Oriental (Rusia, Corea del Sur, Japón y Asia Central). Irán se uniría al grupo con Rusia y Turquía y con Yemen, Baréin y la parte chiita de Arabia Saudí. Arabia Saudí desaparece como país. Arruinada desde el punto de vista económico, la sociedad saudí se fragmentaría en sectores divididos por etnia. Moneda: rublo.

Grupo 3: América Latina y Sudáfrica. Moneda: peso.

Grupo 4: China. O Japón con China si Japón no puede cerrar el acuerdo económico con el grupo de Rusia y Corea del Sur. China simplemente absorbería a Japón porque este último es demasiado pequeño y depende en exceso de los recursos naturales ajenos. Moneda: yuan.

Grupo 5: La India. O Irán y la India si Irán no puede cerrar su acuerdo con el grupo económico de Rusia y Turquía. Moneda: rupia.

Grupo 6: Europa Occidental (eje París-Berlín) con las colonias africanas de Francia (recursos + población).

Grupo 7: El Reino Unido y los países árabes (de Marruecos a Arabia Saudí). Antes de la elección de Trump, esta opción implicaba que Israel estaba en grave peligro. No es de extrañar que Arnold Toynbee, uno de los historiadores británicos más influyentes, afirmara en los sesenta que Israel tiene una esperanza de vida de setenta y cinco años como máximo. Henry Kissinger y los Rothschild advirtieron hace cuatro años que Israel desaparecerá antes del año 2022.[30] Ya ha servido a sus fines. Los judíos estaban regresando a Crimea. La elección de Trump cambió la dinámica y las élites tuvieron que pensar en un plan B: Macron, presidente de Francia, como he explicado con anterioridad.

En el plano económico, Trump debería centrarse en las infraestructuras y en el sector real, que están al servicio de la población de todo el mundo: el nuevo modelo debería ayudarlos a obtener beneficios. Al construir infraestructuras, en realidad reorganizamos el espacio-tiempo físico del planeta, lo cual permite que nuestro mundo alcance crecientes niveles de eficiencia. Por lo tanto, si tu sistema funciona cada vez con más eficiencia (es decir, se pasa de una economía basada en el carbón a una economía basada en el petróleo y luego a una economía basada en la energía nuclear), se lograría un aumento de la capacidad productiva del trabajo humano en cada paso de la evolución; así es como se crea la riqueza real. El dinero es tan solo la manera de facilitar el comercio entre personas; no tiene poderes mágicos, ni valor de por sí.

Por desgracia, ni Trump, ni los «aislacionistas» a sus espaldas, ni nadie más tiene una idea clara del futuro de este sistema. Es decir, en el caso de producirse una subida brusca de los tipos de interés, el mundo se sumiría en el caos, y se quedaría bastante tiempo enquistado en este estado (en realidad, indefinidamente). Para Trump, esa situación es inaceptable, al menos hasta que haya un nuevo sistema que demuestre su eficiencia (lo cual, por cierto, sirve para demostrar su gran sentido de la responsabilidad hacia la aldea global).

La otra opción, que se experimentase una subida gradual, no solo permitiría al sistema financiero adaptarse a tipos

---

[30] *http://www.israelhayom.com/site/newsletter_article.php?id=5907.*

más altos (aunque de todos modos fuese imposible cancelar todas las deudas), sino también dar tiempo para desarrollar una estructura financiera alternativa y, lo más importante, un modelo lucrativo para el sector real. Hoy por hoy, la única alternativa (aunque a corto plazo) es emitir monedas regionales. Sin embargo, desde el punto de vista técnico, sería sumamente difícil, ya que en la actualidad los mercados están globalizados, y los préstamos y las coberturas de riesgos no están regionalizados.

El nuevo Acuerdo de Yalta

Trump ya ha adoptado medidas que podrían entenderse como acciones políticas encaminadas a iniciar negociaciones en serio. En concreto, ha tachado a Rusia de la lista de «enemigos de Estados Unidos», y la participación rusa en una conferencia de este tipo (el «nuevo Yalta») es casi inevitable.

De nuevo, nadie, Trump incluido, tiene un programa claro para esas conferencias, ni siquiera un lenguaje para ese programa. Eso es porque los grupos de expertos estadounidenses y, en general, los de Occidente han estado integrados por la élite financiera, liberal y bancaria desde el final de la Segunda Guerra Mundial. En consecuencia, el lenguaje de la corriente económica y financiera se ha diseñado para servir a los intereses de financieros y banqueros. No podemos usarlo para describir las bases de un futuro positivo.

Por su parte, Rusia es una excepción, ya que el país aún tiene escuelas basadas en la economía política de Adam Smith y Karl Marx en vez de en la «economía» pura. Por eso, a diferencia de Occidente, Moscú sí tiene una teoría de la crisis. Pero todavía es imposible explicársela a los expertos estadounidenses porque no hablan el «lenguaje» de Rusia. Y dado que la Administración pública rusa (su parte financiera y económica) está bajo el control total de los «financieros», los que saben hablar el «lenguaje correcto» están muy marginados dentro de Rusia. Su impacto en la Administración es inferior a cero; de hecho, tiene un valor negativo (lo que significa que la comunicación con aquellos que representan a esta escuela podría echar a perder tu carrera).

Dado que es imposible organizar conferencias al nivel del «nuevo Yalta» o del «nuevo Bretton Woods» sin una gran preparación, se necesitarían muchas conversaciones preliminares para trabajar en el formato y en el programa. Entre los participantes figurarán Estados Unidos, China, Rusia (como líder de la Unión Económica Euroasiática) y la India, pero será complicado lidiar con la Unión Europea, ya que no está muy claro quién es su mejor representante.

El «nuevo Yalta» y el «nuevo Bretton Woods» son escenarios estrictamente «aislacionistas» (en contraposición a los «financieros»), por lo que las élites financieras deberían quedar fuera del proceso. Sin embargo, en el caso de Rusia o de la Unión Europea, no hay altos funcionarios en el bloque financiero y económico que representen otros intereses que no sean los de los «financieros»; en Rusia no hay ninguno, eso está claro. En consecuencia, es posible que las propuestas económicas de Trump (es decir, el «nuevo Bretton Woods») nunca tiren adelante.

Sin embargo, los procesos puramente económicos, en general, tendrán continuidad. Ni Trump ni los financieros quieren una escalada de tipos (lo cual queda patente en la decisión de subir ligeramente los tipos de interés por parte del Sistema de la Reserva Federal·en diciembre de 2016). Para los financieros, cualquier escalada supondría una derrota porque puede causar un colapso que los deje arruinados y los saque de su lugar. Por eso resistirán «el máximo tiempo posible». Pero a su vez no pueden quedarse de brazos cruzados, porque incluso un desarrollo gradual implicaría también una derrota. Por ese motivo se centrarán en dos áreas. En primer lugar, la necesidad de crear una situación de fuerza mayor (una guerra a gran escala o un ataque terrorista importante, a ser posible con armas nucleares y con una gran ciudad europea como escenario del ataque), que libraría a los financieros de toda responsabilidad por la situación económica. En segundo lugar, dañar la reputación de las élites conservadoras de la oposición, sobre todo la de Trump.

* * *

Las conexiones que se establecen en este libro son reales, aunque el lector tenga que tomarse su tiempo para entender la mecánica de este imperio oculto. El lado oscuro es de por sí más atractivo. La gente prospera y amasa fortunas, cae y se levanta otra vez. Otros se paran y esperan, otros tantos se alejan. Una vez más, sigue sabiéndose poco del verdadero lado oscuro de lo desconocido, de la tentación del placer supremo y de la caída en la ciénaga de la peculiaridad oculta. Vivimos en un mundo de realidad ilusoria: el capitalismo no es una tierra de excelentes oportunidades para los talentosos, para los elegidos, sino un ente secreto de aire mafioso que se sirve del engaño para provocar reacciones en los ilusos.

Vivimos en un mundo que han creado especialmente para nosotros, iluminado por las brillantes luces de las cámaras de televisión, los televisores de alta definición y las vallas electrónicas. Podemos hacer caso omiso de las sombras, y de quienes se ocultan tras ellas. Es seguro estar en un sitio con luz… ¿no? En realidad, no podemos llegar a comprender el peligro que nos acecha. El mundo, tal como lo conocemos, puede acabarse en cualquier momento. Estamos desamparados, pero nos creemos invencibles. Nuestros opresores no dan valor a la vida de cada uno de nosotros, salvo como objetos de sacrificio. Somos objetos de explotación y ridiculización. Para ellos, somos de otra especie, *Homo sapiens inferioris*.

No es casualidad que el signo para indicar «silencio» sea también el «signo de Harpócrates», que adorna una gran cantidad de oficinas privadas de los ricos y poderosos. ¿Es esto lo que quiere decir el lenguaje oscuro?

Con Trump tenemos una ventana increíblemente clara a través de la que podemos contemplar la operativa del Estado profundo, una tierra atormentada por principios elementales ancestrales y controlada por sociedades secretas que suscriben estas antiguas creencias. El Estado profundo y las élites estadounidenses en el poder son en realidad como Ben Horne, un personaje de ficción de la serie de televisión *Twin Peaks*, creada por David Lynch y Mark Frost, al servicio de unas fuerzas sobrenaturales que son incapaces de controlar, y tras este velo de oscuridad se oculta una élite secreta, cuyo poder parece proceder de la captura y sacrificio del ganado humano.

La profundidad e intensidad de la intención homicida del Estado profundo llega mucho más lejos en nuestra pesadilla. La existencia de esta élite supranacional nos da la oportunidad de presenciar lo que podrían hacer si estuviera en juego su propia supervivencia. Podemos proponernos ver más allá del apenado encogimiento de hombros y de las sonrisas avergonzadas de los directores de la CIA, la NSA o el FBI ante los investigadores del Congreso, y llegar directamente al lugar donde se cosechan los frutos de su trabajo. ¿Cómo si no vamos a entender realmente lo que Edward Snowden nos ha ayudado a comprender a menos que los veamos en acción? ¿Cómo si no vamos a visualizar la auténtica naturaleza de los «años de conflicto ideológico» a menos que observemos a algunos de los combatientes, los mismos que dirigirían cruzadas piadosas contra John F. Kennedy, Robert F. Kennedy, Martin Luther King, Malcolm X, contra gente y lugares que nadie sabía que existían en el mapa, por ofensas reales o imaginarias?

Quién sabe, tal vez cuando se imprima este libro, el presidente Donald J. Trump esté muerto, asesinado, liquidado, finiquitado, aniquilado. En ese momento se reunirán a su alrededor con un aplomo sombrío para contemplar orgullosos su hazaña.

Ese primer domingo de junio de 1968, en el funeral de Robert Kennedy (la última esperanza de renovar Estados Unidos en mucho tiempo), su hermano, el senador Edward Kennedy, leyó el panegírico. Incluía la cita preferida de Bobby, que él solía utilizar para animarse a sí mismo o para levantar el ánimo a sus seguidores.

Fue un bello gesto, pero ¿cuántos de los presentes en la catedral de San Patricio en Manhattan ese solemne día de primavera eran conscientes del contexto original? Mientras el cuerpo de Bobby yacía en el pasillo central de esa nave gótica, rodeado por quienes lo amaban y admiraban, su «robópata» asesino encerrado en la cárcel de Los Ángeles miraba confundido y con cara de tonto a su alrededor, y los hombres que autorizaron el asesinato se jactaban de ello desde la comodidad de sus salas de juntas, salas de estar, salas de conferencias y dormitorios de Estados Unidos, algunos de ellos incluso allí presentes, en la iglesia, asistiendo al funeral con una satisfacción cínica, sabiendo que se había perpetrado el asesinato y que Estados Unidos estaba lista para el saqueo, las palabras de su siniestro dios se citaban a modo de epitafio:

Tú ves cosas y preguntas «¿por qué?». Pero yo sueño cosas que nunca han existido y pregunto «¿por qué no?».

La cita fue extraída de *Vuelta a Matusalén*, de George Bernard Shaw, y esas palabras las pronuncia el diablo.

No lo olvides: todo a tu alrededor está pensado para lastimarte, para destruirte, para subyugarte y controlarte. El sacrificio y el asesinato. La espera y la prisa alocada. Ahora, quítate los zapatos y disfruta del viaje. Bienvenido a este mundo de humo y espejos.

La trastienda de Trump de Daniel Estulin
se terminó de imprimir en mayo de 2018
en los talleres de
Litográfica Ingramex, S.A. de C.V.
Centeno 162-1, Col. Granjas Esmeralda,
C.P. 09810 Ciudad de México.